SPORTS 運動休閒系列

3rd Edition

運動賽會管理
理論與實務

*Principles and Practice of
Sport Event Management*

邱金松、張建輝／校閱　　程紹同／主編

程紹同、葉錦樹、方信淵、張勝傑
吳昆霖、王慶堂、呂宏進、李思璇／著

林 序

競技交流聚能量，運動發光愛臺灣

　　推展體育運動一直是教育部體育署的重要政策，因此，我國《體育運動政策白皮書》係以「健康國民、卓越競技、活力臺灣」為願景，進而匯通「優質運動文化」、「傑出運動表現」及「蓬勃運動產業」三大核心理念，以達成為國人創造愉快的運動經驗、培育健康卓越人才及厚實運動產業發展。

　　回顧2020年東京奧運，我國選手勇奪2金4銀6銅的歷屆最佳成績，讓國人倍感驕傲與欣慰。綜觀臺灣曾舉辦過各種國際體育賽事，自1970年舉辦亞洲柔道錦標賽開始，之後陸續舉辦四大洲花式滑冰錦標賽、亞洲職棒大賽、世界棒球經典賽、世界棒球12強賽、亞洲棒球錦標賽、現代五項世界錦標賽、臺灣國際田徑錦標賽、夏季國際少年運動會、國際自由車環臺公路大賽、世界女子花式撞球公開賽、LPGA臺灣錦標賽、臺北羽球公開賽，以及2009年世界運動會與聽障奧林匹克運動會、2017年世界大學運動會等國際賽事，充分展現出我國舉辦國際賽事的能力。

　　2019年末因為疫情衝擊下，原本將於2020年舉辦的東京奧運被迫延至2021年舉辦，官方總花費約為154億美元（臺幣約4,284億元），成為史上支出費用最高的奧運會，雖然舉辦國際大型運動賽事有其正負兩面效益，但只要妥善規劃與執行，必能提升國家國際能見度與城市形象，進而帶動運動產業之蓬勃發展。臺灣目前已經累積許多主辦國際大型運動賽事的成功經驗和量能，相信未來必定能爭取到更多的國際賽事在臺灣舉辦，進而帶動國人運動風氣與整體體育的發展。

　　該書主編國立臺灣師範大學程紹同教授是國內外具有學術理論與實務經驗的知名學者，尤其在體育運動管理與行銷實務上擁有相當豐富的實戰經驗，本次邀集國內產官學界菁英共同完成《運動賽會管理》（第三版）專書，該書內容豐富多元，且理論與實務兼顧，不僅有助於各級政府暨體育團體運動賽會之籌辦，更可作為爭取國際大型賽會的重要指南。本人相信在政府與民間通力合作之下，臺灣將會有更多機會站在國際體壇的舞臺，讓我們熱情迎接2025年雙北舉辦的世界壯年運動會，一起驕傲地大聲喊出「臺灣第一、臺灣加油」，並達到競技交流聚能量，運動發光愛臺灣的目的。

教育部常務次長兼代理體育署署長

林騰蛟

吳　序

　　新冠疫情的全球大爆發為全球運動產業帶來了前所未有的挑戰，許多國際運動賽事均受影響。國際奧會也注意到疫情對於全球運動產業的衝擊，國際奧會主席湯瑪斯・巴赫（Thomas Bach）提到：「新冠疫情澈底改變了世界，這個世界已經不可能再像以前一樣……」，因此國際奧會在原本2014年提出的「奧林匹克2020議題」（Olympic Agenda 2020）的基礎下，於2021年通過了「奧林匹克2020+5議題」（Olympic Agenda 2020+5），提出五大趨勢及十五項具體建議，作為未來奧林匹克活動發展方向建議，以因應詭譎多變而不確定的體育新世界。

　　欣聞本書是由國內運動管理學領域中，產官學界歷練豐富的程紹同教授領軍，帶領國內運動管理學界菁英，分別由運動賽會的新世紀趨勢、申辦、組織與人力資源、行銷贊助、公共關係與賽會核心的行政管理事務來切入，撰擬出相當完整的賽會管理參考依據，也對應到「奧林匹克2020+5議題」中的「跨出奧林匹克社群擴大與外部社群的連結」、「透過良善治理加強奧林匹克活動」、「建立創新的收益模式」等觀點主張，是一本具有前瞻性與參考價值的實用工具書，對致力於我國運動管理賽會人才培育貢獻良多，本人予以高度肯定與全力推薦之。

前國際奧會執行委員／奧林匹亞體育文教基金會董事會主席

柯　序

　　World Gym世界健身俱樂部深耕臺灣二十一年，歷經國內健身市場的更迭變化，以及當下疫情的重擊，卻仍然可因應得宜，逆勢成長，至今擴增為110家連鎖據點，會員人數超過50萬，為全臺健身第一大品牌。一路走來，秉持永不放棄的韌性，持續做新的東西，走正確的路，更堅信「凡殺不死你的，會使你更強大」的管理哲學，貼切呼應本書所強調「適者生存，唯有勝者留其名」的硬道理。

　　欣見程紹同教授所帶領的菁英作者群，在新冠疫情肆虐期間，戮力完成《運動賽會管理》（第三版）大作，嘉惠體育運動學術界及產業界，更有助於提升後疫時代的市場競爭力，相當值得推薦給國內健身運動產業的管理者與從業者。

　　World Gym has continued to devote time and effort in Taiwan for 21 years. Though going through market changes and the impact of COVID-19, World Gym has still defied the downtrend. World Gym currently has 110 branches and has more than 500,000 members. World Gym is the largest gym in Taiwan. Never give up. Never stop learning. World Gym believes "what doesn't kill you makes you stronger, " which closely echoes the main themes of the book: "survival of the fittest" and "Only winners will be remembered."

　　It is my pleasure to see Dr. Philip Cheng leading a group of elite authors to complete the third edition of Sport Event Management during the pandemic. The book is a gift to the academe of physical education and the fitness industry. It helps improve market competitiveness in the post-pandemic era. I highly

recommend this book to managers and practitioners in the domestic fitness industry.

World Gym世界健身俱樂部臺灣區總裁

John Edward Caraccio

常　序

體育活動可以在充滿絕望之處，喚醒希望

——Nelson Mandela

運動賽事令人著迷之處就是可以跨越語言和國家的藩籬，讓看似互不相關的人們，為了某一場賽事、某一個隊伍甚至某一位運動員，而有了共同的交集進而產生重大的影響力，影響著一個品牌，影響著一家公司，影響著一個產業，甚至影響著一個國家的國力，但是，這樣的力量不會從天而降，它需要一群對運動熱愛，對運動賽會管理瞭解的專業人士在其光鮮亮麗的賽事背後，進行審慎的規劃與有效的執行。

因此，我們可以充分的瞭解一場所謂的成功的運動賽會，不僅僅只看贊助金額的多寡，不僅僅只是運動員令人動容的瞬間，這一切的一切都需要一群專業的運動賽會管理團隊在幕後運籌帷幄的操盤，這也充分體現出我們對運動賽會管理人才需求的急迫性及重要性。

程紹同博士是運動管理學、運動行銷學和運動賽會管理方面的頂尖學者，孕育出臺灣一批又一批的運動管理相關人才，帶領著臺灣的運動相關產業勇於創新，大步向前，能為程博士所著之《運動賽會管理》（第三版）撰文推薦，實屬榮耀，相信此一有關運動賽會的重要巨著，必能嘉惠學子及相關專業人士，共同開創臺灣運動產業紅景。

Well Fantastic 首席顧問

主編序

新運動英雄聯盟時代的降臨

根據SportsValue運動行銷公司調查指出，全球運動產業年產值高達7,560億美元，且2020年產值預期穩定成長4.9%，但自2019年新冠肺炎（COVID-19）疫情爆發以來，澈底翻轉了全世界人類的常態生活，這場突如其來的危機嚴重衝擊全球的醫療、經濟、市場、商業、政治、教育、科技及社會等各層面和產業，與休閒娛樂健（康）身密切相關的運動產業自然無法倖免於難，其中以扮演運動產業核心引擎的運動賽會衝擊最大，世界各地大小賽事活動的取消，甚至各運動聯盟組織整個賽季的停擺或延期。例如，2020東京奧運會的延期、美國各大職業聯賽的暫停及歐洲足球聯盟賽事的取消，全球賽事損失估計超過數百億美元，波及航空、旅遊觀光、餐飲、旅館、媒體廣播、行銷贊助等行業，損失相當慘重。再者，依照運動數據公司Sportradar 2020年統計，受新冠肺炎疫情影響，造成國際運動商業經濟市場衰退50%-60%及工作機會的喪失。國際運動行銷研究公司Two Circles調查亦指出，全球運動產業營收損失已達616億美元。Statista（2021）國際統計數據公司進一步的調查報告顯示，卻有超過半數的運動企業主坦承，在這場哀鴻遍野的抗疫戰爭中，是完全沒有準備好的！然而，面對疫情持續延燒且詭譎多變的2022年，病毒變異、金融市場、通貨膨脹和地緣政治衝突與烏俄戰事已成為未來不確定性的關鍵因素，經濟V型復甦將不再重現，人們過去生活型態已不復返，預期這次危機會是一個更長週期的寒冬。無法置身度外的運動產業該如何擺脫這死亡螺旋？考驗著所有體育運動組織領導人及運動賽會管理者，在未知風險中的決斷力和

創新思維，同時，更凸顯出運動賽會管理專業能力及人才培育的重要性與特殊時代意義。如同運動賽事本身，其中特質之一便是勝負結果的不確定性，這也是吸引全球無數運動迷的最大魅力所在。不過，對運動管理者角度而言，要奪得總冠軍的頭銜是沒有任何僥倖和捷徑的！唯有認真做好平日紮實的專業訓練與萬全的準備，即使是遭遇不可預期的重擊，也能臨危不亂，逆轉局勢，迎向勝利，才能真正獲得死忠球迷的全心支持與擁戴。蘋果之父Steven Jobs曾說過，磨難可以加速成長。而F1史上最傑出賽車手之一Ayrton Senna也說過，雨天超車是贏過對手的最佳時機。而現在正是一個英雄造時勢的新冠時代（Coronavirus Era），也正在刻寫一部促進優勝劣敗的現代運動產業演化史。最終能夠存活下來的，雖不一定是最強大的，也不會是最聰明的，卻是能夠勇敢帶領部屬迎向暗黑挑戰，迅速適應惡劣環境，不會浪費這場「好」危機的運動英雄造局者！偉大的企業多發跡於危難艱困之中，如同2001年網路泡沫後的Amazon與Google，以及2008年金融危機後的Twitter、Uber和Airbnb。疫火重生的全球運動產業發展，將會是一個逆風而起的運動科技新世界，勢必開啓後疫時代國際運動賽會管理的新局，勝利是屬於適者生存的新運動賽會英雄聯盟。

此次本書有幸獲得教育部次長林騰蛟博士（體育署代理署長）、前國際奧會吳委員經國博士，以及舉辦2025雙北世界壯年運動會的新北市侯友宜市長賜序或推薦，光大篇幅，備感光榮。同時，特別感謝運動產業界領袖專家包括中華民國桌球協會榮譽理事長林茂榮先生、世界健身俱樂部臺灣區總裁柯約翰先生以及Well Fantastic首席顧問常希仁先生賜序或推薦支持，甚感榮耀。此外，本書榮獲國立體育大學前校長邱金松榮譽教授（世界華人體育管理協會名譽主席）和美國喬治亞大學國際運動管理中心ICSM主任張建輝教授（前北美運動管理協會NASSM主席）學術審查通過，足見對本書的內容品質及學術參考價值之肯定，在此謹致上最崇高之謝忱。

本書特色及適用對象

　　本書第三版付梓於世紀新冠疫情災難之中，為因應後疫時代數位智慧轉型趨勢及全新運營（商業）模式而生，深具不凡的意義，希望能夠為體育學術暨賽會管理理論與實務領域貢獻己力。本書寫作團隊專業資歷背景多元而豐富，團隊組成產官學界精英專家兼備。除本人外，依照章節作者依序包括：葉錦樹博士（臺北市建安國小總務主任、退役游泳青年選手）、方信淵博士（實踐大學國際企業管理學系副教授、高雄市政府運動發展局前主任秘書）、張勝傑主任（2025雙北世界壯年運動會執行辦公室、國立臺灣師範大學體育與運動科學學系博士生）、吳昆霖經理（XPORTS運動表現訓練中心競技運動處、退役游泳青年選手）、王慶堂博士（國立臺灣體育運動大學運動資訊與傳播學系教授、前臺中市政府體育局長）、呂宏進博士（教育部體育署主任秘書）及李思璇執行長（司格特國際運動行銷有限公司）等人組成。作者群每位成員均具有運動賽會活動規劃與籌辦的理論學術基礎與實務操作經驗，特別是奧運會、世足賽、世大運、世壯運、全運會、大運會、夸父路跑等國內外的知名品牌賽會（事）活動。確信以本書作者群的專業運動管理教育背景，相關行政管理主管的實務經歷與危機領導思維，以及對於國內外運動賽會（事）管理操作的熟悉程度，不僅可為讀者們提供所需的重要資訊與觀點，並可成為運動管理專業人才培育課程中的重要工具教科書。同時，亦可提供（學校）體育運動專業者籌辦各級運動賽會活動及公關行銷贊助業務的教戰指南。

　　舉凡體育運動範疇中的各類專業人員均可參考本書內容，以強化自身專業的職場競爭力。包括運動產業中的教育學術組織（體育運動暨相關科系師生）、學校運動組織（大專／高中體總、學校體育室／組、學校體育行政人員等）、職業（餘）運動組織（職棒、職籃、體育總會、單項協會、基金會、健身俱樂部、運動場館經營等運動暨休閒事業體）、政府單位（教育部體育署、地方政府體育局處等）和進行運動行銷贊助與公關的

（國際）媒體暨企業體等。不論學術研究背景或者工作性質，凡有興趣規劃籌辦運動賽會活動者與機構，賽會管理的專業能力是絕對不可或缺的必備條件！閱讀本書不僅可從中獲得個人研究方向、組織風險管理及轉型策略、活動創意與實戰經驗心得，更將會成為您在混沌職場上的定海神針。

誠摯的衷心感謝

再次感謝所有中央／地方行政首長、國際奧會委員及國內外體育學術界前輩們的肯定與推薦，由於您們長期對體育運動的推動與支持，激勵著我們在這特別的時代中，即使作者群中有夥伴先後遭遇著疫情隔離確診的身心紛擾下，仍然努力以赴來完成本書第三版的傳承與使命。

為了能夠將這本《運動賽會管理》三版專書與國內（學校）體育行政組織、運動產業界、媒體公關界及各界同好分享，本書自2021年10月開始規劃撰稿工作，預計2022年10月下旬完成編輯出版作業，歷時一年完成定稿。其中必須感謝我們整個撰寫團隊的辛勞，能夠有機會與這七位傑出的體育運動領導菁英，共同完成這項工作，為我國運動賽會管理專業開啟另一扇知識之門，備感榮幸。本著作之圓滿付梓感謝揚智文化公司的盛情邀約，該公司洞悉疫情後全球運動賽會管理之發展趨勢轉變，願意為體育學術界及運動產業發展出版迫切需要的專業教材與工作指南，令人感佩；同時也要特別感謝總編輯閻富萍小姐辛苦地居中協調、責任編輯鄭美珠小姐及美編同仁們細心的專業協助，畫龍點睛般地將本書的內容以最佳的視覺效果展現給讀者。然而有鑑於全書內容廣泛，雖力求及時資訊及仔細校對，恐仍不免有所疏漏，懇請各界先進同好，不吝賜教隨時指正。

謹識國立臺灣師範大學體育與運動科學學系所教授
寫在2022年勇士隊G6封王奪NBA總冠軍日　6月17日

程紹同

作者簡介

校閱

邱金松

現職：國立體育大學榮譽教授

學歷：日本中京大學體育學博士

經歷：國立體育學院校長

臺灣體育運動管理學會創會理事長

行政院體育委員會委員

行政院大陸委員會諮詢委員

張建輝

現職：美國喬治亞大學國際體育管理中心主任（ICSM）

《國際體育行銷學報》（SSCI）主編

學歷：美國麻塞諸塞州春田學院碩士、博士

經歷：曾任教於美國休士頓大學、佛羅里達大學、喬治亞大學

北美體育管理協會（NASSM）主席

《體育教育與運動科學測量學報》體育管理部主編

德克薩斯AAHPERD體育管理部主席

全美AAHPERD測量和評價委員會主席

榮譽：被評為「美國體育科學研究院院士」（NAK第545位授予人）

厄爾 F. 齊格勒獎

喬治亞大學職業成長貢獻獎

柯利弗德‧路易士獎

德克薩斯州A & M大學優秀學者獎

2008北京奧運會服務榮譽獎

AAHPERD測量和評價委員會榮譽獎

AAHPERD美國南部傑出學者

休士頓大學教學和研究優秀獎

主編／作者

程紹同

現職：國立臺灣師範大學體育與運動科學學系所教授

學歷：美國新墨西大學運動管理學博士、美國密西根州立大學運動管理學碩士、國立臺灣師範大學體育系學士

經歷：

教學：國立中正大學共同科副教授，韓國漢陽大學、北京大學、北京體育大學、華南師範大學等校客座教授

體育（學術）組織：臺灣國際賽車發展協會理事長、世界休閒體育協會副主席、亞洲運動產業協會秘書長、2008北京奧運組織委員會經濟研究會理事、亞洲運動管理學會財務長

行政：高雄市政府運動發展局局長、國立臺灣師範大學體育系所主任及公關室主任

獲獎：2017 Outstanding Paper, International Journal of Culture, Tourism and Hospitality Research

臺灣師大「資深優良教師獎」及「金牌教練獎」

行政院體委會運科研究發展獎勵優等

教育部體育學術著作及教育行政研究發展獎勵優等

大專體總「優秀教練獎」

研究領域與專長

運動管理、運動賽會管理、運動行銷與贊助、木球、游泳

作者

葉錦樹

　　現職：臺北市政府教育局國小教師

　　學歷：國立臺灣師範大學體育學系博士

　　　　　國立臺北教育大學體育學系碩士

　　　　　國立臺東師範學院體育學系學士

　　經歷：臺北市大安區仁愛國民小學體育教師、體育組長

　　　　　臺北市文山區木柵國民小學學務主任

　　　　　臺北市大安區建安國民小學總務主任

　　獲獎：1990年亞太地區分齡游泳賽百米蛙泳第三名

　　　　　1991年臺灣泳壇十傑

　　　　　1992年臺灣區運動會200米蛙泳第三名

　　　　　1992年全國中等學校運動會200米蛙泳第一名

　　研究領域與專長

　　　　　體育行政與管理、運動賽會管理、運動訓練、游泳

方信淵

　　現職：實踐大學國際企業管理學系副教授

　　學歷：國立臺灣師範大學體育學系碩士、博士

　　　　　輔仁大學體育學系學士

　　經歷：高雄市政府運動發展局主任秘書、2009世界運動會專業服務
　　　　　先期規劃研究團隊共同主持人、2009世界運動會招商贊助計畫
　　　　　規劃案主持人、2009世界運動會志工團整合運作系統規劃案主
　　　　　持人、2009世運會對高雄市整體社會發展影響之研究子計畫主
　　　　　持人、新北市申辦國際賽會申辦書審校稿委員、《運動管理季
　　　　　刊》輪值主編

獲獎：榮列2014亞太名人錄（Asia/Pacific Who's Who）Vol. XIII,
Rifacimento International

榮列2011亞洲成就人士名人錄（Asian Admirable Achievers）Vol.
V, Rifacimento International

國科會101和102年度大專院校特殊優秀人才獎勵

實踐大學特殊優秀人才彈性薪資獎勵—產學類（民104-105）

實踐大學特殊優秀人才彈性薪資獎勵—教學類（民102-103）

實踐大學績優教學獎（民101, 民104）

研究領域與專長

城市行銷、運動觀光、媒體公關、創意思考、行銷企劃、羽球

吳昆霖

現職：全越運動事業股份有限公司競技運動處專案經理

崇越科技股份有限公司臺北分公司專案經理

學歷：國立臺灣師範大學體育學系碩士

國立東華大學運動與休閒學系學士

經歷：寶悍運動平臺股份有限公司高級經理、寶成國際集團－寶原興
業股份有限公司運動發展部高級經理、精鍊公關顧問股份有限
公司專案經理、驊采整合行銷股份有限公司經理

獲獎：2001年全國大專運動會100公尺／200公尺蛙式銀牌

1998和1999年亞太分齡游泳錦標賽國家代表隊100公尺／200公
尺蛙式銀牌

1999年全國中等學校運動會100公尺／200公尺蛙式銅牌

研究領域與專長

運動行銷、體育活動策劃、品牌策略與推廣、運動經紀、會員
CRM行為分析、線上行銷活動規劃、游泳

王慶堂

現職：國立臺灣體育運動大學運動資訊與傳播學系教授

學歷：國立臺灣師範大學體育學系學士、碩士、博士

經歷：民國79年公務人員高等二級考試體育行政科及格、臺北市政
府教育局科員、教育部體育司編輯、行政院體育委員會運動設
施處科長、全國運動會籌備會委員、全國運動會競賽審查會委
員、香港東亞運國家隊教練、廣州亞運國家隊教練、2010世界
大學舉重錦標賽籌備處副執行長、倫敦奧國家隊教練、國立臺
灣體育運動大學運動資訊與傳播學系主任、國立臺灣體育運
動大學運動產業學院院長、亞洲划船總會行銷與促進委員會主
席、2019東亞青年運動會籌備會委員暨籌備處副執行長、中華
民國划船協會副理事長、中華民國手球協會副理事長、臺中市
政府運動局局長

獲獎：2011年獲行政院體育委員會頒授二等二級國光體育獎章

研究領域與專長

體育行政與管理、運動賽會管理、運動場館規劃設計與經營管
理、運動社會學、運動訓練法

呂宏進

現職：教育部體育署主任秘書
　　　真理大學運動管理學系碩士班兼任助理教授

學歷：國立臺灣師範大學體育學系碩士、博士
　　　淡江大學中國文學系文學學士暨俄羅斯研究所法學碩士

經歷：公務人員簡任官訓練合格、行政院體育委員會競技運動處科
員、臺北縣政府教育局專員、臺北縣立體育場場長、臺北縣政
府體育處綜合計畫科兼競技運動科科長、臺北縣政府教育局
督學兼新店市北新國小校長、新北市立樹林高中暨竹圍高中校
長、國立臺灣師範大學體育學系兼任助理教授、教育部全中運

暨全大運規劃委員

獲獎：2003年擔任全國運動會副執行秘書兼主場地負責人，績效卓
　　　著，依公務人員考績法一次記兩大功。

　　　中華民國第二十二屆大運會二百公尺第五名

　　　2018年全國教育盃教育人員網球錦標賽校長組亞軍

研究領域與專長

　　　體育行政與管理、休閒活動規劃、運動賽會管理、場館經營與
　　　管理、田徑、柔道

張勝傑

現職：臺北市政府體育局國際賽會申辦小組組長

　　　2025雙北世界壯年運動會執行委員會執行辦公室主任

學歷：國立臺灣師範大學體育與運動科學學系博士生

　　　臺北市立教育大學體育研究所碩士

　　　國立臺北師範學院體育系學士

經歷：2017臺北世界大學運動會綜合行政處副處長、2009夏季臺北聽
　　　障奧林匹克運動會場館經理、臺北市政府體育局國際賽會申辦
　　　小組、國際體育事務人才培訓營課程講師、臺北市立大學兼任
　　　講師、臺北市立北投國小教師、臺北市立大學UBA一級女子籃
　　　球隊教練、中華民國合球國家代表隊選手

獲獎：榮獲行政院頒發三等功績獎章—成功籌辦2017臺北世界大學運
　　　動會

　　　榮獲教育部頒發國光體育獎章—第六屆世界運動會合球項目第
　　　三名

　　　獲得第二屆世界青年合球錦標賽第三名及榮獲賽會最有價值球
　　　　員MVP

研究領域與專長

　　　運動賽會管理、運動賽會行銷、運動城市發展規劃、運動團隊

　　　　經營與訓練、合球

李思璇

　　現職：司格特國際運動行銷有限公司執行長

　　　　　夸父追日跨夜接力賽共同創辦人

　　學歷：國立臺灣師範大學運動與休閒管理研究所碩士

　　　　　眞理大學運動管理學系學士

　　主要賽事籌辦經歷：

　　　　2014年迄今舉辦25場CRUFU RUN夸父追日跨夜接力賽（爲臺
　　　　灣首創24小時環島人車接力賽）

　　　　2019、2022大亞旺萊馬拉松

　　　　2016.10溜溜滬尾、U9久久—北臺灣九校聯合路跑（人數8,000
　　　　人）

　　獲獎：2012.09獲得「19TH International Seminar On Olympic Studies for
　　　　Postgraduate Students」臺灣代表

　　研究領域與專長

　　　　運動賽會管理、運動行銷、運動觀光

目　錄

Chapter 1

程紹同

運動賽會管理導論

學習目標

1. 瞭解運動賽會的新時代意義與價值。
2. 瞭解運動賽會的基本概念。
3. 瞭解運動賽會舉辦的效益。
4. 瞭解運動賽會管理的重要性。
5. 瞭解後疫時代運動賽會管理的發展。

 第一節　新世紀運動賽會的意義與價值

一、新世紀運動賽會的意義

1896年希臘雅典舉辦第一屆近代奧運會，是由法國古柏坦爵士（Pierre de Coubertin）所發起，其宗旨即在於強調運動賽會的教育意義。希能透過運動賽會達成：(1)身心均衡發展；(2)促進世界和平及國際間的瞭解；(3)追求卓越表現等目標（Chalip, 1992）。國際奧會前主席薩瑪蘭奇（Juan Antonio Samaranch）亦闡揚古氏的理念，認為完人的教育（the formation of the complete human being）應藉由身心與藝能活動的結合來實現（引自湯銘新，1986）。近代奧運會的舉辦已逾百年，奧林匹克主義（Olympism）的運動精神仍然存在，然而隨著時代的演化與文明的進步，運動賽會的意義與價值，較以往更為世人的肯定與重視，使其正面的功能亦發揮得淋漓盡致。展望未來，如何持續發揚運動賽會之真義，並善加運用其特有的效能，以增進人類的最高福祉，實為體育運動專業者努力實踐之理想目標（程紹同等，2002）。

(一)新世紀運動賽會是人類智慧精華的交響樂章

隨著經濟的全球化發展、高科技的創新精進，以及優質的休閒生活型態，使得現代運動賽會已演進為新世紀的重要社會活動之一。觀賞運動賽會，猶如欣賞一場結合人類智慧精華的交響樂章。在2018年俄羅斯世足賽上，（現場）觀眾不僅可以盡情欣賞精彩的競賽激烈過程，以及世界頂尖球員的高超動作，亦能接觸舉辦國當地風土民情及傳統文化藝術之美，同時享受科技整合所帶來的便捷與進步。如福斯運動媒體（Fox Sports）的AI

轉播技術、VAR影像助理裁判、阿迪達斯研發的Telstar 18智慧晶片比賽球等。一場扣人心弦的新世紀運動賽會，不僅是透過運動賽會參與者（運動員、裁判、行政管理人員及志工等）的努力，並匯集科技、媒體、贊助商等社會各界的菁英力量，以及忠誠觀眾的熱情投入，才能共同和諧地「演奏」出令人神迷的美妙樂章。

(二)新世紀運動賽會是「特殊事件」中的瑰寶

◆特殊事件的意義

　　人類為了感謝上蒼的賞賜、讚美神明的恩典或是慶祝／紀念重要而有意義的事件等，便會舉辦所謂的「特殊事件／活動」（special event）。相關的慶典活動，在人類社會中，一直占有重要的一席之地（Shone, 2001）。例如，中秋節、端午節、聖誕節、萬聖節、情人節、廟會普渡等傳統節慶活動。特殊事件是一種具主題性的活動（themed activity），而此類活動之舉辦，主要是為了迎合特殊興趣團體（special interest group）之特定需求（special needs）（Wilkinson, 1988）。其定義亦隨著活動性質與參與經驗的不同而有差異。Shone（2001）綜合觀點提出：「特殊事件是一種具有休閒性、文化性以及個人或組織目標的活動，其現象有別於日常生活的一般活動，而主要目的在於提供特殊團體生活體驗上的啟發、慶祝、娛樂或創新。」而事件之所以被稱為「特殊」，則在於其本身的獨特性（uniqueness）。特殊事件隨著組織複雜度及活動的不確定性而差異性大。組織複雜度指活動規模大小與舉辦單位層次複雜程度（如個人、地方團體、全國性組織等）；活動的不確定性則是對該項活動的掌握程度（如經費控制、時間控制或技術要求等）（Shone, 2001）。

◆特殊事件的類型

　　依活動種類之不同，可區分為運動賽會（如職業及業餘運動賽事）、音樂（如臺北2021爵士音樂節）、藝術文化（如高雄春天藝術節）、地方

宗教活動（如大甲媽祖繞境活動）、慈善活動（如環保淨灘活動）及娛樂活動（如2021鄧紫棋演唱會、新北耶誕城等）等六大類（Graham, Goldblatt & Delpy, 1995）。Shone（2001）認為，特殊事件的分類界定（如**圖1-1**）並不容易，例如，地方的民俗舞蹈活動可歸於文化類，也可以納為休閒類型活動。因此，一切應依舉辦的原始目的而定。舉辦特殊事件可以凝聚社區（community）的力量來促成特定目的之實現，例如，籌募基金（如募款餐會）、改變城市形象（如2008年北京奧運會）、刺激經濟成長（如2025年日本大阪關西世界博覽會）或者協助企業拓展市場及產品推出（如2004年耐吉公司的麥可喬丹亞洲行）（程紹同，1998；Catherwood & Van Kirk, 1992）。

◆特殊事件中的瑰寶

運動賽會即是一種體育運動或相關性質的特殊事件。藉此活動之舉辦，主辦者可滿足其本身舉辦目的（如運動教育推廣、休閒娛樂機會提供或組織經營等目的）暨特殊興趣團體之目的（如企業贊助效益、媒體報導的廣告營收或國家政治／外交／經濟等目的）。具體範例如國際足球總會

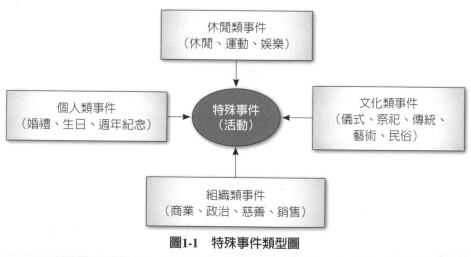

圖1-1　特殊事件類型圖

資料來源：Shone, A. (2001).

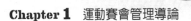

（FIFA）行銷總監蘭茲（Gregor Lentze）接受《天下雜誌》專訪時表示，「世足賽，是一個國家最能呈現自我性格的舞臺」。1998年法國世足賽法國隊勇奪金杯，重新喚起法國人的自尊心，2002年韓日世足賽更展現出亞洲國家的無窮潛力。2006年德國則是憑藉著世足賽的全球熱潮，自許足球精神就是德國精神，成功地以足球行銷德國（引自程紹同，2006）；俄羅斯副總理德佛柯維奇（Arkady Dvorkovich）指出，2018世足賽可為主辦國帶入150億美元的經濟收益和22萬個就業機會，且未來十年持續帶動國內260億至308億美元的GDP成長（楊明娟，2018；Guivernau, 2018）。鑑此可知，運動賽會是特殊事件中最具潛力的全能項目，也是企業行銷與贊助最青睞的對象。不過，這塊特殊事件中的瑰寶，並非是唾手可得的（it does not just happen），仍得經過不斷的琢磨，才能成器（意指運動賽會管理者開發賽會價值的能力與經驗）。

二、運動賽會的基本概念

運動為人類以身體作為工具的一種表現方式，主要在表達自我的能力、人格與美感，亦有對事物好奇與被他人肯定的自尊需求，而會持續檢測自我的基本能力，並炫耀超越他人的成就感（江良規，1968）。當人們均欲展現此一能力（指追求人類跑、跳、攀、爬、投擲、負重等基本能力上的更快、更高、更遠、更強）時，自然產生競爭的過程，而形成所謂的運動競賽（sport competition）。黃明玉（1999）認為：「運動競賽是以爭取最高成績表現（優勝）為直接目的，以運動項目為內容，根據競賽規則進行個人或團體的體力、技術、心理等各方面，相互競爭的比賽過程」，而運動賽會則是包括各種運動競賽項目的綜合性集會活動，具有競技、表演及社交娛樂等特性。基此，運動賽會大多會被認為是一種綜合性的運動會。古代奧林匹克運動會源起於西元前776年，每四年舉辦一次為期五天的競賽，歷經一千一百六十九年，共二百九十三屆，最後因天災人禍而毀於

西元393年。其間經過十五個世紀，終於在1896年在法國古柏坦爵士的倡議下，掀起近代奧運會的新頁發展至今（引自湯銘新，1996）。

(一)運動賽會的定義

綜整國內學者（許樹淵，2003；曹有培，1999；黃明玉，1999；張木山，1999；劉田修，1999；蘇雄飛，1999；葉公鼎，2013）觀點，運動賽會就是集合運動種類項目的競賽大會。而現代運動賽會的定義，作者認為：「特定的組織團體依其本身舉辦之目的，透過科學化的管理與籌備過程，在特定的時間與地點下，召集運動競技活動的相關人員（包括運動員、裁判、工作人員、觀眾等）及團體（如運動組織、運動器材供應商、媒體、贊助商、志工等）共同參與所形成的綜合性集會活動。」

(二)運動賽會的成功特質

結合學者蘇雄飛（1999）觀點後，作者進一步認為成功的運動賽會，應具備以下特質：

1. 臨時性：存在於特定的期限中，且設有臨時性的組織（如組織委員會）。
2. 延續性：承繼過去的傳統歷史與精神。
3. 規劃性：具備良好的籌備計畫及執行力。
4. 規範性：具備公平而完善的競賽規程與規則。
5. 體驗性：具備戲劇般的競爭過程與科技應用服務，令參與者及觀賞者留下深刻歡愉經驗。
6. 行銷性：具有吸引媒體及企業關注之商業價值，可為該賽會創造行銷效益。

(三)運動賽會的內容與形式

運動賽會在內容上可分為：(1)歷史；(2)形式；(3)場所；(4)器材；(5)賽次；(6)成績。在形式上可分為兩類：一類是單項運動競賽，如亞洲棒球「錦標賽」、世界「杯」足球賽、臺北國際羽球「邀請賽」、美國高爾夫球「公開賽」、高中籃球「聯賽」等；另一類則是綜合性運動賽會，如奧運會、全國運動會、大專校院運動會、臺積電運動會等（張木山，1999）。

(四)運動賽會的種類

傳統的運動賽會種類劃分可依競賽任務、競賽方法、競賽項目及度量衡制，隨著運動休閒活動的多樣化與普及化，現代運動賽會的種類也有所增加。如2020東京奧運新設競賽項目為運動攀岩（sport climbing）、衝浪（surfing）及滑板（skateboarding）和2024巴黎奧運的霹靂舞（breakdancing）。

◆競賽任務

依競賽任務可分為：(1)運動會；(2)單項競賽；(3)對抗賽；(4)邀請賽；(5)選拔賽；(6)測驗賽；(7)表演賽；(8)資格賽；(9)分級賽；(10)分齡賽；(11)通訊賽。

◆競賽方法

依競賽方法則可透過運動賽會的等級（縱向等級與橫向等級）、運動賽會的層次以及運動賽會的勝負層次（如**表1-1**）作分類。

◆競賽項目

依據中華民國體育運動總會的分法，計有客觀運動項目、球類、個人運動項目與技擊類。

表1-1　運動賽會勝負層次表

分類	計分制
目標類	標靶類：射箭、射擊、飛靶 攻門類：足球、美式足球、橄欖球、曲棍球、冰球、水球、槌球、木球 攻籃類：籃球、合球
隔網類	網球、桌球、羽球、（沙灘）排球、藤球、毽球
拍擊類	棒球、壘球、高爾夫球、保齡球、板球、撞球
表演類	體操、韻律體操、競技啦啦隊、運動舞（國際標準舞／拉丁舞）、霹靂舞、花式溜冰、直排輪、極限運動、跳水、水上芭蕾、健美、國術套路、太極拳、跆拳道及空手道的型賽
武術類	自由博擊、拳擊、角力、摔角、國術、散打、跆拳道、空手道
分類	度量衡制
時間類	徑賽、游泳賽、舟艇賽、馬術賽、自由車賽、滑雪、單板滑雪、馬拉松、運動攀岩
距離類	田賽、射箭、射擊
重量類	舉重（抓舉、挺舉）、健力（蹲舉、臥舉、硬舉）
混合類（上述種類的混合）	男子十項、女子七項、鐵人三項、現代五項（先採單項度量衡制，再按給分表計分）

資料來源：修改自馬丕祝（1995），頁2-5；許樹淵（2003），頁15。

◆度量衡制

　　依度量衡制可分為：(1)表現制（可依速度、距離、重量及姿勢決定勝負）；(2)總分制（可分成得分制與勝局制兩類）。

　　以上相關基本概念經系統化整理成**圖1-2**，以供參考（引自許樹淵，2003）。

　　目前由教育部體育署所指導的全國大型運動賽會多為兩年舉辦一次，包括：全國運動會、全民運動會、全國大專校院運動會、全國中等學校運動會、全國身心障礙國民運動會、全國原住民運動會（如**表1-2**）。

　　在國際運動賽會的分類方面，根據Torelsen和Preuss（2008）觀點，依位階可分為國際主要大型運動賽會、國際次要大型運動賽會及非大型運動賽會，依舉辦地點的變動性則可分為可變動與不可變動兩類（葉公鼎，2013）（如**表1-3**）。

```
                              ┌─────────┐
                              │ 運動賽會 │
                              └─────────┘
                    ┌───────────────┴───────────────┐
              ┌─────────┐                      ┌─────────┐
              │  內容   │                      │  種類   │
              └─────────┘                      └─────────┘
```

形式	競賽任務	競賽方法	競賽項目	度量衡制
個人賽、團體賽、混合賽、公開賽、表演賽	1.運動會（如奧運會） 2.單項競賽（如世足賽） 3.對抗賽（如職棒明星對抗賽） 4.邀請賽（如瓊斯盃國際籃球邀請賽） 5.選拔賽（如雅典奧運會棒球代表隊國手選拔賽） 6.測驗賽（記錄運動員表現成績為目的） 7.表演賽（如職籃灌籃表演賽） 8.資格賽（如世足賽前的會外賽） 9.分級賽 10.分齡賽 11.通訊賽（通訊方式進行比賽）	賽會等級： 1.縱向等級（國際→全國→縣市→地方） (1)依地區或行政區域等級劃分 (2)依性別劃分 (3)依技術等級劃分（如大專運動會大男甲組） 2.橫向等級 (1)項目：綜合性賽會及單項賽事 (2)性質：錦標賽（盃賽）、選拔賽、友誼賽等 (3)職業：職（業）餘、學生、工商、軍警、殘障等 競賽層次： 分為循環制、淘汰制、混合制等勝負層次	1.客觀運動項目：田徑、游泳、體操、舉重 2.球類項目：籃球、排球、足球、棒球、疊球、橄欖球等 3.個人運動項目：桌球、羽球、撞球、保齡球等 4.技擊類項目：跆拳、柔道、空手道、國術、摔角、角力等	表現制： 1.速度勝（如徑賽、自由車、賽車等） 2.距離勝（如田賽、滑雪等） 3.重量勝負（如舉重） 4.姿勢勝（如體操、水中芭蕾、極限運動等） 總分制： 1.得分制 (1)單回（如空手道） (2)多回（如拳擊等） (3)上下半場（如籃球） 2.勝局制（如網球等） 混合制： 如鐵人十項、現代五項等

室內／外）場所
陸域、水域、冰域、雪域

器材
使用及未用器材

賽次
預賽、次賽、複賽、決賽（合格賽、決賽）

成績
時間、距離、質量、分數、得分、比分

圖1-2　運動賽會概念圖

資料來源：整理自許樹淵（2003），頁6-16。

表1-2　全國大型運動賽會概況表

賽會名稱	統籌規劃單位	承辦單位	辦理期間	規模	舉辦頻率
全國運動會	教育部	直轄市、縣（市）政府	9月～11月間	7,496人／2021年	1次／2年
全民運動會	教育部	直轄市、縣（市）政府	9月～11月間	約8,000人／2020年	1次／2年
全國大專校院運動會	教育部	大專校院	4月～5月間	7,391人／2021年	1次／1年
全國中等學校運動會	教育部	直轄市、縣（市）政府	4月間	約17,000人／2021年	1次／1年
全國身心障礙國民運動會	教育部	直轄市、縣（市）政府	3月～5月間	6,438人／2020年	1次／2年
全國原住民族運動會	教育部	直轄市、縣（市）政府	2月～3月間	5,695人／2019年	1次／2年

資料來源：修改自吳政昆、李世國（2003），頁214；程紹同等（2011），頁19。

表1-3　國際運動賽會分類表

舉辦地點變動性 ＼ 大型運動賽會位階	國際主要大型運動賽會	國際次要大型運動賽會	非大型運動賽會
可變動	1.夏冬季奧運會 2.世界杯足球賽 3.各項世界杯錦標賽 4.歐洲杯足球賽 5.世界杯田徑賽	1.大英國協運動會 2.亞洲網球大獎賽 3.美國超級杯 4.雷德杯網球賽 5.泛美運動會 6.美國杯帆船賽 7.中級規模之國際單項運動錦標賽（如手球、游泳等） 8.一級方程式賽車	1.較小規模之國際單項運動錦標賽（如桌球、拳擊、羽球、帆船等） 2.國際性青年運動賽事（如田徑、足球） 3.世界大學運動會
不可變動	環法自由車大賽	1.環義／西班牙自由車大賽 2.網球四大滿貫賽 3.高爾夫球巡迴賽	大城市國際馬拉松

資料來源：引自葉公鼎（2009），頁15。

值得關注的是，無視新冠疫情肆虐，2021年電子競技運動（e-sports）在全球已擁有近7億3,000萬即時串流觀眾（年增長10%），電競產業年收益達10.84億美元（年增長14.5%），其與日俱增的參與人口及龐大經濟效益的驅動下，不僅國際足總舉辦「FIFAe Nations Series 2021TM - FIFAe Nations Cup」來推動足球發展，國際奧會亦表示，奧運會大門將在2028年為電競產業而開。未來電子競技運動是否為傳統競技運動所接受？似乎這已不是「會不會」的問題，而是時間早晚的問題（Newzoo, 2021）。

三、新世紀運動賽會的價值

(一)運動——改變世界的影響力

　　榮獲2010年三項金球獎提名影片《打不倒的勇者》（*INVICTUS*），講述前南非總統尼爾森‧曼德拉（Nelson Mandela）與國家橄欖球隊隊長法蘭索瓦‧皮納爾（Francois Pienaar）及隊員們在看似無望的1995年世界盃（World Cup）橄欖球冠軍賽中，共同努力奮戰，逐漸凝聚國人的向心力，終於使得因為黑白人種問題，而面臨嚴重分裂的南非能夠團結一致。這是因為曼德拉深信運動具有改變世界的力量、具有鼓舞的力量，具有使人民團結的力量，並且體認到運動的神奇力量。二十一世紀的運動早已闡明其本身具有的新時代意義與非凡價值，且持續透過無數的國際賽會活動之型態，向世人展現運動的無比魅力。國際奧會2003年5月17日新聞稿曾指出，歐盟組織（European Union, EU）特別將運動置於歐盟憲法的中心（at the heart of European Union's new constitution），以強調運動對於社會文化暨教育的重大價值與意義，並將2004年訂為「歐洲運動教育年」（European Year of Education through Sport）（IOC Newsletter, 2004/5/17）。聯合國大會（General Assembly of the United Nations）亦將2005年訂為「國際運動與體育年」，並認同運動對教育、健康、發展及和平之重要影響，以及在協

助聯合國促進和平、尊嚴與繁榮等目標上，扮演重要角色（United Nations, 2000-2005）；在2009年奧林匹克大會（The Olympic Congress）專題演講中，聯合國秘書長潘基文（Ban Ki-moon）及國際奧會主席雅克·羅格（Jacques Rogge）均強調運動的影響力，可以讓人類的明日世界變得更加美好（IOC Newsletter, 2009/10/04; Parks, Quarterman & Thibault, 2007）。鑑此可知，新世紀運動賽會不僅具有廣大的全球多元影響力外，更已成為現代人追求健康、休閒、觀光、娛樂及流行的最佳選擇之一。

(二)新世紀運動賽會之舉辦效益

新世紀大型（國際）運動賽會之舉辦效益廣泛多元，因此已成為現代先進文明國家帶動社會全方位發展之重要活動，包括傳統的政治功能（如強身強國與民族意識的凝聚和提升等國家政策目的）、經濟功能（如增加就業機會、帶動城市建設、促進觀光發展等）、社會功能（如促進親子關係、強化社會規範與促進族群和諧等）、文化功能（如發揚身體文化的功能及傳統文化的發揚、交流與保存等），以及休閒娛樂的功能（如提供娛樂機會及活力健康的優質休閒活動）等。由世界各國積極申辦各項國際運動賽會的實例可知，這不僅是一場國際性的運動競賽活動，其中所代表的涵義及所產生的龐大效益，與世人息息相關，實已成為人類史上的重大事件，影響國家社會深遠（程紹同，1996）。

(三)國際運動賽事的商業價值

Statista國際統計數據公司預估2022年全球運動賽會營收可達276.22億美元，並持續成長至2025年315.69億美元（**圖1-3**），若以2019年國際運動賽事品牌價值7.8億美元排名第一的職業美式足球超級杯（Super Bowl）的高曝光商業效益為例，2020年賽事僅廣告收入便超過了4.48億美元（平均三十秒電視廣告價值520萬美元）（Chen, 2021; Guttmann, 2021）。而排名第四的FIFA世界杯（2.82億美元），國際足球總會在2018俄羅斯世界杯的

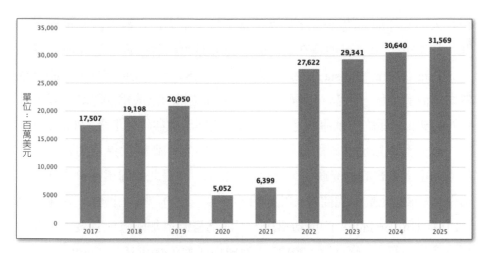

圖1-3　2017-2025全球運動賽會營收一覽表

資料來源：https://www.statista.com/outlook/dmo/eservices/event-tickets/sport-events/
worldwide#revenue

▲Statista國際統計數據公司預估2022年全球運動賽會營收可達276.22億美元

總收入亦高達64.21億美元，地球上幾乎有一半人口在觀看該屆世界杯大賽（35.72億人次），連遠在臺灣的運動彩券也跟著狂賣超過70億元臺幣（Statista, 2021a; Statista, 2021b；梁偉銘，2018），足見世界杯賽事的全球魅力與商業價值。再者，美國紐約的城市馬拉松，已成爲國際城市嘉年華會的經典，爲紐約市創造高達70億元臺幣的經濟效益（林正峰，2006）。

　　以臺灣舉辦過的國際運動賽會爲例，2009年高雄世界運動會締造了超過20億元臺幣的觀光產值（劉永元，2009），臺北聽障奧運會亦爲臺北市帶入約8億元臺幣的商機（林國瑞，2009）。2017臺北世界大學運動會（FISU Universiade）的成功舉辦，不僅爲臺灣增加國際能見度，更創造百億臺幣的商機（李欣芳，2017）。參與性運動（Participant Sport）（如參加路跑）及觀賞性運動（Spectator Sport）（如觀賞NBA比賽）爲推動運動產業發展的雙渦輪引擎，而要啓動這引擎的鑰匙則是透過各類大小賽事活動（event）誘發運動產業細分（segment）類別之全面發展，但該如何創造賽會（事）本身的商業價值，則是運動賽會管理者重要的職能之一。

第二節　新世紀運動賽會管理

一、新世紀運動賽會管理的重要性

　　運動賽會雖已歷經天災（如地震）、人禍（如戰爭）還有新冠疫情爆發的衝擊，卻仍屹立不搖於人類的重要舞臺上，多項國際大型運動賽會（international mega sport events）在疫情緩解後即踴躍而熱烈地舉辦中。例如，繼延期一年的2020年東京奧運會後，接著舉辦的2022年北京冬季奧運會、國際足總卡達世界杯（FIFA Qatar World Cup）以及成都世大運（三度延期舉辦）等三大國際賽會隨即接踵而至，2023年世界各地不計其數的大

小賽事活動正在熱絡準備中，甚至於2024年巴黎奧運會，以及2025雙北世界壯年運動會（World Master Games）等皆受世人所殷切期待，伴隨著人類社會每個日升日落，運動賽事活動舉足輕重，影響深遠。基於國際運動賽會的多元潛在效益，計畫申辦各項（級）國際運動賽會的國家城市眾多，且無不前仆後繼地積極爭取。隨著健康促進及休閒娛樂觀光成為國際社會的焦點議題，運動不但已成為現代人優質生活中不可或缺的要素，也是現代化國家追求整體進步發展的重要觸媒，使得運動產業也朝向全球化而迅速發展，其中又以運動賽會管理（sport event management）之專業成長最為快速（Graham et al., 1995；程紹同等，2004；程紹同等，2011）。

現代運動賽會的演進現已跳脫傳統的籌辦模式，而成功的現代運動賽會不僅專注於競賽活動之順暢進行，更應該追求其舉辦單位的整體管理功能（效益）之發揮（程紹同等，2002）。其中又以國際性大型運動賽會所投入的人力、物力及財力等資源浩大，必須講究投資效益，以免遭致失敗的噩運。運動賽會管理者必須具備正確的現代專業理念，其中包括：(1)組織與人力資源管理（本書第三章）；(2)行銷管理與贊助的規劃與執行（本書第四、五章）；(3)公共關係與媒體服務（本書第六章）；(4)風險管理與場館安全（本書第七章）等。在專業企劃能力方面，整個籌辦過程中應瞭解：(1)賽會申辦模式與運作（本書第二章）；(2)行政管理業務運作（本書第八章）；(3)競賽管理業務運作（本書第九章）；(4)典禮業務運作（本書第十章）；(5)服務業務運作（本書第十一章）等精細分工的操作模式。除了理論與企劃外，成功的運動賽會管理經驗也是值得運動賽會管理者學習之處，本書除了在第十二章針對臺北市成功舉辦2017年世界大學運動會提供具體的解說與經驗傳承；而席捲全球的馬拉松賽事，也會在本書最後的第十三章中，以品牌個案解析方式完整介紹路跑賽事管理。

運動賽會管理已發展成為國際運動管理領域中的重要趨勢，身為二十一世紀臺灣體壇的各級領導者、專業人員及青年學子們，均應具備這迎合時代潮流的新經營理念，追求個人生涯發展願景，以有效達成新世紀

運動賽會之籌辦目的，並實現體育運動推廣之最高理想。

二、新世紀運動賽會需要專業管理的理由

　　美國NBC運動頻道總裁伊博索（Dick Ebersol）認為，運動賽會管理暨行銷領域在近二十年來成長相當快速，並且已成為一項充滿大商機（big business）的活動，而此項產業之迅速竄起，實際上是反映出媒體、娛樂及觀光等事業的蓬勃發展。伊博索根據其專業經驗進一步表示，運動賽會管理暨行銷是一個新興領域，必須特別強調完善而專業的操作流程。愈是大型的運動賽會，愈需要完善的管理系統（程紹同等，2011）。蘇雄飛（1999）亦表示，世界在變、科技在進步、國際體育交流頻繁、競賽技術及規則也隨之改變更新，過去的競賽格局與觀念均已無法滿足社會大眾的需求。若僅藉著「嘗試錯誤」（trial and error）以累積經驗的籌辦方式，只會導致嚴重的失敗惡果，不容主辦單位輕忽！此為理由之一。

　　再者，國際奧會曾擔憂2004年雅典奧運會可能遭受天災（1999年雅典曾發生大地震造成143人死亡；洪水則是另一項需注意的自然災難）及人禍（籌備緩慢、工程進度落後、恐怖攻擊等）皆會直接影響賽會的成敗，並造成轉播電視臺及贊助商等企業重大損失，國際奧會為此付出680萬美元買保險（理賠金額高達1億7,000萬美元，約56.6億元臺幣）（林滄陳，2004）。突發的世界疫情更直接反映出運動賽會特性之一的「結果不確定性」，對於不可預期的運動賽會結果，正嚴厲考驗著賽會管理者完整的教育訓練、卓越的領導、精密的規劃、反覆的操作練習以及協調與控制能力，才能降低失敗的風險，此為理由之二。

　　根據相關研究結果發現，國內大學生對全校運動會的參與（包含觀賞）並不重視，滿意度也不高，且隨著年級的增加，學生參加運動會的興趣有下降趨勢，甚至高年級學生出現消極排斥的態度（劉照金、莊哲仁、沈裕盛，2002）；國民中學每年舉辦運動會的學校數僅有47%，且有比賽時

間短暫（半天）、工作分配不均，以及舉辦目標不明確等缺失（梁仲偉，1999）。然而例行的全校運動會，其功能包括教育、心理、社會及休閒娛樂等多元效益，如何使運動會可以滿足現代學生的需求（教職員需求亦應考慮），同時達成學校既定之舉辦目標，有賴管理與行銷功能之發揮，猶如引起消費者的興趣，滿足顧客需求的道理一般，此為理由之三。

基本上，運動賽會舉辦的整個流程，就是一種管理功能的發揮，因此，需要專業的管理者。不論運動賽會規模與範疇的大小，對於確保活動的成功皆有一共同點，便是對專業管理者的需求，以及管理功能的適切發揮（Graham et al., 1995; Masteralexis, Barr & Hums, 1998），此為理由之四。

三、運動賽會管理的定義

Graham等人（1995）將運動賽會管理定義為：「運動及其相關類型活動之行政（administration）、統合（coordination）與評量（evaluation）」。因此，可包括如學校及社區型的地域性運動賽事、企業促銷及公益性的賽會活動、大學／業餘／職業等不同層級性質的運動賽事。由於運動賽會隸屬於特殊事件的一種，故也擁有其兩大共同特性，即需要不同層級的專業管理方式，以及強調顧客導向服務的重要性（Graham et al., 1995）。專業管理的範疇包括：行銷、財務、贊助、公共關係、媒體關係、票務、商品販售等管理業務。與其他服務產業共通之處，即在於成功的運動賽會取決於滿意的顧客（指觀眾／參與者），而滿意的顧客則得視運動賽會吸引（attract）及維持（retain）觀眾／參與者興趣的涉入程度（involvement）而定（Masteralexis et al., 1998）。綜言之，作者認為運動賽會管理的定義，應是：「營利或非營利之組織（民間或政府），結合內外部的人力、物力、財力等社會資源，透過管理功能之運用，即規劃、組織、領導與控制，設計提供一種具有休閒娛樂、觀光遊憩、經濟發展、社會教育、政治外交等效能之有關類型運動競賽活動及周邊活動，以求達成籌辦組織既定之目標，

稱之。」

四、運動賽會管理的期程

　　曹有培（1999）認為，運動賽會管理涵蓋：(1)計畫管理（如計畫本身、行事曆、財務、行銷等）；(2)人事管理（如工作人員的選訓、人力分配、績效控制等）；(3)經營管理（如行銷、基金籌募等）；(4)媒體資訊管理（如媒體關係、公共關係、電視轉播、電腦科技運用等）；(5)場地設施管理（如運動場館及附屬設施等）；(6)法律管理（如風險管理、合約、平安保險等）。運動賽會的管理依期程可分為比賽的前、中、後三階段（如**表1-4**），而時間程序的掌控及工作事項的達成是一個重要指標。

表1-4　運動賽會管理期程表

籌備期	比賽期	賽後期
1.組織與人事 　‧籌備委員會的組成：下分行政中心（行政企劃組、資訊組、獎品組、票務組、會計出納組、安保組等）、競賽中心（註冊組、競賽組、裁判組、紀錄組、場地器材組等）及裁判員聘任及要求。 　‧總幹事的聘任：該職務籌備期間主要職為職務分配、工作協調及召開主持工作會報。 2.競賽規程之訂定 　應事先研擬競賽辦法及相關規定，列入規程，經籌備委員會會議通過，成為辦理該項活動之主要準則。內容包括：主旨、日期、地點、參加單位、項目、人數、成績計算、名次、申訴、獎勵、附則等。	1.會議的召開 　領隊會議、技術會議、裁判會議、審判委員會議、幹事部會議。 2.開幕典禮前的準備工作 　工作人員應事先召開典禮前之工作總檢查會議，針對場地、設備、器材、廣播系統、（貴賓）接待服務等事項。 3.比賽的進行 　主要工作包括： 　‧由會場總管理負責現場的監督管理。 　‧場地器材組應隨時將所需之運動場地器材加以整理補充。 　‧紀錄組應迅速登記各項比賽成績並公布之。	1.場地器材的整理與復原工作 2.支出帳目整理 3.成績紀錄整理 4.感謝函的寄發 5.檢討會的召開 6.報告書的撰寫（含相關活動報導、影片、相片、資料等整理）

（續）表1-4　運動賽會管理期程表

籌備期	比賽期	賽後期
3.會議的召開 重要會議包括：籌備委員會會議、技術委員會會議、各組工作會報、各單位工作協調會議、抽籤會議、裁判會議、審判委員會議、選手資格審查會議、周邊活動會議、記者會等。 4.預算的編列 主要包括： ・場地器材之修繕。 ・設備之添購。 ・獎品費。 ・文具印刷費。 ・工作人員津貼。 ・裁判費。 ・製裝費。 ・誤餐費。 ・表演費。 ・醫藥、保險費。 ・宣傳費。 ・交通費。 ・其他雜支費。	・裁判組應協助裁判處理臨時發生之各項問題。 ・競賽組應隨時注意比賽進行時糾紛問題之發生。 ・新聞組應隨時發布有關競賽成績及活動的最新消息。 ・醫護組應全天候待命，隨時因應突發狀況準備救援。 4.安全管理 隨時注意各項潛在風險發生的可能性，並做好賽會安全及群眾管理之相關事務。 5.閉幕典禮 應以簡單隆重感性為原則。	

資料來源：整理自曹有培（1999），頁75-78。

 ## 第三節　後疫時代運動賽會管理的啓示

　　根據余義箴等人（2021）針對「2012-2020臺灣運動管理學研究趨勢之探討」的研究結果指出，期刊發表主題與賽事管理相關者眾多，雖鮮少與科技主題有關，但隨著運動產業的科技應用趨勢，包括RFID、物聯網、VR、AR、AI、大數據分析及區塊鏈等技術，均廣泛運用於各大國際運動賽事和場館管理，以及行銷溝通策略，是相當值得關注的研究議題（余義箴、程紹同、吳惠萍，2021）。作者則於2016年便已指出運動產業

4.0時代的到來，強調科技已全面改變了其生態與經營管理模式（程紹同，2016）。值此，新冠疫情肆虐全球，重創運動產業發展暨賽事營運之際，唯有積極創造科技應用的未來，才能在不確定的世界情勢中，精準掌握國際運動賽會管理的新方向。

一、新冠疫情下的全球運動賽會

截至2021年11月5日止，全球新冠肺炎確診人數已達2.5億人，死亡人數高達504萬人（JHU CSSE COVID-19 Data, 2021）迫使各國紛採封鎖隔離措施，疫苗的施打仍無法抑止變種病毒的入侵和突破性感染，疫情似乎並無緩解的跡象，持續影響著世界經濟，運動產業依然危機四伏，令人擔憂。疫情大爆發前，全球運動產業年收入可達7,560億美元，且產值預期成長4.9%，然而受到疫情爆發干擾，四成七的全球賽事不能如期舉辦，造成產業收入高達616億美元的損失（Somoggi, 2020; Sport Tourism Media, 2020）。而其中扮演產業核心引擎的運動賽會衝擊最大，包括東京奧運會的延期、美國各大職業聯賽的暫停及法甲足球聯賽的取消，損失上百億美元（Chughtai, 2020）。

全世界各地大小運動賽會（事）活動的停擺，意味著全球運動產業雙核心引擎的熄火，沒有賽事就不會觀眾，沒有觀眾也就沒有轉播，沒有轉播便沒有廣告收入及贊助商的挹注，同時更衍生出許多後續的不確定問題，包括防疫措施、跨國移動、泡泡聯盟、轉播方式、贊助、球隊和經紀合約的履行及勞動法規、球隊與球迷關係的維繫等。根據Statista（2021）針對全球運動產業所進行的調查顯示，近六成的企業主面對疫情的巨大衝擊是沒有準備的，全世界大小運動賽事活動無一倖免地正面臨這場生死存亡的挑戰，領導者必須重新檢視自身的生存能力，也更凸顯出在這場抗疫戰爭中，新世紀運動賽會管理的重要性（Gough, 2021；程紹同，2020）。

圖1-4　新冠疫情下的運動賽事經濟影響

▲沒有賽事就不會有觀眾，沒有觀眾也就沒有轉播，沒有轉播便沒有廣告收入及
　贊助商的挹注，而運動產業發展的核心引擎便會隨之熄火

二、後疫時代運動賽會管理的新局

後疫時代的「新常態」（New Normal）已成熱門討論議題，意指隨著全球疫苗施打及防疫措施落實，在疫情漸趨緩和的情況下，產業及生活雖有機會回歸平靜，但其樣貌與本質已產生變化，包括遠距學習、居家辦公、行動支付、網路購物等生活行爲及習慣改變，人類必須學習與病毒共存，過去的「正常」營運模式與生活已經回不去了！其實，疫情並未改變原有趨勢發展，只是成爲了趨勢的加速器，科技已然全面主導了世界（如蘋果、谷歌、亞馬遜、臉書等）。運動產業未來若要永續發展，則必須認清新常態即是新日常，更要把握科技趨勢超前部署。

就運動賽會管理的新常態而言，若要發展出永續成長的「第二曲線」（The Second Curve），則勢必得重新思考整個（商業）營運模式，重新定義其核心價值，大幅改變核心能力、關鍵活動與資源，調整運動消費者接觸點（通路與平臺）的配置。強調運動迷體驗的優化服務，以運動迷爲中心的思維，透過結合資訊技術，轉型爲提供更個人化與客製化的「產品和服務」、全通路的客戶體驗，無縫隙線上線下（O2O）整合的便利性，以及場上觀衆體驗等。結合工研院產科所提出的「零接觸經濟、零距離創新」架構的應用概念，提供運動賽會管理者參考（簡秀怡、蘇孟宗，2020；程紹同，2020）。

(一)產業創新

即透過全方位數位轉型，建構全新的生態體系，改變產業競合生態，如建構與電商購物、影音串流媒體、電競遊戲娛樂等不同產品與服務的生態體系，增加運動消費者的黏著度。

(二)市場創新

意指疫情摧毀了現有市場,所以需採「破壞式創新」(disruptive innovation)方式突破原有框架,擴大和開發新市場。如虛實整合的新型態(雲端)賽事、明星運動員的社群媒體創新經營、擴增實境的虛擬贊助(VR-virtual sponsorship)、數位或串流媒體服務(digital or OTT services)取代傳統電視轉播等。

(三)空間創新

即透過創新科技讓賽會服務,「遠在雲端,盡在眼前」(physically separated but virtually connected)以因應疫情變化,降低觀眾進場人數控制和停賽等損失影響。不僅可保有實體場館的賽會服務,亦可轉換空間持續提供。如AI智慧場館、物聯網、AR/VR/XR延展實境(Extended Reality)。

(四)作業創新

即透過創新科技,使賽會服務作業不僅可降低接觸,同時提高運動賽會執行作業上的效率與賽事的公正性,以及線上線下運動迷觀賽體驗優化。如即時重播、傳感器工具、計時系統、RFID芯片、設備開發(如人臉辨識裝置、智慧點餐服務、運動員安全防護頭盔)等。

值此2021年9月臉書創辦人祖克伯「元宇宙」(Metaverse)概念的提出,勾勒出次世代網路下的虛擬新世界,使用者的數位分身(Avatar)將代替本尊行走於這無所不能的綠洲之中,一場數位經濟3.0的盛宴令人充滿無限想像與期待(王薇瑄,2021)。好萊塢電影《阿凡達》(Avatar)、《獵殺代理人》(Surrogates)和《脫稿玩家》(Free Guy)的情節即將真實呈現,而運動賽會中的《少林足球》似乎也指日可待。作者常在體育運動專業課堂上,以「要自轉?還是被公轉?」(change or be changed)的喻言來

激勵學生要觀察敏銳，隨環境變化而自我因應變強，而不是被環境迫使改變並付出慘痛的失敗代價。面對後疫時代數位智慧轉型趨勢的加速，新冠世代（Generation Coronavirus）運動賽會參與、觀賞及消費行為的改變，以及運動賽會管理結構性的重組，將促進全新運營（商業）模式的形成，這正是英雄造時勢的最佳機會，考驗著運動賽會管理者在變局中的決策力和創新思維，期許未來的體育運動人才能夠逆風而起，勇敢創造屬於自己的運動新世界。

問題與討論

一、請說明舉辦運動賽會的新時代意義與價值為何？

二、請說明「運動賽會」及「運動賽會管理」的定義為何？

三、請試列出三項世界上最具影響力之國際大型運動賽會中英名稱為何？

四、請說明現代國際運動賽會管理的重要性。

五、請說明後疫時代運動賽會管理的改變為何？

參 考 文 獻

一、中文部分

王薇瑄（2021）。〈元宇宙——數位經濟3.0盛宴〉。《經濟日報》，11月9日，B5版。

江良規（1968）。《體育學原理新編》。臺北：臺灣商務印書館。

余義箴、程紹同、張惠萍（2021）。〈臺灣運動管理學研究趨勢之探討2012-2020〉。《中華體育季刊》，35(3)，頁137-144。

吳政昆、李世國（2003）。〈原住民文化與全國原住民運動會之探討〉。《體育發展趨勢學術研討會論文集》，頁214。臺北：臺北市立師範學院體育研究所。

李欣芳（2017）。〈提升臺灣能見度 世大運帶來100多億元商機〉。《自由時報》，2021年11月9日，取自https://news.ltn.com.tw/news/life/breakingnews/2152130

林正峰（2006）。〈一場馬拉松帶進七十億元經濟效益〉。《商業周刊》，11月24日。

林國瑞（2009）。〈臺北聽奧的經驗分享〉。《國際綜合運動賽會經驗傳承研習手冊》，頁9，未出版。新竹：國立新竹教育大學體育系。

林滄陳（2004）。〈破天荒，奧運投保56.6億〉。《民生報》，4月29日，A1版。

馬丕祝（1995）。〈運動比賽法及比賽制度與分類〉。《臺灣體育》，78(2)，頁2-5。

張木山（1999）。〈如何辦好各種運動競賽活動：以大型競技賽會為中心〉。《國民體育法修正後建立後續制度座談會報告書》，頁99-116。臺北：臺北市立體育學院。

曹有培（1999）。〈如何辦好各種運動競賽活動〉。《國民體育法修正後建立後續制度座談會報告書》，頁73-78。臺北：臺北市立體育學院。

梁仲偉（1999）。〈辦好一場全校運動會〉。《學校體育雙月刊》，11(5)，頁66-70。

梁偉銘（2018）。〈2018世足賽 世界一半人口瘋看〉。自由電子報，12月24日，取自https://sports.ltn.com.tw/news/paper/1256313

許樹淵（2003）。《運動賽會管理》。臺北：師大書苑。

湯銘新（1986）。《奧林匹克活動規範》。臺北：中華臺北奧林匹克委員會。

湯銘新（1996）。《奧運百週年發展史》。臺北：中華臺北奧林匹克委員會。

程紹同（1996）。〈從1994年臺北區運會談舉辦國際運動賽會之效益得失〉。《臺灣師大體育研究》，2，頁61-67。

程紹同（1998）。《運動贊助策略學》。臺北：漢文。

程紹同（2002）。《臺灣地區民眾對北京舉辦二○○八年奧運會之態度與認知調查報告書》，未出版。臺北：行政院體育委員會。

程紹同（2006）。〈讓德國再起的2006世界杯足球賽〉。《廣告雜誌》，182，頁18-20。

程紹同（2016）。〈運動產業4.0時代之大數據新思維〉。《運動管理季刊》，33(33)，頁19-44。

程紹同（2020）。〈後疫時代運動產業的機會與挑戰〉。2020運動賽會管理人才培訓工作坊。新竹：國立清華大學南大校區體育健康教學大樓。《ETtoday運動雲》，9月2日，取自https://sports.ettoday.net/news/1799562

程紹同、方信淵、洪嘉文、廖俊儒、謝一睿（2002）。《運動管理學導論》。臺北：華泰。

程紹同、方信淵、范智明、林保源、廖俊儒、王慶堂、呂宏進（2011）。《運動賽會管理：理論與實務》（第二版）。新北：揚智文化。

程紹同、許振明、陳增朋、洪煌佳、王凱立、呂宏進（2004）。《運動賽會管理：理論與實務》。新北：揚智文化。

黃明玉（1999）。〈如何辦好各種運動競賽活動：以大型競技賽會為中心〉。《國民體育法修正後建立後續制度座談會報告書》，頁97-98。臺北：臺北市立體育學院。

楊明娟（2018）。〈世界盃／足球經濟 最有賺頭的產業〉。《中央廣播電臺》，7月13日，取自https://www.rti.org.tw/news/view/id/417098

葉公鼎（2009）。《大型運動賽會經營管理》。臺北：華都。

葉公鼎（2013）。《大型運動賽會經營管理》（第二版）。臺北：華都。

劉永元（2009）。〈2009世界運動會知識與經驗〉。《國際綜合運動賽會經驗傳承研習手冊》，頁10，未出版。新竹：國立新竹教育大學體育系。

劉田修（1999）。〈如何辦好各種運動競賽活動：以大型競技賽會為中心〉。《國民體育法修正後建立後續制度座談會報告書》，頁79-96。臺北：臺北市立體育學院。

劉照金、莊哲仁、沈裕盛（2002）。〈大學生對全校運動會的目標認同傾向、涉入程度、外在影響程度及參與率之研究〉。《大專體育學刊》，4(2)，頁31-44。

廣告雜誌（2004）。〈2004年10消費者必須擁有趨勢產品〉。《廣告雜誌》，155，頁44-47。

簡秀怡、蘇孟宗（2020）。〈後疫心時代！0接觸經濟、0距離創新〉。《IEK產業情報網》，4月26日，取自https://ieknet.iek.org.tw/iekrpt/rpt_open.aspx?actiontype=rpt&indu_idno=0&domain=0&rpt_idno=948487554

蘇雄飛（1999）。〈如何辦好各種運動競賽活動：以大型競技賽會為中心〉。《國民體育法修正後建立後續制度座談會報告書》，頁13-29。臺北：臺北市立體育學院。

二、英文部分

Catherwood, D. W. & Van Kirk, R. L. (1992). *The Complete Guide to Special Event Management*. New York: John Wiley & Sons.

Chalip, L. (1992). The construction and use of polysemic structures: Olympic lessons for sport marketing. *Journal of Sport Marketing, 6*(2), 87-98.

Chen, E. (2021). 2020 Super Bowl ad revenue reaches record $450 million. Retrieved November 7, 2021, from Kantar Advertising Insights, Website: https://www.kantar.com/north-america/inspiration/advertising-media/super-bowl-2020-advertising-revenue-reaches-record-450-million-dollars

Chughtai, A. (2020). Coronavirus: What sporting events are affected by the pandemic? Retrieved November 7, 2021, from Al Jazeera New Agencies, Website: https://www.aljazeera.com/sports/2020/9/20/coronavirus-what-sporting-events-are-affected-by-the-pandemic

Gough, C. (2021). Level of preparedness of the sports industry for the COVID-19 crisis according to sports industry leaders worldwide as of August 2020. Retrieved November 2, 2021, from Statista Website: https://www.statista.com/statistics/822695/sports-industry-preparedness-covid/#statisticContainer

Graham, S., Goldblatt, J. J. & Delpy, L. (1995). *The Ultimate Guide to Sport Event Management & Marketing*. Chicago: Irwin Professional Pub.

Guivernau, A. (2018). The economic Impact of the Russia World Cup. Retrieved November 2, 2021, from The *Economy Journal*, Website: https://www.theeconomyjournal.eu/texto-diario/mostrar/1522249/the-economic-impact-of-the-russia-world-cup

Guttmann, A. (2021). Super Bowl advertising revenue 2003-2020. Retrieved November 5, 2021, from Statista.com Website: https://www.statista.com/statistics/251585/super-bowl-advertising-spending/

International Olympic Committee Press Release (2004, May 17). Sport at the heart of European Union's new constitution. *IOC Newsletter*.

International Olympic Committee Press Release (2009, October 4). Makeshift ball shows power of sport. *IOC Newsletter*.

JHU CSSE COVID-19 Data (2021). COVID-19 Data Repository by the Center for Systems Science and Engineering (CSSE) at Johns Hopkins University. Retrieved November 5, 2021, from Github.com Website: https://github.com/CSSEGISandData/COVID-19

Masteralexis, L. P., Barr, C. A. & Hums, M. A. (1998). *Principles and Practice of Sport Management*. Gaithersburg, MA: An Aspen Publication.

Newzoo (2021). Newzoo's Global Esports & Live Streaming Market Report 2021. Retrieved November 3, 2021, from Newzoo.com Website: https://newzoo.com/insights/trend-reports/newzoos-global-esports-live-streaming-market-report-2021-free-version/

Parks, J. B., Quarterman, J. & Thibault, L. (2007). *Contemporary Sport Management* (3rd ed.). Champaign, IL: Human Kinetics, Inc.

Shone, A. (2001). *Successful Event Management*. NY: Continuum Books.

Somoggi, A. (2020). Coronavirus's economic impact on the sports industry. Retrieved March 18, 2020, from Sportsvalue.com Website: https://www.sportsvalue.com.br/en/coronaviruss-economic-impact-on-the-sports-industry/

Sport Tourism Media (2020). Covid-19 impact study: Only 53% of sports events in 2020 will be held and industry to lose $61.6bn in revenue. Retrieved April 26, 2020, from Sporttourismmedia.com Website: https://www.sportstourismnews.com/two-circles-covid-19-impact-study-2020-sports-events/

Statista (2021a). Sport event, worldwide. Retrieved November 8, 2021, from Statista.com Website: https://www.statista.com/outlook/dmo/eservices/event-tickets/sport-events/worldwide

Statista (2021b). Sport event, worldwide. Retrieved November 8, 2021, from Statista.com Website: https://www.statista.com/statistics/253353/brand-value-of-sport-events-worldwide/

Wilkinson, D. (1988). *Event Management and Marketing Institute Manual*. Sunnydale, CA: The Wilkinson Group.

Chapter **2**

葉錦樹

大型國際運動賽會之申辦

學習目標

1. 瞭解大型國際運動賽會的申辦意義。
2. 瞭解現代奧運會申辦模式的轉變與意涵。
3. 瞭解申辦大型國際運動賽會的成功因素。
4. 瞭解申辦大型國際運動賽會的成功策略。
5. 瞭解未來大型國際運動賽會的發展趨勢。

 # 第一節 大型國際運動賽會的申辦意義

一、大型國際運動賽會的申辦意義

根據Statista國際統計數據公司指出，雖然受到新冠肺炎的影響，2020-2021全球運動賽會收入已跌入谷底。不過，隨著整體疫情的趨緩與控制，仍樂觀預測2022年運動賽會收入不僅將反彈提升至2762.2億美元，而且行情持續看漲，到2025年收入更將增至315.69億美元（**圖2-1**）。鑑此可見，國際運動賽會的復甦力道十分強勁，對於全球的影響力依然不容小覷。預期各大國際運動賽會（事）活動正蓄勢待發，如雨後春筍般報復性地陸續展

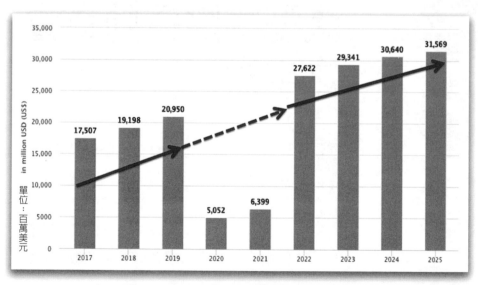

圖2-1 2017-2025全球運動賽會收入趨勢圖

資料來源：https://www..com/outlook/dmo/eservices/event-tickets/sport-events/
worldwide#revenue

▲2022年國際運動賽會的復甦力道強勁，預期各大國際運動賽會（事）活動將如雨後春筍般報復性陸續開展

開，而舉辦大型國際運動賽會前的第一個規劃步驟便是要做好進入申辦程序的準備與評估。

　　大型國際運動賽會的申辦意義可從兩個角度來探討。首先從擁有國際運動賽會（事）所有權（property）的運動治理組織（governing body）角度而言，在考量主辦運動賽會（事）所能夠創造出的相關潛在利益時，運動治理組織會要求有興趣辦理的單位機構進行競標，以取得主辦權。其主要目的在於確認主辦單位可以順利舉辦的綜合能力，以及達成運動治理組織的運動推廣目的與理想。例如，夏多兩季的現代奧林匹克運動會，其所有權為綜管世界206個國家及地區奧會的運動治理組織國際奧會所擁有。根據國際奧會官方網站資料顯示出其宗旨為促進全球的奧林匹克精神（Olympism）及推動奧林匹克活動（Olympic Movement）。其使命包括：(1)確保如期順利舉辦一場獨特的奧運會；(2)視運動員為奧林匹克活動的中心；(3)聚焦於年輕人，促進體育運動和奧林匹克價值（IOC, 2022）。另一個思考角度則是從欲舉辦大型國際運動賽會（事）的申辦城市及相關體育

運動組織或有興趣的申辦單位來進行檢視。有鑑於舉辦大型國際運動賽會（事）所需投入的人力物力龐大，申辦前應慎重考量及全面評估舉辦目的和目標是否能夠達成。

學者Greenwell、Danzey-Bussell與Shonk（2020）建議四點考量：(1)市場的吸引力，即是否能夠吸引觀眾／觀光客前來參與和消費？(2)地方建設的助益，即主辦地區／城市是否因此改善基礎建設？(3)城市形象與生活品質的提升，即主辦城市的意象宣傳及市民的幸福感是否因此提升？(4)城市特色與效益的展現，即主辦城市的魅力特色及預期效益是否因此能實現？葉公鼎（2013）引用Supovitz（2005）觀點建議有意爭取大型國際運動賽會（事）的城市或運動單項協會，除了要瞭解該項賽會所有權的運動治理組織所要求的相關規定及條件外，其本身現況及相關條件的評估也相當重要。一般城市申辦重大賽會則需考量：(1)效益（含經濟效益／非經濟效益、長短期效應；(2)申辦單位條件評估包括政府政策、國際關係、政治因素、財務能力、人力資源、標準場館設施、基礎建設、育樂條件及國際相關賽事承辦經驗等；(3)競爭對手的實力；(4)舉辦地區的國際均衡考量。葉公鼎（2013）進一步提出我國申辦重大賽會時的考量因素包括：(1)政治因素（受制於兩岸政治衝突及國際情勢的現實）；(2)國際關係（與各個國際體育組織的長期關係維繫程度）；(3)符合國際標準的場館因素；(4)國際運動賽會管理的專業能力。目睹臺灣順利成功舉辦過2009的高雄世界運動會（World Games）暨臺北聽障奧運（Deaflympics Games）以及2017臺北世界大學運動會（FISU Universiade），還有即將登場的2025雙北世界壯年運動會（World Master Games），足見臺灣已逐漸積累出舉辦大型國際運動賽會（事）的實力。不過，為了有效延續舉辦重大國際賽會的全方位效益，相關申辦暨舉辦的成功經驗，仍亟待系統化的保存與剖析，計畫性的國際運動賽會管理人才培育及國際運動賽會（事）專責單位的設置更是刻不容緩，值得政府進一步的重視、推動與大力支持。教育部體育署於2015年出版的《國際運動賽事管理手冊》專書第一篇亦開宗明義地強調經驗傳承的

重要性（教育部體育署，2015）。因此，本章內容仍有必要保留本書2004年第一版和2011年第二版申辦章節作者程紹同教授及廖俊儒教授的基礎觀點、申辦資料與研究成果，以作為我國未來持續申辦大型國際運動賽會的重要參考依據與執行策略規劃。

二、亞洲國家申辦大型國際運動賽會的意涵

　　程紹同（2001）曾強調，大型國際運動賽會之舉辦，已成為躋身現代先進國家之重要指標活動。由世界各國積極申辦各項國際運動賽會的熱絡情況可看出，這不僅是一場國際性的運動競賽活動，其中所代表的涵義及產生的全方位效益（如社會、政治、經濟、教育、文化等），與人們生活息息相關，實已成為人類史上的大事件，影響深遠。由於舉辦大型國際運動賽會具有多重的效益，自1984年洛杉磯奧運會的成功舉辦後，亞洲的大型城市亦開始積極申辦各項大型國際運動賽會。例如自2002年日韓世界盃足球賽起，接著的是2008年北京奧運會、2009年高雄世界運動會、2009年香港東亞運、2010年廣州亞運會、2014年仁川亞運會、2015年光州世界大學運動會、2017年吉隆坡亞運會、2017年臺北市世界大學運動會、2018年平昌冬季奧運會及2018年俄羅斯世界盃足球賽等，新冠疫情爆發後的2020東京奧運會（延後至2021年舉辦）、2022年北京冬季奧運會、2022年卡達世界盃足球賽、2022年杭州亞運會、2022年曼谷春武里亞洲室內暨武藝運動會（延至2023年舉辦）、2023年俄羅斯凱薩琳堡世界大學運動會、2024年韓國江原道冬季青年奧運會及2025年雙北世界壯年運動會等各類國際賽會（事）正百花齊放，國際間各大城市在申辦國際大型運動賽會的競爭仍方興未艾，絲毫不受疫情所影響。根據學者Walmsley（2013）研究調查發現，全球性大型國際運動賽會主辦國家地區已有明顯轉移至亞洲的趨勢，國際綜合型運動賽事成功申辦數量以美國排名第一，中國次之，韓國排名第五。而亞洲級綜合型運動賽事成功申辦數量則以中國為首，韓國次之，

越南和泰國則並列第三。由上述可知,除了中國大陸與韓國展現出積極舉辦國際運動賽會的強烈企圖心,包括越南和泰國也在摩拳擦掌爭取表現機會。愈來愈多的國際賽事活動是由亞洲國家主導申辦成功的,可見亞洲地區國家無不卯足全力,期透過舉辦大型國際運動賽會凸顯其現代化城市的整體實力與國際地位影響力,同時爭取國家整體發展之契機。

　　對臺灣而言,早期論及國內選手贏得奧運金牌或者舉辦大型國際運動賽會就如同空中樓閣一般,遙不可及;然而曾幾何時,奧運金牌夢已在2004年實現,而2009年高雄市及臺北市已分別成功舉辦了世界運動會和聽障奧運會,以及2017臺北世大運,為我國舉辦大型國際運動賽會立下了重要的里程碑,接下來還有2025年臺北新北市共同主辦的雙北世界壯年運動會。然而,申辦大型國際運動賽會的「競技場」上不僅競爭激烈,且是一條漫長、艱辛的道路,我國若要在現有的成功經驗下趁勢而為,挑戰下一個更具規模的大型國際運動賽會,仍須詳加瞭解大型國際運動賽會的重要申辦事務。由於大型國際運動賽會種類多元,各個單項國際賽事的申辦各有不同的規定。然而,就申辦模式而言,奧運會相對地較具有完整且可供參考的內容。現代奧運會乃是目前全世界最大型的綜合運動賽會,且為國際間最高水準的運動盛會之一,對舉辦城市而言,舉辦奧運會不僅是一項榮耀,更是一個「長期抗戰」的任務。國際奧會為能慎重篩選出最理想的主辦城市,以使每四年一次的奧運會順利舉辦,特別針對主辦城市的遴選訂下了諸多嚴謹的規定,這些規定對於申辦城市及國家提供了相當明確的指引。若能瞭解奧運會申辦模式的過去與現在,並以此作為努力的標的,則屆時擬申辦規模較小的大型運動賽會(如亞運會)時自然能具備成熟的條件。

表2-1 新興國際綜合型運動賽事

賽事名稱	第一屆辦理年份	週期
世界心智運動會	2008	4年
歐洲壯年運動會	2008	4年
亞洲沙灘運動會	2008	4年
亞洲青年運動會	2009	4年
亞洲室內暨武藝運動會*	2009	4年
南美洲沙灘運動會	2009	2年
軍人冬季運動會	2010	3或4年
世界武博運動會	2010	3年
青年奧運會	2010	4年
青年冬季奧運會	2012	4年
歐洲運動會	2015	4年
世界聯合錦標賽	2017	4年

*自2013年起，（原）亞洲武藝運動會併入亞洲室內暨武藝運動會。

資料來源：教育部體育署（2015）。《國際運動賽事管理手冊》。臺北：教育部，頁8。

 第二節　現代奧運會申辦模式的轉變與意涵

一、2020奧林匹克改革議程（Olympic Agenda 2020）

　　自2020東京夏季奧運與2022北京冬季奧運會在世紀流行病毒新冠肺炎的干擾下順利落幕後，世人所期待的下屆奧運會將於2024年在法國巴黎舉辦。不僅於此，下下屆2028年奧運會國際奧會也已經宣布由美國洛杉磯舉辦，甚至在2021年7月第138屆國際奧會東京年會上執行委員會投票決議，2032年第34屆奧運會將由澳洲布里斯本獲得主辦權。這是國際奧會主席Thomas Bach自2013年上任以來，所做出影響奧林匹克運動最重大的一項決策。該項決議是在2014年會上所通過的「2020奧林匹克改革議程」（Olympic Agenda 2020），內含40項改革建議，其中也包括改變決定未來

▲2020奧林匹克改革議程改變了決定未來奧運及青年奧運主辦城市的遴選方式

奧運及青年奧運主辦城市的遴選方式。其目的在於調整奧林匹克運動的發展策略路徑朝向永續（sustainability）及遺產保存（legacy）的嶄新未來。未來奧運會的運作型態將是以降低奧運會舉辦成本及擴大運營效率為目標的一種全新管理思維，並與主辦城市、地區和國家共同創造出奧運會的最高賽會價值，以凸顯體育運動對人類社會的影響力。Bach期盼，藉由2020改革議程所帶來的改變，促使奧運會與時俱進，在保有一定的彈性空間下確保良善管理，以達到未來運動賽會的永續發展。同時，在以運動員為核心價值的前提下，持續維護奧運會的普及化和賽會的獨特魅力（IOC, 2020）。鑑古知今，以史為師。充分暸解奧運會過往今來申辦程序的轉變及相關內容，實有助於對大型國際運動賽會申辦概念的完整建立。

二、第35屆奧運會前的申辦條件與流程

在第35屆2032澳洲布里斯本奧運會前的申辦內容，國際奧會對申辦城

市訂有諸多的條件及特定的申辦流程，以2012年奧運會爲例，國際奧會訂定了奧運會候選城市接受程序，而對於主辦城市遴選條件的主要規範如下（IOC, 2003, p.2）：

1. 遴選舉辦城市爲國際奧會之專有權力。

2. 只有經國家奧會（National Olympic Committee, NOC）批准的城市方可申辦奧運會。舉辦奧運會的申請須由有關城市的政府，在取得國家奧會同意後，向國際奧會提出申請。該城市的政府和國家奧會須保證舉辦奧運會的相關活動可使國際奧會滿意。一個國家中可以有多個候選城市，但最後仍將由該國的國家奧會遴選出最佳的申辦城市代表。

3. 通過國家奧會核可具候選資格的城市須遵從《奧林匹克憲章》之相關規定及附則。

4. 除非申請城市向國際奧會展示其國家政府所簽署之證明文件，並向國際奧會保證該國政府將尊重《奧林匹克憲章》，否則，不應授權該城市籌辦奧運會。

5. 凡欲申請奧運會主辦權之城市，應以書面表明尊重國際奧會執行委員會所頒布之「候選城市規約」及遵循程序，同時必須遵守列入奧運會競賽項目中各國際單項運動總會所頒訂之各項技術準則。

6. 具候選資格的城市應向國際奧會執行委員會提出令人滿意的財務保證。此項保證可由該城市本身、地方、地區或全國性之公共財團、國家或其他第三者提出。國際奧會至少應於召開年會（會中將會決定授予奧運會主辦權）前六個月，公告所要求保證之性質、方式以及確切之內容。

7. 在評估委員會完成評估報告後，有關指定主辦城市的遴選會議地點將在沒有提出候選都市的國家內舉行。除特殊情況外，該項遴選工作至少應在該屆奧林匹克運動會舉行前的七年辦理選出。

8. 國際奧會與舉辦奧運會城市及該國的國家奧會應簽訂一份書面協

議，詳載各方應負擔的義務與責任，並於舉辦城市選出後，立即簽署。

程紹同及廖俊儒（2009）指出，當某一城市計畫舉辦奧運會時，首先應考慮的是本身是否為具備國際化條件的理想城市，接著應積極說服該城市的地方首長、市議員、民意代表支持這項提案計畫，進而爭取中央政府的支持，然後開始進行相關的申辦準備工作。當國際奧會正式發文至各國國家奧會徵選有意願的申請城市時，即可向所在國家地區的國家奧會提出申請。同一國家中若同時有超過一個以上的城市提出申請時，則由國家奧會進行審核，遴選出最具代表性的理想城市，代表該國參加申辦奧運會的行列（如2016年奧運會美國本身便有多個城市競爭，最後由芝加哥市雀屏中選代表美國申辦），此為申辦流程的第一階段。

其次，國家奧會將申請城市依規定所準備的「申辦計畫書」等文件資料轉送國際奧會備案，而成為奧運會的「申請城市」（applicant city），接著所有「申請城市」必須提出書面的計畫書，以回答國際奧會的申辦問卷，此為申辦流程的第二階段。國際奧會則根據所有「申請城市」的申辦相關文件等資料，初步篩選出若干城市成為「候選城市」（candidate city），此為申辦流程的第三階段。接著，所有「候選城市」必須依照國際奧會規定提出詳細的申辦計畫，此為申辦流程的第四階段。而國際奧會在收到候選城市提出的申辦計畫書後，即成立評估小組，針對各候選城市進行詳細審核，最後提出評估報告書並詳述各城市的評估結果且建議適合舉辦奧運會的城市，此為申辦流程的第五階段。接下來國際奧會須於距該屆奧運會舉辦日期前七年，經由年會會議方式由所有國際奧會委員（除來自候選城市之國家的國際奧會委員外），投票選出奧運會的主辦城市，此為申辦流程的第六階段。**圖2-2**為奧運會舉辦城市的簡易申辦流程。

申辦城市的準備進程主要是跟隨國際奧會的審查腳步，所以，瞭解國際奧會的運作情形與時間表，在進行申辦進程的安排上便顯得格外重要。再者，根據《奧林匹克憲章》可知，奧運會主辦國的決選必須在所申辦應

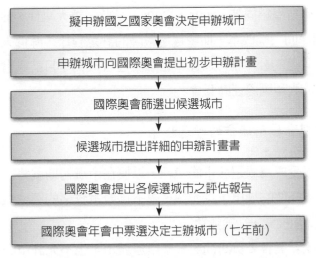

擬申辦國之國家奧會決定申辦城市

↓

申辦城市向國際奧會提出初步申辦計畫

↓

國際奧會篩選出候選城市

↓

候選城市提出詳細的申辦計畫書

↓

國際奧會提出各候選城市之評估報告

↓

國際奧會年會中票選決定主辦城市（七年前）

圖2-2　奧運會舉辦城市的簡易申辦流程圖

資料來源：程紹同、廖俊儒（2009），頁20。

屆奧運會舉辦前七年就必須決定，以便讓主辦國有更充裕的時間籌備得更完善，可見欲申辦奧運會的國際城市至少應在十年前便必須開始籌劃，可謂是長程的艱鉅工程（程紹同等，2004）。

三、現代奧運會舉辦城市的評選程序、指標及決選

自從1984年美國洛杉磯奧運會成功導入商業經營模式，其後的漢城、巴塞隆納及亞特蘭大等奧運會亦皆在此經營模式之下獲得正面的效益，使得奧運會從之前的「鈔票燃燒機」搖身一變成為「鈔票印製機」，奧運會在媒體的「加持」之下，成為各國城市爭相好逑的「窈窕淑女」。正因為競爭者眾，使得申辦的各城市不得不使出渾身解數，各出奇招。在激烈的競爭過程中，即有城市鋌而走險，運用不正當的賄賂手段，拉攏國際奧會委員，導致1998年爆發了美國鹽湖城2002年冬季奧運會的申辦醜聞，引起國際和體育界深切關注，甚至有要求當時的國際奧會主席薩瑪蘭奇辭職的

不滿聲浪（引自程紹同等，2004，頁228）。此一重大事件，促使國際奧會進行決選程序的大幅改革，期望透過嚴謹的評選程序，降低人為控制的因素，以提高評選的公平性，而此舉也讓奧運會成為了目前具有最明確且嚴謹申辦規範的大型國際運動賽會。

(一)現代奧運會舉辦城市的評選程序

1.增加接受成為候選城市的步驟，以便在申辦初期就將缺乏舉辦奧運會基本條件的城市予以淘汰，讓不具競爭資格的國家城市減少不必要的高額投資，徒勞無功。

2.禁止國際奧會委員訪問、考察申辦城市，也不允許申辦城市代表拜訪國際奧會委員。

在上述的改革後，現代奧運會的申辦即成為了兩階段的評選過程，其重點如下：

◆第一階段評選

在舉辦該屆奧運會的九年前接受各國國家奧會申請，並提出申辦計畫書，國際奧會隨即組成評估小組進行計畫書審查，並於舉辦時間八年前決定通過第一階段評審的城市名單，通過者被列為候選城市，並得以進入第二階段的評選。

◆第二階段評選

通過第一階段評選的各候選城市應進行第二階段評選的準備。包括奧運會的觀摩，於舉辦時間七年前提出第二階段更詳細的申辦計畫書。國際奧會接著組成評估小組，對各候選城市所提出的計畫書進行評審，並將評估報告書提供給所有委員審視，最終，於會員大會中由各委員進行投票，來決定主辦城市。

以2016年奧運會的申辦為例，其評選過程中相關重要工作時程如**表2-2**所述。

表2-2　2016年奧運會申辦重要時程表

階段	工作事項	截止時間
第一階段	各國國家奧會向國際奧會提出申辦城市名單	2007年9月13日
	候選城市接受程序的簽認	2007年10月1日
	繳交申辦費用15萬元美金	2007年10月1日
	國際奧會召開申辦城市的申辦說明會	2007年10月15日起 為期一週，地點：洛桑
	向國際奧會提出申辦計畫書及保證信函	2008年1月14日
	國際奧會及專家群針對回覆內容的審查	2008年1-6月
	國際奧會執委會召開會議決定2016年奧運會的候選城市	2008年6月
第二階段	2008年北京奧運會觀摩計畫	2008年8月8-24日
	候選城市提交第二階段計畫書	2009年2月12日
	2016年國際奧會評估小組提出評估報告	票選舉辦城市前一個月
	2016年奧運會主辦城市的選舉	2009年10月2日 地點：哥本哈根

資料來源：整理自IOC(2007)。

(二)現代奧運會舉辦城市的評選指標

在奧運會的兩階段申辦過程中，國際奧會對每一階段的計畫書皆明訂各申辦城市應提出規劃及說明的事項，申辦城市則必須據此提出計畫書，以下即詳細說明兩階段評選的準則。

◆第一階段評選

以2012年的奧運申辦為例，在第一階段的評選中，國際奧會要求各申辦城市應該在申辦計畫書中回答七大主題共二十五項的問題，這些內容明細如**表2-3**所示。

表2-3　2012年奧運會申辦問卷

主題一：簡介——動機、概念和民意

問題1：簡介
　　❶貴城市主辦奧運會的主要動機為何？
　　❷舉辦奧運會對你的城市／地區將有什麼樣的影響或留下何種遺產？

問題2：概念
　　❶簡述貴城市／地區舉辦奧運會的願景，但應詳述下列各項：
　　　·奧運會主要建設所在位置的選擇動機。
　　　·預期在奧運會期間和舉辦後可獲得的效益。
　　　另解釋貴城市的奧運會願景如何融入城市的長期規劃策略之中。
　　❷提供貴城市／地區的地圖，這份地圖應提供所有奧林匹克運動會公共設施地
　　　點（運動地點、選手村、媒體住宿、主新聞中心、國際廣播中心、主要住宿
　　　地區、主要交通設施——機場、高速公路、火車等）。

問題3：民意
　　❶貴城市、地區及國內一般大眾對於主辦奧運會的觀點為何？如有進行民調，
　　　應詳述包括所問的問題、涵蓋的地區、民調日期及樣本大小。
　　❷詳述申辦計畫所遭逢的反對意見。

主題二：政治支持

問題4：政府支持
　　❶有關當局（包括國家、地區或城市的政府部門）對貴城市／地區申辦奧運會
　　　的支持情況為何？
　　❷提供政府的保證文件，內容包括尊重《奧林匹克憲章》、保證申辦城市竭力
　　　實踐義務，並保證擁有標準護照或同等文件之人自由進出主辦城市。
　　❸提供由現在到奧運會主辦城市選舉期間，在貴城市／地區／國家間所舉行的
　　　任何選舉。

問題5：未來的候選委員會
　　要是貴城市被接受為2012年奧運會的候選城市，候選委員會將如何建構和組
　　成？此外，國家奧會代表及貴國中的國際奧會委員亦皆應為候選委員會的成
　　員。另請詳述那一公共或私人機構、組織會參與候選委員會以及他們的代表位
　　階。

問題6：法律面向
　　❶貴城市主辦奧運會時會有哪些法律上的阻礙？
　　❷設想是否有任何新法條可增強籌辦奧運會？請解釋之。
　　❸貴國是否有法條要求在執行計畫前進行全民公投？
　　　〔若需要全民公投，需在認可候選城市前實行（2004年6月中）〕
　　❹貴國現在是否有任何與運動相關法條？
　　❺貴國有什麼樣的法條或方法規定禁止用藥？
　　❻貴國有關當局是否已與世界反禁藥組織簽訂協定？你的國家近年有實行反禁
　　　藥法條嗎？請解釋之。
　　　（在候選階段需提供相關當局保證奧林匹克活動反禁藥規範已實行）

（續）表2-3　2012年奧運會申辦問卷

主題三：財務

問題7：候選階段預算
　　要是你被接受為2012年奧運會候選城市，請描述財務來源為何？第一階段申辦的預算為何？第二段候選階段的預算為何？

問題8：奧運會預算
　　❶奧運會的預算如何建構（私人及公家資助）。
　　❷政府的貢獻：從貴國、地區及當地政府可得到什麼樣的預算承諾？
　　　請注意在候選階段必須從政府部門取得下列的承諾：
　　　‧承諾提供所有安全、醫療、海關以及政府相關的服務，但不會動用到奧運會籌委會的經費。
　　　‧承諾免費提供或讓國際奧會可承租公部門所擁有的運動場地或非運動場地。
　　　‧奧運會籌委會潛在經濟不足的程度。
　　　‧承諾投入必需的公共建設發展。

問題9：奧運會籌委會潛在的收入
　　除了從國際奧會得到財務資助，你們還期望從何處得到收入？請說明來源，估計總數、背景資訊和將來如何達到這些預估數。
　　在考慮奧運會的財務時，應參考下列兩類預算：
　　❶奧運會籌委會預算：舉辦奧運會所需運用的預算。競賽場地、選手村、國際廣播中心、主新聞中心和其他主要的建設計畫不應包含在奧運會籌委會的預算中。
　　❷非奧運會籌委會預算：運動競賽相關的主要建設將會成為長期的遺產，所以這部分的財務投資應由公家機構或私人部門資助。

主題四：場地

A：競賽場地
問題10：詳述相關場地的資訊，包括：
　　❶現有競賽場地
　　　指出預期在奧運會使用的現有競賽地點。
　　❷已規劃的競賽場地
　　　指出哪些與奧運會申辦無關但已規劃妥、未來可成為奧運會競賽的場地。
　　❸額外的競賽場地
　　　列出貴單位覺得舉辦奧運會必需的額外競賽場地，並標明其為永久的或短暫的。

問題11：提供城市／地區地圖
　　此地圖要列出問題10中所提到的競賽場地所在，以及選手村、媒體住宿（如果要求的話），以不同顏色區分現有的、已規劃的及額外的競賽場地。

B：非競賽地點
問題12：選手村及國際廣播中心、主新聞中心
　　❶描述貴單位對選手村的概念，以及它們在奧運會後的用途。

（續）表2-3　2012年奧運會申辦問卷

❷說明選手村的建設財務來源。
❸請指出是否有額外選手村或規劃替代的住宿方案。
❹請描述你對國際廣播中心／主新聞中心的概念以及國際奧林匹克運動會後的使用（地點，現有或新建築、聯合或分別的地點）。
❺說明國際廣播中心／主新聞中心的建設財務來源。

主題五：住宿

問題13：旅館
❶請描述貴城市中心方圓10公里以及10-50公里內的旅館數目和房間數目。
❷就城市以外的競賽場地而言，請描述在其10公里範圍內的旅館房間數目。
❸請指出2003年在奧運會舉辦的月份中，三至五星級旅館的平均房價，包含早餐和其他之應付稅項。

問題14：媒體住宿
媒體代表應住在旅館。只要主辦城市無法提供旅館設施給媒體，則奧運會籌委會必須提供一個媒體村（或者更多，依照競賽場地而定）。設想媒體村的使用：
❶描述對媒體村的概念，以及它們在奧運會後的用途。
❷說明媒體村的建設財務來源。

主題六：交通公共建設

問題15：請說明下列各項
❶現有的交通公共建設：指出現有的交通建設，如高速公路和城市主要幹線、郊區火車、地鐵和輕軌交通系統。
❷已規劃的交通公共建設：指出哪些與奧運會申辦無關但已規劃妥、未來可能會對奧運會場地的易達性有影響的交通建設。
❸額外的交通公共建設：列出你覺得舉辦奧運會必需的額外公共交通建設。

問題16：請說明下列各項
❶貴城市打算使用哪一座機場作為奧運會的主要國際機場？描述原因。
❷還有哪些其他機場打算作為奧運會時所用？描述原因。
❸對於打算使用的每一機場，請指出它的容納量（跑道數、登機門數、最多乘客數）。

問題17：提供地圖
此地圖要列出問題15中所提到的交通建設，並以顏色區分出現有的、已規劃的，以及額外的交通公共建設。

問題18：貴城市會面對哪些交通上的難題？在奧運會期間將如何解決？

問題19：交通
請完成附表的資料，以公里數描繪出所有距離以及2003年間最固定的公車旅程時間。若鐵路可連結，亦可特別標示出。

（續）表2-3　2012年奧運會申辦問卷

主題七：一般條件、後勤和經驗
問題20：奧運會日期 第30屆奧運會將在2012年7月15日至8月31日。說明貴城市所提議舉辦第30屆國際奧林匹克運動會的日期和原因。
問題21：人口數 說明目前各項人口數和2012年預估人口數，包括國家、城市及城市外圍擴增的都會區。
問題22：氣象學 請填報有關溫度、溼度、風向、降雨量及海拔等資料。
問題23：環境 ❶提供最新的城市環境評估。 ❷提供進行中的環境計畫和它們的組織。 ❸提供舉辦奧運會對貴城市的環境影響評估。 ❹貴城市所規劃的地點有進行環境影響的研究嗎？貴國的法令是否要求實行環境影響的調查嗎？如果是的話，在哪一階段的規劃中？
問題24：經驗 貴城市有主辦過國際運動賽會和綜合運動賽會的經驗嗎？請列出最近十年內的十項主要賽事。
問題25：安全 ❶在奧運會期間哪個單位負責安全問題？ ❷在奧運會期間會提供哪些保全措施（人力和科技）？ ❸無論是使用人力或科技，貴國法律是否允許有效率的單一管理架構？ 貴國政府是否同意在維護奧運會安全的特殊情況下修訂新法，以獲得有效率的架構和維安的執行？

資料來源：整理自International Olympic Committee (2003)。

　　國際奧會在收到各城市的申辦計畫書後即進行評估，評估時會針對十一項的技術評選指標採取不同的權重計分（如**表2-4**），並採用國際奧會根據模糊邏輯（fuzzy logic）所發展出來的奧運邏輯（Olymplogic）方法進行總體評估，最後提出各城市的評估結果供國際奧會執委會決定候選城市。

　　在2012年的奧運申辦過程中，國際奧會所訂定的評選指標通過門檻為6級分，若申辦城市的評估結果分數級距高於6級分，則會被建議接受為候選城市，反之則被建議拒絕接受。而當評估結果的分數級距跨於6級分上

運動賽會管理

下時，則視其所提出報告內容的眞實性與否來決定是否可成爲候選城市。2012年申辦奧運會第一階段各城市評估結果分數如**表2-5**。

表2-4　2012年奧運申辦第一階段評選指標

項目	技術指標	權重
一	政府支持、法令議題及民意	2
二	一般性建設（交通、機場及媒體中心）	5
三	運動場地	4
四	奧林匹克村	4
五	環境狀況及影響	2
六	住宿	5
七	交通	3
八	維安	3
九	舉辦賽會經驗	2
十	財務	3
十一	總體計畫與遺產	3

資料來源：程紹同等（2011）。《運動賽會管理——理論與實務》（第二版）。

表2-5　2012年奧運申辦第一階段評估結果級分表

申請城市	級分										
	0	1	2	3	4	5	6	7	8	9	10
巴黎								—			
萊比錫					—						
紐約							—				
莫斯科						—					
伊斯坦堡				—							
哈瓦那				—							
倫敦							—				
馬德里								—			
里約熱內盧					—						

資料來源：整理自International Olympic Committee (2004)。

　　在該階段的評估報告書中，評估小組即表示有高度的信心相信巴黎、紐約、倫敦和馬德里等城市有能力舉辦2012年奧運會，而對莫斯科則持

有某種程度的不確定性；至於萊比錫、伊斯坦堡、哈瓦那及里約熱內盧則不具備舉辦2012年奧運會的能力。之後，國際奧會即採取評估報告中的建議，接受了巴黎、紐約、倫敦、馬德里和莫斯科等成為2012年奧運會的候選城市，並得以進入第二階段的評選。

◆第二階段評選

　　通過第一階段評選的申辦城市即成為了奧運候選城市，其必須提出第二階段的申辦計畫書送交國際奧會。此時，國際奧會再次組成評估小組進行更詳細的評估，除了審查各城市所提交的計畫書，更會視情況指派委員至各城市進行實地的訪察或民意的調查。之後，評估小組將製作評估報告，內容乃針對各個評選的指標進行優、劣結果的評價說明。最後國際奧會會將此份評估報告送交給每一位國際奧會委員。

　　以2016年的奧運會申辦為例，當時的評估報告書內容即針對16項主要指標、共62個項目分別說明評估的結果（如**表2-6**），最後再對每一候選城市進行總結說明。

表2-6　2016年奧運會申辦第二階段評選指標

國際奧會評估小組之評選指標	
主要指標	項目
主題一：賽會的願景、遺產、溝通及整體概念	1.1溝通計畫
主題二：政治與經濟的氛圍及結構	2.1人口 2.2政治結構／權責 2.3經濟 2.4支持 2.5民意調查
主題三：法律觀點	3.1保證 3.2法令 3.3奧運籌委會的結構
主題四：海關及移民手續	4.1入境 4.2工作許可 4.3貨物進口

（續）表2-6　2016年奧運會申辦第二階段評選指標

國際奧會評估小組之評選指標	
主要指標	項目
主題五：環境和氣象	5.1計畫和行動 5.2空氣品質與水質 5.3氣象
主題六：財務	6.1奧運籌委會預算 6.2非奧運籌委會預算 6.3財務保證 6.4特別評論
主題七：行銷	7.1共同行銷的協議 7.2廣告 7.3奧林匹克資產權利的保護 7.4票務 7.5地區性贊助與授權
主題八：競賽及場地	8.1競賽概念 8.2比賽場館的建設狀況 8.3場館特色／議題 8.4賽會舉辦經驗
主題九：帕拉林匹克運動會	9.1概念 9.2預算 9.3籌備委員會 9.4競賽與場館 9.5賽會服務 9.6媒體與傳播 9.7特別評論
主題十：選手村	10.1地點／概論 10.2選手村發展 10.3選手村組織 10.4奧運會後的使用 10.5各國國家奧會的旅運補助
主題十一：醫療與健康服務	11.1一般評述 11.2賽事健康照護 11.3禁藥控制 11.4馬匹健康
主題十二：安全	12.1責任與指揮結構 12.2安全與維安人員 12.3特別評論

（續）表2-6　2016年奧運會申辦第二階段評選指標

國際奧會評估小組之評選指標	
主要指標	項目
主題十三：住宿	13.1一般評述 13.2房價 13.3媒體住宿 13.4房間配置 13.5特別評論
主題十四：交通運輸	14.1概念 14.2國際入境 14.3基礎建設 14.4奧運會的交通運輸
主題十五：科技	15.1通訊 15.2頻率控制 15.3特別評論
主題十六：媒體運作	16.1概念 16.2媒體轉播 16.3法律和稅收

資料來源：程紹同等（2011）。《運動賽會管理：理論與實務》（第二版）。

　　由於國際奧會明訂國際奧會委員不得私下拜訪各候選城市，以避免可能的弊端，因此，評估報告書成了具有投票資格的國際奧會委員評斷各申辦城市良窳的重要依據，可說是在投票決選前具有相當影響力的「關鍵報告」。以2008年奧運會的申辦為例，當年的評估報告中即指出對日本大阪舉辦奧運會不具信心，因此其在申辦城市的票選階段中，第一輪即以最低票數首先遭到淘汰。

(三)現代奧運會舉辦城市的決選

　　國際奧會評估小組完成了第二階段申辦計畫書的評估報告後，會在國際奧會委員大會召開至少一個月前將評估報告分送各國際奧會委員，接著，國際奧會即在年會上辦理七年後的奧運會舉辦城市的決選。決選的相關事項包括如下：

1. 參與人員：有資格參與決選的人員為所有國際奧會委員，但是國際奧會主席、當屆各候選城市所屬國家的委員、遭停權委員等人不得參與第一輪的投票。在各輪投票遭淘汰之候選城市所屬國家的委員則可在下一輪恢復投票資格。若最後一輪投票結果只有兩個候選城市，且獲得的票數相當時，將由國際奧會主席投下決定性的一票。

2. 候選城市簡報：在辦理決選投票前，各候選城市須進行1小時的簡報（包括45分鐘的陳述和15分鐘的答詢），由於這是各候選城市可以面對所有投票委員的唯一機會，各候選城市無不使出渾身解數，設法讓陳述的內容能打動國際奧會委員。近年來，各候選城市邀請該國的領袖出席遊說更成了不可或缺的一環。

3. 票選方式：奧運會舉辦城市的票選是採取絕對多數決的方式進行，亦即只要有某一候選城市獲得過半數以上的票數即勝出。若第一輪的投票結果沒有任何一個候選城市獲得過半數的選票，則先淘汰得票數最低的候選城市，再進行下一輪的投票，在此原則下逐輪淘汰一個城市直到確定有城市獲選為止。不過，由於候選城市通常來自不同的地區，各受不同的委員支持，因此，要在第一輪投票即能勝出並不容易。近幾屆的奧運會申辦決選過程中，除了當年北京申辦2008年奧運會在第二輪即分出勝負外，其他幾屆通常會進行到第三輪，甚至第四輪。**表2-7**及**表2-8**為2012年、2016年奧運會舉辦城市決選各輪票數結果。

四、未來奧運會主辦城市的申辦制度

第134屆年會上所通過的「2020奧林匹克改革議程」（Olympic Agenda 2020）中決議的奧運會申辦程序的改革重點內容，根據國際奧會及中華奧林匹克委員會官網，2019年7月18日所分享的國際運動資訊內文如下（中華奧林匹克委員會，2019）：

表2-7 2012年奧運會舉辦城市決選各回合票數摘要表

回合 候選城市	1	2	3	4
倫敦	22	27	39	54
巴黎	21	25	33	50
馬德里	20	32	31	—
紐約	19	16	—	—
莫斯科	15	—	—	—

資料來源：引自林中進（2006），頁64。

表2-8 2016年奧運會舉辦城市決選各回合票數摘要表

回合 候選城市	1	2	3
里約熱內盧	26	46	66
馬德里	28	29	32
東京	22	20	—
芝加哥	18	—	—

資料來源：程紹同等（2011）。《運動賽會管理：理論與實務》（第二版）。

1.建立永久持續對話，以探索並創造各區域、各國奧會對舉辦奧運會或青奧會的興趣。

2.設立兩個未來主辦城市委員會（Future Host Commissions）（含夏季及冬季），以調查各界對奧運會及青奧會申辦意願並回報國際奧會執委會。

3.維護奧運會的吸引力，確保全球頂尖運動員終生美好的參賽經驗。

4.指派非執委會之國際奧會委員加入未來主辦城市委員會。

5.依據未來主辦城市委員會提出的建議，遴選工作指導原則如下：

(1)以各屆奧運會為單位進行評估。

(2)將未來主辦城市相關背景脈絡納入考量。

(3)積極尋求潛在申辦單位。

(4)對潛在申辦單位的創新提案保持開放與彈性。

(5)申辦單位可為多個城市／區域／國家聯合，不限於單一城市。

(6)依據各地發展契機、背景及需求，彈性調整相關期程。

因應上述變革，相關《奧林匹克憲章》條文及附則之修正內容摘要如下：

1.遴選主辦城市日期：取消「奧運會開始前七年遴選」之規定。

2.主辦單位：原規定「由一城市主辦奧運會」改為「原則由一城市主辦。執委會得以認可其他單位，如：多座城市、多區域或多國家」。

3.技術要求：原規定「所有運動競賽須於主辦城市舉行」改為「允許更多彈性使用既有運動場館」。

4.治理：原規定「各屆奧運會由主席指派候選城市評估委員會」改為設立兩個主辦城市委員會。

國際奧會針對未來奧運暨青奧主辦城市遴選程序的改變，可參考**圖2-3**。

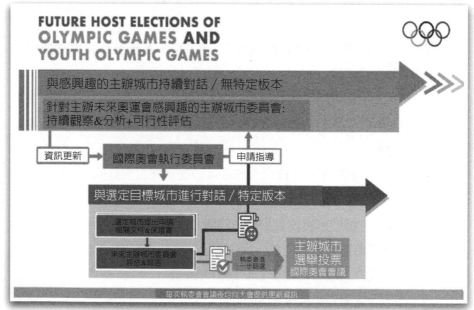

圖2-3　未來奧運暨青奧主辦城市遴選程序

資料來源：https://olympics.com/ioc/future-host-election

第三節 申辦大型國際運動賽會的成功因素與策略

一、申辦大型國際運動賽會的成功因素

有鑑於大型國際運動賽會的舉辦效益，世界各國前仆後繼地投入爭取，然而最終也僅有一家獲選主辦，所以，如何學習成功者的過往經驗，相信對有意申辦的國際城市而言，應深具參考價值。由上節可知，未來奧運會主辦城市申辦制度的相關改革原則已實際應用至目前的奧運會申辦程序，並順利遴選出2032夏季奧運會主辦城市（澳洲布里斯本），可望降低70%的申辦奧運會支出及20%的籌辦經費（IOC, 2019b）。由於未來奧運會主辦城市的遴選，國際奧會將採取主動尋求與對話方式進行，因此，對於目前臺灣的啓示應爲持續厚植舉辦大型國際運動賽會的相關軟硬體實力與累積成功經驗。在現階段而言，爭取奧運會主辦權也許是個長期目標與理想，但只要築夢踏實，一步一腳印，終究有夢想成眞的一天。

程紹同和廖俊儒（2009）曾接受臺北市政府委託進行「臺北市申辦聽障奧運後申請大型國際賽會之策略評估」專案研究，其研究成果對於臺北市順利爭取到2017世大運應有其一定助益與貢獻。以下則是該研究結果，提供運動賽會管理者及未來申辦單位作爲參考。

針對2009年臺北聽障奧運會、2010年廣州亞運會及2014年仁川亞運會等國際運動賽會之關鍵人物進行訪談，經整理交叉分析驗證後，獲知該賽會申辦成功之可能原因如下：

1. 2009年臺北聽障奧運會申辦成功之原因：

(1)與國際聽障總會建立良好的關係。

(2)決選投票前的簡報發表陳述獲得委員認同。

(3)我國聽障選手國際參賽成績良好，令國際總會委員印象深刻。

(4)國際總會委員們對我國擁有良好的印象。

(5)申辦時提出一定程度的承諾，獲得委員的認同。

(6)強調首次由亞洲城市舉辦賽會的情感訴求，深獲委員認同。

2. 2010年廣州亞運會申辦成功之原因：

(1)從國家至全民，均有共同的目標。

(2)各國情報資料的充分蒐集。

(3)準備充足及積極的計畫書，展現城市本身的競爭力。

(4)強調亞洲、神州、廣州關係緊密相連。

(5)國際推廣宣傳及充足的評估與準備。

(6)每個環結環環相扣，缺一不可。

3. 2014年仁川亞運會申辦成功之原因：

(1)民眾和企業的支持。

(2)政府給予賽會單位強而有力的支持與保證。

(3)城市良好的發展。

(4) 2002年世界盃足球賽的舉辦經驗。

(5)加強與亞洲奧林匹克理事的合作關係。

綜上可知，大型國際運動賽會申辦成功的關鍵因素應可區分成三個面向，第一是必須有完善的基礎作業，其中包括了城市本身要有良好的發展，並且能提出良好的申辦計畫，以獲得評估小組及投票委員們的認同。第二則是要進行良好的「對內溝通」，以獲得民間、企業及政府的強力支持。最後則是要進行國際溝通，建立良好的國際關係，除了要提升申辦城市及本國在國際間的知名度與形象外，更應與所要申辦賽會所屬的會員國代表們建立長期而友好的緊密關係，才能爭取在關鍵時刻的選票支持。

二、申辦大型國際運動賽會的成功策略

　　楊志顯、廖俊儒（2006）研究發現，競技運動是驅動南韓體育運動持續蓬勃的主因。該國競技運動亮眼的成績，吸引了大量觀賞性運動迷，也帶動其國內全民運動的風潮。同時，藉著舉辦大型國際運動賽會（如亞奧運等），不僅將南韓推上國際體壇，其所衍生的經濟效益，也有助於未來體育運動的推展。南韓政府將1988年漢城奧運會的盈餘成立了「國家運動振興基金會」（Korea Sports Promotion Foundations, KSPO）作爲發展體育運動長期運作的基金，其運用範圍並不侷限在競技運動，也挹注推動運動產業，並引領體育人才培育的國際化與運動相關運動設施的智能升級。南韓於1980-2022年間，已順利成功舉辦過三屆亞運會（1986、2002、2014）、三屆世大運（1997、2003、2015）、兩屆奧運會（1988、2018）以及一屆世界盃足球賽（2002），這些還不包括所舉辦過的各單項國際運動賽事的成果，可謂是最擅長發揮大型國際賽會（事）活動效益的亞洲國家典範，同時，將南韓的體育運動（產業）發展帶向新的高峰，2019年運動產業產值亦已高達708.4億美元。質言之，南韓是以競技運動與舉辦國際運動賽會（事）活動作爲提升國際能見度、國際地位和影響力的核心催化劑，同時亦藉此增強其民族自信心和國人凝聚力。其國家體育政策及預算編列方式均值得臺灣效法（程紹同，2021）。

　　我國自行政院體育委員會時期的體育白皮書中，便以爭取主辦東亞運動會以上國際綜合性運動會作爲發展指標之一（行政院體育委員會，1999），至今我國已成功舉辦過2009年高雄世界運動會、臺北聽障奧運會以及2017年臺北世界大學運動會，北高兩個城市均獲得了相關的具體效益與寶貴經驗，2020年臺北及新北市更聯手擊敗競爭強敵法國巴黎和澳洲伯斯，2025年即將共同舉辦世界壯年運動會（World Master Games），預期將有110國48,000名選手及親友來臺參與，並創造百億臺幣的觀光財（李宛

諭，2020），更鼓舞了我國主要的大城市舉辦大型國際運動賽會上的自信心。然而申辦及舉辦大型國際運動賽會牽涉到的問題相當龐雜，在上節中已說明了成功申辦國際大型運動賽會所需掌握的基礎作業、國內溝通及國際溝通等三大面向的關鍵因素，且這三大因素的落實尚需規劃有許多更細膩深入且具體可行的實施策略。程紹同和廖俊儒（2009）早在執行臺北市政府所委託的研究案中，即已建構出臺北市申辦大型國際賽會之策略架構及多項的具體執行策略。以下為該研究中的重要發現，可供國內各大城市未來申辦大型國際運動賽會（事）參考。

(一)臺北市申辦大型國際運動賽會之策略架構

申辦大型國際運動賽會的策略架構包括基礎作業、國內溝通及國際溝通等三大面向，在基礎作業的策略面向中則包含了城市的發展、舉辦國際運動賽會的經驗、良好的申辦計畫、培養專業的人力及透明化的資訊等重要因素。而國內溝通的策略面向則包含了民意支持、企業支持與政府支持等重要因素。至於國際溝通的策略面向則應著重在與亞奧理事會合作、友邦支持與合作、塑造城市良好形象及改善與中國之關係等重要因素。因此，由**表2-9**可清楚描繪出臺北市申辦大型國際運動賽會之策略架構。

(二)臺北市申辦亞運會之具體執行策略

在上述的策略架構之下，三個面向及重要因素下所延伸出的具體執行策略依序如下（見**表2-9**）：

◆基礎作業

有關臺北市申辦亞運會於基礎作業之相關策略，可分別從臺北城市的發展、增加舉辦國際運動賽會的經驗、提出良好的申辦計畫、培養專業人力及透明化的資訊等五個重要因素說明之。

表2-9　臺北市申辦亞運會具體執行策略摘要表

策略面向	策略因素	執行策略
一、基礎作業	1.城市的發展	1-1加強城市基礎建設 1-2資訊科技應用的普及 1-3發展城市特色文化 1-4加速在國內成立國際認證之藥檢中心 1-5整合周邊城市之資源 1-6提升城市友善指數 1-7加強主辦地區參賽選手之運動實力 1-8經濟成長效益及非經濟效益之評估 1-9成立體育發展基金會
	2.舉辦國際運動賽會的經驗	2-1逐步提升舉辦國際運動賽會的層級與規模 2-2強化國際賽事申辦資料與經驗的傳承 2-3蒐集其他國際賽會申辦成功之案例作為參考 2-4爭取國際運動組織之重要行政職位 2-5以客觀條件評估申辦成功之機率
	3.良好的申辦計畫	3-1強調城市特色 3-2完整瞭解賽會申辦的程序 3-3提出環境保護計畫 3-4國際標準化競賽場館之建構與整合 3-5安全維護計畫 3-6建立完善的財務收支預估，並提出財務補助計畫 3-7完整規劃傳播與媒體中心 3-8建立完整的行銷計畫 3-9提供現代化、友好的出入境及海關服務 3-10申辦計畫書以流暢的官方語文繕寫敘述 3-11選手村之規劃 3-12提出城市整體交通改善與賽會期間交通疏導計畫 3-13提出完整的志工人力資源管理計畫 3-14完善規劃開閉幕典禮 3-15充分說明舉辦理由 3-16建立賽會之醫療與健康服務網絡 3-17確實掌控國際賽會期間食膳住宿之容量
	4.培養專業人力	4-1長期培養國際運動事務人才 4-2加強我國申辦代表團中具有多種語言能力 4-3組織賽會舉辦之專業團隊 4-4建立運動賽會國際志工人力資源庫
	5.透明化的資訊	5-1具體瞭解決定授予賽會主辦權之決策單位的組織背景及其決策模式 5-2蒐集其他申辦城市的相關資訊

（續）表2-9　臺北市申辦亞運會具體執行策略摘要表

策略面向	策略因素	執行策略
二、國內溝通	1.民意支持	1-1中央及申辦城市應表達強烈申辦之決心 1-2進行民意支持度調查並對外發表之 1-3向社會大眾說明與溝通賽會舉辦對城市發展的正面效益（含經濟與非經濟） 1-4爭取民意代表的支持 1-5提升國人運動健康與休閒觀念的認知程度
	2.企業支持	2-1向企業說明參與國際賽會有助於跨國化經營及強化民眾對品牌的支持 2-2提供贊助商、供應商足夠的經濟承諾，如減稅優惠等措施 2-3創造企業投資的良好環境 2-4主辦城市籌委會提供企業能繼續投資贊助該城市其他相關賽事之承諾
	3.政府支持	3-1爭取各級政府在申辦態度上的明確支持 3-2加強中央與地方政府的溝通與合作機制 3-3爭取各級政府在公共政策上的明確支持 3-4儘速確立各級政府機關經費補助與自籌款項之比率原則，以爭取足夠之經費 3-5促請中央政府提出爭辦賽會的長期規劃 3-6避免不當的政治操作活動 3-7爭取適當修法以配合賽會之需要
三、國際溝通	1.與亞奧理事會合作	1-1主辦城市籌委會主委的承諾與保證（例如將如何辦好亞運會、如何禮遇接待各國與會者） 1-2主辦國際和亞洲運動發展論壇
	2.友邦支持與合作	2-1建立與各國國家奧會關鍵人物之友好關係 2-2建立與各國單項運動協會之良好關係 2-3強化與中、西亞17個國家之關係
	3.塑造城市良好形象	3-1製作承辦2019亞運會之城市宣傳廣告並於國內、亞洲地區重要國際機場曝光 3-2於亞奧理事會主辦之各項錦標賽及亞運會決選投票會場周邊進行廣告宣傳 3-3亞運會決選投票三年前開始進行有計畫之多方遊說工作
	4.改善與中國之關係	4-1增加海峽兩岸體育交流管道 4-2強化海基會與海協會之關係 4-3強化海基會與海協會之溝通管道

資料來源：整理自程紹同、廖俊儒（2009），頁82-84。

1. 城市的發展：城市發展的好壞與能否成功取得主辦權息息相關，因此臺北市應先增強基礎建設，發展本身城市的特色文化，同時整合周邊其他城市的資源，提升臺北城市友善指數；資訊科技應用需更普及化並且加強本身參賽選手的運動實力，亦應加速國內成立國際認證之藥檢中心，增加城市競爭力；於經濟層面，則應評估經濟成長效益與非經濟成長效益，且亦需成立體育發展基金會，有利申辦亞運會相關作業之運行。

2. 舉辦國際運動賽會的經驗：為了能讓臺北市擁有更多籌辦國際運動賽會的經驗作為申辦亞運會的基石，臺北市應先逐步提升舉辦國際運動賽會的層級與規模，強化國際賽事申辦相關資料與經驗的傳承，並且蒐集其他國際賽會申辦成功案例作為參考，以客觀的條件評估未來申辦相關大型國際運動賽會成功的機率，另外爭取國際運動組織的重要行政職位，亦是相當重要的一環。

3. 良好的申辦計畫：好的申辦計畫書有利於獲得評選委員們的青睞，申辦計畫書裡面應強調臺北市的城市特色、環境保護計畫、整體交通改善與賽會期間交通疏導計畫；場館設施方面應建構與整合國際標準化之競賽場館，建立賽會醫療與健康服務網絡，規劃選手村及安全維護相關計畫，確實掌控國際賽會期間食膳住宿的容量；宣傳方面，應規劃完整傳播與媒體中心，建立完整的行銷計畫，提供現代化、友好的出入境及海關服務；人力支援方面則需提出完整的志工人力資源管理計畫；財務方面則應建立完善的財務收支預估和財務補助計畫；於申辦過程中，需瞭解賽會申辦的程序、完善規劃開閉幕典禮，充分的說明舉辦的理由，申辦計畫書更應以流暢的官方語文繕寫敘述。

4. 培養專業人力：過去我國申辦大型國際運動賽會，經常遇到專業人才不足的情況，人才的培養不應只是一時的，需經由長期的培育才能擁有國際運動事務相關人才，於語言方面更應加強我國申辦代表

團中具有多種語言的能力，有利於與國際委員們溝通，並且應組織
專業的賽會舉辦團隊，不臨時倉促成軍，另外尚需建立運動賽會國
際志工人力資源庫，以利人力資源整合。

5.透明化的資訊：以往申辦大型國際運動賽會往往因取得資訊的錯
誤，而導致申辦策略方向的錯誤，而痛失機會。因此蒐集其他申辦
城市的相關資訊作爲參考是很重要的一點，另外，亦需具體瞭解決
定授予賽會主辦權之決策單位的組織背景及其決策模式，以掌握最
新申辦賽會的最新資訊。

　　基礎作業的重要性乃在於其爲城市提出申辦計畫後，是否能夠通過第
一階段篩選門檻的重要依據，如果城市基礎建設不足，根本無法與其他競
爭城市相抗衡時，則在第一階段的評估報告後即可能被淘汰出局。因此，
臺北市必須掌握關鍵的基礎作業之相關策略，始能增加申辦成功的機率。

◆國內溝通

　　舉辦任何大型國際運動賽會，於國內不論是民意、企業或是政府的支
持皆具有關鍵的影響要素，以下從三個重要因素說明應採用之有效具體策
略。

1.民意支持：臺北市未來若申辦亞運會，應先向社會大眾說明與溝通
大型國際運動賽會舉辦對臺北市發展的正面效益，包含經濟效益和
非經濟效益；中央及臺北市更應向民眾表達強烈的申辦決心，爭取
民意代表的支持，並且逐漸提升國人運動健康與休閒觀念的認知程
度，讓民眾能認同舉辦本項賽會；最後則進行民意支持度的調查，
並對外發表公布。

2.企業支持：大型國際運動賽會的舉辦，企業的贊助和支持亦是賽會
舉辦成功與否的關鍵要角，爲能有效吸引企業投資的目光，應提供
贊助商、供應商足夠的經濟承諾，如減稅優惠等措施，並且創造企
業投資的良好環境，臺北市舉辦亞運會的組委會更應提供企業能繼

續投資贊助臺北市其他相關賽事之承諾,並且讓企業瞭解參與大型國際運動賽會有助於跨國化經營和強化民眾對品牌的支持等認知。

3. 政府支持:地方舉辦大型國際運動賽會,中央的支持能帶給全國人民更大的凝聚力和信心,因此,臺北市需先爭取市議會及中央政府在申辦態度上及公共政策上的明確支持,並加強中央和地方政府的溝通與合作機制,避免不當的政治操作活動,促請中央政府提出申辦大型國際賽會的長期規劃,儘速確立各級政府機關經費補助與自籌款項之比率原則,以爭取足夠經費,亦可爭取適當修法以配合賽會之需要。

由於現在大型國際運動賽會之舉辦皆強調其永續性,即舉辦該賽會能為城市及國家留下寶貴的資產而非負債。因此,國內民意的支持與否常是大型國際運動賽會申辦時重要的評估項目之一。此外,中央政府若能給予全力的支持,則能為申辦城市提供足夠的奧援(包括政策、財務、重大建設、城市間的協調等)。至於企業的支持則能為該賽會舉辦的價值進行背書,表示出該城市的實力獲得企業的認同。

◆國際溝通

臺灣地理環境與中國有密不可分的關係,於國際上的溝通需花更多的心力經營,本文從與亞奧理事會的合作、友邦的支持與合作、塑造城市良好形象及改善與中國之關係等四個重要因素說明之。

1. 與亞奧理事會合作:爭取到亞奧理事會的支持,對於臺北市申辦亞運會有極大的幫助,臺北市可先從主辦國際和亞洲運動發展論壇開始,藉此建立與亞奧理事會相關人員之關係。此外,臺北亞運會組委會主委應提出一定程度的承諾和保證,讓亞奧理事會瞭解若由臺北市舉辦,將會如何辦好亞運會及如何禮遇接待各國與會人員。

2. 友邦支持與合作:尋求友邦的支持及合作也是拓展我國外交關係重要的一環,首要應建立與各國國家奧會關鍵人物及單項運動協會之

友好關係。臺灣為亞洲會員國之一，更應強化與中、西亞十七個國家之良好關係，才能有助於未來亞運會之申辦。

3.塑造城市良好形象：城市良好的形象會增加國際對於我國的認同程度，未來可製作申辦亞運會之城市宣傳廣告於國內、亞洲地區等重要國際機場曝光，且在亞奧理事會主辦之各項錦標賽及亞運會決選投票會場周邊進行廣告宣傳，並有計畫性地在亞運會決選投票三年前開始進行多方遊說工作。

4.改善與中國關係：我國與中國具有微妙的關係，臺北市申辦亞運會能否成功，中國扮演著關鍵的角色。國際奧會委員吳經國先生即曾表示：「在兩岸氣氛和緩之際，需要與大陸進行事前協商。首重採「奧會模式」及溝通有關「國家元首」的稱謂等敏感議題。如果大陸不支持，臺灣爭取任何國際運動賽會均有阻礙。過去臺灣申辦失敗的例子包括東亞運、亞運會、世大運等皆受其影響，這是臺灣必須務實面對的兩岸情勢與國際關係。」本書撰寫期間正值新冠疫情、俄烏戰爭與兩岸關係緊張之際，如何藉由透過海峽兩岸體育交流的正向管道，促進多方的溝通，增加互信互助的機會，進而逐步改善與中國的互動關係，顯得特別具有時代意義。實際上，包括奧運會及亞運會等國際性的大型運動賽會，主辦城市的決定取決於會員大會的票選結果，因此，透過國際溝通的策略，在投票表決前即需與各會員國進行友好關係的建立與維繫，才有機會獲得友邦的支持，增加成功的機會。

三、申辦大型國際運動賽會的趨勢發展

有鑑於2020年全球新冠肺炎疫情的衝擊，加上國際情勢的詭譎多變，益發凸顯體育運動對於人類社會的重要功能與意義。除了2015年聯合國教科文組織（UNESCO）在巴黎所提出的新修訂憲章內容中，明確指出體育

運動教育與訓練對於促進性別平等、社會包容、反對歧視以及可持續性對話的重要功能與意義（維基百科，2021）。2019年聯合國運動促進與和平發展辦公室（UNOSDP）則更進一步指明，體育運動是一個強而有力的工具，可以促進教育、健康、發展與和平的手段，體育運動的推廣與實踐，對於推動全球社會發展至爲關鍵（UNOSDP, 2019）。爲因應新冠病毒疫情，國際奧會執委會特別提出2020+5改革議題（Olympic Agenda 2020+5）作爲未來五年改革藍圖，並強化體育運動的社會影響力，以及帶動奧運會的永續發展。繼2020東京奧運會提出「永續進度報告」（Sustainability Progress Report）將賽會舉辦定位於資源循環利用、社會平等及參與等目的。國際大學運動總會（FISU）亦針對申辦2027和2029世界大學運動會的申請城市應以永續爲目標，以此作爲遴選主辦城市的優先考量要素。鑑此均可看出在面對未來全球大環境的不確定變遷下，國際運動賽會（事）舉辦的時代意義、功能及發展願景。再者，後疫情時代的運動賽會（事）產業新常態發展，是否會朝向去全球化而成爲區域型的「運動／賽事泡泡」（Sports Bubble）發展（Merriam-Webster, 2021；丁桀，2021）？在保持安全距離的前提下，賽事制度是否會朝向「輕薄精簡」的規模發展？這些現象仍有待密切關注未來的變化而定。不過，可以確定的是未來運動賽會（事）的（網路）科技運用成爲生存發展的關鍵要素，而針對運動迷／觀眾體驗的線上線下（O2O）賽會（事）娛樂價值勢必將更爲豐富優化而多元。運動賽會（事）的核心價值也將被重新定義，包括大幅改變核心能力、關鍵活動與資源，並調整運動迷的接觸點（通路與平臺）配置，以做到「遠在天邊，近在眼前」（physically separated but virtually connected）的轉型發展。同時，建構出全新的生態體系，並改變產業競合的關係，如建構與電商購物、影音串流媒體、電競遊戲娛樂等不同產品與服務的產業生態，以強化運動消費者的黏著度。

　　2017臺北世大運爲我國目前所主辦最具指標意義的大型國際運動賽會，根據國際大學運動總會（FISU）官網2018年4月19日公布AISTS調查

報告顯示，獲得經濟效益達45.5億元臺幣（1億5,000萬美元）（Etchells, 2018）以及葉公鼎（2018）研究報告指出，非經濟效益包括國人認同度增加（91.9%受訪者認同賽事的成功）、國際媒體能見度增加（94%受訪者同意）及新建運動設施有助於爭取未來賽會（78.8%受訪者同意）。溫慕垚（2017）亦指出，整體結果顯示，多虧天時（無颱風攪局）與人和（中華隊選手表現優異）因素，這是一個讓全民滿意的成功國際賽會。然而，臺北世大運的圓滿落幕，並不代表真正的結束，從運動賽會管理的角度而言，若要延續成功舉辦大型國際運動賽會的投資效益與操作經驗，自申辦、籌備到舉辦期間的相關軟硬體資源（含資訊網路）、行政管理運作、溝通模式、人力資源管理、行銷公關與贊助、風險管理乃至於餐飲、住宿、醫療等後勤等諸多執行面仍有加強改進的空間，才能追上日、韓、中國大陸等亞洲國家的腳步，達到運動賽會管理的國際標準與格局。

案例一：以申辦2025雙北世界壯年運動會工作期程為例

申辦賽會（事）是連續的歷程，可概分為申請階段、初選及勘查階段及決選階段。

一、申請階段

申請階段是從提交申辦意向書為起點，其中欲申辦賽事（會）之會員團體須出席申辦研討會及賽事執委會議，以瞭解賽事（會）組織所訂定的規範，賽事（會）組織將提供承接賽會規範，讓欲申辦賽事（會）之會員團體逐一確認是否符合承辦資格。

以本案為例，申辦前期為成功申辦2025雙北世界壯年運動會，需先籌

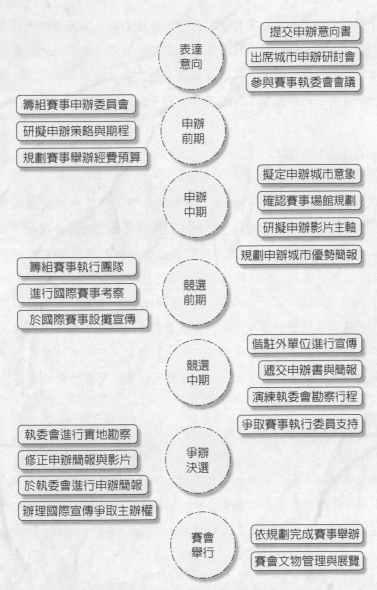

圖2-4 申辦2025雙北世界壯年運動會工作期程

資料來源：整理自2025雙北世界壯年運動會籌委會資料

組賽事申辦委員會研擬申辦策略與期程，接續規劃賽事舉辦經費預算並研擬預算來源。進入申辦中期後，籌委會需擬定申辦城市意象，並全面盤整各項賽事舉辦之場館位置及交通，同時規劃選手村及安全維護等項目。此階段應逐項提出申辦城市的優勢，並製作成賽事申辦簡報提出申辦。

二、初選及勘查階段

在競選前期階段，為提高賽事（會）申辦機會及妥善規劃各項運動賽事，籌委會將籌組賽事執行團隊，針對大型國際運動賽會進行現場考察。籌委會亦運用考察機會，於大型國際運動賽會舉辦地設置競選宣傳攤會廣為宣傳，表達欲申辦賽事（會）的決心，並提高國際曝光度。

進入競選中期後，將提出申辦書與競選簡報，申辦委員會可偕同駐外單位進行國際宣傳提高知名度。此外申辦委員會應依據申辦書及簡報內容，模擬國際執委會到賽事（會）舉辦城市之勘查路線，確認各項賽事舉辦之場館、交通及安全維護等細節項目，以獲得國際執委會及各國委員的支持。

三、決選階段

申辦決選階段，國際執委會將到申辦城市進行訪問與實地勘查，並對照申辦書內容檢核內容是否符合賽事（會）組織所訂定的規範，此階段將攸關是否獲選主辦權，是一場全面性的檢核。

案例二：北京冬季奧運會申辦歷程

2013.11.05
中國奧委會正式提名
北京申辦2022 冬季奧運會

2014.03.14
向國際奧委會提交
北京冬季奧運會申辦資料

2014.07.07
確認進入2022年
冬季奧運會候選城市

2015.07.31
確認北京獲選2022年
第24屆冬季奧運會舉辦權

2015.08.01.
向國際奧委會提交
申辦報告及保證書

2015.12.15
成立北京冬奧組委會

2016.05.13
北京冬奧組委會
入駐賽事場地（首鋼園區）

2016.07.31
成立北京冬奧組委會
官方網站

2017.02.27
啟動北京冬奧
市場開發計畫

2017.12.15
發佈北京冬奧
意象與吉祥物

圖2-5　北京冬季奧運會申辦歷程

資料來源：整理自北京冬季奧運會官網與陳文成老師冬季奧運會申辦講稿

運動賽會管理

一、請問申辦大型國際運動賽會的意義為何？

二、請問2020奧林匹克改革議程（Olympic Agenda 2020）及2020+5改革議題（Olympic Agenda 2020+5）的重點為何？

三、請問未來申辦奧運會的流程有何重大改變？

四、請問過去奧運會舉辦城市的評選指標為何？

五、請問申辦大型運動賽會成功的主要因素為何？

六、請列舉出我國城市申辦國際運動賽會的主要策略。

七、請問申辦大型國際運動賽會的未來趨勢為何？

參考文獻

一、中文部分

丁桀（2021）。〈新冠肺炎下的運動末世：「運動泡泡」正策的裡與外〉，1月26日，上網日期2022年3月20日，取自https://opinion.udn.com/opinion/story/10124/5204113

中華奧林匹克委員會（2019）。〈國際奧會改革未來奧運申辦制度〉，7月18日，上網日期2022年3月20日，取自https://www.tpenoc.net/news/international/evolution-of-the-revolution/

中華奧林匹克委員會（2021）。〈國際奧會（IOC）執委會通過2024年巴黎奧林匹克運動會（Paris 2024）的參賽資格規定原則〉，2021年12月20日，取自https://www.tpenoc.net/news/ioc-eb-approves-olympic-qualification-system-principles-for-paris-2024/

行政院體育委員會（1999）。《中華民國體育白皮書》。行政院體育委員會。

李宛諭（2020）。〈2025雙北擊敗巴黎拿下主辦權 將在大巨蛋開幕〉，中央社，10月22日，上網日期2022年3月2日，取自https://www.cna.com.tw/news/firstnews/202010220081.aspx

林中進（2006）。〈申辦國際綜合運動賽會成敗因素研究〉，未出版。高雄：國立中山大學碩士論文。

張清（2008）。《申奧紀實》。北京：中國社會科學出版社。

教育部體育署（2015）。《國際運動賽事管理手冊》。臺北：教育部。

許明禮、陳璟民、郭芳綺（2010）。〈北市擊退高市，將爭辦2019亞運〉。《自由時報》，3月23日，S4版。

程紹同（2001）。〈現代奧運會主辦城市申辦模式研究〉。《行政院國家科學委員會專案報告書》，未出版。

程紹同（2021）。〈從運動行銷與傳播角度看韓國推動運動產業發展策略〉。培植運動產業專業人才 —— 運動產業跨域整合研習課程講義。教育部體育署，未出版。

程紹同、廖俊儒（2009）。〈臺北市申辦聽障奧運後申請大型國際賽會之策略評估〉。《臺北市政府體育局專案報告書》，未出版。

程紹同、許振明、陳增朋、洪煌佳、王凱立、呂宏進（2004）。《運動賽會管理：理論與實務》。新北：揚智文化。

程紹同、方信淵、范智明、林保源、廖俊儒、王慶堂、呂宏進（2011）。《運動賽會管理：理論與實務》（第二版）。新北：揚智文化。

楊志顯、廖俊儒（2006）。〈韓國體育運動制度〉。《行政院體育委員會專案報告書》，未出版。

溫慕垚（2017）。〈世大運成功與否誰說了算？〉。《動腦雜誌》。9月3日，上網日期2022年3月20日，取自https://www.brain.com.tw/news/articlecontent?ID=45319

葉公鼎（2013）。《大型運動賽會經營管理》（第二版）。臺北：華都文化。

葉公鼎（2018）。〈2017臺北世界大學運動會經濟效益研究〉。《臺北市政府體育局專案報告書》，未出版。

維基百科（2021）。〈國際體育教育，體育活動與體育運動憲章〉。維基百科，12月11日，上網日期2022年3月20日，取自https://zh.wikipedia.org/wiki/%E5%9B%BD%E9%99%85%E4%BD%93%E8%82%B2%E6%95%99%E8%82%B2%EF%BC%8C%E4%BD%93%E8%82%B2%E6%B4%BB%E5%8A%A8%E4%B8%8E%E4%BD%93%E8%82%B2%E8%BF%90

%E5%8A%A8%E5%AE%AA%E7%AB%A0

劉美妤（2009）。〈臺灣申辦2017東亞運，蒙古是勁敵〉。中央社，12月24日，取自http://times,hinet.net/times/rint.do?option=sport&newsid=2564041。

蘇嘉祥（2001）。〈香港申辦亞運不放棄〉。《民生報》，10月2日，B2版。

二、英文部分

Etchells, D. (2018). Taipei 2017 Summer Universiade generates economic impact of more than $150 million. Retrieved Mar. 10, 2022, from Insidethegame Website: https://www.insidethegames.biz/articles/1064177/taipei-2017-summer-universiade-generates-economic-impact-of-more-than-150-million

Greenwell, T. C., Danzey-Bussell, L. A. & Shonk, D. (2020). *Managing Sports Events* (2nd ed.) Champaign, IL: Human Kinetics Inc.

International Olympic Committee (2003). Candidature acceptance procedure-Games of the XXX Olympiad in 2012. Switzerland, Lausanne: IOC.

International Olympic Committee (2004). Report by the IOC candidature acceptance working group- Games of the XXX Olympiad in 2012. Switzerland, Lausanne: IOC.

International Olympic Committee (2007). Candidature acceptance procedure-Games of the XXXI Olympiad in 2016. Switzerland, Lausanne: IOC.

International Olympic Committee (2007). Report of the 2016 IOC Evaluation Commission-Game of the XXXI Olympiad. Switzerland, Lausanne: IOC.

International Olympic Committee (2019a). Evolution of the revolution: IOC transforms future Olympic Games elections. Retrieved Mar. 16, 2022, from Olympics.com Website: https://olympics.com/ioc/news/evolution-of-the-revolution-ioc-transforms-future-olympic-games-elections

International Olympic Committee (2019b). Future host election. Retrieved Jan. 16, 2022, from Olympics.com Website: https://olympics.com/ioc/future-host-election

International Olympic Committee (2020). OLYMPIC AGENDA 2020. Retrieved Mar. 16, 2022, from Olympics.com Website: https://olympics.com/ioc/olympic-agenda-2020.

International Olympic Committee (2021). Future host election. Retrieved Jan. 20, 2022, from Olympics.com Website: https://olympics.com/ioc/future-host-election.

International Olympic Committee (2022). IOC principle. Retrieved Mar. 15, 2022, from Olympics.com Website: https://olympics.com/ioc/principles.

Merriam-Webster (2021). The new "Bubble" popping up in sports: Thinking inside the bubble. Retrieved Mar. 21, 2022, from merriam-webster.com Website: https://www.merriam-webster.com/words-at-play/the-meaning-of-bubble-in-sports

UNOSDP (2019). International day of sport for development and peace 2019. UNOSDP, Department of Economic and Social Affairs. Retrieved Mar. 16, 2022, from Un.org Website: https://www.un.org/development/desa/dspd/2019/03/international-day-of-sport-for-development-and-peace-2019/

Walmsley, D. (2013). *The Bid Book: Matching Sports Events and Host*. London: Philip Savage.

Chapter 3

方信淵

運動賽會組織與
人力資源

學習目標

1. 瞭解組織與運動組織間的差異。
2. 瞭解運動賽會組織的基本架構與功能。
3. 瞭解運動賽會組織人力資源的運用。

　　運動賽會之舉辦除了相關專業人力資源，甚至體育運動志工的招募外，另一重要關鍵因素則在於人員編配與組織，藉由周到、確實、有系統、有條理的組織設計，可將人力妥善規劃、編配組織，建構完善的運動賽會組織架構，使之適才適所，發揮所長，以確保運動賽會舉辦的成功與圓滿（程紹同等，2007）。因此，一個運動賽會的成功，完善健全的組織和豐沛的專業人力是缺一不可的關鍵組合。鑑此，本章從運動賽會申辦、籌備等不同階段來論組織架構上的變化，再以人力資源管理的角度來剖析運動賽會的人力結構，以提供負責賽會相關之行政管理者在賽會組織結構設計、人力資源管理時之參考，亦是一個成功的賽會行政管理者所應具備的實務能力與理論基礎。

 第一節　組織與運動組織

一、組織的定義

　　Robbins和Judge（2018）認為組織指的是由兩個以上的個體組成，為達成共同目標，而有意識地持續運作的社會團體。組織的論述中，除了上述提及的由數個個體組成，有共同努力的目標之外，還應牽涉到組織內部權責分配的結構設計與互動，例如馬傑明（1979）提及「組織」，認為是一群人為了達成共同目標，經由權責分配的結構所構成的一個完整有機體系，藉著功能的分工與互動和人員間建立起的團體意識共同朝向總目標的達成而努力，並隨著時代及環境的改變而自謀調整與適應。

　　因此，綜合文獻上對於組織的論述（黃昆輝，1988；謝文全、林新發、張德銳、張明輝，1995；程紹同等，2007），可分成以下四種不同的論點：

1. 靜態觀點者認為組織指的是一個靜態的結構。他們認為組織是一種職務配置及權責分配的體系或結構，也就是視組織為工作、任務、職位、單位、責任、權威及層級的適當配置；且組織是為求達成某種共同目標，經由成員的專業分工，藉著組織中不同階層的權力與職責來協調群體的活動，以達成共同的目標。

2. 動態觀點者強調的是一連串人與人互動行為的關係。他們認為組織是一群人為了完成共同目標，所進行的互動行為而構成的活動體系，這種互動行為的表現即是組織的重要功能之一。所以，組織是二人或二人以上有意的協調活動所形成的合作體系。

3. 生態觀點者認為組織是一種不斷適應環境及不斷生長發展的有機體，用以完成某些特定目標。亦即組織是一種與環境交換訊息、能量與物質的開放系統。

4. 心態觀點者認為組織是一群人的需要、意願、思想及情感等心理因素所交織而成的精神體系，藉以達成共同的目標。

二、運動組織的定義

Slack（1997）認為運動組織應具有以下五個特性：

1. 運動組織必須存在於運動產業中。
2. 運動組織必須具有明確目標導向。
3. 運動組織必須具有明確的範疇。
4. 運動組織必須是有意義的結構性活動體系。
5. 運動組織必須是社交性的實體。

因此，運動組織可定義為「在運動產業中具有明確目標導向、清楚界定範疇的社交性實體，同時能規劃有意義活動之結構性體系」（程紹同等，2007）。

　　當然，運動賽會組織的規模大小，須視任務目標進行規劃與調整，小規模的運動賽會則僅需要較小的賽會組織即可完成任務，如各級學校舉行之單項運動競賽；而目前國內大型賽會包括全國運動會、全國大專院校運動會、全國中等學校運動會等；國際運動賽會如奧運會、亞運會、世運會等，除負責運動競賽之主體組織外，亦必須結合行銷贊助、科技、媒體公關與志工團體等其他功能性的重要組織，藉以舉辦與推動賽會各項事務（程紹同等，2007）。

三、運動賽會組織架構

　　Shone和Parry（2001）認為籌劃一個運動賽會，首先必須確認其組織架構，而其組織發展則來自對賽會的理想或目標，最後才轉化成一個專業化的正式組織（圖3-1）。所以，運動賽會籌備之首要工作應是建立一個理想的組織，依其組織目標，按照程序逐一進行組織結構的規劃，而主要也就是希望在各階層的組織領導者與部屬，皆能發揮應有的效能，完成運動賽會組織所賦予的任務與使命，藉以達成舉辦運動賽會的目標與效益。本文即以此概念為架構，從運動賽會申辦期之申辦團隊開始介紹，再進入申辦

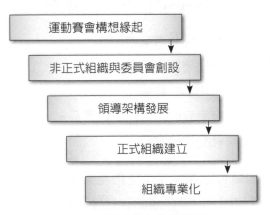

圖3-1　運動賽會組織發展

資料來源：Shone, A. & Parry, B. (2001).

成功後之籌備期的籌備組織，最後則是賽事期間的執行團隊，分期說明在不同時期，組織的差異與變化。

筹辦運動賽會之組織架構，常依據運動競賽項目、賽會規模而有所不同，大型運動賽會牽涉範圍廣、層面深，需要多種機關單位配合（程紹同等，2007）。Shone和Parry（2001）認為運動賽會組織的架構至少應包括參與者服務、支援性服務、行銷、行政管理和財務等五個主要功能部門（圖3-2），而這五項功能部門可依賽會目的與規模進一步分化，形成更為專責之功能部門。上述Shone和Parry所提出的運動賽會組織功能架構可視為運動賽會組織設計與結構組織分組之重要基礎，而依運動賽會目標與任務進行專業化之分工，形成各項委員會及工作小組，藉以推動運動賽會各項事務（程紹同等，2007）。

在國內大型運動賽會的組織架構常見的分組有籌備委員會，內設主任委員、總幹事、評判委員會與審判委員會，以及其他各專責分工的工作小組。例如2021年於新北市舉辦的中華民國110年全國運動會成立籌備委員會，設有召集人一人（由市長擔任）、副召集人二人（分別由副市長、議長擔任），下設執行長一人（由市府副秘書長擔任）及籌備委員若干人；並由籌備委員會設置籌備處，籌備處內置籌備主任一人（由新北市教育局長擔任），副主任一人（由新北市文化局長擔任），以及行政部、宣傳部、典禮部、服務部、競賽部等五部二十四組，詳如圖3-3。

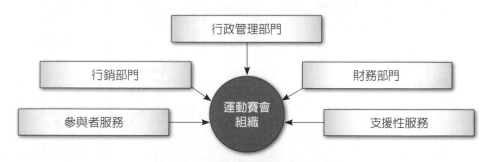

圖3-2　運動賽會組織功能架構

資料來源：Shone, A. & Parry, B. (2001).

運動賽會管理

圖3-3　中華民國110年全國運動會籌備處組織架構

資料來源：110全國運動會官網，https://sport110ntpc.com/

在國際賽會組織結構上，通常具有法定實體形式的上級管理階層、賽會管理者、管理委員會及實務操作性委員會等四個基本的組織結構（Wilkinson, 1988）。例如2022年8月於北京舉辦的第24屆冬季奧林匹克運動會組織委員會（含冬殘奧組委會），內設有執行委員會及二十八個功能部門，執行委員會由一位主席、五位副主席、四位執行主席、一位執行副主席和若干位執行委員組成，二十八個功能部門分別為秘書行政部、總體策劃部、對外聯絡部、體育部、新聞宣傳部、規劃建設部、市場開發部、人力資源部、監察審計部、財務部、技術部、法律事務部、運動會服務部、文化活動部、物流部、殘奧會部、媒體運行部、場館管理部、安保部、交通部、開閉幕式工作部、奧運村部、志願者部、註冊中心、票務中心、抵離中心、延慶運行中心、張家口運行中心等（**圖3-4**）。

圖3-4　北京2022年冬奧會和冬殘奧會組織委員會架構

資料來源：北京2022年冬奧會和冬殘奧會組織委員會官網，https://www.beijing2022.cn/

 第二節　賽事申辦與籌備期間組織

　　World Masters Games臺灣譯為世界壯年運動會，又稱世界大師運動會、世界先進運動會。每四年舉辦一次，參加選手必須為30歲以上的運動員（依各單項運動之規範而有所不同）。每一位選手代表自己或其運動團隊，因此在這個賽會中無國家代表團。自1985年首屆賽會以來，參加賽會人數和活動規模穩定增長，參賽人數已超過夏季奧運會3倍，目前為世界最大的綜合型運動賽會。本文即以雙北市即將於2025年舉辦的世界壯年運動會（世壯運）作為範例來說明。

一、申辦期間之臨時任務編組：賽事申辦團隊

　　2020年10月22日，臺北市政府召開記者會宣布，雙北擊敗法國巴黎及澳洲伯斯，確定主辦2025世界壯年運動會（世壯運），賽會定於2025年5月17日至5月30日舉辦，預計有110國選手來臺參賽，帶來100億觀光財；開幕典禮預計辦在臺北大巨蛋，閉幕在新北微風運河進行。據北市府表示，雙北共同申辦2025年世壯運，從2019年提交申辦意向書後就開始積極準備，2020年因全球2019新型冠狀病毒疾病（COVID-19）疫情影響，以視訊方式進行國際申辦會議，於2020年10月21日下午決選會議簡報後結果出爐，雙北確定主辦2025世壯運。同年12月10日，臺北市政府、新北市政府與國際壯年運動總會（International Masters Games Association, IMGA）也以視訊方式完成簽約，正式開始籌備賽會。

　　臺灣再次成功申辦國際大型賽會，在現今國際局勢下，是相當難得的一件事，我們透過申辦歷程的回溯，稍微瞭解一下整個賽事申辦的過程。

(一)2017世界大學運動會的成功經驗

在臺北市於2017成功舉辦臺北世界大學運動會之後，獲得更充分的大型國際賽會經驗，提升了國內競技運動水準，更帶動了國內運動產業的發展，更重要的是，透過世界各國菁英選手們同場競技的精彩演出，我國代表隊選手更憑藉著「在家比賽」的主場優勢，獲得亮眼的成績，因此帶動國內體育運動風氣，更提升了民眾參與、關心運動的熱情與自信，城市舉辦大型國際賽會帶來的多元正面影響，再一次被印證。

(二)申辦歷程

臺北市政府於2019年1月接獲教育部體育署告知壯年運動會相關訊息後，便積極主動聯繫國際壯年運動總會，蒐集相關資訊。同年5月北市府藉由組隊赴澳洲黃金海岸參加SportAccord的機會，與國際壯年運動總會（IMGA）執行長會談，積極表達臺灣有意申辦的訊息，並確認需求與建立窗口。回國後，2019年7月23日在市長晨會報告規劃進度，9月旋與雙北召開建立共同申辦平臺會議，10月17日召開申辦2025年世界壯年運動會專家學者諮詢會議，11月獲得教育部體育署提供申辦賽會支持信函，12月2日雙北副首長平臺會議，達成共同申辦國際賽會之共識，12月5日雙北共同向IMGA提交申辦2025世界壯年運動會意向信函（雙北世界壯年運動會官網，2022）。雙北市以「運動無界，人生無限」（SPORTS beyond AGE, LIFE without LIMITS）為標語，宣揚終身運動之價值理念，攜手爭取2025年世界壯年運動會主辦權，是希望能透過申辦世壯運，建構與國際間的交流，更期盼能在日漸高齡化之社會宣導國民健康之理念。

2020年7月至9月向國際壯年運動總會（IMGA）繳交申辦費（25,000歐元）及文件，並開始進行一連串申辦簡報及合約討論的視訊會議，2020年8月14日向國際壯年運動總會，進行申辦簡報會議，因全球新冠肺炎（COVID-19）影響，原規劃至瑞士洛桑向國際壯年運動總會（IMGA）進

行之申辦簡報，改採線上視訊會議方式進行。申辦簡報之內容，除了進行城市簡介及說明賽事之組織、場館、人力、財務、行銷、醫療、維安等規劃，另雙北2025世界壯年運動會以「觀光旅遊」為賽事附帶之要點，整體規劃除希望提供壯年運動員不同於以往的競賽體驗，更希望透過文化體驗及城市旅遊，向國際間推展臺灣觀光。

2020年10月2日至16日，邀請國際壯年運動總會（IMGA）執行長詹斯·荷姆（Jens V. Holm）來臺訪視，除與雙北市長進行座談會及參訪競賽場館外，因應賽會性質為觀光屬性，安排參訪臺北101、故宮、野柳等景點，IMGA執行長盛讚防疫配套措施完善，並給予雙北高度評價。10月21日進行決選簡報視訊會議，決選會議由臺北市副市長蔡炳坤、新北市副市長謝政達攜手率隊，向國際壯年運動總會（簡稱IMGA）說明準備情況，簡報內容陳述籌辦整體計畫及賽會願景，並針對委員提問進行答覆及說明。再於10月23日獲得IMGA正式通知，正式取得2025世界壯年運動會的主辦權（圖3-5）。

二、籌備期間之賽會組織：籌備委員會與組織委員會

2020年12月10日，在教育部潘文忠部長的見證下，由臺北市柯市長與新北市侯市長，採視訊方式與世界壯年運動總會簽署主辦城市合約。這也

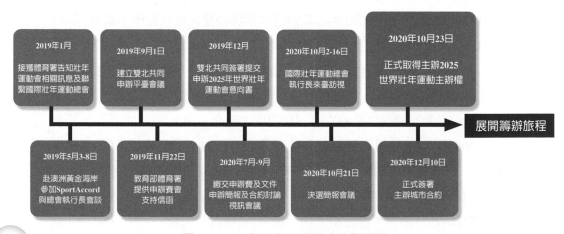

圖3-5　2025世界壯年運動會申辦歷程

等於是正式宣告，雙北市歷經多年的奔走與努力，這全世界最大規模的國際綜合型賽會——2025世界壯年運動會的主辦權，已經確定由雙北市共組的團隊取得。原本的申辦團隊，功成身退，取而代之的是進入到賽會的籌備階段後的賽會籌備組織。

2025世界壯年運動會預計於2025年5月17日至30日舉辦，比賽項目共有三十二種項目，包含必辦項目射箭、田徑、羽球、棒壘球、籃球、輕艇、自由車、舉重、桌球、網球、足球、高爾夫球、曲棍球、定向越野、划船、鐵人三項、排球、射擊、壁球等十九項；選辦項目衝浪、拔河、水上運動、空手道、橄欖球、救生、手球、運動舞蹈、飛盤、跆拳道、帆船、柔道等十二項，以及示範項目槌球一項。競賽場館初步規劃橫跨臺北、新北、宜蘭、桃園、新竹等五縣市，共七十個競賽場館，十四個練習場館。

在賽會申辦期間，因為任務的階段性，與是否能達成的不確定性，組織的架構依據申辦的規定，雖經法定程序核可，但編制人員多由申辦城市之首長指派，且大都是原本公部門的相關業務負責人，組織的性質屬臨時

▲世界壯年運動會競賽項目眾多，參加選手人數眾多，是目前世界最大的綜合型運動賽會

任務性編組。確定取得賽會主辦權後，諸多賽會籌備工作亟待接續進行，立即成立籌備階段的組織就變成當務之急。

賽會籌備的過程中，在國內外賽會組織常用的名詞有籌備委員會與組織委員會，但一般來說，就是國際賽會申辦規章中所提及的Organizing Committee，國內亦有學者譯為籌備委員會，但反而易使讀者混淆籌備委員會與組織委員會之功能與屬性，因此本文特將Organizing Committee譯為「組織委員會」，而國內也常見的「籌備委員會」，本文則將其譯為Preparation Committee以作為區別。

一般來說，籌備委員會（Preparation Committee）乃是賽會申辦候選城市在取得賽會主辦權之前，所設置之臨時任務編組，性質雖與組織委員會相似，但其編組時間較短，主要任務乃在組織委員會成立之前，負責賽會籌備之協調工作，並負責成立組織委員會。例如2009年世界運動會，在2009高雄世界運動會組織委員會（Kaohsiung Organizing Committee, KOC）尚未成立前，就是以「世運會籌備委員會」方式進行先期運作，並訂有「2009世界運動會籌備委員會設置要點」作為運作之根據。

但雙北市在確定獲得2025世界壯年運動會主辦權之後，並未先成立籌備委員會，而是在直接在2021年4月30日發布「2025雙北世界壯年運動會組織委員會設置要點」，並於5月7日正式揭牌成立「2025雙北世界壯年運動會組織委員會」，並召開組織委員會成立大會暨第一次會議，展開各項賽事籌辦工作。

(一)組織委員會功能與架構

2025世界壯年運動會組織委員會於2021年5月7日正式揭牌成立，依據「2025雙北世界壯年運動執行委員會第一次委員會」會議紀錄，組織委員會（Organizing Committee, OC）為賽會籌備的過程中，必須成立之組織，然而在2009世界運動會的案例中，於簽約儀式完成後，則是先以「籌備委員會」之名稱成立臨時型組織，在組織委員會正式成立前，暫代其組織功

能與角色，待OC成立後，停止運作。2025世界壯年運動會則是跳過了籌備委員會，直接以組織委員會進行賽事籌備工作。

依據「2025雙北世界壯年運動會組織委員會設置要點」，2025世界壯年運動會組織委員會置委員五十七人至六十三人，主任委員由臺北市及新北市（以下簡稱雙北）市長兼任，副主任委員二人至四人（目前爲臺北市副市長、新北市副市長、教育部常務次長、體育署署長等四位），由主任委員各聘（派）一至二人兼之，其餘委員由主任委員就下列有關人員聘（派）兼之：

1.中央相關業務主管機關代表。
2.協辦縣市首長。
3.中華奧林匹克委員會主席。
4.競賽種類全國單項協會理事長。
5.全國及雙北體育總會代表。
6.雙北市政府相關業務主管機關首長。

主要任務則有：

1.籌辦世壯運相關事項。
2.議決世壯運相關重要政策。
3.擔任與國際壯年運動總會（IMGA）聯繫窗口。

由於此賽會由臺北市與新北市兩個城市主辦，因此對於會議的主辦也有規範如下：

組織委員會至少每年召開會議二次，會議由雙北市政府輪流主辦，必要時得召開臨時會議；會議由輪值主任委員擔任主席，輪值主任委員因故不能出席時，由另一主任委員代理之，主任委員均因故不能出席時，由輪值方副主任委員代理之。

而爲了執行組織委員會會議決事項、世壯運之籌備進度及結束等事宜，組織委員會下設執行委員會，執行委員會設有主任委員一人、副主任

運動賽會管理

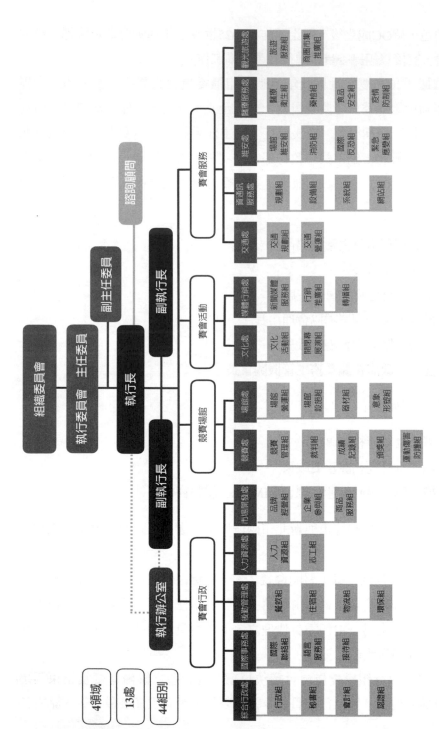

圖3-6　2025世界壯年運動會執行委員會組織架構

資料來源：雙北世界壯年運動會官網，https://wmg2025.tw/

86

委員一人、執行長一人、副執行長二人、執行辦公室主任一人。執行委員會下分賽會行政、競賽場館、賽會活動、賽會服務等四領域，包含綜合行政處、國際事務處、後勤管理處、人力資源處、市場開發處、競賽處、場館處、文化處、媒體行銷處、交通處、資通訊服務處、維安處、醫療服務處等十三處，及下轄的四十四個組，如圖3-6。

(二)組織委員會工作執掌與分工

依據110年11月16日召開的第一次執行委員會會議議程資料內容，組織委員會下設的十三處之工作執掌詳述如下：

1. 綜合行政處：建構賽會組織及擬定整體運作機制為主要工作，並編列整體及分年籌備經費與完成各項賽會籌備基礎作業。重點工作包含認證管理、儀軌、知識管理建置、法務及官方文件。

2. 國際事務處：為國際壯年運動總會及國際各運動組織之聯繫窗口，辦理各項國際事務及接待事宜，並完備國際參賽者完善之出入境規劃及強化賽會各種語言服務。

3. 後勤管理處：為提供賽會人員基礎服務及完備各項物資運送等作業，包含住宿、飲食、物流服務及環境保護等工作事項。

4. 人力資源處：建構賽會人力計畫及人員轉換計畫，招募專責人員，並規劃整體志工計畫，透過招募、培訓、管理、分流及運用等作業，提供優質的志工服務。

5. 市場開發處：建構賽會品牌及發展賽會整體視覺與企業參與運作機制，並建立贊助企業合作契約的標準化作業程序及規劃完善的商品服務作業，達成收支平衡目標。

6. 競賽處：競賽處依據賽會競賽規範及遵循國際單項總會規範規劃賽務工作，透過競賽種類各單項協會協助，整合國內運動資源與提供賽會專業人力，建構競賽團隊及擬定賽務執行計畫，以滿足競賽運作需求及確保賽事公平。

7. 場館處：場館處提供符合賽會規範的競賽場地與設備，並透過無障礙設施與指標系統，使參賽者獲得良好的參賽體驗，藉由場館周邊意象融合賽會主視覺。賽會期間籌組場館營運團隊，整合各工作領域及建立場館營運機制，確保場館運作順利。

8. 文化處：文化處透過整合雙北文化資源及配合賽會期程舉辦多元的文化活動及賽期之迎賓饗宴。賽會開閉幕的展演規劃為重點執行事項，運用雙北特色及融合文化藝術，展現具國際賽會等級之開閉幕典禮。

9. 媒體行銷處：媒體行銷處運用多元媒體、行銷工具，塑造整體賽會形象。根據整體行銷架構分階段將世壯運的理念、重要新聞及亮點活動等相關訊息全方位露出，有效運用社群及跨界資源操作提升賽會知曉度。賽會媒體服務與提供即時之賽會相關消息為重要工作事項，並規劃線上網路直播。

10. 交通處：交通運輸處依據賽會需求及人員類別規劃完善之交通運輸服務，以多元數位之方式提供賽會參與者。藉由賽會場館分布情形規劃配套措施，提供場館間交通運輸接駁服務及擬訂交通維持計畫。

11. 資通訊服務處：賽會資訊基礎建設及競賽資訊管理之主要負責單位，建置賽會資訊環境，朝賽會數位化服務發展。建置賽會場館網路基礎及計時計分設施設備、賽會官方網站及建置應用軟體，以有效傳達賽會訊息。

12. 維安處：賽會安全維護及緊急事件處理之主要部門，透過人員安全查核以確保賽會安全，反恐及維安指揮系統、緊急應變體系預作編組規劃，強化各項安全維護工作及執行場館安全維護及賽會人員安全作業。

13. 醫療服務處：提供賽會完善之醫療救助服務，於賽會期間整合場館周邊醫療資源，建立活動緊急醫療救護網。訂定藥檢計畫確保安全公平競賽，規劃良好食品衛生管理方法、提供疫情監測及防治知識

之宣導作業。

14. 觀光旅遊處：提供賽會參與者，觀光旅遊資訊與服務之平臺。整合
國內觀光景點及觀光商業資源，搭配賽會特色規劃多元之主題旅
遊，並結合虛擬實境，讓參與者不受地域限制，便能體驗各城市景
點，增加參與者來臺觀光之動機，賽會期間，設立旅遊服務中心，
提供完善旅遊資訊，並提供賽會專屬商家優惠，讓賽會參與者有著
賓至如歸的難忘旅程，進而提升臺灣觀光旅遊國際能見度，並帶動
觀光產業發展。

(三)賽會組織的彈性調整與更動

賽會籌備期間很長，不可能在籌備初期就投入大量人力與經費，通常
依據賽事接近的期程，會進行人員編組與投入資源的調整，本文就以雙北
市舉辦2025世界壯年運動會執行委員會的人員調整規劃為例來說明。

我們可以看出，在人力規劃上，整個2025世界壯年運動會的籌備期大
致上分成三階段，第一階段從2021年5月組織委員會成立至2022年底，第二
階段從2023年初至2024年底，第三階段則是進入賽事舉辦的2025年，如**圖
3-7**。執委會人力規劃說明如下：

1. 第一階段：11月成立執行委員會開始，確認所有委員名單、正副執行
長名單、各正副處長名單、各督導局處分工與聯繫總窗口確認、專
責人員分工確認。

2. 第二階段：2023年初至2024年底，執委會會視賽事籌備狀況進行一
波人事調整，各組組員也開始編入。

3. 第三階段：進入賽事舉辦的2025年，組委會的編制人員皆會進駐，
各運作中心也開始進駐運作。

執委會人力則從2021年的7人編制，逐漸擴張到足以接下整個賽會運作
龐大事務的59人，如**圖3-8**。

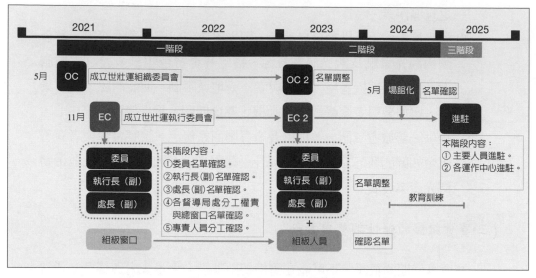

圖3-7　2025世界壯年運動會執行委員會人員調整規劃

資料來源：臺北市政府體育局網站，https://sports.gov.taipei/

領域	項目	處別	2021	2022	2023	2024	2025
賽會行政	1	綜合行政處	2	3	5	13	15
	2	國際事務處	1	1	2	4	4
	3	後勤管理處	0	1	2	4	4
	4	人力資源處	1	1	2	5	5
	5	市場開發處	0	1	1	2	2
競賽場館	6	競賽處	1	2	3	9	9
	7	場館處	1	1	4	8	8
賽會活動	8	文化處	0	1	2	3	3
	9	媒體行銷處	1	1	2	4	4
賽會服務	10	交通處	0	0	1	1	1
	11	資通訊服務處	0	1	1	2	2
	12	維安處	0	0	1	1	1
	13	醫療服務處	0	0	1	1	1
		總計	7	13	27	57	59

備註：執行辦公室依據賽會主計畫及籌辦經驗配置各處人力，後續將依據執行情形做滾動式修正。

圖3-8　2025世界壯年運動會執行委員會專職人力規劃

資料來源：臺北市政府體育局網站，https://sports.gov.taipei/

第三節　賽事人力資源管理

　　一個組織的績效好壞，組織內員工的素質影響最大。一個高效能的組織，專業的人力資源，必定是組織內不可或缺的重要支柱，組織依賴著高素質的人力資源來執行與達成組織策略性目標。對一個運動賽會組織而言更是如此，因為運動賽會籌備、競賽與賽後的相關事務繁多，需要詳盡的規劃，更為重要的是凡事皆需要透過「人」來一一實現（程紹同等，2007）。

　　國內外運動賽會之規模日益龐大，組織任務當然也漸趨複雜化，任務的執行與目標的達成，必定需要仰賴組織內的專業分工與團隊合作，才能有效達成。因此，運動賽會之舉辦，如何招募專業人力與設計一個能發揮團隊效能的組織架構，以規劃與推動運動賽會各項事務，執行與達成運動賽會之目標呢？唯有透過人力資源管理作業程序招募專業人力，並藉由適當的組織結構設計，方能發揮組織最大績效，有效達成運動賽會被賦予的工作與任務。

　　根據資源基礎理論（resource-based theory），組織內部的資源乃是塑造組織持久競爭優勢的來源，凡是能有效提升效率與效能、開發市場機會、減少競爭威脅，有助於組織策略執行者，均為有價值的資源（Barney, 1991; Wright & McMahan, 1992）。在這些資源中，人力資源管理活動即具備上述特性，能夠塑造組織長久的競爭優勢（Snell, Youndt & Wright, 1996）。在經濟學領域中，人力資本指的是員工的生產能力（Becker, 1964）。人力資本理論主要是從個體經濟的角度分析，該理論指出員工如果擁有技術、知識及能力，而能為組織創造經濟價值時，對於公司的貢獻度也就越大，公司則較願意在其人力資本上投資；相對地，公司投資在員工身上的成本愈高，經營績效也就愈可能提高。因此，人力資本理論認為

人力資源管理措施會直接影響組織績效。所謂人力資源管理，則可定義爲所有會影響組織與員工關係本質的管理決策行動（Beer, Spector, Lawrence, Miles, & Walton, 1985）。

對組織而言，人力資源計畫是組織不可或缺的策略性計畫之一，所以，適當的人力資源計畫應該視組織未來對人力資源的需求與人事的適用性來調整（Slack, 1997）。DeNisi和Griffin（2005）提及人力資源管理程序（the human resource management process）爲人力資源規劃（human resource planning）、人員招募（recruiting）、甄選與配置（selecting and placing）、績效管理與激勵（performance management and incentives）、訓練與發展（training and development）。本文將其修正爲人力資源規劃、人員招募、甄選與配置、教育訓練、績效管理與激勵、職涯發展六個步驟，並調整其順序；其中人力資源規劃、人員招募、甄選與配置等三個步驟具有順序性，主要目的在於選用適任有能力之人才；而教育訓練、績效管理與激勵、職涯發展等三個步驟則在確保組織能留住人才，確定適當的人放在適當的位置上，且不僅能培養組織內人才的成長，也能符合組織未來需求。

DeNisi和Griffin（2005）提及人力資源管理程序爲人力資源規劃、人員招募、甄選與配置、績效管理與激勵、訓練與發展（如圖3-9）。

但爲切合文化差異，本文將其修正爲人力資源規劃、人員招募、甄選與配置、教育訓練、績效管理與激勵、職涯發展六個步驟，以下針對此六步驟，進行說明。

一、人力資源規劃

人力資源規劃乃是組織人力資源任用的第一步驟，但在此步驟內，卻也包含四個重要的階段，分別爲工作分析、需要性評估、建立人員管理資訊系統，最後才進入人力資源規劃的階段。

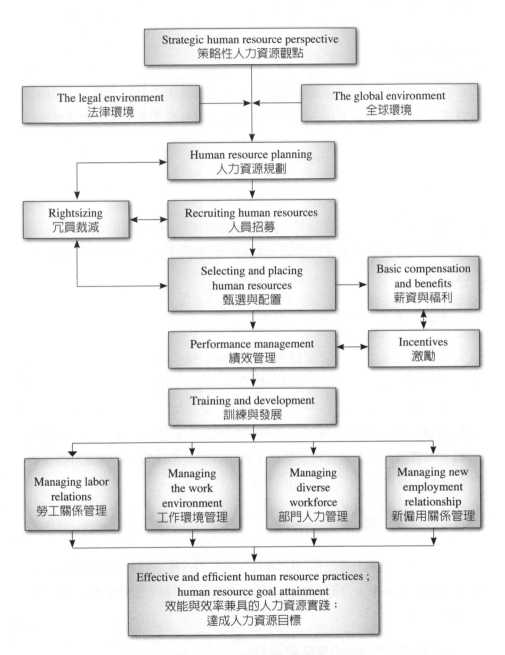

圖3-9 人力資源管理程序圖

資料來源：DeNisi, A. S. & Griffin, R. W. (2005).

(一)工作分析

工作分析包含確認組織架構的設計，也就是組織內的職務、頭銜與職權的組合，也必須確立每一個不同職務所必須具備的專業能力與條件，以及各項工作內容。

(二)需要性評估

經過工作分析後，確立了工作的內容與組織架構的關係，接下來必須評估各部門、各職務的人力需求、用人的優先順序、訓練方式以及績效評量標準。

(三)建立人員管理資訊系統

資訊化帶動了人力資源管理的新革命，以往紙本建置的資料，在資訊快速流通的時代已經跟不上環境變化的速度，因此資訊系統的建置，乃是在進行人力資源管理上不可或缺的一環。所謂建立人員管理資訊系統，是指系統化地蒐集組織目前、過去、未來之內部運作和外在環境變遷等資料，將資料作有系統分析或量化，以作各種人事決策、計畫或評量依據（李元墩、陳良乾、方信淵，2010）。

(四)人力資源規劃

人力資源規劃主要是預測組織人力需求的一種過程，完善的規劃有助於減少組織在未來人力需求的不確定性，其程序有四，如圖3-10（中山大學企管系，2009）：

1.瞭解環境和組織的現況。
2.分析目前人力資源供應情形與未來的預測。
3.分析目前人力資源的必要條件與未來必要條件的預測。

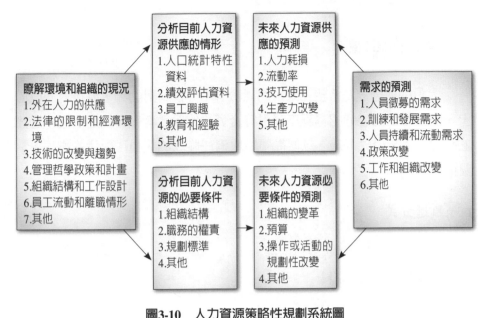

圖3-10　人力資源策略性規劃系統圖

資料來源：中山大學企管系（2009）。

4.需求的預測。

二、人員招募

人員的招募，主要是將組織的人力需求訊息，藉由媒介傳播出去，企圖增加符合資格的應徵人數，以便在甄選階段能有更豐富的人力資料庫，有更多的選擇。一般包含以下四種方式：

1.透過視聽或平面媒體刊登招募消息。

2.透過有關機構或學校推薦。

3.組織內部人員推薦。

4.相關從業中招募。

5.造訪特定專業人士之禮聘。

三、甄選與配置

人員的甄選，是希望在眾多的應徵者中，找到對的人，放在對的位置上。主要是組織透過招募程序吸引符合資格的應徵者後，經過篩選、過濾的程序，列出優先等級，以便從中錄取適任職務的人員。甄選的方法，常見的有：

(一)甄選方式

1.從推薦函或自傳等資料挑選。
2.專業能力證明資料。
3.面談。
4.考試或測驗。

(二)錄取與配置

經過篩選後，可依據下列幾個因素來決定是否錄用：

1.人員需求量的急迫性程度。
2.決定難度的程度。
3.從應徵者蒐集到的資料量。
4.如果錄用不適任者時對組織傷害情形程度。
5.組織的規模。

錄取時，人力資源主管得一併考量的還有該錄用人員的配置，也就是他必須擔任的職務與職權，但不論是新進人員或者組織內員工的升遷、遷調，都應以個人的專長及興趣為考量，才能適人適任。

四、教育訓練

人員訓練就是透過正式方法（有計畫性的課程或講習、實習）實施工作訓練，以增進員工對於工作上相關的專業知識與技能。訓練對組織的成功是非常重要，訓練的對象並非僅對新進人員，還應該全面性包含在職人員，以提升組織內人員執行工作與任務時的專業能力。一般來說，教育訓練可分為以下三種：

(一)適應訓練

為求新進人員及早瞭解或適應新的工作環境，實施適應訓練，主要講述組織的規定、政策和組織結構等，以及自己在組織架構中的職務、職責與所扮演的角色。

(二)基礎初階訓練

此種訓練為接受各類專業訓練前的基礎訓練，偏向新進人員或新擔任此職務之人員所必備之基本工作知能和技術，以及人格道德的培養，例如：溝通技巧、人際關係、職業道德與操守等。

(三)進階專業訓練

進入組織內工作後，隨著工作內容的繁雜與工作專業化的需求，人員必須對於職務上專業知識或特殊性技能進行培養與訓練，例如：行銷課程、贊助技巧、法規基本概念，接受新知與新觀念，往往可以提高工作效率；亦有專門為避免組織內工作氣氛凝凍，而規劃的激勵士氣的活動或訓練，例如：魔鬼訓練營、團隊動力等。

▲可透過團體動力活動，凝聚團隊向心力

五、績效管理與激勵

　　針對組織內人員的工作表現的評量與考核，稱之為績效管理，這些評量通常只限於工作表現，但亦可包括人際關係和人格的評量。人員的績效管理具有以下功能（李元墩、陳良乾、方信淵，2010）：

　　1.可作為人事管理決策的依據，如升遷、遷調、解職等。

　　2.可作為人員訓練與人員發展計畫的依據。

　　3.可作為獎懲的依據。

　　4.有助於員工士氣的提升和員工的自我成長與發展。

　　5.有助於提升員工的自我管理和認清職責。

　　6.增強主管與員工間的關係。

　　7.有助於績效的改進。

8.員工可藉由評量提供對組織績效良缺的回饋資料。

激勵乃是透過誘因以刺激人們採取行動，是行為受到激發及引導的過程；它是一個心理過程，成功與否取決於員工「內心」是否受到激勵（DeNisi & Griffin, 2005）。而激勵的方法，大致可分為以下三類：

(一)貨幣類的激勵

採用金錢當作激勵的工具時，應注意以下事項：

1.雙因子理論：心理學家赫茲伯格（Frederick Herzberg）認為組織成員的工作態度對績效有決定性的影響，且內在因素（激勵因子）與工作滿足感相關；外在因素（保健因子）與工作不滿足相關。薪資、貨幣類的激勵，屬保健因子，此類因子能夠消除不滿的因素，因此不存在時會造成不滿，但存在時亦無法增加滿足感；屬外在的因素，例如公司政策、行政管理、監督、人際關係、工作環境、薪資等。不同於保健因子，激勵因子能夠增加工作滿足的因素，因此存在時會增加滿足感，不存在時亦不會造成不滿；屬於內在的因素，例如成就感、認同感、責任感、工作本身、成長與發展等，故激勵因素多關係到人員對工作抱持正面情感。

2.可量化的差異：金錢相當容易量化，員工間亦可輕易比較出不同金額的激勵獎賞，故必須注意員工得到金錢獎賞時的差異與其工作績效是否成正比。

3.金錢與需求滿足的關係：激勵應該從是否滿足員工需求的角度來看，而每位員工對於金錢的需求滿足點並不相同，同樣一個標準的金錢激勵，並不一定能滿足不同的員工需求。

(二)非貨幣類的激勵

1.非貨幣性的激勵因素主要包括一個公司的福利與服務措施，以及

工作設計與工作條件等，幾乎涵蓋了所有的人力資源管理功能與活動。

2.福利措施：組織規劃有符合員工需求的福利措施，可有效留住員工，對於員工來說，是基本需求。

3.工作環境：提供員工良好、友善的工作環境。

4.管理者的領導作風與監督方式和態度，也直接影響員工的自尊需求。

(三)其他

如競爭壓力的應用、人情攻勢、職權權威的利用、縮短工時、彈性工時等。

六、職涯發展

職涯發展係指員工在組織內經過訓練後成長的歷程，組織內並應設有暢通的升遷管道。組織架構與工作分析中決定了人們在公司負責的工作、組織間互動的模式、聘僱的員工類型，因此也影響了員工在未來工作準備的發展，甚至員工轉職或升遷的規劃。組織應為其員工在職涯發展上採取主動積極的角色，組織可以循序漸進，培養員工在組織內、工作職場上的職涯發展，不應只是任務交辦與執行的關係。倘若組織可以確實藉由教育訓練與工作實習，引導員工成長，我們可以預期組織必可從中獲得利益。在這樣的概念下，除了搭配適當的教育訓練外，暢通的升遷管道就成了相當重要的一個基礎。使得組織內的員工，在組織內成長，經過歷練成為一個不只一回生、二回熟、三回滾瓜爛熟的熟才，還要能推陳出新，甚至無中生有Know Will的通才（如圖3-11）。

通才	·融會貫通、T型自我學習成長人（Know Will）
精才	·深刻瞭解如何、為何之系統結構化，具改善能力（Know Why）
熟才	·二回熟、三回滾瓜爛熟，具備高效率地產出正確的結果（Know How）
會才	·一回生地做出對的結果來，但效率不佳（Know What）
不會才	·意願高但技能較低之人

圖3-11 人才層次圖

資料來源：徐自強（2007）。

 結 語

　　現代運動賽會因為商業、行銷、政治力等元素的影響，規模日益龐大，組織的設計也越來越多元，主要是為了符合組織分化下專業分工的概念，而專業分工則更需要更多專業人力的投入。因此透過規劃、依循人力資源作業與管理程序招募運動賽會之工作人員與志工，並有效運用人力，才能凝聚高品質、高效率的運動賽會服務團隊，這也往往攸關運動賽會是否能成功舉辦的關鍵。

　　因此，組織如何招募、運用所得人力資源，如何做好有效管理，並透過組織設計，建構一個適切的運動賽會組織結構，以符合一個運動賽會所需組織，是身為一個成功賽會行政管理者必備的實務操作知能（程紹同等，2007）。因此，藉由大型國際運動賽會的範例，瞭解賽會申辦、籌備與執行期的組織設計與架構，對照人力資源管理與組織之相關理論和概念，期盼對於運動賽會管理者在從事運動賽會規劃與籌備、執行的過程中有所幫助，亦能提供對於運動賽會管理議題有興趣的初學者，一個清楚詳實的範例，對於未來從事運動賽會之人力資源及組織規劃與運用上有所助益。

問題與討論

一、請簡要說明運動賽事辦理不同階段中，組織架構與功能的差異。

二、簡要說明人力資源管理程序及其架構。

三、請自行選定一大型賽事，為該賽事規劃組織人力架構，並簡要說明各組分工。

 參 考 文 獻

一、中文部分

中山大學企管系（2009）。《管理學》。臺北：前程。

北京2022冬奧會組織委員會（2022）。北京2022冬奧會和冬殘奧會組織委員會架構。取自http://www.beijing2022.cn/cn/abouts/organisation.htm

李元燉、陳良乾、方信淵（2010）。〈2009高雄世運會賽會行政管理研究〉。2009高雄世界運動會組織委員會委託研究案。高雄：2009高雄世界運動會組織委員會。

李青芬、李雅婷、趙慕芬譯（2006）。Stephen P. Robbins著。《組織行為學》（*Organization Behavior*）（第十一版）。臺北：華泰。

邱金松、鄭勵君、劉于詮（2010）。〈2009高雄世運會縱覽紀實〉。2009高雄世界運動會組織委員會委託研究案。高雄：2009高雄世界運動會組織委員會。

徐自強（2007）。〈人力資源管理要點〉。《品質月刊》，43，頁9-15。

馬傑明（1979）。〈組織層級化之研究〉，未出版。國立政治大學之碩士論文。

高雄組織委員會（2009）。《2009高雄世界運動會成果報告專書》。高雄：財團法人2009世界運動會組織委員會基金會。

程紹同、許振明、陳增朋、洪煌佳、王凱立、呂宏進（2007）。《運動賽會管理：理論與實務》。新北：揚智文化。

黃昆輝（1988）。《教育行政學》。臺北：東華。

新北市政府（2022）。110全國運動會組織架構表，取自https://sport110ntpc.com/organization。

鄭勵君（2007）。〈高雄市成功申辦世界運動會策略分析之研究——Porter五力分析法之驗證〉，未出版。國立體育學院之博士論文。

謝文全、林新發、張德銳、張明輝編著（1995）。《教育行政學》。臺北：國立空中大學。

雙北世界壯年運動會官網（2022）。申辦過程，取自http://wmg2025.tw/bidding-tw.html

二、英文部分

Barney, J. (1991). Firm Resources and Sustained Competitive Advantage. *Journal of Management, 17,* 99-120.

Becker, H. S. (1964). Notes on the concept of commitment. *American Journal of Sociology, 66,* 32-42.

Beer, M., Spector, B., Lawrence, P. R., Miles, D. Q. & Walton, R. E. (1985). *Human Resource Management: A General Manager's Perspective*. New York: Free Press.

DeNisi, A. S. & Griffin, R. W. (2005). *Human Resource Management* (2nd ed). MA: Houghton Mifflin.

FISU (2003). Agenda executive committee meeting. Retrieved March 27, 2010, from FISU Website: http://www.fisu.net/en/Executive-Committee-Meeting-Trieste-2003-494.html

Robbins, S. P. and Judge, T. A. (2018). *Essentials of Organizational Behavior* (14th ed). Pearson Education, Inc., London.

Shone, A. & Parry, B. (2001). *Successful Event Management-A Practical Handbook*. New York: Continuum Co.

Slack, T. (1997). *Understanding Sport Organization: The Application of Organization Theory*. Champaign, IL: Human Kinetics.

Snell, S. A., Youndt, M. A. & Wright, P. M. (1996). Establishing a framework for

research in strategic human resource management: Merging resource theory and organizational learning. In J. Shaw, P. Kirkbride, & K. Rowland (Eds.), *Research In Personnel and Human Resource Management, 14*, 61-91. Greenwich, CT: JAI Press.

Wilkinson, D. G. (1988). *The Event Management and Marketing Institute-The Event Planning Process Workbook*, p.15. Canada, Toronto: The event management and marketing institute.

Wright, P. M. & McMahan, G. C. (1992). Alternative theoretical perspectives on strategic human resource management. *Journal of Management, 18*, 295-320.

Chapter 4

程紹同、張勝傑

運動賽會行銷管理

學習目標

1. 瞭解運動賽會行銷的意義及對運動賽會的重要性。
2. 瞭解運動賽會行銷的內容,並能將行銷管理理論運用在運動賽會。
3. 瞭解賽會行銷趨勢與新媒體行銷工具之應用。
4. 瞭解賽會行銷管理策略及其應用。

第一節　運動行銷的意義與策略規劃

　　自1984年洛杉磯奧運籌委會擬定一系列創新行銷策略模式，賽會意象、募集贊助、販售轉播權利，成功地將奧運會轉化為一場充滿商機的大型運動賽會，並將行銷理論與實務技術充分運用，更成為現今各大重要國際綜合性運動賽會及區域性賽事奉行之法則。運動賽會除了刺激可看的競賽內容外，也逐漸轉型成為充滿樂趣與多元的主題賽會活動（themed activity）。2017臺北世界大學運動會（2017 Taipei Summer Universiade，簡稱2017世大運）為我國籌辦層級最高之國際大型綜合性運動賽會，亦成功運用行銷管理的策略及多樣行銷手法，讓本次賽會成為史上最成功的世界大學運動會，締造了高達87%史上最高的售票率及超過5,000萬元的產品銷售紀錄，並募得高達15億餘元的贊助價值（臺北市政府體育局，2017），本章將針對運動賽會行銷管理的意義、運動賽會市場分析研究、運動行銷管理模式及行銷管理策略等四個部分進行分項說明，強調賽會行銷管理的重要性與效益，並提出應具備的行銷管理基礎理論及應用策略。

一、運動行銷的意義

　　行銷管理學大師科特勒（Philip Kotler）對於行銷的定義提出：行銷是透過交易（交換）過程來滿足人類活動的需求及欲望，不僅限於單次的銷售活動，而是一種價值創造的交換過程。對於運動行銷來說，意謂著包括所有經過規劃設計的行銷活動，透過交換過程，滿足運動消費者的需求和欲望，幫助運動行銷人員作出關鍵決策並構建行銷戰略，所以行銷策略擬定起始於對整體運動環境及組織定位的瞭解。

　　Pitts和Stotlar（2002）指出，運動行銷在美國的概念源於1820年代的

威廉‧傅勒（William Fuller），起初他運用報紙及傳單進行拳擊比賽的宣傳，結果成功吸引民衆觀賽成爲運動行銷的開端；到了1880年代，運動商品開始標準化，並具有品牌及商標，定價與促銷也成爲行銷計畫重要的部分；1920年後，運動市場的規模及成長率均顯著增加，政府政策及科技發展也直接促進運動行銷的發展。根據Mullin、Hardy和Sutton（2000）在《運動行銷學》（*Sport Marketing*）一書中所述，在1978年美國《廣告年代》（*Advertising Age*）的報導中，始正式提出「運動行銷」（sport marketing）一詞。

Mullin等人在《運動行銷學》一書中，認爲運動行銷有兩大類別：一是透過運動做行銷（marketing through sports），直接將運動產品與服務提供消費者，例如2017臺北世界大學運動會及臺北馬拉松，主辦城市藉由完善的行銷策略及多元媒體管道行銷該賽會，以成功達成賽會願景及舉辦效益。另一則是行銷運動本身（marketing of sports），透過運動將企業產品與服務提供消費者，例如韓國起亞汽車（KIA），透過贊助澳洲網球公開賽（Australian Open）行銷企業品牌，同時也在足球、籃球、電競、賽車等領域運用相同方式，2020年凡參與品牌計畫之車型皆成爲當紅車款，年銷售量高達25萬輛，除了亮眼的銷售數據外，也成功的展現起亞「年輕、時尚、運動、科技」的品牌形象。

二、行銷管理策略規劃

運動行銷成功的關鍵始於正確理念的建立，唯有做好策略性規劃，才能提出卓越的策略及具成效良好的執行計畫。策略性規劃主要分爲三個主要階段，分別爲策略性、戰術性及行動性，以下分序說明。

(一)策略性（strategic）

策略性的設定爲行銷管理程序上之首要階段，以確立組織的目標及發

展方針，並能讓工作排程更爲清楚，瞭解執行作業必須達到一定程度才能成功完成目標。其主要構成因素包含價值觀、主要的使命、願景及目的，作爲推動各項策略及執行規劃之最高指導方針。蘋果創辦人賈伯斯在和消費者溝通時，從來不會直接說「我做出了什麼」，而是會以「我爲什麼而做」作爲開端（Simon Sinek, 2018），然而，以近期國際大型綜合性運動賽會而言，讓賽會更環保、永續及數位化，就是策略性規劃時期所確立的賽會發展願景與目標，以爲了讓「環境更好」作爲願景目標，而非僅關注於賽會各項內容的執行。

(二)戰術性（tactical）

戰術性的規劃，擬定執行策略與計畫，發展可行性之相關戰術性規劃。主要構成因素包含目標及方案，依據策略性發展方針，擬定戰略意圖及具體行動方案，確定執行方案與設定完成目標。以全球知名運動品牌耐吉（Nike）爲例：耐吉的願景是「爲世界上的每一位運動員帶來靈感和創新」，其使命是「盡一切可能擴大人類潛力，透過創造及突破性的運動創新，使我們的產品更具可持續性，組織成具有創造力和多元化的全球團隊並對我們生活和工作的社區產生積極影響」，作爲激發靈感及利用消費者欲望的心理作爲首要目的，讓每個人相信可以透過穿鞋變得更好則是該策略的一部分，讓突破性的運動創新規劃執行方案推出新產品，產生更多需求，成爲組織可持續性的成功發展模式。

(三)行動性（operational）

依據目標和執行方案，規劃每項活動能成功執行的措施和指標，設定預期績效水平，作爲衡量執行成效的評估指標，亦作爲檢討改善措施的關鍵點，並確實執行反覆的回饋檢視與評鑑調整，整合計畫及策略性資源分配，以確保成功。

圖4-1 策略性規劃主要構成要素圖

資料來源：作者自行整理。

　　本章節在於說明運動賽會行銷管理層面上最需優先考量的策略性規劃程序與內容，賽會能否成功舉辦以達成賽會願景及目標的實踐，關鍵在於賽會組織能否作出良好的關鍵策略及建構對應戰略，確實掌握策略規劃之三個階段，於釐清願景及目標後，研擬各項行動方案與執行計畫，作為行銷策略的核心區域，並依據運動行銷管理模式，展開運動市場研究分析、建構行銷組合策略及行銷管理戰略，並做成效的分析與回饋，確保每次的目標都能達成。

 第二節　運動賽會市場研究分析

　　市場研究分析（market research）在1960年前稱為市場調查，係「以系統化及客觀的研究分析，運用科學研究方法，研究行銷相關領域，以獲得行銷資訊，彙整、統計、分析、解讀行銷資訊，發展行銷策略及提出管理決策過程中所需要的相關資訊」，以供賽會組織行銷部門在從事行銷策略及行銷方案規劃時，設立整體賽會行銷主軸及面臨行銷管理決策時之重要

參考，並依據分析數據建構行銷組合決策和戰略。

　　本節將針對運動賽會市場研究分析的基本步驟進行分項說明，並將環境分析及策略夥伴兩個部分進行重點說明，運用優劣分析（SWOT Analysis），也稱SWOT分析，對賽會組織情況和環境進行監控和研究的探討，強調市場研究分析的重要性與效益，並擬定完整步驟及涵蓋範圍，提出實證與因應作為。

一、市場研究分析基本步驟

　　行銷主要是隨著對人、人們購買什麼，願意支付價格、想在何處購買產品以及他們如何受促銷策略和訊息影響的研究而發展前進的，行銷要素、職能、原理和理論也隨著對許多其他因素的研究而發展，這些因素包括科技經濟市場擴張、新產品研發、人類行為學研究（社會學和心理學）、人口研究、教育和收入研究等。

　　任何決策與策略必須建立在研究調查結果訊息的基礎之上，並以消費者的需求與體驗作為欲解決的主要問題，為求問題的解決與發展可行之方案策略，先期的市場調查就更為重要，可視為方案成功之關鍵因素，並得以將資源充分且有效的運用，以下為五項市場調查之基本步驟：

(一)確定目標與問題

　　確定賽會願景及目標內容與組織使命，並提出問題之相關假設及應對作為之可行性，作為發展市場調查分析之第一步驟。

(二)蒐集現有相關數據

　　從相關案件分析、策劃方案、執行成效及成果做初步資料蒐集，並以大數據概念彙整數位行銷資料做完整的檢討，分析消費者背景資料（人口

統計、消費心理、消費行為等）及瞭解組織內部及外部環境因素，並依相關資料對自身的情況和環境進行研究分析。

(三)確定研究方案

依據資料蒐集及數據分析結果，觀察消費者行為及對於賽會品牌的反應，將組織相關資源及可行性作為評估作業，研擬重點研究方案。

(四)執行研究及數據分析

依據研究方案進行調查研究、觀察研究及科學研究，蒐集第一手數據，如個人訪談、電話訪談、焦點團體、問卷調查等，觀察消費者的行為，研究消費者對產品的反應及分析數據，提出執行策略及設定各項關鍵績效指標（Key Performance Indicators, KPI），作為計畫執行評估之重要參考依據。

(五)確定如何使用新知識

確定相關作業及計畫內容，評估跨域加值及新知識的涉入，例如數位化、人工智慧（Artificial Intelligence, AI）、環境永續及環保議題的新作為，以對應賽會願景目標之達成與提升產品價值。

以臺北市及新北市於2025年將共同籌辦世界壯年運動會（World Masters Games）為例，該賽會為知名國際大型運動賽會，且極具觀光旅遊屬性，參與者對象主要為30歲以上之民眾，與一般選手較為不同，是為強調「全民運動」及「終身運動」之運動精神推廣。

世界壯年運動會在歐美市場可說是十分活躍，但對於亞洲市場而言，知名度及參與度則略顯不足，在2025年臺灣將邁入超高齡社會，2025雙北世界壯年運動會（2025 World Masters Games，簡稱2025雙北世壯運）之辦理對於長青運動推廣更肩負領頭羊之重責大任，對此，2025雙北世壯運執

委員會在以推廣全民運動之動機下，進行以國內青壯年市民運動習慣及參與付費賽事動機之市場調查。

主要調查內容為個人基本資料建立（年齡、收入、職業等）、個人運動習慣（運動頻率等）、參與付費賽事的動機（參與意願、消費心理、消費金額及媒體管道等）及周邊效益（紀念品喜好、觀光習慣），以問卷方式進行調查。

所得之相關資料將進行各項數據分析，可作為籌備賽會相關基礎資料之建構，如依個人收入及可接受付費金額之範圍調查可用來制定2025雙北世壯運定價策略，依年齡、性別、社群媒體使用習慣調查可用來制定行銷計畫，個入收入、陪同者對象及觀光主題選擇可用來制定運動觀光推廣策略等，再搭配賽會各式創新議題如環保永續、科技數位化等，更能創造出2025雙北世壯運獨特性。

二、環境分析

依據市場研究分析上述五項基本步驟，可清楚掌握賽會行銷在初期規劃之相關作業程序，環境分析在此過程中可視為成功的關鍵因素，本節以SWOT分析作賽會行銷環境分析的進一步說明。

賽會為擬定成功的整合行銷策略，必須瞭解整體行銷環境的變化，並掌握國際及國內間內外部的情報資料，同時瞭解目標族群的需求與欲想得到的體驗，方能規劃合適且有效的行銷宣傳計畫。藉由SWOT分析瞭解賽會組織自身的優勢和劣勢，以及如何利用這些優勢和劣勢來應對市場中存在的機會和威脅，其中包含整體市場環境、組織型態與賽會品牌自身資源及競爭者行為。此分析將有助於制定策略，以便從正確的角度出發，並有效地達成目標，進行SWOT分析之基本步驟如下：

(一)蒐集主題相關資料

根據分析的主題與目的，尋找相關資料。以賽會行銷規劃而言，蒐集資料包含賽會基礎資料、賽會規模、賽會屬性及近期可能影響賽會籌辦之相關議題資料等，例如：賽會組織、賽會參賽選手人數、賽會屬於觀賞性或是參與性的賽會、賽會歷屆贊助及銷售狀況、國內外行銷環境現況等，不論是賽會本身資源環境或是國內外市場，都是蒐集資料的範圍。

(二)資料分類與篩選

依據蒐集主題相關資料，透過組織內部進行資料的過濾，去除與目的性關聯度較低的資料，避免造成因資料過於龐雜影響評估效度，然後以優勢（Strengths）、劣勢（Weaknesses）、機會（Opportunities）、威脅（Threats）四大面向進行資料的分類，優勢與劣勢視為內部條件，指賽會組織所擁有的優劣勢，例如賽會經費、硬體設施、人力資源、組織運作等；機會與威脅視為外部條件，指受外在因素影響的現象或趨勢，例如整體經濟環境、國際疫情等。

(三)研擬策略制定SWOT分析圖表

研擬策略前將「內部、外部」條件與「正面、負面」因素兩軸交錯，得出四個分析面向，將分類好的資料填入SWOT分析表中，即可進行相對應的分析及擬訂策略。

完成SWOT矩陣的構建後，將考慮到的各種環境因素相互匹配組合，得出一系列未來賽會組織可以作為參考的對應策略，以提升優勢、降低劣勢、把握機會與消除威脅，作為對應策略之主要方針，賽會組織亦可依據矩陣面向組合策略方案，其中包含：優勢機會策略（SO Strategies），表示強化內部優勢並利用機會；劣勢機會策略（WO Strategies），表示利用環境機會改進內部劣勢；優勢威脅策略（ST Strategies），表示強化內部優勢避

免外部威脅風險；劣勢威脅策略（WT Strategies），表示克服內部劣勢避免外部威脅風險。

SWOT分析是「將企業內、外部各方面條件進行綜合評估，進而分析企業的優劣勢及面臨的機會和威脅」。以2017臺北世大運而言，賽會組織同樣面臨著不同的內部優勢、劣勢與外部環境機會和威脅，賽會行銷部門應該瞭解自身的優勢、劣勢、機會與威脅所在，強化優勢及利用各項機會，行銷宣傳以拓展國際視野及深化我國體育發展，並以克服內部劣勢減低風險，避免外部威脅之產生。

2025年將舉辦的世界壯年運動會，賽會屬性為推展運動觀光及全民參與的賽會型態，賽會規模為現今參與人數最多之國際賽會，相較於2017臺北世界大學運動會有諸多不同之處；相對的，環境分析就相當的重要，以賽會行銷宣傳規劃為例，需透過SWOT分析其優勢、劣勢、機會和威脅來分析賽會及相對應的市場，並依據分析結果擬定組織發展目標與策略，分析說明如**表4-1**。

三、策略夥伴

除了環境分析擬定對應策略外，最為重要的就是策略夥伴的合作。賽會為達擴大參與及資源共享，賽會主辦單位須透過合作夥伴的協力，方能達成更高的效果，透過政府資源挹注、全國單項運動協會、相關利害團體及傳播媒體間的互動，擬定合作機制完成賽會目標。

我國舉辦國際大型綜合性運動賽會，除了主辦城市的基礎市政量能投入外，最為關鍵的在於中央政府的資源挹注與合作；就賽會行銷面向而言，透過外交部提供國際宣傳管道及提升國際城市間的交流，交通部則是提供國內旅遊服務資訊及飯店旅館優惠服務等，吸引更多的來自國外之參賽者與會，並得到更多國際媒體的關注。

表4-1　2025雙北世界壯年運動會SWOT分析

	優勢（Strengths）	劣勢（Weakness）
	1.賽會屬性：個人及團隊自由報名參加，不涉及政治與國家等敏感議題。 2.賽會組織：雙城市共同主辦，以地方政府為賽會組織主體，具軟硬體資源。 3.賽會經驗：2017年成功舉辦世界大學運動會。 4.環境條件：主辦城市具備一日山海之旅遊獨特條件。 5.消費環境：依據賽會歷屆舉辦國，我國物價水平較歐美國家低。	1.賽會屬性：競技水準不如亞奧運，觀賞價值不高，較難獲得民眾關注。 2.賽會品牌：賽會知名度較低，不為國人所熟悉。 3.賽會參與：國際參賽者以歐美人士居多，臺灣地處亞洲，較不易吸引美國際參賽者報名參加。 4.賽會經費：賽會舉辦經費不如2017世大運充裕，僅約1/10。
機會（Opportunities）	**優勢機會策略（SO）**	**劣勢機會策略（WO）**
1.賽會熱潮：2020東京奧運臺灣運動員表現優異，受到全民關注，掀起一股運動風潮。 2.賽會未來議題：2024巴黎奧運帶動運動議題，提升賽會關注度。 3.環境時事：新冠疫情改變運動生活樣態，民眾更加重視運動健身及戶外休閒旅遊之重要。	1.把握國人對於運動健身以及戶外旅遊的趨勢與需求，積極進行國內外的宣傳與推廣活動。 2.延伸國人對奧運熱潮，轉移至賽會的關注與支持，並進行國際宣傳推廣臺灣旅遊的多元魅力與商機。 3.累積雙北舉辦國際賽之成功行銷經驗，積極結合科技網路、行動載具及社群媒體作為主要的行銷溝通管道。	1.把握國內外受關注賽會及我國明星運動員的影響力，喚起大家對賽會的關注，以提升賽會品牌知曉度。 2.藉2024巴黎運奧的契機，強力進行國際宣傳應用推廣及促銷策略，吸引國外目標客群報名參加。 3.有效執行贊助策略，增添資源及經費，達收支平衡。 4.提出具吸引國人報名參加的各式優惠套餐及福利。
威脅（Threats）	**優勢威脅策略（ST）**	**劣勢威脅策略（WT）**
1.環境時事：新冠肺炎疫情及國際疫情的不確定因素影響。 2.賽會舉辦地域：2022日本關西世壯運及2025雙北世壯運，接連於亞太地區舉辦，降低參賽興趣。 3.賽會議題：2025年6月於德國萊茵-魯爾都會區（Rhine-Ruhr）舉辦夏季世大運，削減賽會關注度。	1.擴大國內目標族群推廣計畫及提出報名優惠超值方案，提升國內報名人數，補足國外參賽者因疫情無法參加之人數目標。 2.運用賽會屬性與國際既有賽會作區隔化，強化運動觀光之特色及媒體聯合宣傳，吸引長期參加者及開拓新客群報名。	1.專注於國內及亞太地區的目標市場，積極行銷，並研擬疫情及不確定風險之標準作業程序與規劃，確保賽會順利舉行。 2.發展出具產品差異化的賽會品牌形象與活動內容，確保行銷目標之達成。

資料來源：整理自臺北市政府（2021），2025雙北世界壯年運動會行銷計畫書。

　　協辦城市則視爲能提升賽會能見度與帶動地區賽會熱潮的最好夥伴，以地方政府間的互助合作關係，提供各城區賽會行銷宣傳的管道，並配合主辦城市共同執行各項行銷方案，可爲自身帶來更多的城市觀光效益。

　　賽會運動種類之全國單項協會的投入，可說是賽會籌辦的核心組織，不僅提供在競賽端的專業協助，亦可透過自身辦理的國內各單項賽事與大型國際賽會結合作爲測試賽，並進行賽會宣傳露出，可藉此提升賽會的知曉度及選手的參與動機，進而增進運動的推展；然而，全國運動總會的支援，也視爲能整合運動各界資源的一大推手。

　　策略夥伴的協力對於賽會籌辦組織而言，除能降低籌辦成本及擴大效益，在賽會行銷面上能提供更多元的管道，讓賽會各項訊息能充分擴散，惟必須做好充分的溝通及妥善安排各項執行作業，避免負面問題的產生。

　　以2017世大運而言，教育部體育署以策略夥伴的關係，協助世大運執委會轉知全國各大專院校、高中（職）協助宣傳，提供30秒世大運宣傳片、跑馬文案、文宣資料等素材提供各校播放，提升世大運於與校園的連結，亦透過「跨縣市協調會」提供各縣市政府聯絡窗口，擴增各協辦城市的參與，其中桃園市政府體育局協助於桃園機場捷運各車站月臺「旅客資訊系統」、市府廣場前電子看板或其他合適之公共場域公開播放。而於機捷A9站二樓改造爲田徑場、足球場，月臺閘門設計射箭、水球、跆拳道及排球的比賽場景，宣傳世大運的競賽項目。

　　臺北捷運公司於2017臺北世大運於開賽前，打造世大運主題彩繪列車行銷帶動一波運動風，更吸引美國有線電視新聞網（Cable News Network, CNN）專文報導，六種體育賽事場地完整呈現，包括有足球場、棒球場、籃球場、徑賽跑道、田賽投擲、游泳池。其中又以栩栩如生的游泳池最吸引人，不時看到民眾攜帶泳具、穿著泳裝站在月臺，等待主題列車進站，可說是迄今爲止最受歡迎的彩繪主題。

▲2017臺北世大運捷運車廂彩繪賽場

第三節　運動賽會行銷管理模式（STP）

　　賽會行銷管理模式是擬定行銷策略之重要程序，步驟分別為市場區隔（Segmentation）、目標市場選擇（Targeting）及市場定位（Positioning），此階段又簡稱為STP，是擬定行銷組合的前位階段，針對目標族群進行詳細的評估作業，經過縝密的分層分析，找到目標市場範疇及定位，強化目標族群對於賽會品牌與價值的認同，若未經過此階段仔細的評估，後續的行銷組合往往達不到應有之效果，甚至成為失敗的主因。

一、市場區隔

　　市場區隔是一種過程，這個過程是將人口組成的大市場，分為各種同值性群體的小市場，每個小市場擁有著類似的人口統計資料、需要及欲望等。賽會的行銷一樣透過市場區隔進行策略的規劃，賽會組織依據賽會屬性進行市場區隔，以賽會參與者而言，對於觀賞性賽會是將觀眾視為大市

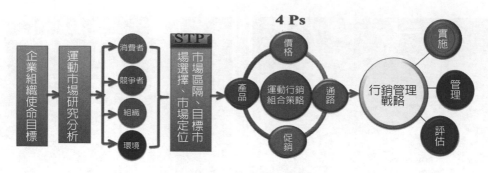

圖4-2　運動行銷管理模式流程圖

資料來源：作者自行整理。

場，然而，參與式賽會則是將參賽選手作為主要的大市場，再利用一些衡量標準（變數），將上述大市場區隔為幾個小眾市場，例如人口變數（包括性別、年齡、所得、教育程度、居住地、婚姻狀況、職業等）、生活型態（休閒娛樂偏好、興趣嗜好、旅遊）、信仰與價值觀（宗教信仰、個人價值觀、文化認同）、行為模式（消費偏好、品牌忠誠度、利益追求行為）等變數，根據不同的特性，對不同的消費群體進行分類，找出市場區隔、定義市場消費群體，然而，區隔的方法可以單一變數（如年齡）進行討論，也可用多項變數（例如年齡加上性別與所得），或者是採用生活型態、價值觀、行為模式等心理變數。

　　然而，在考慮要執行市場區隔時，要注意一些存在的關鍵議題，包含市場的可衡量性、有效性及反應差異性，區隔能否能被識別或估計是存在的問題，也可能因為所需代價較高，有些區隔是很難被識別出來的。例如，美國職業棒球大聯盟（Major League Baseball, MLB）約在1999年開始逐漸流行的搖頭娃娃（bobblehead）之年度促銷活動（promotions of the year），沒有花時間去評估市場大小或人數，因為在其他市場上，風靡一時的成功經驗，使球團藉著直覺就知道這些商品在各地都很搶手；近年來雖然主題日的行銷活動有大幅的改變，搖頭娃娃亦然是最受歡迎的主題日贈品，不論是使用的球團或是場次都明顯增加，據*Sports Business Journal*調查

報導，自2009年至2018年間，其使用場次由74場成長至157場次之多。

　　市場區隔是以消費者需求與欲望的差距作為區隔化的基礎，意謂著市場區隔來自消費者的滿意度，以下就行銷者較常使用的三個基礎作說明，讓讀者瞭解分項的差別及運用基礎。

(一)存在狀態區隔

　　存在狀態區隔的各層面是較容易評量的，基本層面包含了地理、年齡、收入、教育、性別（傾向）及種族（族群）；在運動賽會中，地理為優先考慮的層面之一，大致以國際與國內分項，再以鄰近程度與涉入程度之間的關係衡量區隔基礎，然而，依據基礎背景資料的蒐集與細分，可作為最好內部行銷的資料，讓行銷者可專注於「同質群體」的討論，例如2020臺北馬拉松針對參賽者年齡的調查可顯示不同年齡層參賽者的分布情形，30歲至49歲間的參賽選手占比為62%，而20歲以下及60歲以上選手則只有18.8%，主辦單位就可依據年齡分布狀態，以分年調查結果執行下一年度的整體規劃與行銷方案。

(二)心理狀態區隔

　　心理狀態區隔是由史丹佛研究中心（Stanford Research Institute, SRI）發展出來的，稱為價值觀與生活型態（Values and Lifestyle Survey, VALS）類型學，認為消費者可以依據心理特質、生活模式以及意識型態來作區別，其中包含了興趣、個性、動機、價值觀、政治立場、喜好與知覺，仔細的觀察分析心理區隔，通常是解決問題的最有效途徑。例如：市調機構益普索（Ipsos, 2021）針對2020東京奧運會（Tokyo 2020 Summer Olympics）對於全球28個國家進行的調查報告指出，大眾對於COVID-19疫情的恐懼與擔憂在支持度出現了分歧，各國民眾關注之運動種類亦有所不同，最受矚目的為足球（30%）、田徑（27%）、水上運動（22%），而臺灣則為羽球（34%）及舉重（32%），顯示意識型態及喜好程度作為市場區隔能清楚瞭

解市場現況，有助於市場的選擇與定位，利於後續行銷策略的運用。

(三)賽會利益區隔

利益區隔與心理狀態區隔有著關聯性，利益的存在是消費者對於產品印象能否存留的關鍵，然而動機也是能理解消費者尋求利益的重要因素。例如：高水平的賽會能獲得成就與儀式感，全民參與型的賽會能尋求健康與增進友誼，都與參與者能從中獲得知覺的利益有關；職業球賽的門票也是很好的例子，球團瞭解季票持有者，期望能得到更多的回饋方案及活動的專屬利益。

二、目標市場選擇

目標市場的選擇是指組織從細分後的小眾市場中選取決定投入的市場，讓組織能獲得更多的利基。首先，組織必須自身的目標與策略，考量環境狀況、市場規模及發展潛力、競爭優勢等，作審慎評估，並選擇重要的市場及目標客群，以便利用有限的資源，提升投資報酬率。例如：定期舉辦之參與式國際運動賽會（事），目標市場就可依國際市場與國內市場作細分，國際市場部分之目標族群，可以歷屆賽會參賽者及鄰近主辦城市國家之潛在參與者作為主要對象，國內市場則可依據賽會報名規範及參賽資格設定目標族群，像是運動中心會員、運動俱樂部、機關學校社團及相關運動市場潛在參與者等。 然而，明確組織應為目標市場服務，滿足需求，是組織在行銷活動中的一項重要策略。

三、市場定位

美國行銷學家艾‧里斯（Al Ries）和傑克‧特勞特（Jack Trout）在1972年提出市場定位的概念，指企業根據競爭者現有產品在市場上所處的

位置，針對顧客對該類產品某些特徵或屬性的重視程度，為此企業產品塑造與眾不同的形象，並將這種形象傳遞給顧客，從而使該產品在市場上確定適當的位置。換言之，就是在目標客群心目中樹立產品獨特的形象。

　　賽會市場定位的目的，在於強化賽會價值及作出差異化的品牌聯想，形塑參與者心中獨特的賽會形象與其提供的服務內容；實際上定位就是要設法建立一種差異優勢，確定賽會品牌在參與者心目中的位置及留下值得購買的印象，以便吸引更多的客群。

　　市場定位可能是一個意象或是slogan，但對潛在客群來說是重要的！2017世大運會打著「臺灣走出去，世界走進來，讓世界看見臺灣」的口號就是一個很好的例子，也為賽會做了很好的行銷定位，清楚地敘明賽會的價值與大眾對於賽會的期待，也奠定了臺灣有史以來舉辦過最高層級之國際綜合型運動賽會的品牌形象，並成功地吸引民眾走進場館進行觀賽。然而，國際賽會與賽事的定位，也須考量到競技水準與國際化作為區別定位之指標，以下就四象限定位法進行分析說明（**圖4-3**）：

(一)競技程度高、國際化程度高

　　菁英級競賽，參與國家數多、或是區域性最高層級競賽，需經過多層預選制度才能參賽，如奧林匹克運動會、亞洲運動會、世界杯足球賽。

(二)競技程度低、國際化程度高

　　需符合特定身分或地區出身，參與國家數多，如世界大學運動會（大學生）、大英國協運動會（大英國協成員國）、世界壯年運動會（超過30歲）。

(三)競技程度低、國際化程度低

　　競賽項目參與人數較少、對參賽者有特別規範，如世界武博運動會（武術）、世界警消運動會（警消）、臺北馬拉松。

(四)競技程度高、國際化程度低

競賽項目較不普及、單項世界級菁英賽事,如世界運動會、世界田徑錦標賽、世界水上運動錦標賽。

總而言之,市場區隔可讓賽會組織透過資料蒐集與分析,進而瞭解消費者在各層面的差異性,行銷部門可依據其不同需求及不同目標族群制定特定的行銷策略;而該如何將賽會品牌的定位與主要目標客群對賽會的印象作連接,更是關鍵的議題。

圖4-3　國際賽會及賽事定位圖

資料來源:作者自行整理。

第四節　運動賽會行銷組合策略

　　銷售的目標是為了滿足客戶的需求，行銷的目標是為了找出客戶的需要（Kotler, 2000），經由市場區隔、選擇與定位，選擇特定的目標族群，形成相對應的行銷組合策略，是行銷管理模式中最為重要的環節，賽會組織是否已經掌握了滿足參與者各項需求及精神層面的元素，以轉換成為行銷方案目標與內容，是致勝關鍵。

　　行銷組合是指產品、價格、通路和促銷，亦成為4P。這是組織或企業為了發展產品或為產品尋找目標市場時設定的策略結構；1960年麥卡錫（E. Jerome McCarthy）在他的著作*Basic Marketing: A Managerial Approach*中提及了4P的行銷概念組合（marketing mix），1967年現代行銷學之父科特勒（Philip Kotler）確認了以4P為理論核心的行銷組合，90年代著名的行銷學家勞特朋（Robert F. Lauterborn）提出了4P相對應的4C理論（產品對應顧客需求、價格對應成本、通路對應便利性及促銷對應溝通），傳統的行銷4P是以生產者的觀點出發，隨著消費者意識的抬頭，行銷策略逐漸轉為消費者導向，也意謂著整合行銷時代的帶來。可見得，行銷組合隨著時代演變作了調整，惟仍然圍繞在4P的架構基礎上，至今這個理論還是企業用於產品行銷的主要模式，歷久不衰，成為發展品牌策略及行銷管理的基石。以下就行銷組合之產品、價格、通路和促銷作說明：

一、產品（product）

　　產品是用以滿足人們需求和欲望的有形物體（設施、器材等）或是無形載體（服務）。對於運動賽會而言，產品就是賽會本身，即是一個匯集眾多元素而成的產品，具備著不同利益及特殊性；每種運動都有其吸引觀

衆及消費者的特色，其元素包含比賽形式、運動選手、運動場館、設施設備等，並組合構成了「運動賽會經驗」，成爲行銷者不得不重視的核心部分。

　　運動賽會爲結合實體與無形服務的產品，或許比賽的過程和內容不如預期的結果，但在整體的氛圍帶動下，消費者皆還是願意購買，因爲除了既有的競技元素組合外，亦涵蓋了賽會延伸的系列產品，例如：吉祥物、授權商品、門票、現場音樂及啦啦隊等，都間接提升了賽會價值，甚至超越了賽事本身的魅力。2017臺北世界大學運動會就是一個很好的例子，除了具有符合國際級標準的運動場館及設備、賽制及中華代表隊的奪牌陣容，皆可視爲實體性產品外，並結合非實體性的多元服務、球場氛圍等，透過組織合作及廣大民衆的參與，形塑成了「有史以來舉辦過最成功的世大運」美譽，以產品的角度來說，滿足民衆多元的需求，確實創造了獨特且成功的賽會品牌，也造就了極高的售票率及商品銷售量。

　　產品的發展可依據服務特性及策略規劃其內容，提升產品價值及預期的效果；根據菲利普‧科特勒的行銷觀點來看，產品都包含以下五個層次：

(一)核心產品（core product）

　　指消費者在購買產品時追求的眞正利益及需求，例如賽會觀衆購票進場看比賽，最終是爲了觀賞精彩賽事及享受比賽過程。

(二)基本產品（generic product）

　　指滿足消費者核心利益的物質形式，也就是消費者需求轉換爲實體的東西，例如賽事精彩畫面、場館設施、活動商品等。

(三)期望產品（expected product）

　　指符合消費者購買產品時期待的效果；例如賽會觀眾期待運動員高水平的表現、獨特與優質的場館環境、精彩的現場活動及服務人員的接待品質等。

(四)附加產品（augmented product）

　　指提供消費者實體產品以外，提供更多外加服務與利益，並與競爭者作區隔；例如賽後球員簽名會、商品客製化及配送服務、播報影像及觀眾互動體驗等。

(五)潛在產品（potential product）

　　指現有的產品內可能發展成為未來最終產品的潛在狀態，通常需要透過創新來達成，以服務面向來說，則是以尋求各種方式使顧客滿意，提供預想不到的驚喜：例如賽會觀賞結合數位科技。

　　商品與消費者有著直接的關聯性，產品的策略與規劃內容，往往是成功的關鍵，以職業棒球為例，棒球比賽節奏較慢，主辦單位就會有多一點的餐飲服務、換場表演，除可增加賽會額外收益，也使得觀眾獲得更多的娛樂享受。

　　2017世大運以「其實我們一直都在」主軸，成功有效連結臺灣人的集體記憶，也讓大家能一起繼續製造回憶，以行動支持購票進場觀賽，並為中華隊選手加油！體驗臺灣首次籌辦大型國際賽會的實力成果，包含高規格競賽場地、具國際化專業4K轉播畫面、精彩的競技內容、多元的官方紀念商品、熱情友善的志工服務，皆帶給民眾一系列前所未有的賽會體驗。

　　簡單的說，該產品包裝應如何呈現，並於通路上銷售給消費者，滿足其雙方需求，發展產品時可依此作為規劃的思考。

二、價格（price）

　　行銷其實就是一個「交換價值的過程」，也是意謂著消費者所願意付出的代價。競賽視為運動賽事的產品，產品延伸如同門票、周邊紀念商品等，價格的設定對於主辦單位來說，是能以獲得更多的實質收入來支持賽會相關的支出，但會因為賽會組織的型態與政策，在價格上面有所不同，例如：賽會組織為基金會或為營利組織籌組，產品的價格往往會考量賽會支出的成本而訂定，賽會組織若為政府部門為主體，賽會推廣及城市行銷往往成為主要目的，相對的，價格就會有所不同；就如同國內籃球聯賽P. League富邦勇士的球季單場門票價格在150元至700元間，而2017世大運門票價格為單日票價200元。由此可見，雖然門票價格跟賽會組織的型態和政策取向有直接的關係，惟門票的定價策略是件錯綜複雜的工作，影響的變因非常廣泛，也與相對的通路與促銷方案息息相關；由於價格是消費者願意付出的代價，產品存在的「價值」就是取決於消費者消費者願意付出購買的關鍵，然而，產品的「價值」並非由行銷者決定，而是，消費者在交換過程中的「知覺價值」。

　　價格與價值是行銷者在考量產品所需付出代價的重要思考，消費者的回購和滿意度，會取決於兩者相較之下的結果，然而，定價的策略是作為能定出合宜價格的重點，運動賽會這個「產品」要能帶給消費者的整體利益，行銷者在執行定價前應先作足功課，以下就運動賽事常見之定價策略作介紹。

(一)成本加成定價法

　　這是最多人使用也是最基本的訂價方式，依據單位完全成本加上一定百分比的加成作為商品銷售價格的方法，這種方法的優點是簡便且容易執行，惟其缺點是未能反應成本多樣的構面、市場競爭和供需變動的影響，

缺乏靈活性和競爭性。

單位商品售價＝單位商品總成本（1＋利潤百分比）

(二)目標收益定價法

　　考量固定成本與變動成本，訂出不同定價的損益平衡點，最後再選擇一個最適當的售價，根據預計銷售量推算價格，因此事先的市場調查是必要的條件，市場行情價爲第一個設定點。

定價＝（固定成本＋變動成本×銷售量）／銷售量

(三)知覺價值定價法

　　這種定價方法是以消費者心目中認爲產品的品質、品牌、服務和價格等認識程度和評價，探究消費者知覺產品價值的概念，亦稱作「需求導向定價法」。賽會組織應先做好市場調查，以消費者的角度去評估產品賦予的價值與隨之帶來的利益，再行訂定產品的價格。例如美國職業籃球聯賽季中的明星賽（NBA All Star Game），沒有球員出賽費的成本，可大幅降低了賽事舉辦的總經費，由於明星賽球員的產生爲大眾票選出來，且是受高度關注的球員，相對的，行銷者即可在門票及相關周邊商品等，利用此賽事規模與內容在喜好籃球運動者心目中的價值，推算出適當價格。

　　運動賽事除了上述幾項基本的定價法，多數運動賽會產品主要還有運用差別定價法（Discriminatory Pricing），係指同一個產品有不同的價格，而價格差異的情形與成本沒有直接關聯，惟其中的考量因素包含了顧客特性、產品形式、消費地點、消費時段，例如球隊球衣的販售，就會因球衣的號碼及明星球員，在定價上就有所差別；賽事門票價格也會因球場的座位不同而有異。

　　價格是消費者對於產品認同最直接的指標，運動行銷者則必須要一併考量消費者爲取得產品所需要付出的代價（cost）。例如，球迷爲了前往國

民運動中心運動，除了需要付出實際的金錢購買門票外，可能還必須付出往返時間、交通擁擠、流汗不適等各種的附帶代價後才能達成運動效果的目的，然而，訂出符合企業、組織與消費者間合適的價格，需要透過充分的市場分析與準確的策略，方能為供需雙方造就更多價值。

三、通路（place）

通路是指消費者獲得產品的管道及過程，種類主要分為直接銷售及間接銷售。賽會組織直接提供競賽及賽事相關活動至消費者手上，可說為直接銷售；間接銷售就是將產品透過批發商、代理商、零售商及合作夥伴進行銷售作業，例如賽會門票透過委辦廠商之售票系統進行銷售。然而，直接銷售則須仰賴組織行銷部門之力增加收益，而採取銷售通路策略，則能更深入地瞭解市場狀態，並且接觸無法直接購買的消費族群。

以運動賽會而言，通路包括場館地點、銷售管道、媒體（提供資訊管道）等（Mullin, Hardy & Sutton, 2000）。以場館地點為例，針對消費者的可親近性，包括所處的地理位置、設施規劃、動線安排、氣氛營造、停車問題、周邊環境等重要因素進行考量，例如美國職業棒球大聯盟的球場規劃多為以主題公園（Sports Theme Park）概念運作，提供消費者對於參與運動賽事多元需求的重要通路，此運作方式亦可看出與國內職業籃球運動場館規劃的差異及定位點的不同。

當電子商務大行其道之當下，消費者會選擇最符合其需求的購物通路。傳統通路策略與商業模式不再適用，零售業者與經營者必須轉換思維，重新定義消費場景；且當虛擬與現實世界間的界線愈趨模糊，消費型態也趨向「虛實整合」模式發展，例如運動健身實體店商轉為身體體驗館、多元交易支付方式及線上社群等。

AI人工智慧技術的發展創造了另一通路也改變傳統觀賽模式，美國職業籃球（NBA）與美國職業棒球大聯盟（MLB）近年陸續與Google展開合

作，讓球賽與科技平臺的結合，擺脫傳統球賽既有框架的限制，增加球迷觀賽的體驗及加入3D和AR技術，讓未能親自進場球迷透過AI，即可享有如同置身球場般的觀賽體驗與即時掌握賽況，相較於傳統電視轉播需要擁有轉播權限才能播出，提升民眾收看的便利性。

阿里巴巴集團創辦人馬雲在一次演講中提到：「純電商將死，新零售時代已來」，因為純電商時代，僅透過網路下單無法滿足各種人群的需求，必須線上與線下相互結合，方能滿足大眾的實際需求；而所謂的「新零售」概念是以消費者為中心的數據驅動之零售型態，掌握消費者的需求與優化消費者的體驗，包含O2O（online to offline）虛實整合與OMO（online merge offline）整合線上與線下資料，結合會員制度執行精準行銷為主要觀點，行銷者若能真正掌握「新零售購物時代」的動向，方能獲取更多的收益。

四、促銷（promotion）

促銷是指企業利用各種有效的方法和手段，使消費者瞭解與關注企業的產品，激發其消費者的購買欲望，並促使實現購買行為。Pitts和Stotlar（1999）認為，促銷是透過間接或直接的方式提供資訊告訴與說服顧客，並影響其購買決策。然而，促銷是行銷組合中吸引消費者購買產品的有效方法，也是推廣產品及傳遞訊息給目標客群的一個過程；因此，運動賽會行銷人員必須瞭解促銷的重要，在擬定賽會行銷策略時，除了規劃行銷主軸與擬定策略，應思考在籌辦賽會的期間於各階段依時間、議題等規劃促銷方式，以創造賽會最大的收益與效果。促銷的內容如下說明：

(一)運動促銷組合

Kotler（2000）將促銷定義為一種有別於人員推銷、廣告與公共報導的活動，有助於刺激消費者與業者的溝通，並提供某些誘因來吸引消

費者完成交易。促銷組合元素分爲廣告（advertising）、銷售促進（sales promotions）、公共關係（public relations）、個人銷售（personal selling）及直效行銷（direct marketing）等，以賽會而行銷者而言，主要規劃內容如**表4-2**之說明。

表4-2　賽會促銷組合一覽表

項目	廣告	銷售促進	公共關係	個人銷售	直效行銷
內容	平面媒體廣告	賽場運動展演	賽會記者會	客戶關係	電子商務
	商品包裝廣告	競賽活動	賽會媒體日	個人化服務	購物平臺
	賽會手冊	抽獎及贈品	企業贊助	銷售發表會	電子郵件
	廣告看板	賽會攤位展覽	機構與社區關係	產品展示會	電話行銷
	網路廣告	門票優惠	論壇及研討會		目錄行銷（DM）

資料來源：作者自行整理。

(二)主要傳播媒體

傳統的傳播媒體是作爲促銷的基礎媒介，包含報紙、雜誌、電視及戶外媒體等，現今主要以網路、手機及社群媒體爲企業主要運用的範疇。例如網路行銷的部分，透過官方網站及熱門社群媒體平臺進行產品設計、定價、推廣與配送進行一系列的行銷活動，可以更有效地直接與消費者進行溝通，甚至可以創造議題及達到降低行銷成本的目標。

(三)未來運動行銷趨勢

企業必須非常清楚知道促銷時間點、透過合適促銷管道與消費者進行溝通，「新媒體行銷」亦成爲現今及未來發展的趨勢；新媒體行銷通常運用數字化的方式及透過自媒體包含Podcast、直播、臉書等進行，可更直接與目標客群溝通，但並不是採用將各種行銷工具的任意組合疊加方式，而是有系統的整合媒體行銷工具，並且是擬定策略的布局行銷市場 。例如體

育廣播的未來，包括透過精心設計的眞實體驗，來保持粉絲持續參與並吸引他們注意力的新方法，體育轉播的未來需朝向數據分析取向，提升與粉絲的黏著度。賽會媒體行銷的重點，就是瞭解參與者需要清楚知道的內容爲何？利用何種管道在何時與參與者進行溝通？溝通的重點又是什麼？賽會組織若能掌握參與者的消費習慣與運用有效的溝通模式，強化接收訊息取得的管道及交流反饋，即時調整行銷策略，方能產生良好效果，運動新媒體行銷工具有下列幾項：

◆廣告點擊方案

廣告點擊方案是運用廣告點擊作爲行銷宣傳的方式，並依實際需求及宣傳目的作爲判斷基準。舉例來說，運動賽會行銷宣傳若需要增加點相關廣告擊量，則可採「每點擊成本」模式；若需增加知名度，吸引觀衆入場，則可採「每千人成本」模式，展示其宣傳廣告，例如網路廣告、影片前導廣告、網頁橫幅（banner）等，通常採用此收費模式。

1. 每點擊成本（Cost Per Click, CPC）：點擊付費廣告，被點擊次數收費。如關鍵詞廣告一般採用這種定價模式，比較典型的是谷歌（Google）廣告聯盟的AdSense for Content，在APP推廣通路、影視通路也會採取此種收費方式。

2. 每千人成本（Cost Per Mille, CPM）：展示付費廣告，觀賞次數作爲計價標準，不管是否點擊連結，廣告主就要付費，在APP推廣通路、影視通路也會採取此種收費方式。

3. 下載付費廣告（Cost Per Download, CPD）：是一種「下載」付費廣告，根據廣告被下載的次數收費。例如廣告裡的APP一個下載是5元，被下載20次，就收取100元。在APP推廣通路裡，如需增加下載量以刷新排行榜，就可使用此模式。

4. 按廣告投放實際效果（Cost Per Action, CPA）：是一種「按廣告投放實際效果」計價的廣告，當使用者點擊連結進入特定頁面，並且進

一步完成註冊、輸入基本資料、搜索行為等，就會對廣告主收費。APP推廣通路裡，一旦用戶下載APP且連網註冊，無論iOS積分牆或是安卓積分牆，都是按照此方式進行。

◆搜尋引擎優化（Search Engine Optimization, SEO）

根據用戶需求、谷歌算法，對網站進行優化，使網站更符合搜尋引擎的抓取，更能夠解決用戶問題，進而提升搜索結果排名。

◆病毒式行銷（Viral marketing）

利用公眾的積極性與人際網路，讓行銷訊息（具有關注度與具新聞性）像病毒一樣傳播和擴散，將訊息短時間內傳向更多消費者，透過別人為你行銷，實現「借力行銷」的作用。

◆APP平臺

在APP氾濫的時代，唯有真正有內容，讓用戶感到實用性高的APP，才能擁有忠實的用戶，例如Nike Training Club（NTC）應用程式，透過世界級Nike Master Trainer們所設計的專業運動計畫，能幫助你達到健身目標。利用個人專屬計畫開始訓練，同時還能根據自己的進度、行程及其他活動進行調整，非常適合在家裡、健身房或戶外道路上進行訓練，因此獲得高度的關注與響應。

◆熱點行銷

熱點行銷是一種「借勢行銷」，是指企業即時地抓住廣受關注的社會新聞、事件以及人物的明星效應等，結合企業或產品在傳播上達到一定高度而展開的一系列相關活動。從行銷的角度而言，是透過一個優質的外部環境來構建良好的行銷環境，以達到推廣的目的。

◆社群行銷

企業可以透過社群網絡工具（如Line、微信、Facebook等），建立屬於自己的媒體平臺，集中管理企業自身的忠實粉絲，與他們保持密切聯繫，

也可藉由與粉絲互動瞭解市場變化。企業社群媒體平臺所能起到的宣傳作用不亞於任何一家線下媒體，可以根據粉絲和市場的變化展開線上或線下活動。例如世大運粉絲團Instagram推出了最新的限時動態功能，刺激消費者的購買意願，並與Facebook進行合作，只要一鍵，Instagram上發表的內容可以即時同步刊登在Facebook上直播，增加行銷廣度與效果。Facebook推出了換大頭貼功能，以打造榮耀感之主題頭貼，刺激消費者的參與感，不但可以達到吸睛效果，其實也是一種內容行銷的手法，可增加活動的倡議與推動，帶動行銷廣度與效果。

◆擴增實境與虛擬實境

隨著數位技術的進步，運用擴增實境（Augmented Reality, AR）與虛擬實境（Virtual Reality, VR）結合運動、遊戲、影音、娛樂等的模式推陳出新，也帶來對於運動多一層的想像與更多全新的視野。國際奧林匹克委員會（International Olympic Committee, IOC）也因在疫情與科技的雙重驅動，思考運用科技創造新的賽事，讓運動更為多元及普及。

▲2017世大運臉書大頭貼主題活動

1. 擴增實境：係將虛擬資訊擴增到現實空間中的技術，AR不是要取代現實世界，而是在現實世界中添加一個虛擬物件，例如2020東京奧運會在游泳的項目運用5G結合AR眼鏡的技術，即時顯示競賽畫面和游泳數據整合的即時戰況。交通部觀光局於2021自行車旅遊年推出的「尋找喔熊大作戰」AR線上集章活動，亦帶動了新一波的自行車熱潮，讓運動融入了線上體驗。

2. 虛擬實境：利用電腦模擬進而產生的三度空間虛擬世界，透過專用穿戴裝置（如頭盔、眼鏡），透過視覺、聽覺，甚至是觸覺，讓使用者有身歷其境的感覺，其中包含三個重要元素：融入性、互動性、想像性，例如美國滑雪隊為爭奪2018平昌冬季奧運會金牌，利用4K攝影機拍攝實際的比賽賽道，建立360度的VR場景讓選手進行滑雪訓練，讓選手們能盡情地體驗並熟悉他們即將比賽的場地，讓選手做好萬全的準備及減少參賽訓練歷程中可能造成的傷害風險。

 第五節　運動賽會行銷管理策略

　　運動賽會行銷管理策略是作為能有效執行行銷之重要環節，也能作為掌控組織目標方向、人力資源、預算及時程進度的重要工作；賽會行銷的範疇非常的廣泛，除了前幾章節介紹的行銷管理理論及分析環境的優略性與應用外，整合各面向的執行內容，才能說是真正一套完整而實用的行銷計畫；從擬定賽會組織的願景目標開始，設置行銷部門擬定相關計畫內容，藉由環境分析設定目標族群，並因應新媒體型態的轉變與時事的潮流，規劃各類型的行銷方案與設定重要里程碑，完成一系列的行銷規劃。

　　好的計畫需要執行力來使計畫實現，W. Edwards Deming於1980年提出的「PDSA循環」可作為賽會組織作為行銷計畫與管理成效的執行策略，程序包含了計畫（定義組織目標與擬定實現目標之方案內容）、執行（擬

定行動計畫及開始測試）、研究（分析執行成效及進入行動階段）、行動（執行及設定往後 PDCA反覆循環的新基準），運用此模式來進行行銷管理，以確保執行目標之達成，並進而促使方案及品質能持續改善。

本節以賽會組織的角度將行銷管理策略分為六個步驟程序，提供讀者在賽會行銷規劃上通盤的思考及建立基本的程序架構：

1. 設立目標：依據賽會屬性及組織樣態設定欲達成方向，並針對賽會時程設定各階段的重點里程，讓行銷主軸不偏離賽會願景，並能正確的將訊息傳遞給參與者。

2. 制定運動行銷計畫：透過環境分析及運動行銷管理模式擬定行銷策略，包含階段性計畫、年度計畫及推廣計畫等。

3. 挑選和管理運動行銷人員：依據賽會規模與運作模式，組織須設立行銷部門及進用專業的行銷人員，透過組織內部與外部資源的結合，能發展更多元的行銷方案。

4. 制定財務計畫：依據賽會屬性與規模制定行銷財務計畫，並配合贊助擴增資源與提升效益，通常參與型賽會比起推廣型賽會投入行銷的預算成本較高。

5. 構建和管理組織結構：依據組織運作模式建構行銷管理機制，例如成立品牌行銷諮詢小組以作為管理組織在於行銷議題與規劃方向上審核之單位，以控管行銷成效與避免負面議題的發生。

6. 確定和監督時間進度表：依據主要里程碑及行動計畫擬定工作時程表，並設置專案負責人、計畫期程、查核點、執行進度與關鍵績效指標指標（KPI）等，確保各方案執行成果。

2017臺北世大運組織委員會為求精準達到宣傳效益及傳播，擬定行銷計畫書內容，並作為賽會整體行銷規劃藍圖，完善規劃各階段宣傳計畫，依據賽會時程擬定重要里程碑，以多元的媒體、公關行銷及科技工具，塑造整體賽會形象與門面，將2017臺北世大運的理念、重要新聞及亮點活動

等相關訊息全方位露出，並採用多元網路社群及跨界資源操作，將賽會特色與主題旅遊等資訊推廣至國內外，進而帶動民眾對於國際賽會支持度及參與度，並促進臺北運動產業量能發展，打造具特色之世界大學運動會。

2017世大運設置媒體公關處，由專業行銷人員依據行銷計畫書所擬定之策略進行國內外賽會宣傳、議題行銷及媒體記者會等進行賽會推廣，另設立市場開發處進行品牌形象管理、賽會票務管理、企業參與及贊助等資源擴增及提升效益。

除了設立專門處組執行規劃外，在行銷面上成立品牌行銷諮詢小組，係由聘用品牌專業、設計專業及行銷管理專業之知名業界人士所組成，有效控管賽會整體視覺露出內容及方式、行銷議題操作內容及方向，避免負面行銷產生。

整體行銷計畫書的規劃，從策略面落實至執行面，配合重要里程碑及主計畫擬定工作時程表，並設置專案負責人、排定專案期程及查核點，並落實執行進度及追蹤KPI指標，確保各項專案執行順利及完整。

最後，賽會行銷管理策略是確保賽會行銷成效的核心，惟須透過縝密的分析與完善的計畫，方能打響賽會品牌與建構知曉度，進而完成賽會組織的目標。

問題與討論

一、請說明運動賽會行銷管理的程序為何？

二、請說明運動賽會行銷管理的重要性。

三、請試著選擇一個國內舉辦之賽會（事）進行SWOT分析。

四、請擬定一份簡要的運動賽會行銷策略報告。

參考文獻

一、中文部分

MoneyDJ理財網（2020）。〈遠距辦公竄出黑馬！雲端服務商Fastly市值超越Zoom〉。未來商務，6月29日，取自https://fc.bnext.com.tw/articles/view/182。

邱金松、黃煜（2011）。《運動賽會管理：理論與實務》（第二版）。新北：揚智文化。

陳威志（2020）。〈這才叫運動行銷 KIA持續贊助澳網公開賽〉。CARLINK鍊車網，取自https://www.lian-car.com/articles/read/30852.html?_trms=0966e2138ecafc0f.1648565545538。

曾光華（2020）。《行銷管理：理念解析與實務應用》（第八版）。新北：前程文化。

程紹同、江澤群、黃煜、呂佳霙、陳美燕（2010）。《運動行銷學》（第三版）。新北：藝軒圖書出版社。

臺北市政府體育局（2017）。《2017臺北夏季世大運總結報告中文版》，取自https://sports.gov.taipei

戴慧瑀（2016）。〈馬雲：純電商消失 新零售來臨〉。《旺報》，10月14日。中時新聞網，取自https://www.chinatimes.com/newspapers/20161014000850-260303?chdtv。

韓絜光譯（2018）。Simon Sinek, David Mead, Peter Docker著。《找到你的為什麼：尋找最值得你燃燒自己、點亮別人熱情的行動計畫》。臺北：天下雜誌。

羅凱揚、蘇宇暉、鍾皓軒（2019）。《行銷資料科學－大數據×市場分析×人工智慧》。臺北：碁峰。

二、英文部分

B. Valentine, D. and L. Powers, T. (2013). Generation Y values and lifestyle segments. *Journal of Consumer Marketing, 30*(7), 597-606. https://doi.org/10.1108/JCM-

07-2013-0650.

Ipsos (2021). Attitudes to The Tokyo 2020 Summer Olympics Report: A 28-country Global Advisor survey. Retrieved from: https://www.ipsos.com/en/2020-summer-olympics-perceptions

Kotler, P. (2000). *Marketing Management* (10th ed.). Upper Saddle River, NJ: Prentice Hall.

Mullin, B. J., Hardy, S. & Sutton, W. A. (2000). *Sport Marketing* (2nd ed.). IL: Human Kinetics.

Pitts, B. G. & Stotlar, D. K. (2002). *Fundamentals of Sport Marketing* (2nd ed.). WV: Fitness Information Technology.

Pitts, B. G. & Stotlar, D. K. (1999). *Sport Marketing*. Unknown.

Chapter **5**

程紹同

運動賽會贊助的
規劃與執行

學習目標

1. 瞭解運動贊助的角色。
2. 瞭解運動贊助的未來發展。
3. 瞭解運動贊助的基本理念。
4. 瞭解運動賽會贊助提案書的撰寫。
5. 瞭解運動賽會贊助的規劃與執行。

第一節　運動贊助的角色與未來發展

一、運動贊助的角色

　　如同行銷組合策略對運動賽會的成功舉辦，扮演著極為重要的角色，運動贊助（sport sponsorship）更是啟動行銷組合（marketing mix）的關鍵觸媒，因為行銷組合的執行主要是透過促銷策略與消費者進行溝通，藉「告知」（inform）、「教育」（educate）、「勸服」（persuade）或「提醒」（remind）等方式促進與（潛在）顧客間的交易行為。而運動贊助正是可以發揮所有行銷溝通要素及其他四項促銷組合（promotion mix）元素（廣告、宣傳、銷售促銷及個人銷售）的整合功能，並促進產生最大行銷效益的第五促銷元素，對運動賽會的重要性不言可諭。有鑑於贊助策略在「產品／品牌定位」（positioning）與「建立良好顧客關係」上的優異表現，根據事件行銷集團（International Event Group, IEG）長期追蹤調查指出，自八〇年代起，贊助活動便已成為全球行銷風潮，受到國際企業的重視，從其行銷開支的年成長率觀之，贊助支出已明顯高於傳統的廣告（advertising）和銷售促銷（sales promotion）支出，顯示贊助在行銷效益上的重要性（程紹同，2001）。再者，以ESP Properties運動娛樂行銷機構預測2018年北美贊助市場規模分析案例可知，企業贊助的類型可分為：(1)運動／sports（占70%）；(2)娛樂／entertainment（占10%）；(3)公益／causes（占9%）；(4)藝術／arts（占4%）；(5)嘉年華、節慶和年度活動／festivals, fairs & annual events（占4%）；(6)協會及會員制組織／associations and membership organizations（占3%），企業以贊助運動項目的投入資源為最大宗（Gazdik, 2018）。因此，當論及贊助議題時，不難看出均是以運動贊助為主。企業贊助運動的主要類型也是從賽會活動中衍生而出，可分為：

(1)運動賽會（sport event），如奧運會、全國運動會及單項賽事活動等；(2)個人運動員（individual athlete），如NBA詹皇LeBron James、葡萄牙足球天王C羅Cristiano Ronaldo及世界球后戴資穎等；(3)運動治理組織／協會／團隊（governing body, association, team），如國際奧會／羽球協會／奧運羽球國家代表隊等；(4)運動場館（sport stadium），如義大利尤文圖斯足球俱樂部（Juventus Football Club）安聯體育場（Allianz Stadium）、NBA休士頓豐田中心（Toyota Center）及北京萬事達中心（Master Card Center）等（楊曉生、程紹同、沈佳，2017）。綜上所述，贊助為運動賽會及企業創造了合作雙贏的機會，有助於彼此既定組織目標之達成。然而，卻仍有許多運動賽會管理者及企業主，對於運動贊助的規劃與執行並不熟悉或存有錯誤的認知，將贊助效益單純視為廣告曝光效果，而無法充分發揮其最大能量，甚為可惜。因此，有必要在本書中進行專章介紹，期能為體育人掌握運動賽會的行銷趨勢發展，並建立正確的贊助理念，進而能有效規劃與執行贊助計畫，以促進運動賽會的成功舉辦。

二、運動贊助的未來發展

國際運動行銷公司Sports Value指出，全球運動產業營收每年估計已達到7,560億美元（Somoggi, 2020），而推動運動產業發展的雙渦輪主引擎是：(1)「參與性運動」（participant sport）（如民眾參與路跑活動）；(2)「觀賞性運動」（spectator sport）（如球迷進場觀賞NBA比賽）。但是，要啟動這雙渦輪引擎的鑰匙則是需要透過各類大小賽事活動（events）誘發運動產業細分（segment）類別的全面發展。例如，體育用品製造與零售、運動轉播與媒體、運動行銷、贊助與經紀管理、職業運動組織、運動觀光旅遊等，進而帶動地方區域與全球經濟的成長（程紹同，2020）。英國行銷顧問公司Two Circles原預測，隨著2020年運動賽事的穩定推展，全球運動產業產值將可持續成長4.9%，贊助收入自然水漲船高（Cutler, 2020）。英國科技研究顧問公司TechNavio出版的《全球運動贊助市場預測報告

（2019-2023）》結果顯示，2019年運動贊助市場的年增長率爲4.74%，也是呈穩定成長的趨勢（Businesswire, 2019）。全球統計資料庫Statista預期2020年運動贊助市場價值可達570億美元。同時，由於歐美職業運動聯盟的商業賽事成功運作，更進一步樂觀推估至2027年將可增長爲900億美元，前景相當可觀（Gough, 2021）。不過，人算不如天算，2020年新冠肺炎疫情的全球大爆發，導致世界各地至少有47%的運動賽事無法如期舉辦而被迫延期、暫停或取消，造成616億美元的收入損失（Cutler, 2020）。僅在疫情流行擴散的頭兩個月內，全球大小賽事因疫停擺，使得2020年的賽事贊助合約數量較2019年驟減40%，而企業主贊助運動的支出明顯減少了37%，運動贊助市場價值衰退至289億美元（Nicholson, 2020），如**表5-1**。運動世界中的大咖職業球星們不僅受賽事暫停取消等影響而無法出賽，更無法倖免於被感染確診的厄運，如足球金童梅西（Messi）、世界網球球王喬科維奇（Novak Djokovic）及NBA球星詹皇詹姆斯（LeBron James）等人，各大運動聯盟賽事陷入一片愁雲慘霧之中。

表5-1　全球運動贊助項目支出（2018-2020）

企業類別	2018	2019	2020（projected）	衰退率%（逐年預測）
Financial Services　金融服務業	$12.45	$12.58	$6.92	45%
Automotive　汽車業	$5.76	$5.93	$2.67	55%
Technology　科技業	$5.17	$5.58	$4.58	18%
Telecoms　電信業	$3.02	$3.14	$2.55	19%
Retail　零售業	$2.70	$2.87	$1.81	37%
Soft Drinks　軟性飲料業	$2.29	$2.33	$1.42	39%
Energy　能源業	$1.60	$1.76	$0.99	44%
Airline　航空業	$0.79	$0.83	$0.33	61%
Alcohol　酒業	$0.75	$0.76	$0.62	19%
Gambling　博弈業	$0.63	$0.70	$0.48	31%
Other　其他	$9.13	$9.61	$6.55	32%
Total	$44.30	$46.10	$28.90	37%

資料來源：http://www.insideworldfootball.com/2020/05/18/global-sports-sponsorship-spend-drop-37-28-9bn-says-report/

正值全球運動產業哀鴻遍野之際，電競運動賽事贊助合約數量卻是逆勢成長，較2019年激增53%（Bizbahrain, 2020），其中對運動賽會管理者最重要的啟示便是要積極掌握危機中的求生契機。事實上，疫情加速了運動產業數位科技應用的進程，在建構未來以安全防疫距離的新常態賽事模式下，管理者需要順勢發展出創新的運動贊助模式，善用數位科技與社群媒體來維持與球迷間的互動關係，並維護贊助商的贊助效益。例如，2020年7月間，NBA在佛州舉辦了一場閉門賽事，但是球迷可以採取虛擬入場方式來觀賞，購票「入場」的球迷就能出現在大螢幕上，猶如身歷其境地在場邊觀賽，此策略同時也為贊助商微軟帶進600萬美元的媒體曝光價值（引自陳嘉銘，2021）。Koronios等學者則提出了「線上贊助模式」（Online Sponsorship Model），強調社群媒體與網站已成為贊助商影響運動消費者購買意圖之重要因素（Koronios, Dimitropoulos, Travlos, Douvis, & Ratten, 2020），如**圖5-1**。數位內容與數位平臺在運動賽事行銷及贊助策略中，現

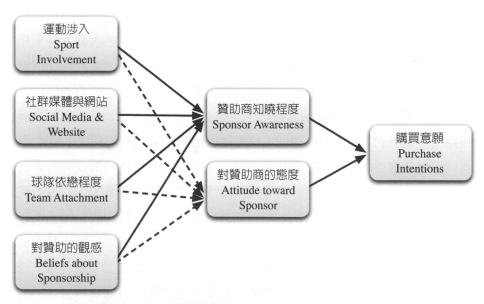

圖5-1　線上贊助模式（Online Sponsorship Model）

資料來源：Koronios, Dimitropoulos, Travlos, Douvis & Ratten (2020).

已成為尋求重生的關鍵角色。截至2022年1月3日為止,根據「COVID-19全球疫情地圖」統計資料顯示,新冠肺炎病毒從Delta變種為Omicron持續肆虐,全世界已累積有2.9億人確診,造成541萬人的死亡(衛福部疾管署,2022),新冠疫情的方興未艾,正考驗著世界各國政府領導人變局中的管理智慧,也考驗著全球運動(賽會)組織的風險管理及危機處理能力。運動贊助與賽會(事)息息相關,未來的應變與發展實有賴管理者與贊助夥伴共同努力創新經營,迎向未知的挑戰。

 ## 第二節　運動贊助的基本理念

一、運動贊助的意義

　　若要成功規劃與執行運動贊助計畫,首先必須要建立正確的基本理念。贊助與「捐助」(donation)的單方付出不求回報,在本質上並不相同。捐助多屬公益性質,而贊助則多傾向於商業合作關係。運動贊助可定義為:「透過利益交換的過程,以建立運動主體(property)與資源供應者之間的商業夥伴關係(partnership),並藉此達成彼此既定之組織目標。而利益交換的方式,通常是指運動主體提供資源供應者一些權利(rights),而資源供應者(多為企業)則提供資金、產品物資、服務技術或人力等資源」(程紹同,2001)。進言之,運動贊助是以體育運動為題材,以支持回饋為內容,以利益交換為形式,以達成彼此組織目標為目的的一種商業行為(楊曉生、程紹同、沈佳,2017)。運動賽會贊助的成功是可以營造出金三角合作關係的多贏局面,如圖5-2所示。一場成功的運動賽會(事)活動舉辦,除了預定的基本籌辦經費外,需要結合外界多方的資源挹注,主要包括媒體的轉播報導及企業主的贊助資源,才能擴大運動賽會(事)的

圖5-2　金三角的多贏夥伴關係

資料來源：修訂自程紹同（2001），頁63。

舉辦效果，讓整體效益得以充分發揮，同時創造出更高的運動價值。企業主則需要透過贊助運動賽會（事）的促銷策略，才能夠與消費者進行有效對話，達到廣告曝光、公關、產品銷售等行銷目標。成功的媒體運營，則需要提供一個滿足廣大閱聽眾／觀眾的精彩運動節目，才能吸引廣告主的投入，以獲取利潤可觀的廣告收入。因此，只要企業與媒體支持促進運動賽會（事）的成功舉辦，三方各自的需求均可透過贊助效益順利滿足。綜言之，這是一種藉由贊助而形成的「生命共同體」，一項成功的運動贊助所建立的金三角合作關係，不僅有助於三方預期目標的達成，更可以增加就業機會、促進經濟成長，良性的刺激循環，也帶動了全民積極參與運動休閒的正向活動，進而提升健康生活品質，創造社會民生福祉，營造出一個皆大歡喜的多贏局面，何樂不為呢！

二、運動贊助的效益

　　若要生意人自願將口袋中的錢拿出來交易，並非是一件易事，畢竟做生意是要將本求利的，而賠本的買賣是不會有商人感興趣的！同理，運

動賽會（事）管理者必須站在企業主的角度思考，如何能創造出運動賽會（事）本身的商業價值，意即企業所期盼的贊助效益，才能夠引起贊助動機。程紹同（2001）綜整Howard與Crompton兩位學者的論點指出，運動贊助有以下四項主要的商業效益：

(一)增加產品能見度與知名度（increased visibility and awareness）

有助於提升贊助商的產品／品牌的曝光機會，讓運動參與者和賽會觀眾注意／認識贊助商的產品／品牌。但在接受菸酒類及爭議性產品／品牌的贊助前，須特別考量賽會或主辦單位本身的形象與性質是否與贊助商一致。

(二)強化企業形象（image enhancement）

成為優質且具正面形象的運動賽會贊助商，不僅可強化或改變消費者對贊助商本身企業及產品的觀感，也可建立贊助商內部員工的榮譽感與向心力。

(三)把握產品試用或銷售機會（product trial and sales opportunities）

獲得運動賽會主辦單位的授權，贊助商可以提供現場觀眾及消費者產品試用的機會，同時可以運用賽會舉辦時機進行其產品促銷、折價及銷售活動。

(四)獲取禮遇機會（hospitality）

獲得運動賽會主辦單位授予的特定禮遇權利，贊助商可將此權利回饋給消費者、內部員工、經銷商及重要合作客戶等，以建立良好的重要公眾關係。

程紹同（2001）進一步指出，除了上述四大贊助效益外，「壟斷市

▲富邦人壽掛名贊助2020-2022高雄國際馬拉松，是促進運動主體與企業的雙贏夥伴關係
資料來源：高雄市政府運動發展局官方網站。

場」效果也是贊助商十分在意的贊助權利。在贊助合約中，多有針對同性質競爭品牌產品的排他條款（exclusivity），不僅可達到獨占市場的目標，還可以阻絕競爭對手進入市場。綜上可知，運動賽會（事）是一個運動主體（sport property），可以授予贊助商：(1)曝光機會；(2)形象連結；(3)商品銷售；(4)禮遇接待等贊助權利，並確保其獨享權利不受到狙擊行銷（ambush marketing）所侵犯。因此，賽會管理者在尋找企業贊助前，應需審視本身所舉辦的賽會（事）活動是否具備商業價值，並且思考如何發揮贊助效益，才能有效吸引企業主的贊助興趣，創造合作機會。

三、運動贊助的活化策略

贊助可以成功整合運動主題（如2020東京奧運會）及企業促銷組合讓行銷功能充分發揮，並與（潛在）顧客進行有效溝通，對贊助商品牌留下良好印象，進而產生購買行為，最終建立品牌忠誠度，其關鍵因素就在於

活化策略（activation）的運用，如**圖5-3**，並參閱「**賽會贊助大補帖5-1**」。對於運動賽會管理者而言，瞭解活化策略的重要性，有助於贊助提案的研擬，可有效開啟與企業合作雙贏的對話大門。對於企業主而言，更是可以擄獲消費者真心，以及創造品牌價值的贊助贏家策略。前可口可樂行銷副總裁史蒂夫・庫寧（Steve Koonin）曾特別強調，贊助並不僅止於和運動主體簽訂合約而已，贊助商必須為他們的顧客著想，賦予贊助生命與永恆的價值（eternal value），以此闡明活化策略的重要意義（楊曉生、程紹同、沈佳，2017）。此外，為了落實活化策略操作，贊助商需要投入額外的行銷預算，以確保整合式運動贊助策略目標的達成。學者們曾建議，若企業在運動贊助活動上付出1,000美元，那麼在整體行銷活動上，應再投資2,000-3,000美元，以活化並擴大贊助活動的成效。原則上，活化策略與贊助權利金的預算比例至少應做到1:1才算合適（Schreiber & Lenson, 1994）。

圖5-3　整合式運動贊助策略

資料來源：程紹同等著（2017）。《體育贊助》（第二版）。北京：高等教育出版社。

程紹同（2001）則認爲，活化策略預算比率的高低應視其贊助活動本身的規模大小及企業行銷目標而定。例如，可口可樂贊助2012-2016奧運會的權利金約爲1億美元，而活化策略預算（1:7）則約7億美元。阿迪達斯贊助是2018俄羅斯世界盃足球賽的權利金爲8,000萬美元，而活化策略預算（1:5）則約爲權利金的5倍。在理解活化策略對贊助商整體贊助效益的重要性後，運動賽會管理者亦須扮演好其合作夥伴的角色，共同促進活動的順利舉辦，以創造出最大的運動賽會（事）多元價值。

有鑑於傳統媒體的廣告宣傳效果日漸衰退，而全球運動賽事的影響力卻與日俱增，社群媒體已成爲（明星）運動員、球隊及運動組織建立其本身品牌化及國際化的必備數位工具，也是與世界各地運動迷溝通交流的主要管道，更是已經發展成爲企業贊助活化的重要媒介。根據國際事件行銷集團（International Event Group, IEG）在2014年針對企業贊助決策者的問卷調查結果顯示，「社群媒體」已成爲贊助活化策略中行銷溝通管道的首選（90%），公共關係排名第二（77%），現場互動活動（on-site interaction）排名第三（76%），贊助活化策略中社群媒體運用的重要性可見一斑（IEG, 2014）。對於運動賽會管理者而言，贊助商在社群媒體的運用上仍需有兩點考量：一是在內容上需要保持「平衡性」，減少贊助商訊息的「商業干擾」，因爲社群媒體的功能主要是訊息交流；二是建議贊助商能夠提供消費者及運動迷具吸引力的相關活動與服務，強化自然融入與運動主體的連結度（connection）。程紹同（2017）在經過長期觀察可口可樂、阿迪達斯及三星電子等國際品牌的贊助活化策略後，進一步提出「活化策略組合」（activation mix）概念，主張奧運等級的成功贊助活化策略組合內容應包括：(1)社群媒體；(2)公關活動（如禮遇接待活動）；(3)體驗行銷（如消費者互動體驗）；(4)廣告宣傳；(5)名人代言（如簽約看好奪金國手或隊伍）；(6)品牌行銷（如奧運紀念商品）；(7)特殊事件行銷（如聖火傳遞）（楊曉生、程紹同、沈佳，2017）（**圖5-4**）。程紹同（2017）強調，成功的贊助活化秘訣在於掌握運動賽會（事）的精神及時空契機，創造出參與

圖5-4　活化策略組合

資料來源：程紹同等（2017）。《體育贊助》（第二版）。北京：高等教育出版社。

者多層次的運動激情（passion），意即讓消費者和運動迷覺得感謝、感動到情感上的感激，如此才算是真正的贊助贏家（引自楊曉生、程紹同、沈佳，2017）。

賽會贊助大補帖5-1

「贊助活化組合」策略

根據教育部體育運動大辭典釋義，贊助活化組合（Sponsorship Activation Mix）概念是由國內運動行銷學者程紹同（2012）首次提出，意指為達到贊助目標和效益，贊助商須整合活化工具做出最適當的活化策略，藉由贊助活動發展企業品牌價值與消費者間的互動關係，並與消費者在贊助的活動中建立長久穩固的交易夥伴關係。常見的活化組合包括：(1)傳播：透過各種媒體的露出以傳達訊息，如廣告、海報、賽會或場館的冠名權；(2)公共關係：配合

公關和社區活動以增加媒體能見度；(3)網路：在贊助商的企業（網站、活動網站、社群網站等規劃贊助賽事的資訊和連結，在活動的網站上設置贊助商專區等；(4)視覺系統使用：贊助企業的識別系統必須在適當的場合露出，如在賽前賽後記者會、誓師大會、和賽會的文宣品上出現；(5)直效信件：以電子郵件或是信件直接接觸已有消費紀錄或是有聯絡訊息的目標族群；(6)賽會廣播媒體：使用現場的公共播音系統在賽前到賽後的提示或說明贊助訊息；(7)戶外媒體：使用運動場館、交通工具和公共場所的廣告空間；(8)贈品活動：藉由賽會主辦單位可以提供的權益，如門票等供贊助商擬訂產品促銷活動，或是由贊助商提供參與民眾贈品；(9)抽獎活動：提供獎品以增加活動知名度；(10)交叉促銷：數個贊助商共同促銷賽事主體或提供眾贊助商交流平臺；(11)零售促銷：規劃贈品促銷以刺激商品銷售，如憑票根兌換商品；(12)人員銷售：直接與消費者溝通，如電話行銷；(13)內部溝通：凝聚企業內部向心力或激勵業務人員；(14)授權商品：製作授權商品以延續贊助效益；(15)招待禮遇：作為回饋客戶和獎勵員工的機會，如提供包廂席、款宴歡迎會等；(16)展示區：在活動中，贊助商有專有空間展示其產品和服務；(17)使用社群網站和影音網站連結運動賽會相關的運動員和官方授權音樂；(18)善用公民品牌感性行銷的主軸：如愛迪達（贊助商）與英國奧會使用公民驕傲（We are London）的主題結合英國歌星於2010年11月推出活動（呂佳霙，2012；葉錦樹、程紹同，2015）。

資料來源：https://sportspedia.perdc.ntnu.edu.tw/content.php?wid=293

 # 第三節　運動賽會贊助的執行步驟

　　本節綜整全球第一本中文版運動贊助專書《運動贊助策略學》（程紹同，1998）中的「贊助計畫研擬步驟」，以及《第五促銷元素》（程紹同，

2001）中的「六階段運動贊助管理」主要內容，以及作者歷年實務操作經驗所得進行說明。運動賽會管理者在實際執行運動贊助工作時，可參考依循下列五個步驟進行（如圖5-5）：

一、賽會贊助的必要性（步驟一）

雖然贊助體育運動已蔚爲全球風潮，企業主前仆後繼地投入資源，但並不表示所有的運動賽會（事）均具備有與企業進行合作的商業條件和執行能力。當運動賽會管理者決定對外尋求企業贊助之前，應先自我檢視本身的賽會價值，並能回答企業主以下問題：

1. 賽事活動的主題或風格是否符合其企業品牌的價值觀和使命？
2. 賽事活動是否能與企業品牌的目標族群進行有效溝通？
3. 在賽事活動開始前，贊助關係的雙方是否有充裕的時間進行討論提高贊助最大效益的合作方式？
4. 賽事活動主辦單位的籌辦經驗及專業度是否充足？
5. 賽事活動本身是否具有新聞宣傳價值，足以提供品牌宣傳的機會？

Stage 1　運動贊助方案的必要性？自我檢視　YES

Stage 2　賽會贊助實施計畫的研擬

Stage 3　賽會贊助合作提案書的研擬

Stage 4　賽會贊助實施計畫的執行

Stage 5　賽會贊助實施計畫的完結

圖5-5　運動贊助實施計畫的執行步驟

6.賽事活動是否有提供電視轉播及其他（社群）媒體的曝光機會？

7.贊助本賽事活動，是否能提升商品的銷售？

8.贊助本賽事活動後，是否有拓展新的品牌業務機會？

若以上問題的回答大多數是肯定的，則表示本賽事活動獲得贊助的可能性較高，便可以開始進入步驟二。若本賽事活動較不具有商業價值，而是屬於公益性質類型，則可考慮採取善因行銷（Cause-related Marketing, CRM）或者是企業社會責任（Corporate Social Responsibility, CSR）策略尋求募款捐助（如賑災、緊急救援或弱勢族群活動），亦可視賽事活動性質與規模爭取政府及公營機構的經費補助（如國際賽爭取體育署補助、電廠地區的敦親睦鄰活動爭取臺電補助）。

二、賽會贊助實施計畫的研擬（步驟二）

(一)成立工作小組

賽會贊助計畫的執行工作複雜繁重而費時，因此，運動賽會管理者在自我審視後，認為具有獲得贊助潛力時，便需要在組織委員會下單獨成立一個贊助工作小組，其層級權限及主管位階建議應在幹事部之上，以便指揮協調跨組別的贊助相關事務。例如，奧運組織委員會下設的一級單位「市場開發部」（marketing）凸顯出重要位階及權限，反之，如109大專校院運動會是在公關媒體中心下設的一個「募款組」，可想而知，其所能夠發揮的角色功能就相當有限，對運動賽會的貢獻度自然不高！為了有效執行贊助工作，理想的贊助工作小組可分為：

1.行政管理組：推動行政秘書性質業務，如溝通協調工作進度及資料保存等。

2.企劃設計組：推動規劃研擬各式贊助提案及活動，屬於製造與企業

合作機會的「設計組」。

3.聯絡銷售組：推動與目標贊助商的聯繫、洽談、簽約等業務，屬於銷售贊助提案的「媒人」角色。

4.贊助服務組：負責合約簽訂後，確保贊助權利義務之履行工作，屬於服務贊助商的角色。

(二)資料蒐集與分析

知己知彼才能投其所好，因此，資料蒐集與分析能力是贊助計畫成敗的重要關鍵（程紹同，1998），廣泛蒐集目標贊助商的相關資料包括企業的組織願景、價值理念、行銷公關活動及贊助歷史等均有助於贊助計畫之擬定。

(三)擬訂贊助實施計畫

完整的贊助實施計畫可確保贊助目的目標的達成，其內容應包含贊助目標設定（如獲得贊助商10家、總贊助金額達1億新臺幣等）、執行預算、執行進度、執行策略及活動、贊助合作提案書（含贊助權利金的制定）等。

(四)選擇目標贊助對象

目標贊助對象的選擇考量點在於彼此形象及行銷目標的契合度，越相吻合，越有合作的機會。一般可分為：(1)與運動賽會直接相關的運動品牌（如贊助奧運會與世界杯的阿迪達斯）；(2)與運動賽會間接相關的企業品牌（如贊助奧運會與世界杯的可口可樂）；(3)媒體平臺贊助商可為運動賽會增加曝光機會（如贊助2008京奧的搜狐），亦應加以重視和爭取。

三、賽會贊助合作提案書的研擬（步驟三）

詳見本章第四節內容。

四、賽會贊助實施計畫的執行（步驟四）

(一)接觸目標對象

當賽會贊助合作提案書完成後，針對目標贊助商的接觸方式，程紹同（2001）指出，最常見的是：(1)單刀直入式（cold call），意即與對方並不相識，屬於第一次的陌生接觸；(2)主動投入式，意即賽會本身的商業價值已被認同，企業主動接觸並尋求合作；(3)拉線牽入式，意即透過運動賽會管理者及相關人員的各種人脈關係引介推薦促成；(4)委託引入式，意即透過支付第三方機構仲介費方式（可由其尋得的贊助資源中扣除）。例如，2017臺北世界大學運動會贊助計畫是委託悍創運動行銷公司執行。由於多數目標對象是屬於陌生接觸的性質，要有效說服企業投入贊助的挑戰度較高，因此，被企業拒絕也是一種常態。建議運動賽會管理者應以平常心看待，並且正面汲取失敗的經驗，精益求精，接下來的成功機率也會愈來愈高。把握每一次與企業主接觸認識的機會，同時建立起良好關係，一回生，二回熟，三回有機會。只要彼此利益符合，有情人終可成為眷屬的！

(二)合作方式協商

當賽會贊助合作提案書贊助提出，獲得目標贊助商初步善意回應後，即進入談判協商階段，雙方主要是針對贊助商層級權限、權利金的高低、有價物資（Value in Kinds, VIK）的提供等議題進行充分溝通討論。

(三)簽訂合約

詳見本章第四節內容。

(四)履行合約

當運動賽會贊助合約書正式簽訂後,便進入合約內容的履行階段,此階段非常重要,主要是雙方因賽會贊助關係初次合作,彼此行銷理念及做法尚待磨合溝通,需要用耐心、體諒與尊重才能夠取得共識,獲得最終的雙贏成果。尤其是獲取贊助資源的運動賽會主體應有建立長期合作的積極服務心態,確實履行所承諾的各項贊助全力,為贊助商提供合理的服務,扮演好稱職的合作夥伴角色。

(五)資料記錄保存

當運動賽會在籌備及舉辦階段,均需要做好所有與行銷贊助相關的資料蒐集,並且將紀錄(含文字、照片、影片、物件等)完整保留下來,作為贊助結案報告的佐證依據。例如,運動賽會媒體公關活動紀錄以及各種活動參與紀錄等。

五、賽會贊助實施計畫的完結(步驟五)

隨著運動賽會的圓滿落幕,後續的贊助結案作業仍不能停歇,須堅持到最後抵達終點,才能呈現出最完美的結局,讓雙方期待下次的再續前緣。其中包括下列三項重點收尾工作:(1)贊助效益評估報告;(2)工作檢討會;(3)感謝活動(別忘了用行動感謝所有贊助商、媒體以及辛苦工作夥伴)。

NBA籃球大帝麥可喬丹(Michael Jordan)曾說過:「成功是無法一蹴

可及，凡跑過必有痕跡！有志者事竟成」（Victory lies at every step, not at the end of race alone.）（Arnold, 2011）。本節最後以此段話來期勉（有志）從事體育運動賽會贊助的工作者，運動贊助的規劃與執行，就如同跑馬拉松，向前跨出的每一步，都是抵達終點完賽的動力。堅持理想，就一定會成功！

賽會贊助大補帖5-2

國際大型運動賽會贊助的試煉，臺灣品牌妳準備好了嗎？

國際大型運動賽會如奧運會及世界杯足球賽等早已成為全球企業的必爭之地，不論贊助商或非贊助商，抑是新秀或老將，競技場上充滿了草木皆兵的濃郁行銷煙硝味，這是一場跨越全球及本土企業品牌的十項全能競賽。以中國品牌研究院《2008奧運行銷報告》指出，62家中外贊助商，其中九成未賽先敗（新浪財經，2008）！作者認為，其勝負關鍵緊繫於企業對贊助理念的認知程度，以及策略操作的專業純熟度。

◎臺灣品牌參加國際贊助競賽報名須知

如同運動員報名參加比賽，本土企業主首先必須確定自己的「參賽項目：如棒球、足球」（即贊助商產品類別）、「參賽級別：如國際賽或全國賽」（如全球合作夥伴、地區贊助商）、「參賽目標：如參與觀摩或奪冠破紀錄」（如曝光率、產品銷售等目標）以及「參賽訓練計畫：如體能強化訓練、進攻防守等訓練」（如活化策略組合、整合行銷計畫）等。具體須知如下：

須知一：企業主首要確定本身產品（服務）類型不可與該賽會最高等級贊助商衝突。如2008北京奧運會的全球奧運贊助夥伴（TOP）可口可樂屬於非酒精飲料類別，因此屬於三級贊助商的臺灣品牌統一企業就不能以「茶裏王綠茶」茶飲產品類別進行贊助，而是採取了「泡麵」產品類別進行贊助。

須知二：選擇贊助的級別，以奧運會為例，一般分為(1)全球奧運合作夥伴TOP（第一級，必須是全球性品牌且形象優良者）；(2)當屆奧運合作夥伴（第二級）；(3) 官方贊助商（第三級）；(4)當屆奧運（產品）供應商（第四級）。

須知三：必須設定明確贊助目標。可參考運動贊助四大效益以確定企業贊助賽會的目標。包括：產品及品牌能見度（曝光率）、強化企業形象、產品試用及銷售量、禮遇接待重要公眾及壟斷市場等贊助目標的達成。由支付高額贊助權利金的投資報酬率考量，贊助商應追求整合行銷效益的達成，而非單一贊助目標的實現。

須知四：跨越「廣告」不等於「贊助」的迷思。若企業僅想強調曝光率的廣告效果，其實可以直接投入行銷預算買下廣告時段/空間的「自說自話」權利即可，不需要大費周章透過贊助方式進行。運動贊助是一個全面提升品牌形象、產品銷售及公關效益的整合行銷策略，成敗繫於what you do，絕非是單純what you say廣告效果所能達成。

須知五：跨越贊助的「模糊現象」（clutter）泥淖。商業價值越高的運動賽會（事）便會有越多的企業主爭先恐後地加入贊助商的行列。然而，運動消費者在面對這百花齊放的眾多贊助商活動時，就很難對某家贊助商的產品／品牌留下深刻印象，而產生了一種「品牌印象模糊的現象」。因此，鶴立雞群的贊助贏家必須透過活化策略的運用，自然融入所贊助的賽會（事）之中，才能激起消費者產生共鳴並建立起良好互動關係，進而在消費者心目中建立起正面的企業品牌形象。

須知六：跨越贊助續航力不足的困境。根據研究顯示，贊助商透過運動賽會（事）與消費者產生情感的連結，至少需要三年的時間。如可口可樂自1928年起長期贊助奧運會，而阿迪達斯自1970年起便是世界盃足球賽的官方合作夥伴。頻繁更換贊助賽事而無法維持長期的贊助合作關係，是無助於建立品牌在消費者心中的形象（葉錦樹、程紹同，2015）。

須知七：跨越狙擊行銷夾殺的危機。越是有商業價值且贊助權利金高

的運動賽會（事）就有可能吸引許多不具贊助商合法身分的企業採取狙擊行銷策略，來誤導消費者的品牌認知，使得合法贊助商權利受損。要有效防堵狙擊行銷者的最佳方式，便是反守為攻！合法贊助商要積極扮演好運動賽會（事）「合作夥伴」的角色，為賽會（事）及消費者做出貢獻，才能創造出贊助的最大效益，而不會淪為被消費者遺忘的對象。

須知八：贊助贏家除了需要規劃完備的賽會行銷計畫及活化策略外，還需要有「專業教練」的指導與「國際賽」的經驗累積。 成功的賽會贊助活動是無法一蹴可及，需要透過專家諮詢及贊助操作練習以累積自身經驗，更不該僅仰賴國際知名廣告或公關公司代為操作而已。

 # 第四節　運動賽會贊助合作提案書

運動賽會贊助合作提案書（sport event sponsorship proposal）主要目的是提供目標贊助商足夠的書面／數位資訊以便開啓合作機會的第一次接觸與溝通，也是爭取可以進一步洽談合作的前提條件。本節除了介紹研擬基本原則外，將擇重點內容進一步解析。

一、研擬原則

(一)封面鮮明專業美工

如同精美產品的包裝外觀一樣，目標贊助商在收到此份贊助合作提案書，尚未翻頁進入主要內容閱讀前的第一印象十分重要。建議精心設計出能夠反映出該運動賽會獨特性與商業價值的專業精美封面。

▲運動賽會贊助合作提案書封面設計應精心設計，建立目標贊助商良好的第一印象
資料來源：雙刃劍desports China。

(二)單頁主題介紹

目標贊助商的第一線承辦人員多屬於行銷公關部門或者是高階主管特助，其工作性質非常忙碌，為了能夠化繁為簡提供運動賽會贊助的重點內容，建議採取以一頁說明一個主題內容的方式進行為佳，讓承辦人員能夠快速瞭解，抓對重點精義。

(三)大綱摘要

承上原則，每頁介紹的內容不需要長篇大論，盡可能以條列綱要方式說明，清楚而完整表達即可。

(四)文字簡明暨標題商機化

贊助合作提案書內容就是要吸引並說服企業願意投入資源（金）成

為贊助商。因此，各個標題的遣詞用語設定不僅是為了精準簡潔地反映內容，更需要字字斟酌使其符合商業用語，並充滿商機，引人入勝，令閱讀者產生興趣。

(五)內容說服力

承上原則，為了達到吸引並說服企業的目的，贊助合作提案書內容需要「引經據典」地提供相關數據（如觀眾人數、媒體報導量及社群媒體討論量等）及調查報告結果（如參與者背景資料、贊助商產品銷售量及品牌好感度等），才能讓企業主信服。

(六)贊助資格多樣化

當目標贊助商對贊助合作產生興趣時，應設計提供多樣化的合作方案（如一、二、三級贊助商資格），盡量讓感興趣的企業主有機會參與合作。

(七)聯絡資料保留完整

承上原則，當企業主產生贊助興趣時，便會考慮與提案單位進行聯繫。建議在贊助合作提案書的最末一頁必須留下清楚而完整的聯絡資料（至少留下2-3人），如辦公室專線電話、個人手機、電郵信箱、LINE/WeChat/Twitter等ID/QR code。須知機會稍縱即逝，不怕對方聯繫不到，就怕對方不聯繫！

(八)數位線上創新促銷

由於網路科技發達，過去仰賴書面紙本的提案方式已不復常見，建議不僅可製作數位版圖文並茂贊助合作提案書，透過網際網路管道傳給目標贊助商，亦能結合影片、燈光音效、3D立體，甚至APP、AR、VR等現代科

技，展現出一場精彩絕倫的贊助合作提案實境秀！可大幅度提升運動賽會贊助合作提案的成功機率。

二、贊助合作提案書的主要內容架構

在瞭解研擬運動賽會贊助合作提案書的基本原則後，便可開始著手撰寫，其主要架構及內容可依序參考以下各項說明與建議，同時，作者以個人實際參與贊助提案內容作爲部分項目說明的範例。

(一)運動主體（主／承辦單位）的簡介

本運動賽會（事）籌備的工作效能與舉辦成敗，事關企業主贊助目標的實現與效益，至爲重要。因此，有必要向目標贊助商明確介紹運動主體（主／承辦單位）的組織背景、服務宗旨、社會形象、組織目的與目標等優勢條件，取信於贊助合作夥伴。

(二)運動賽會（事）暨活動的簡介

企業主視運動賽會（事）暨活動，爲其行銷溝通平臺，除了考量投入行銷資源外，必須要能夠融入該企業的年度整合行銷計畫之中。因此，需讓企業主瞭解本運動賽會（事）暨活動的基本資料，包括：活動性質（如職業vs.業餘、商業vs.公益等）、層級規模（如國際、全國或地方層級等）、舉辦週期（如年度的臺北馬拉松、兩年一次的全國運動會、四年一次的奧運會或一次性的競賽等）、舉辦地點（單一或多處）、周邊活動（如火炬接力、倒數一週年慶祝活動、吉祥物記者發布會等）、成果紀錄（如參加國家數、選手人數、現場觀眾人數、電視收視率、贊助商、行銷收入等）等，一切與該運動賽會（事）暨活動參與有關的對象包括活動出現者、活動參加者、活動視聽者、網路平臺瀏覽者，以及有助於企業主創造贊助效益的活動亮點／特色等所有資訊，均需要於此說明清楚，展現出

本運動賽會（事）暨活動的商業價值。

(三)運動賽會（事）行銷計畫

　　承上說明，本項內容在說明本運動賽會（事）行銷計畫，含媒體宣傳和促銷方式等，提供企業主作為贊助活化策略之參考運用。

(四)企業贊助的理由

　　承上說明，本項內容在綜整目標贊助商「應該」要贊助本運動賽會（事）的具體充分理由。以韓國汽車品牌KIA贊助CBA的主要理由是因為「CBA是一個充滿無限商機的行銷平臺」，包括：(1)對的時機：與振翅待飛的CBA共同成長共享雙贏；(2)對的市場：與KIA的目標市場城市相吻合；(3)對的品牌形象：Exciting and Enabling, Young, Sporty, Fun；(4)對的運動主體：比賽性質反映KIA品牌形象The Power to Surprise；(5)理想的球迷背景與龐大參與人口；(6)理想的賽季長度；(7)理想的宣傳效果與曝光保證；(8)理想的促銷機會與禮遇機會。

(五)企業贊助之權利與義務

　　本項內容在說明企業主成為本運動賽會（事）贊助商後，可被授予的行銷權利（如「**賽會贊助大補帖5-3**」），以及應支付的贊助權利金等義務（如**表5-2**）。建議採用對照表格方式分析說明不同贊助商層級的權利與義務，提供企業主比較選擇。有鑑於當今贊助商積極參與各項國際運動賽事活動，為展現其品牌影響力，多希望扮演「合作夥伴」的官方角色，如奧運會的頂級贊助商的名稱為「奧林匹克全球合作夥伴」（The Olympic Partners, TOP）。因此，建議除獨家贊助的冠名贊助商外，第一級的贊助商可取名為「合作夥伴」或「主贊助商」（major sponsor），以凸顯其贊助商的尊榮而重要地位。

賽會贊助大補帖5-3

「奧林匹克全球合作夥伴計畫」（TOP）十大贊助權利

國際奧會（International Olympic Committee, IOC）授予TOP贊助商十大贊助權利包括以下項目：

1. 產品獨占權（Product Exclusivity）。
2. 標誌符號及名稱使用權（Use of Marks and Designations）。
3. 公共關係及促銷機會（Public Relations and Promotional Opportunities）。
4. 奧林匹克文獻館的資料取得（Access to Olympic Archives）。
5. 奧運商品製造販售（Olympic Merchandise and Premiums）。
6. 門票及禮遇招待（Tickets and Hospitality）。
7. 廣告優先購買權（Advertising Options）。
8. 現場活動參與權（On-Site Participation）。
9. 贊助成果報告的提供（Research）。
10. 下屆計畫優先議約權（First Right of Negotiation for the Next Quadrennial）。

資料來源：程紹同（2001）。《第五促銷元素》，頁260-265。臺北：滾石文化。

表5-2 主要／官方贊助商贊助資源／權益比較表

贊助等級／贊助資源 贊助權益		主要贊助商 贊助市值達NTD$ 300,000	官方贊助商 贊助市值達NTD$ 150,000（含現金NTD$ 30,000）	備註
名義標誌使用	有權在其產品推廣中使用「2009大臺北國際無車日」名稱與標識，並有權製作及開發本活動之企業紀念品	○		
企業掛名權	1.系列活動企業掛名	○	○	官方贊助商如欲掛名系列活動暨現場闖關站名，權利金NTD$ 50,000
	2.現場活動「淨化新時代」闖關集印站企業掛名權利			
品牌曝光保證	1.電視CF企業logo露出（675檔）	○		
	2.活動T恤袖口企業logo露出（3,000件）	○		
	3.宣傳品logo曝光 公車車側廣告（45面）	○	○	
	3.宣傳品logo曝光 車後廣告（50面）	○	○	
	3.宣傳品logo曝光 海報、DM、路燈旗、背板	○	○	
	4.活動公關操作／新聞發稿等曝光	○	○	
	5.官方網站企業簡介及超連結	○	○	
禮遇機會	1.記者會出席貴賓	2位	1位	
	2.單車騎乘活動與市府長官併騎出發	2位	1位	
	3.現場活動商品展示攤位提供	1頂	1頂	
	4.市府感謝狀頒發	○	○	

資料來源：作者整理。

(六)企業贊助效益分析

　　承上說明，本項內容在強調企業贊助本運動賽會（事）有助於贊助效益的獲取。同樣建議採用表格比較權益與贊助效益的方式，提供企業主對照參考（如**表5-3**）。

(七)贊助資源的用途（非營利性組織）

　　此項內容主要針對公益性質的活動，說明主辦單位獲取企業贊助資源後的用途為何，以昭公信。

(八)其他（過去）贊助商及合作對象之名單

　　此項內容主要目的是為增強企業主的贊助信心。試想過去的贊助商及（媒體）合作單位若均為優質品牌的大企業和機構，不僅凸顯本運動賽會（事）以往的舉辦成果，可彰顯其商業價值與行銷潛力，更有助於吸引更多贊助商的加入。不過，若屬於是初次舉辦的活動，而缺乏實際成果與贊助商的話，則建議先行預列出規劃中的媒體合作（協辦）單位及贊助商名單，讓企業主有所概念。

表5-3　官方贊助夥伴的權益分析

權益 ＼ 效益	企業形象的強化	產品能見度與認識的增加	產品試用或銷售機會的把握	禮遇接待機會的獲取
名義與商標的使用	★	★	★	★
比賽場館品牌曝光	★	★		
各項媒體曝光保證	★	★	★	
官方活動參與舉辦	★	★	★	★
公關接待	★			★

★代表經比較贊助商所授予的贊助權利後，可獲得實質的贊助效益。

(九)活化策略組合建議

此項內容主要目的是考量國內企業主對於贊助活化策略較不熟悉，且為了爭取頂級贊助商的加入，建議針對主要的目標贊助商進行量身訂製的活化策略組合規劃，讓企業主瞭解並預知其整合行銷策略的運用及具體的贊助效益。當然，額外的活化策略組合規劃，也會提高贊助資源（金）的投入。

(十)稅賦優惠抵免

此項內容是引用教育部體育署運動產業條例，增加企業主贊助體育運動的動機（請參閱「**賽會贊助大補帖5-4**」）。

(十一)贊助截止日期及聯絡人資料

由於贊助權利與義務的執行均需要事前準備，需要充分的時間，因此，必須訂定最後簽訂贊助合約的截止日期，否則會造成運動賽會（事）籌備與舉辦的困擾及問題！同時，贊助洽談的聯絡窗口資料也必須清楚呈現，請詳閱「運動賽會贊助合作提案書-研擬原則7」。

(十二)感性動人的結語

此處已是運動賽會贊助合作提案書最末段的內容了，也是企業主即將結束閱讀的時刻！因此，在經過理性分析及佐證說明之後，必須要能夠化繁為簡地構思出一段感性動人的結語，以把握住引起企業主贊助動機的最終機會，並作為本提案書的總結。

企業贊助體育運動的鼓勵條款與運動員代言規定之更新修訂

一、引用《國民體育法》《運動產業發展條例》條文，加強鼓勵企業主贊助運動賽事活動。

第26條營利事業合於下列之捐贈，得依所得稅法第36條第一款規定以費用列支，不受金額限制：

1.捐贈經政府登記有案之體育團體。

2.培養支援運動團隊或運動員。

3.推行事業單位本身員工體育活動。

4.捐贈政府機關及各級學校興設運動場館設施或運動器材用品。

5.購買於國內所舉辦運動賽事門票，並經由學校或非營利性之團體捐贈學生或弱勢團體。

前項實施辦法及其他相關事項，由主管機關會同財政部定之。

二、《運動產業發展條例》條文修正三讀通過。體育署：期待產業發展更躍進

摘自：中時新聞網／記者黃邱倫／臺北報導，2021/12/07

立法院院會今（7）日三讀通過「運動產業發展條例」部分條文修正草案，修正通過第6條、第7條及第27條，並增訂第26條之2條文。教育部表示，本次修法攸關我國運動產業發展，「運動產業發展條例」自101年實施後，現除修正第6條、第7條及第27條增進實務上運作效率外，更增訂運動產業發展條例第26條之2，期望透過本次修法作業，強化我國職業運動或業餘運動發展，為成長發展中之我國運動產業注入新契機並開創新紀元，進而成為推升我國經濟發展之新驅動力。

本條例修正重點說明如下（條文內容如附件）：

1. 充實推動運動產業單位之資源（第6條）：運動產業發展快速，產業範圍愈發廣泛且種類眾多，充實相關推動單位之資源實有必要，本次修訂將充實「地方政府」推動運動產業之財源，另將增加「專責法人」納入協力推動角色，期能透過跨域合作推動運動產業相關業別之發展。

2. 鼓勵各級政府與公營事業投資職業運動產業（第7條）：職業運動或業餘企業聯賽之蓬勃發展，為帶動整體運動產業發展之重要驅力，為促進職業運動或業餘企業聯賽發展，修訂放寬各級政府與公營事業出資挹注職業運動或業餘企業聯賽之條款，期能吸引更多國家社會資源投入我國職業運動或業餘企業聯賽發展。

3. 增訂營利事業捐贈職業、業餘運動業或重點賽事之營所稅優惠措施（第26條之2）：本條例原僅於第26條規範營利事業捐贈體育運動之營所稅優惠措施，及第26條之1規範個人如透過體育署專戶捐贈運動員享有綜所稅優惠，現為健全運動產業發展核心之職業運動產業發展，並推動相關業餘運動加速職業化進程及重點運動賽事，提升捐贈之租稅優惠額度，本次增訂第26條之2規範營利事業如透過體育署專戶捐贈予職業、業餘運動業或重點賽事，將可在申報營所稅時，享有列舉扣除額成數較高之減稅優惠，如：企業經教育部專戶（專戶每年可收受總額為新臺幣30億元）捐贈予職業或業餘運動業，可於捐贈金額新臺幣1,000萬元內，以150%費用列支。期望透過本新增條款，使運動產業發展環境更臻完善。

體育署表示，為因應運動產業日新月異之發展，適度檢討《運動產業發展條例》確有必要，本條例能順利通過三讀，有賴立法院朝野

黨團共同支持及教育及文化委員會各委員及其他委員的熱心指導，同時感謝相關部會尤其財政部的鼎力協助，體育署期盼透過本次《運動產業發展條例》之修法，能為運動產業帶來新氣象，建構我國更優質運動產業發展環境。後續體育署將會同相關部積極辦理本條例子法及相關配套措施之擬（修）訂工作，以創造未來運動產業發展的繁榮遠景。

資料來源：https://www.chinatimes.com/realtimenews/20211207005134-260403?chdtv

三、「麟洋配」可接代言了！《國民體育法》修正案三讀通過

摘自：今日新聞／羅婉庭／臺北報導，2021/12/28

羽球國手李洋、王齊麟拿下奧運金牌，卻受到《公務員服務法》限制而不得進行商業代言。對此，立法院今（28）日三讀通過修正《國民體育法》，明定曾任國家代表隊之運動選手，若具公務員身分，得經其任職機關（構）同意後接受商業代言，不受《公務員服務法》有關經營商業及兼職規定之限制。

我國第一男雙「麟洋配」李洋、王齊麟在東京奧運金牌戰擊敗中國雙塔，勇奪臺灣奧運史上羽球首面獎牌，卻因「公務人員身分不得兼職」而不能接受代言邀約。因此，立委林奕華等18人、立委林宜瑾等24人及立委鄭正鈐等28人分別擬具「國民體育法第22條條文修正草案」提出解套。

根據《國民體育法》第22條增第三項明定，曾任國家代表隊之運動選手，若具公務員身分，得經其任職機關（構）同意後接受商業代言，不受公務員服務法有關經營商業及兼職規定之限制；其商業代言之範圍、限制、程序等相關事項之辦法，由各該主管機關定之。

資料來源：https://www.nownews.com/news/5489613

三、運動賽會贊助合約書

運動主體與企業來自不同的「世界」，觀念思維、用語、做法也不盡相同，如今因為運動賽會而結合為生命共同體，成者全贏，敗者皆輸，有必要針對彼此合作的贊助事項內容取得事前的共識默契。為了避免產生「解讀」差異或「雞同鴨講」的錯誤，一份經過雙方認可同意的協議約定確有必要。程紹同（1998）。一般運動贊助協議的約定可參酌運動賽事層級、規模及商業化程度分為確認函（confirmation letter）、協定書（letter of agreement）及正式合約書（contract，如大專校院運動會）。依照正式化程度而言，確認函，是僅供為彼此雙方確認權利義務內容，不需要雙方共同簽字，可視為一種誠信約定，並非正式文件。如同學生運動社團賽事尋求學校附近商家小額贊助形式之用。協定書則為雙方需共同簽署的正式協議文件，是一種較為經濟且不具威脅性的非標準化合約書。例如臺灣師大舉辦的校級體育表演會，每年吸引數千名觀眾與會及贊助商的參與，則可採用之。正式合約書則是屬於具有法律效力的正式協議文件，內容包含許多複雜的條款或規定，運動主體與企業主雙方針對相同的基本條款，皆有履行義務的責任及罰則。因此，其中的所有文字內容及細節均需嚴謹精準，以提高清晰度，並降低雙方之間未來的可能糾紛，避免事後的訴訟問題，而影響彼此權益和未來合作關係（程紹同，1998）。一些重要的條款是應加以注意的，包括：(1)基本關鍵詞的澄清；(2)合作協議的有效期限；(3)贊助權利含知識產權與義務；(4)贊助金額、支付日期與方式；(5)贊助協議的終止；(6)爭議解決方式。特別是爭議解決方式的釐清，根據契約法中的「免責或調整約款」，必須要清楚載明「若受客觀因素或不可抗力之影響，運動主體有權取消賽事或者與贊助商協調應對措施」。國際奧會因應2020東京奧運會及2022北京冬奧會風險管理成功，兼顧贊助商權益的成熟做法，值得參考。反觀國內，自2003年SARS迫使該屆大專運動會取消讓主辦方陷入贊助糾紛，到2010年美國職棒道奇隊在臺灣第二場交

流賽因大雨停賽，造成主辦方悍創慘賠兩千多萬臺幣！天災人禍影響賽事舉辦頗鉅，殷鑑不遠，運動賽會管理者須謹慎面對。有關運動賽會（事）贊助協議主要內容則須包括：(1)官方贊助商身分（official status）；(2)贊助權利金（sponsorship fee）；(3)掛名權（title rights）；(4)電視曝光（TV exposure）；(5)公關與媒體曝光（PR and media exposure）；(6)大會標誌使用權（logo use）；(7)標示使用權（signage）；(8)運動員義務（athlete use）；(9)禮遇款待權（hospitality rights）；(10)定點銷售活動權（point of sale promotion）；(11)法律歸屬（legal liabilities）；(12)未來續約權（future options）（Brooks, 1990）。

　　雖然執行贊助的工作專業、費時、耗力且十分繁重，但是，對現代運動賽會的圓滿成功而言，已成為不可或缺的關鍵要素！更是所有運動賽會管理者及企業主必備的專業競爭能力。作者最後針對成功的運動贊助合作關係總結為三句箴言：「品牌的連結」（connection）、「情感的轉移」（transformation）及「消費者的感激」（appreciation）提供運動贊助工作者作為修煉的心法，期待未來的運動贊助合作關係可以創造出後疫時代運動賽會（事）的新價值。

問題與討論

一、請說明運動贊助對於賽會管理的重要性。

二、請說明後疫新常態賽事模式下，線上贊助模式的主要概念為何？

三、請說明運動賽會贊助「金三角」多贏夥伴關係的主要概念為何？

四、請說明運動賽會的贊助效益為何？

五、請說明運動賽會贊助活化策略組合的主要概念為何？

六、請說明運動賽會贊助的執行步驟與重點內容。

七、請自訂條件，試擬一份運動賽事贊助合作提案書。

參 考 文 獻

一、中文部分

呂佳霙（2012）。「贊助活化組合」。教育部體育運動大辭典，取自https://
　　sportspedia.perdc.ntnu.edu.tw/content.php?wid=293。

陳嘉銘（2021）。〈疫情後尋求重生！體育贊助如何發揮創意，創造最大曝光
　　產值？〉。《未來商務》，11月14日，取自https://fc.bnext.com.tw/articles/
　　view/1835。

楊曉生、程紹同、沈佳（2017）。《體育贊助》（第二版）。北京：高等教育
　　出版社。

新浪財經（2008）。〈2008奧運營銷報告：九成贊助商未賽先敗〉。《新浪
　　財經》，8月9日，取自http://finance.sina.com.cn/g/20080809/08115184251.
　　shtml。

程紹同（2020）。〈後疫時代運動產業的機會與挑戰〉。2020運動賽會管理人
　　才培訓工作坊。新竹：國立清華大學南大校區體育健康教學大樓。《ET-
　　today運動雲》，9月2日，取自https://sports.ettoday.net/news/1799562。

程紹同（2001）。《第五促銷元素》。臺北：滾石文化。

程紹同（1998）。《運動贊助策略學》。臺北：漢文書店。

黃邱倫（2021）。〈運動產業發展條例條文修正三讀通過　體育署：期待產業
　　發展更躍進〉，《中時新聞網》，12月7日，取自https://www.chinatimes.
　　com/realtimenews/20211207005134-260403?chdtv。

葉錦樹、程紹同（2015）。〈全球行銷新典範：以跨國型企業贊助世界級運動
　　賽會為例〉。《運動與遊憩研究》，9(3)，頁1-17。

羅婉庭（2021）。〈「麟洋配」可接代言了！《國民體育法》修正案三讀通
　　過〉，12月28日，取自https://www.nownews.com/news/5489613。

衛福部疾管署（2022）。COVID-19即時更新報告。1月3日，取自https://
　　covid-19.nchc.org.tw/dt_004-my_daily_reports_global_population.php。

二、英文部分

Arnold, R. A. (2011). Victory in life. Retrieved Jan. 20, 2022, from quoteforlife. worldpress.com Website: https://quoteforlife.wordpress.com/2011/03/25/victory-jordan/

Bizbahrain (2020). COVID-19 outbreak sees number of sponsorship deals fall by 40% in just two months. Retrieved Dec. 30, 2021, from Bizbahrain.com Website: https://www.bizbahrain.com/covid-19-outbreak-sees-number-of-sponsorship-deals-fall-by-40-in-just-two-months/

Brooks, C. (1990). Sponsorship by design. *Athletic Business, 10*, 59-62.

Businesswire (2019). Sports sponsorship market 2019-2020: Emergence of new sports leagues to boost growth. Retrieved Dec. 18, 2021, from Businesswire.com Website: https://mms.businesswire.com/media/20190911005395/en/743053/5/GLOBAL_SPORTS_SPONSORSHIP_MARKET_.jpg?download=1

Cutler, M. (2020). Covid-19 set to halve 2020 sports calendar: New analysis. Retrieved Dec. 27, 2021, from Twocircles.com Website: https://twocircles.com/us-en/articles/covid-to-halve-2020-sports-calendar/

Gazdik, T. (2018, Jan. 17). Sponsorship spending expected to rise in 2018. Retrieved Dec. 18, 2021, from Mediapost.com Website: https://www.mediapost.com/publications/article/313059/sponsorship-spending-expected-to-rise-in-2018.html

Gough, C. (2021). Sports sponsorship: Statistics & facts. Retrieved Dec. 27, 2021, from Statista.com Website: https://www.statista.com/topics/1382/sports-sponsorship/#dossierKeyfigures

IEG (2014). 2014 Performance research/IEG sponsorship decision-makers' survey. Retrieved Jan. 16, 2022, from Performanceresearch.com Website: http://performanceresearch.com/independent-studies/2014-performance-research-ieg-sponsorship-decision-makers-survey/

Koronios, K., Dimitropoulos, P., Travlos, A., Douvis, L., & Ratten, V. (2020). Online techlonogies and sports: A new era for sponsorship. *The Journal of High Technology Management Research*, Retrieved Jan. 10, 2022, from ScienceDirect.com: https://www.sciencedirect.com/science/article/abs/pii/S1047831020300043?via%3Dihub

Nicholson, P. (2020). Global sports sponsorship spend to drop by 37% to 28.9 bn, says report. Retrieved Dec. 27, 2021, from INSIDEWORLDFOOTBALL. com Website: http://www.insideworldfootball.com/2020/05/18/global-sports-sponsorship-spend-drop-37-28-9bn-says-report/

Schreiber, A. L. & Lenson, B. (1994). *Lifestyle & Event Marketing: Building The New Customer Partnership*. New York: McGraw-Hill.

Somoggi, A. (2020). COVID-19 impact on sports industry. Retrieved Dec. 27, 2021, from Sportsvalue.com Website: http://www.sportsvalue.com.br/wp-content/uploads/2020/04/COVID-19-Economic-impact-Sports-Value-Mar-2020.pdf

Chapter 6

程紹同、吳昆霖

運動賽會公共關係
與媒體服務

學習目標

1. 瞭解公共關係基本觀念。
2. 瞭解運動賽會的公共關係。
3. 瞭解廣告、宣傳與公共關係間的差異。
4. 瞭解運動與媒體的關係。
5. 瞭解運動賽會的媒體運作。

第一節　運動賽會公共關係

　　國際大型運動賽會可成為提升國家能見度、競爭優勢和激勵國家認同等重要途徑，更有助於我國走向國際世界舞臺的途徑（李百盛，2014），經由國際運動賽會的申辦起，各申辦城市不管是政府單位或相關人員都竭盡所能進行相當慎密的公共關係（Public Relation, PR）策略應用。打從申辦期間開始，舉辦城市的相關人員即透過不同的遊說形式，爭取城市具有高度優秀及舉辦能力，同時營造國家或城市民眾及各界認同，並有效地說服關鍵投票的委員們藉以打敗其他競爭者，贏得最終主辦權的舉辦。運動賽會籌辦人員透過公共關係運營，能更深入瞭解公關的重要性。

一、公共關係基本觀念及內涵

　　提到公共關係（PR），這個詞會想到什麼呢？或者聽到這個詞會有什麼印象？腦中所想到的情境或許是：辦理一場記者會或活動，邀請媒體來採訪，發送新聞稿；或穿著光鮮亮麗的在螢光幕前代表品牌發表產品、服務等。這僅只是大眾對公關最直接的印象。

　　「行銷」與「公關」可說是品牌經營的左右手，行銷（marketing）是以「推銷」（promotion）或「銷售」（selling）產品或服務為首要目的，也是品牌的「推力」，最常見的就是各式載體上的產品銷售廣告，將品牌本身優異的產品或服務告訴公眾；而「公關」的特性則是讓「別人說你好話」，可說是品牌的「拉力」，因此公關在進行公關操作時，該思考自家公司或品牌的言論及行動，會令「社會」產生什麼「反應」，再透過記者會、辦活動或新聞稿等公關手法，讓各方利害關係人有機會參與，媒體也有機會獲得可以當報導的「材料」，進而獲得公眾報導（陳立偉，2021），或進而達到品牌的好感度。

(一)公共關係的定義

PR是英文Public Relations（公共關係）的縮寫，是指「企業或團體，跟公眾（public）建立（良好的）關係（relations）」，再更明確地說，公共關係就是品牌與公眾上的各種利害關係人（stakeholder）的關係，而這些利害關係人好比：政府單位、消費者、非營利機構、投資人、企業員工或媒體；簡言之，就是對品牌來說重要的人們，而根據不同的時空背景與各種利害關係人維持良好的關係，這就是品牌進行公關活動的意義。

Newsom、Turk和Kruckeberg（1999）指出，公共關係是組織的代表與該組織所有相關公眾之中介角色與溝通管道（蔡美瑛譯，1999）。Wilcox等人（2001）則主張，公共關係是組織為了達成目標，而企圖針對環境進行適應、改變或維持等管理行為，所進行的一種溝通行動（引自Wilcox, Ault, Agee & Cameron, 2001）。美國運動行銷學者Parks、Quarterman和Thibault（2007）指出，公共關係是有助於培養組織與其重要公眾間之正向關係的一種組織功能（引自黃金柱主譯，2008）。而公共關係最為普遍且貼切的定義是由《公共關係新聞》（Public Relations News）所提出：「公共關係是一種可以評估公眾態度、認明個人或組織對於公眾興趣及執行動作，以獲得公眾瞭解與接受的政策與程序。」（引自呂佳霙譯，2010）。

綜合上述，運動賽會的公共關係可定義為：

「公共關係為推廣運動賽會本身的促銷工具之一，其目的在與賽會的重要公眾（important publics）及利益關係人，包括現場（電視、網路及社群）觀眾、媒體、贊助商、政府、運動組織、運動員、裁判、行政人員及志工等維持良好的關係，並建立良好的賽會舉辦形象。公關部門經常透過與新聞媒體的良好關係、組委會內外部溝通管道、向政府官員及立法委員遊說等途徑來取得有利的公共報導，甚至創造新的公眾議題，處理不利的傳言與訊息，同時，達成組織委員會的公關目標。」

(二)運動賽會公共關係的範疇

運動賽會的公關活動始於申辦階段的各種遊說工作（lobbying）及議題炒作，對內期望提升工作士氣，凝聚共識；對外則期望形塑申辦組織的卓越形象與獲勝氣勢氛圍，以影響勸服關鍵人士及投票委員，雀屏中選。進入賽會籌備階段，則需要開始建立並維持組織委員會與重要公眾間的雙向溝通計畫，持續地逐步爭取社會公眾對該運動賽會的(1)熟悉與認識（awareness）→(2)瞭解與興趣（understanding）→(3)接納與好感（recognition）→(4)最後獲得重要公眾對該賽會的熱情支持（supporting）。由於公關活動中，運動賽會管理者除了需要不斷地提供賽會相關資料與數據給媒體記者，爭取更多的媒體曝光機會（exposure），同時，須規劃新聞故事題材、文章、訪問及造勢活動來創造公共報導宣傳機會，因此，公關常會與宣傳或媒體關係劃上等號。公共關係實際上有兩大範疇，包括短期效應的媒體關係（media relations）及長期效應的社區關係（community relations），兼顧二者之公關運作才算是圓滿（如下方程式所示）（呂佳霙譯，2010）。

$$公共關係＝媒體關係＋社區關係（PR＝MR＋CR）$$

(三)運動賽會公關的功能

公共關係策略及操作若運用得宜，可使賽會獲得更多效益，並能達到其公關目的，其功能如下：

◆增進組織內外部關係的共識及緊密

對組織來說，運動管理者應瞭解管理層級和員工間開誠布公的關係是必要的，不僅是在工作道德上，而且對於與公眾有著面對面接觸的第一線工作人員（志工）而言，是運動賽會公關形象的體現，因此，「全員公關」的理念在組委會內部是必須推廣強調的，即每一個工作人員（志工）都是

▲運動賽會透過媒體公關操作可增加最大媒體曝光效益

公關大使,均負有建立運動賽會良好公關的責任,而運動管理者亦必須作為全體工作人員的堅強後盾,全力支援服務工作的達成,內部公關及工作士氣的提升甚為重要,「安內才能攘外」,公關要做得好,內部公關得先做好。

◆傳遞告知訊息及溝通暢通

　　運動賽會管理者應深刻瞭解良好的公眾(社區)關係活動可以塑造正面的形象,而且會帶給組委會在財務上或其他方面的正面利益。例如,2017年臺北市世界大學運動會自從申辦階段就發揮充分告知與溝通的功能,也透過各式公關操作及活動,獲得更多臺灣(當地)民眾的關注、瞭解與支持。這項溝通功能,包括籌(舉)辦期間的出版比賽日程表、宣傳折頁、業務上所需要的資料及手冊,和有特定的團體合作來確保資料無誤(如媒體、運動組織及公益團體等);經常地更新官方網站、社群平臺、APP提供適當的連結;回覆一般大眾的各項訊息(電話、mail、社群訊息)或要求。雖然告知和溝通僅是發展與經營一個有效率活動的基本功能,組

委會應策略性地運用整體力量來專爲這項功能投入資源及精力。

◆塑造及強化賽會良好形象

塑造與強化形象是一個複雜的工作功能，組委會應積極展現優質賽會活動與優質服務，以及展現運動賽會舉辦所帶來的卓越貢獻與效益。形象塑造與強化的功能和行銷有著緊密關係，因爲公關人員和行銷人員需要共同合作來介紹賽會籌辦階段的各項主題、造勢活動和促銷等以創造公共報導。

◆克服危機

公關人員最明顯的角色扮演即是與危機共舞，因爲大部分這類的情況肯定會引起媒體的注意。諸如此類的情況，美國職業美式足球聯盟（NFL）制定危機處理流程依序爲：第一個反應，應是「不表示意見」→立即成立危機處理小組，即刻開會處理→擬定對媒體發表的聲明→完成陳述論據後立刻傳送到相關媒體手上。運動賽會管理者必須做好公關的風險評估和因應策略（預防勝於治療）以及危機處理原則和步驟（誠實面對，當機立斷），期望可以大事化小，小事化無。而公關危機處理的原則爲（吳宜蓁，2002；劉建順，2005）：

1.立即成立危機處理小組。
2.儘速蒐集眞相。
3.儘快公布眞相。
4.愼選發言人。
5.儘快澄清負面報導。
6.尋求危機策略聯盟（尋求公正第三者的支持，避免孤立無援）。
7.不斷溝通，掌握議題建構的權力。

(四)運動賽會公關的運作模式

Grunig和Hunt（1984）發展出一個廣泛應用於實務界的公共關係運作模式，分別是新聞代理（press agency）、公眾資訊（public information）、雙向不對稱（two-way asymmetric）及雙向對稱（two-way symmetric），分別敘述如下：

◆新聞代理

媒體購買是運動賽會公關發展初期的操作，以媒體購買的廣告促銷方式，將運動賽會所欲傳播的各項正面訊息，透過各種媒體管道傳遞曝光，期能達到宣傳目的的一種單向溝通，本質上屬於單向不對稱的溝通。

◆公眾資訊

這是運動賽會公關發展的第二個階段，其目的爲向公眾進行資訊的傳布，內容較爲眞實，且對閱聽人和媒體稍微有研究（黃蕙娟，2003；蔡美瑛譯，1999）。

◆雙向不對稱

此階段運動賽會公關的運作是用以說服公眾同意組委會的立場和觀點，研究公眾的回饋也是爲了操控的目的，強調資訊傳遞者與資訊收受、解碼者相互交流的行動，但其溝通效果僅限有利於組委會（徐木蘭、楊君琦、劉仲矩，1997；蔡美瑛譯，1999）。

◆雙向對稱

此階段主要目的是要達成運動賽會組委會和公眾雙方均能接受的情況，公共關係運作是要發展運動賽會組織管理階層和相關公眾能夠相互瞭解，資訊可以雙向交流且有回饋，並在兼顧雙方利益的原則下，彼此協商和妥協，尋求雙贏的局面（黃蕙娟，2003；蔡美瑛譯，1999）。

Grunig的公共關係運作模式，普遍爲實務界所廣泛應用，而良好的公

共關係運作，唯有配合組織特性，選擇最適合模式，才能收到事半功倍之效。運動賽會組織的公共關係運作，往往被認為處於第一及第二個階段（新聞代理），但是隨著時代的演進，運動商業化發展的影響，運動賽會管理者必須考量與社區支持者、媒體及其他的重要公眾（如地方政府、公益團體及贊助商等）之良好關係（蔡美瑛譯，1999）。有關Grunig的公共關係模式依其特性介紹如**表6-1**。

表6-1　Grunig公共關係四模式特性分析表

	新聞代理	公眾資訊	雙向不對稱	雙向對稱
主要目的	宣傳，向公眾宣傳個人、組織、產品。	以資訊散布為主，向公眾傳布資訊。	科學性說服，用科學方法說服大眾。	達到組織與公眾間相互瞭解。
傳播性質	單向，不需提供完整真相，故非完全事實。	單向、強調真相，故為事實。	雙向不平衡效果。雖雙向溝通但為單向說服。	雙向平衡效果。雙向溝通，雙向說服。
傳播模式	從來源者至接收者。	從來源者至接收者。	來源與接收者資訊雙向流動，有回饋作用。	來源與接收者資訊雙向流動。團體對團體。
研究角色	很少研究，若有，目的為探測宣傳效果，如統計參與人數。	很少研究，若有則屬可讀性調查。	重要，協助組織改變公眾態度，如前置調查，評估公眾態度。	評估公眾之瞭解程度。
適用難度	低	低	高	高
適用規模	小	大小皆可	大	小
實務應用	運動、戲院產品、促銷。	政府、非營利組織。	競爭性之商業機構。	目前仍受法律規範、具管理性的機構。
體育團體應用	以競賽、活動造勢宣傳為目的。	是體育團體最常使用的模式。	體育團體並不多見。	目前仍為不理想的模式。

資料來源：黃蕙娟（2003）。

(五)公共關係運作流程

良好的公共關係運作方式，Wilcox等人（2001）強調公共關係是一連串的行動、改變或發揮功能以達成結果的動態歷程，是一個RACE的流程，RACE主要是研究（research）、行動（action）、溝通（communication）以及評鑑（evaluation）等四個重要關鍵，說明如下：

◆研究：基礎階段

此一步驟所應回應的問題是：「所面臨情境與問題為何？」（Wilcox et al., 2001）。許多公關活動砸下大筆預算，卻未獲得預期成果。鑑此，良好的公共關係策略須以研究為設計基礎，即針對運動賽會目前所面臨的情勢、公眾意見及公關狀況進行剖析，以利公關人員分析公眾意見的情境和環境，以擬定最佳的公共關係策略（蔡美瑛譯，1999; Wilcox et al., 2001）。研究內容包含目標群眾的人口分布、教育程度、態度、興趣、價值觀、生活型態等面向（Goldblatt, 2002）。然而，公關研究是一個持續不斷的過程，隨時蒐集及時資訊、監控公關方案和公關宣導活動，以提供公共關係人員對未來計畫的需要。

◆行動：方案規劃階段

此一步驟所要回答的問題是：「什麼是即將要執行的？」（Wilcox et al., 2001）。將調查研究成果所得的資料加以分析整理，並確定直接涉及與影響運動賽會的公關目標、對象、策略者之後，接下來便是擬定計畫，即是將研究的結果具體化（范智明，2002；韓國瑾，1998）。

◆溝通：執行階段

此一步驟所要回答的問題是：「該如何跟公眾進行溝通？」（Wilcox et al., 2001）。公關人員也要知道如何透過大眾媒介和特定的媒介來進行廣告和發布新聞訊息，並且要知道如何選擇及建立可信賴的雙向溝通系統。

溝通與傳播即是資訊、理念或態度的轉移，是一種雙向的過程，沒有透過此一階段，公關僅是空談而已。因此選擇有效的溝通管道甚為重要。透過溝通和其他公關活動，貫徹已確定的目標、策略與行動方案，逐步加以推行才能夠達成公關目標（范智明，2002；韓國瑾，1998）。

◆評鑑

此一步驟所要回答的問題是：「將訊息傳給閱聽人後，有產生出什麼影響嗎？」（Wilcox et al., 2001）。評鑑有三個主要功能，亦即：(1)採行較佳的工作執行方式；(2)指明方法來協助完成特定的目標；(3)提供不同規劃策略優劣比較的訊息（Russell, 1982）。內容包括對於公關活動以形成性評鑑和結果評鑑做出分析，透過此一步驟對於整體公關活動作有效的修正與控制，以檢視公關活動的實施效果，並驗證所投入的公關資源是否有效、正當，確保公關活動能達成目標。

具體而言，運動賽會在公關管理程序上，必須特別注意此四大步驟，以確保公關活動能夠有效執行。這些步驟雖然獨立存在，但也互相連鎖相關，彼此之間相互聯繫，形成一種持續的、循環連動的動態過程，如**圖6-1**所示。

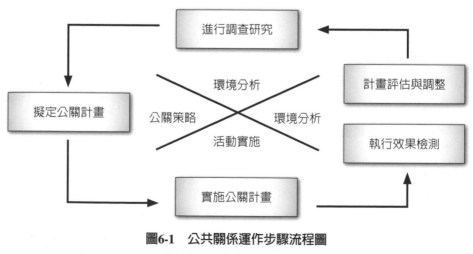

圖6-1 公共關係運作步驟流程圖

資料來源：黃蕙娟（2003）。

二、運動賽會公共關係執行

　　Wilkinson（1988）指出，典型的運動組織或團隊皆積極尋求其在社會中的知名度，抑或是讓大眾對運動賽會活動及贊助商等有廣泛的認知，且運動賽會籌備與舉辦過程中的任何一個環節均需要進行內外部的密切溝通與協調，公共關係即扮演此重要角色。尤其運動賽會的參與者（內部群眾）或觀眾（外部群眾）皆相當重視競賽活動的品質，所以良好的公關計畫必須妥善處理內外部群眾，藉由公共關係的推展來促進運動賽會的舉辦成效。

　　有效能的公共關係策略含括了組織的所有相關議題，最重要的是與目標群眾建立關係和引起注意，這些往往藉由廣告、形象塑造、會徽（logo）宣傳和良好的媒體關係等執行（Watt, 1998: 72）。而宣傳（publicity）只是運動賽會組織如何讓支持者和大眾注意到的訊息介面（即公共報導），僅是透過報紙、電視、廣播等媒體來與公眾溝通的手段之一（Wilkinson, 1988）。但是公共關係則是為了兼顧更多的面向來獲致事半功倍的成效。

　　因此，運動賽會管理者必須考量一個問題，亦即目標群眾如何界定呢？Watt（1998）即指出，針對大型運動賽會而言，目標群眾必須透過許多不同的面向來衡量，清楚的界定出目標群眾，包含潛在參與者、潛在觀眾、潛在贊助商以及潛在工作人員（含志工）等（如**圖6-2**），所以，針對不同的對象就必須運用不同的方式來說服他們支持運動賽會，此時尤其需要公共關係的運作，以滿足各個目標群眾的需求，進而達成組委會的行銷與公關目的。

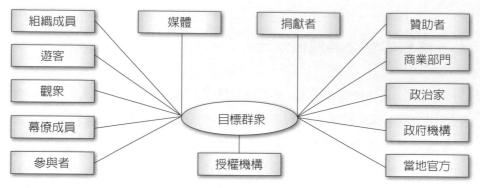

圖6-2 運動賽會的行銷目標群眾

資料來源：Watt, D. C. (1998).

　　整體而言，運動賽會在公共關係的應用原則上，有三個主要階段，即準備階段、策劃階段和實施評估階段（如**圖6-3**），準備階段分為形象現狀及原因分析和確立目標兩個步驟；第二階段的策劃為實際策劃，分為設計主題、分析公眾、選擇媒介、預算經費和審定方案五個步驟（熊源偉，2002）；最後，則是執行與評估。而依循此公共關係的脈絡發展，運動賽會的公共關係執行有以下幾點必須特別強調，茲分別說明如下（引自洪煌佳，2004）：

(一)形象現狀及原因分析

　　此為公共關係的基礎研究，意即對於運動賽會組委會目前的形象情況及其所處的情勢、公眾意見及公關現況的分析，以利公關人員對公眾意見的瞭解，做出公關計畫準備。

(二)公關目標的確定

　　公共關係之企劃首重具體目標之確定（熊源偉，2002）。待明確界定出運動賽會的具體公關目標後，如引起潛在參與者、潛在觀眾、潛在贊助商以及潛在工作人員（含志工）等之關注；創造行銷贊助的經濟效益；吸

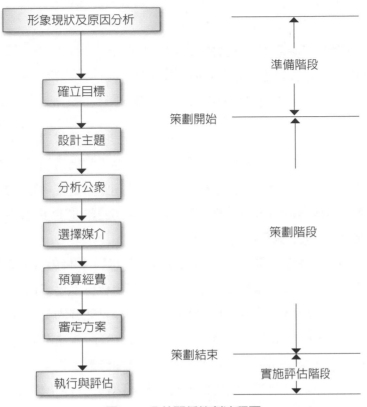

圖6-3 公共關係策劃流程圖

資料來源：修改自熊源偉（2002）。

引參與者、觀眾等。唯有公關目標建構列出，才能據此發展出有效的公關策略。Wilcox等人（2001）認為公關活動常需受到「克服組織負面效應」、「執行單次特定計畫」、「發展或延續一項持續性的計畫」等三種情境，而引導著公關方案計畫的修訂，說明如下：

◆克服組織負面效應

當組委會面臨負面消息或情境時，有可能引發公關危機之際，必須研擬一個溝通策略來改善問題和情境。2008年北京奧運會組委會所編寫的《北京奧運會工作人員讀本》，將賽事風險管理目的分為（楊樺主編，

2006）：

1.盡可能保證賽事不因事故的發生而中斷。

2.防範、規避人身傷亡和財產損失等風險。

3.維護國際奧會以及奧組委的形象與聲譽。

常見的公關危機情況可分為兩大類，一是與賽會本身籌（舉）辦有關的負面效應，如2016年里約奧運治安不良奧運選手當街遭搶劫、2017年世界大學運動會開幕式反年改人士抗議鬧場導致運動員進場中斷、2020東京奧運組委新冠病毒疫情延期及實際花費超支、2022年北京冬奧開幕前因人權及環保等因素遭到國際抵制等負面效應。

另一類則與選手（團隊）本身有關的負面效應，如倫敦奧運發生8名女子羽毛球項目選手放水球事件、2018雅加達亞運會日本男籃球員光顧印尼紅燈區遭遣返、NBA球員場上打架衝突、歐洲杯足球賽的英國足球流氓的街頭暴動、中華職棒聯盟多次爆發打假球醜聞、臺灣競速滑冰女將黃郁婷在2022年北京冬季奧運爆發「隊服爭議」等負面影響。不論上述任何一項的負面事件發生均會造成公關危機，嚴重影響運動賽會及國家的公關形象及舉辦成果。

◆執行單次特定計畫

透過公關活動（campaign）的進行，目的在於運用特殊活動（special events）的促銷方式，隨著籌備階段重點工作及開幕日期逐步地接近，而規劃出的各種單次特定計畫案。如2020年東京奧運會會徽與吉祥物等的發表儀式、奧運志工招募活動、倒數一週年舉辦「平行時空開幕式」活動、奧林匹克街頭裝置宣傳及聖火傳遞活動等。

◆發展或延續一項持續性的計畫

為了引發目標群眾的支持，因此須借助公關研究的結果，針對需求開發一項持續性的計畫，並且持續地進行才能成功。如2017世界大學運動

會，自2014年起推出相關世大運知識培訓及贊助商公布（定期）記者會等活動。

(三)設計公共關係主題

設計運動賽會組織所要強調的主要議題，以吸引公眾及媒體的注意。例如2008年北京奧運會以「綠色奧運、科技奧運、人文奧運」為號召；2009年臺北聽障奧運會「亞洲的第一次，臺灣的驕傲」和「無聲的力量」；2017年臺北世界大學運動會「For You. For Youth；獻給你，獻給年輕世代」；2020年東京奧運會「United by Emotion；用激情團結起來，向前行！」；2022年北京冬季奧運會「Together for a Shared Future；一起向未來」等，諸如此類公關方案皆必須在一開始便能即刻吸引大眾的注意，才算成功。

(四)分析公眾

分析的對象包含內部公眾和外部公眾，基本上必須瞭解公眾的需求與喜好，才能夠發展有效的公共關係策略。針對目標群眾的人口分布、地理分布、教育程度、態度、興趣、價值觀、生活型態等面向。

(五)發展媒體策略

◆發展和瞭解不同媒體的型態和需求

各類媒體雖然對於運動賽會資訊內容的基本需求是一樣的，但是其型態及報導需求各有不同。例如，以電子暨網路媒體而言，對於圖片或動態影像的資訊，就比平面媒體感興趣，且報導版面亦有較大的空間；各類媒體的截稿時間、出版時間均有差異。因此，有必要設置單一窗口的媒體聯絡人，可提供不同媒體的資訊需求，相關內容見於本章第一節，不再贅述。

◆事先建立適合的媒體接觸名單

當確定欲接觸的媒體類型後，須再具體找出負責報導的特定媒體記者，以建立媒體清單（media list），如各家電視臺、運動頻道、相關（社群）網站、報紙、廣播電臺、雜誌社等編輯部主編、記者等姓名、職稱、聯絡電話（手機）、地址、電子郵件地址等基本聯絡資料。此步驟是為了確保資訊溝通時能夠在第一時間準確地將消息發布出去。媒體清單亦必須時常更新，以免遺漏了重要的訊息發布管道。一般媒體的基本聯絡資料亦可經由媒體向組委會申辦記者採訪證時獲得（更新）。

◆準備媒體所需的題材

即為媒體資料袋（media kit）的提供，其內容包含新聞稿、賽會重要資訊、賽程、賽會資訊聯絡人、贊助商名冊、交通資訊、大會主題、周邊服務、軟硬體設施、記者招待會等一切與賽會有關的訊息，建議除了提供書面資料外，應額外準備電子檔內容及官方網站上媒體專區以隨時提供所需的最新消息（含成績統計數據）、圖片及影音等。

◆協助符合個別媒體的需求

建立與媒體記者良好的互動關係，同時提供充分而適當的相關資訊，以創造具新聞價值的公關議題，提升運動賽會的公關效益。

(六)發展廣告時段選擇計畫，經費預算和策略

廣告必須透過購買的過程來達成，因此成功的運動賽會廣告必須考量預算額度，並依據廣告需求及目標溝通族群決定購買所需的量與質，否則，如同投石入水，只有噗通一聲，而沒有實質效果。而Watt（1998）認為一個成功的運動賽會廣告需具備以下八點宣傳功能：

1.促進賽會的知名度。

2.傳遞賽會有關的資訊細節。

3.激發目標閱聽大眾參與賽會的欲求。

4.強化閱聽大眾對賽會舉辦價值的正確認知。

5.提高閱聽大眾前往賽會現場觀賞的動機。

6.促進閱聽大眾進場觀賞賽會的決定。

7.推廣賽會的意象與會徽。

8.促進閱聽大眾對賽會產生正面且有趣的關注。

(七)審定方案，持續地努力執行

　　公共關係的建立是沒有捷徑的，成效亦非一蹴可幾。透過規律的賽會活動報導，將可不斷地提升運動賽會的知名度，吸引目標群眾的注意，促使其瞭解並參與賽會活動。2009年高雄世界運動會與臺北聽障奧運會開幕後的媒體報導即為成功的案例。

▲贊助商借由賽會與消費者建立良好關係

(八)報導贊助商的訊息與感謝媒體報導

現代運動賽會的行銷收入與資源多來自於贊助商的投入，而贊助商的主要贊助動機之一，也是基於賽會報導的曝光宣傳效應。因此，運動賽會組織應主動傳播贊助商的相關訊息，吸引媒體的廣泛報導。再者，對於賽會活動的媒體報導與曝光，組委會也必須表示感謝之意，以維持長期的良好互動關係，也是爲了未來合作做準備。

(九)評鑑媒體和公關運作

公關傳播爲雙向溝通，因此在使用公關策略時，對於公關的執行成效，以及媒體報導效果，需要透過持續的評鑑方式，讓運動賽會管理者能夠充分掌握，以適時進行策略調整與修訂，才能達成運動賽會預期的公關及媒體目標。

 第二節　運動賽會媒體公關與媒體服務

一、與媒體共舞的合作概念

運動與媒體的關係可分爲三類，包括被動性（reactive）針對問題及質詢做回應，如開幕表演安排、選手破紀錄成績及意外事故原因等；主動性（proactive）提供媒體報導題材，如賽會的預期經濟效益、媒體導覽手冊、精彩比賽剪輯影片或相片、統計數據及競賽花絮故事等；以及互動性的媒體關係（interactive media relations），即與媒體共同發展雙贏的合作關係，並在不同的議題上扮演輔助的角色（呂佳霙譯，2010）。中華民國體育運動總會於2004年舉辦了兩梯次的「體育運動發言人媒體溝通研習營」，

其中一位講師李晶玉小姐（時任中天新聞部總監暨主播）主講「面對媒體」，有關其講解的內容包括瞭解媒體與記者的特性、媒體的決策過程以及緊急狀況處理等重要概念（李晶玉，2004），綜整如下，供為參考。

(一)媒體特性

由於大眾傳播媒體的發達及多元化，彼此競爭相當激烈，因此，媒體多屬於一窩蜂式的報導特性，且較傾向報憂不報喜，寧大勿小，寧濫勿缺，寧信勿疑的處理方式；為了凸顯新聞報導的客觀性，亦重視平衡報導原則。新聞報導的處理則會考量競爭關係，例如，所謂獨家報導，反而會導致其他媒體皆不報導的窘境。為因應以上特性，建議儘量讓「好事傳千里，壞事不出門」，慎選發言人，建立單一媒體窗口。發言時，要做好事前準備工作（資料證據齊全），謹言慎行，注意開場與結尾三十秒的重點。利用媒體一窩蜂的特性，創造熱門議題吸引報導，同時，避免提供獨家消息，也不要遺漏或忽略任何一家媒體，一視同仁做好媒體服務的工作。

(二)記者特性

記者年齡層較偏向年輕，富正義感，卻容易受到影響，工作競爭壓力大，但未必充分專（敬）業。因此，面對記者應誠懇相待，不卑不亢，多聽少說，面對尖銳問題寧可迴避，不應欺騙，而早期提供紅包（車馬費）給記者的情形已不復見。

(三)媒體的決策過程

電視新聞部整體作業程序，大體依序分為新聞規劃（各發稿單位會議、編輯會議）；發稿（各發稿單位發稿、編輯臺）；控管、編輯；播出、控管；檢討等五個階段（如**圖6-4**）。

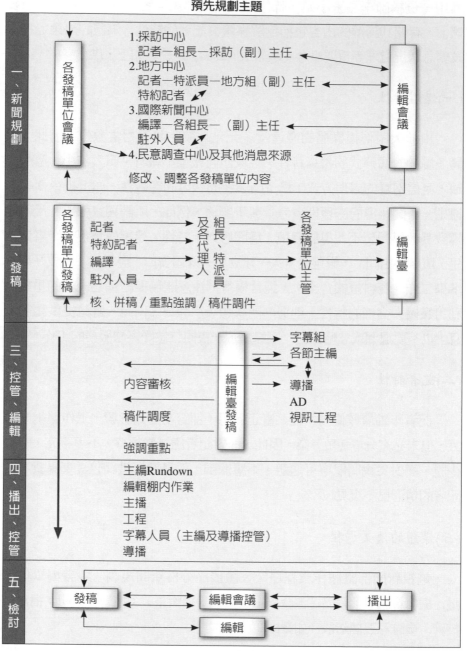

圖6-4　新聞部整體作業流程

資料來源：李晶玉（2004），頁7-10。

(四)緊急狀況處理

遇突發狀況（如2010年溫哥華冬季奧運會開幕前數小時，一名喬治亞雪橇選手在練習中意外喪生消息），該如何面對媒體？處理原則包括：(1)高層出面，可化解一半危機；(2)要有說服別人，得先說服自己的自信心；(3)明確表達意見，勇於說不；(4)掌握媒體特性，讓新聞冷卻。緊急會見記者的要點包括：(1)主動召開記者會；(2)主動表達歉意；(3)主動說明狀況；(4)內容精簡，少用形容詞；(5)主動說明因應措施；(6)主動述明改善辦法；(7)主動說明責任歸屬。而緊急接見記者的注意事項則是：(1)要考慮截稿時間（time）；(2)要在什麼地點舉行（place）；(3)要在哪種情況下進行（occasion）。最後，該如何化危機為轉機呢？首重風險管理，防微杜漸，要站在對方的立場上思考問題，要做最壞的打算，初期的因應對策必須謹慎，而誠實面對則是最佳的解決之道。

二、運動賽會的媒體使用原則

成功的傳播資訊內容，可促使各種不同類型的人們抱持著正確的認知（good knowledge）來參與或關心運動賽會活動，不論是直接參與者、觀眾或顧客，皆為促銷賽會本身與賽會成功保證的必要條件（Shone & Parry, 2001）。因此，在發布運動賽會相關訊息時，資訊的價值與內容均需審慎考量，應直接針對目標閱聽者的需求來設計訊息與執行。

運動賽會的媒體使用策略必須顧及眾多的面向，為了使整個運動賽會的資訊能夠普及，達到滿足閱聽者、贊助商等的需求，必須擬定完善的媒體使用策略，才能獲致事半功倍的效益。Watt（1998）認為可以透過一些對的問題（right questions）來檢視賽會的重要議題，例如，為何要舉辦賽會活動？賽會的本質為何？何時舉辦？在哪裡舉辦？賽會該如何舉辦成功？成本為何？誰會參與？賽會資訊如何傳播？能夠引起媒體的動機嗎？

能夠吸引贊助商嗎？有其他政治層面涉入嗎？有無其他類似賽會活動同時舉行？之後的發展？下一個步驟為何？等這些問題來進行檢視賽會活動。

此外，Wilkinson（1988）提及，在所有的宣傳活動前，必須先學會清楚界定媒體中的某個個體可以協助賽會進行，如何發展和準備好媒體清單（media list）、新聞稿撰寫以及使用媒體資料袋（media kit）。運動賽會屬於特殊活動（事件）的範疇，因此，有六項媒體使用原則供為參考（引自洪煌佳，2004）：

(一)確認訴求議題

在進行運動賽會傳播時，最重要的課題是設定好運動賽會的宣傳主題。因為主辦單位所公布的主題是否能夠引起任何相關參與者的共鳴，將影響賽會活動的成功與否。同時，當此一步驟確定了訴求的議題後，後續媒體報導的一貫性及延伸步驟才能一致。Witte（1995）認為，訊息說服架構有兩種不同因素，即固定的（constant）和短暫的（transient）因素，且須在活動訊息發展前先擬定出來。而使用訊息說服模式來發展活動則有三個階段：

1.階段一：必須決定好顯著的信念，以及具體詳細的活動目標說明。
2.階段二：蒐集和發展閱聽眾人口統計背景或特質的資訊。
3.階段三：建構說服訊息。

簡言之，此模式其實就是針對閱聽眾預先設定一個願景後，透過傳播途徑來影響閱聽大眾的態度和行為。

(二)鎖定目標閱聽大眾

運動賽會除藉由媒體報導來加強內容的精彩性外，更希望利用轉播吸引更多的觀眾參與（施致平，2000）。賽會活動的目標閱聽大眾，如一般閱聽大眾、賽會與會者、贊助商等，如何透過相關資訊傳播，吸引他們願

意到場參加與關心賽會活動，就必須透過一連串的媒體報導，來引起閱聽大眾與贊助商的動機及興趣。通常，必須透過研究調查，鎖定媒體目標，做好市場調查與市場定位，使活動訊息能夠充分滿足多數的閱聽大眾和相關人員的需求。針對特定的人口統計分布、人格特質、地區、經濟能力等對象，進行目標閱聽大眾區隔，使用最佳的媒體宣傳策略來達成。

(三)設計運動賽會訊息

有鑑於媒體特別喜好聳動爭議的新聞內容，缺乏異常性、衝突性、趣味性、顯著性、重要性的新聞事件，是較難吸引新聞工作者的注意（林東泰，1999）。運動賽會訊息應包含多元的訊息內容，以正面積極和有趣的報導為原則（Watt, 1998），而且傳媒必須引起閱聽人的興趣，才能有效的傳達訊息（Stuyck, 1990）。此外，賽會不容負面報導來影響賽會的健康形象，所以，具有趣味性、顯著性、重要性等的新聞事件有時候必須經過設計，達到吸引媒體報導的效果。而透過廣告購買的方式來確保運動賽會訊息的曝光亦有其必要性。

(四)成立媒體新聞中心

為了讓賽會活動的正確訊息能夠在最快速的時間內發布，運動賽會組織委員會（組委會）必須成立新聞中心。其功能為統籌賽會資訊發布內容、提供正確資訊、建立重要資訊的單一負責窗口，以及提供各家媒體所需支援設施與（民生）服務，協助媒體進行廣泛而全面的報導，對賽會活動的訊息傳播非常重要。

(五)應用多元傳媒管道

當訊息需要發布時，必須謹慎選擇所要使用的媒介，因為有效的溝通將使組織與組織間有良好的協調和合作，而使組織發揮更高的效能

（Russell, 1982; Watt, 1998）。更重要的是，活動報導的內容必須具有吸引力、感覺是被需要的，且能夠讓其他媒體、其他訊息和其他管道也有興趣報導才有效果（Rice & Atkin, 1994）。因為沒有一個媒體是獨立存在的，媒體往往藉由其他的媒體來形塑和建構出媒介所要表述的某一種看法，進而提供資訊給相互倚賴的媒體或閱聽者（Whannel, 2002）。

這些情形就如同某一運動事件的報導，同樣的事件可以透過報紙、電視、廣播、網路等媒介工具，按照一定的新聞處理程序來進行新聞發布的結果。運動賽會可借力的相關大眾媒體及傳播管道可分為平面媒體（如報章雜誌、書籍、傳單等）、電子媒體（如電視、廣播、錄音帶、錄影帶等）、虛擬暨新興媒體〔如搜尋引擎網站、互動式電視、網路電視、電子報、部落格（Blog）、推特（Twitter）、臉書（Facebook）、手機等〕及大會文宣品（如秩序冊、媒體導覽手冊、觀戰手冊、海報等）。

2021年東京奧運會的轉播通路上，除了既有的有線電視（東森新聞）、無線電視（公視），以及新型態的IPTV（網路協定電視，屬於寬頻的電視一種；中華電信MOD）和時下最夯的OTT（over-the-top media services）影音串流平臺，愛爾達電視更推出全臺最多頻道（愛爾達體育1-3臺；愛爾達奧運1-6臺）的電視轉播之外，也結合中華電信Hami Video和ELTAott.tv，亦可提供消費者多元的選擇來欣賞精采賽事。因此，在全球數位趨勢風潮下，運動賽會必須透過多元的媒體使用，積極為賽會活動達到廣告與宣傳的目的，才能有效地將活動訊息傳遞給目標閱聽大眾，及進行互動溝通。

(六)持續與規律的報導

宣傳運動賽會必須進行持續與規律的報導，以強化媒體關係和瞭解媒體需求，有助於賽會資訊的可及性與被接受性。賽會的媒體宣傳，需要滿足閱聽大眾對於賽會資訊的需求，而決定賽會資訊報導的成效，就是能否激發大眾的共鳴。針對目標閱聽大眾的人口特性與需求，有計畫的設計訊

息，實施一連串的報導，以期強化閱聽大眾在態度和行為上的認知改變與接受賽會資訊。再則，進一步滿足主動關心賽會報導的閱聽者需求。報導頻率若是屬於「三天捕魚，兩天曬網」的消極方式，在現代資訊多元的社會中，賽會的訊息立即會被邊緣化而被忽略，因此，運動賽會管理者應以更積極的態度來主導賽會資訊。

綜整上述說明，運動賽會的媒體重點工作須包括：

1.與媒體持續維持良好互動關係之努力。

2.（不）定期記者會之規劃與召開。

3.媒體識別證申請服務。

4.新聞媒體中心之設置與服務。

5.與相關轉播媒體之合作。

記者會前置作業工作分配圖如**圖6-5**。

三、運動賽會媒體接待服務設施需求及重點工作

現代奧運會吸引全球媒體的爭相報導，激起世人熱情關注。國際奧會特將「媒體服務」列為舉辦城市主要申辦條件中十八項重點工作之一，足見對媒體之重視程度。因此，為協助媒體單位工作人員順利完成其工作，申辦城市在規劃上必須具備相關條件，包括：設置國際轉播中心（International Broadcast Center, IBC）、主新聞中心（Main Press Center, MPC），以及各比賽場地的媒體使用空間、出租空間與後勤區等。同時，這些媒體中心設置地點需考量與奧運會場館之距離、交通、空間及必備設施。

以2017世界大學運動會為例（如**表6-2**），主新聞中心位置緊鄰國際轉播中心，與各項競賽場地具有接駁車可到達。除硬體建築外，媒體使用設施的基本服務亦應包含：記者室、訪談室、會議室、電腦終端機、打字

圖6-5 記者會前置作業工作分配圖

資料來源：修改自戴國良（2007），頁303。

（機）、速記、印刷、電話通訊、賽事資訊服務、傳眞、電報等，甚至提供媒體人員執行任務時所需相關的設備，如轉播車、錄影帶等，或包括住宿及交通工具安排等，至於轉播方面的服務，採現場實況轉播（含表演賽項目），這些轉播內容將會在剪接後，供參與轉播的媒體報導使用（程紹同、吳經國、黃煜，2001）。

表6-2 2017世界大學運動會主新聞中心（Main Press Center, MPC）簡介

項目	內容說明
主要職責	· 為提供2017年世界大學運動會賽會及臺北市政府對外發布新聞的重要視窗，也是溝通與國內外媒體的橋樑。它的主要職責是為國內外媒體記者採訪臺北及世界大學運動會籌備情況實施「一站式服務」；受理外國記者臨時到臺灣採訪臺北世大運及其籌備情況的簽證及採訪申請；每週三下午三點舉辦例行記者會（國家法定節假日除外），以及不定期的舉辦記者會；提供臺北世大運會籌備情況資訊及各類宣傳品；定期舉辦記者參觀採訪活動和聯誼活動。
主要功能	· 為負責世大會的文字及圖片新聞工作的總部，需為媒體記者提供優質的工作環境、溝通管道，並積極創造運動賽會氣氛，凸顯臺灣在地文化。 · 新聞中心需提供媒體記者良好的資訊服務，包括：參賽名單、比賽時間及最終成績、歷屆世大運紀錄暨世界紀錄、運動員簡歷與成績、代表隊歷史背景、運動項目暨規則的介紹。 · 所有相關資訊均需與傳真機與國際通訊網絡連接。 · 彙整每日最新消息並製成簡報或快報提供媒體；世大運結束後須提供完整的成績報告。 · 協助設有超過40臺電視，媒體記者透過直播及網路追蹤所有正在進行的比賽或調閱已進行的比賽實況。 · 提供來自全世界超過50國與地區、255家媒體、1069位記者全天候設施、訊息及其他相關服務，包括：兩處服務臺、新聞發布室、文字與攝影記者工作區、FISU青年記者工作室、相關工作人員辦公區域，亦提供無線與有線網路、電腦、影印機、置物櫃等一應俱全。在贊助商的支持下，亦設有按摩椅區，提供媒體紓壓、放鬆身心的貼心服務，除此之外，MPC的友善服務還包括提供宗教信仰人士專屬祈禱室與SONY新攝影器材借用服務等。 · 提供符合寶島臺灣的美食餐飲區，MPC也將不定時提供北中南特色點心，如宜蘭牛舌餅、臺中太陽餅、彰化桂圓蛋糕等，提供前來採訪的全球媒體享用。
地理位置	· 主新聞中心（MPC）共分為松菸2與3號倉庫，總面積共約778坪，空間使用相互貫穿，原設有特色的高起軌道貫穿前後空間，同時透過文創結合體育，臺北向世界發聲的亮點之一。 · 主新聞中心於世大運開幕前三天進入24小時全天運行。
備註	· 針對未註冊媒體記者，奧組委另設「2017世大運新聞中心」，並在MPC和IBC旁設置臨時記者辦公室，提供服務。 · 世大運籌委會共在各賽事場館設置媒體中心（含選手村）。 · 為轉播2017世界大學運動會，由華視擔任「國際轉播中心」（International Broacasting Center, IBC），成為臺灣地區轉播媒體單位，擁有畫面使用權，臺灣境內可透過華視、緯來電視網、ELEVEN、愛爾達電視旗下電視頻道，以及東森新聞臺、三立新聞臺、中視、民視，收看該屆世大運開閉幕式與各項賽事（開幕式、閉幕式由華視和緯來電視網轉播）。 · 臺灣以外有歐洲52個地區、亞太14個地區直播或轉播臺北世大運開幕式與賽事。歐洲地區由Eurosport獲得轉播權，將放送到旗下52個國家與地區。若沒有轉播訊號的地區，也可以透過國際大學運動總會官網收看直播。

資料來源：2017世界大學運動會；麗臺運動（2017）。

　　陳嬿如（2008）曾針對2009年臺北聽障奧運會主新聞中心設施需求規劃進行研究，結果發現主新聞中心扮演著一個與內部溝通及與外部接軌的重要角色，其主要功能爲服務媒體，亦爲賽會成功的關鍵；該中心規劃提出十六項軟硬體設施（如**表6-3**）及十二項的服務（如**表6-4**）爲主。

　　根據2017年世大大學運動會官方網站點選功能欄位，除了規劃新聞編輯室（news room）功能供點閱活動籌備的官方新聞內容、組織委員會籌備訊息及會訊（news letter）外，亦可一窺國際大型運動賽會的媒體服務內容與程序。

(一)媒體認證（Media Accreditation）

　　2017世界大學運動會組織委員會，邀請世界各國所有平面暨電子媒體依據《媒體識別證申請手冊》（*Media Accreditation Instruction Manual*）於公告期間（上網）申請各類媒體識別證（如**表6-5**），媒體識別證將可通行各競賽場地、選手村以及文化暨教育等活動地點。

表6-3　2009年臺北聽障奧運會主新聞中心軟硬體設施規劃表

分類	內容
採訪設施	桌上型電腦
	印表機
	影印機
	電話通訊（PDA或桌上型電話）
	傳真機
	成績公報櫃
	辦公文書用具
	有線網路設備
	LED大型螢幕
	訪談室（包括投影機及音響設備）
	記者工作席（採OA隔間方式）
攝影轉播設施	剪輯室
其他設施	讀卡機
	電源插座
	簡單餐點供應區
	儲藏室

資料來源：陳嬿如（2008），頁67。

表6-4　2017年臺北世界大學運動會主新聞中心服務需求項目表

服務項目	服務內容
開放時間	24小時開放
on-line新聞中心	提供所有媒體資訊查詢
交通運輸動線	各比賽場館間媒體接駁車的路線規劃
識別證	協助辦理或領取媒體識別證
賽會資訊	提供競賽組發布之比賽成績查詢
無線上網	提供無線上網的功能
同步時間系統	公告各主要時區之時間
置物櫃	提供出租置物櫃的服務
幣值兌換	提供美元兌換臺幣的服務
專用停車區	提供國內媒體轉播車的停車區
媒體導覽手冊	提供國內外媒體賽前的相關訊息
每日比賽快報	提供國內外媒體比賽期間的最新資訊彙整

表6-5　媒體識別證類別一覽表

類別	功能／名稱
E	平面媒體暨攝影記者 非註冊電臺及電視記者 國際奧會青年記者
HB	主轉播單位
RT	註冊電臺及電視記者
MMC	主媒體中心一日證

(二)媒體運行（Media Operation）

　　媒體運行內容分為主媒體中心（Main Media Centre）服務及各競賽場地設施與服務（Facilities & Services at Competition Venues）兩大部分。

◆主媒體中心服務

　　主媒體中心內設置主新聞中心（MPC）及國際轉播中心（IBC）。運行期間為2017年8月16日至9月1日，共同設施及服務包括競賽資訊系統終端機（Games Information System terminals, GIS）、媒體服務臺（Media

Help Desk）、交通服務臺（Transport Help Desk）、快遞服務櫃檯（Courier Service Counter）、服務指南詢問臺（Directory of Services Help Desk）。主新聞中心設施及服務（平面媒體爲主）包括媒體工作室（可提供400位記者工作辦公以及電源、網路與市內免費電話服務）、新聞發布室（Media Conference Rooms）及FISU青年記者工作室、相關工作人員辦公區域等，亦提供其他服務（如宗教信仰人士專屬祈禱室、SONY新攝影器材借用、服務按摩區、儲物櫃、全天免費點心飲料等）。國際轉播中心設施及服務（以電視及電臺等電子媒體爲主）包括主控室（Master Control Room）、錄影室（Recording Room）、剪輯室（Edit Rooms）、播放室（Play-out Rooms）以及相關設施服務。

◆各競賽場地設施與服務

各競賽場地設施與服務包括媒體採訪區（Media Stand）、媒體訪問混合區（Mixed Zone）、媒體工作室及媒體簡報室等設施服務。

(三)媒體服務（Media Service）

◆媒體住宿服務（Media Accommodation）

所有媒體記者可以2017臺北世大運特約旅館預訂到優惠價格的不同等級飯店（含早餐及網路使用）。

◆媒體運輸服務（Media Transport）

提供媒體運輸服務類型分爲定時交通車接駁服務（shuttle service）、定點接駁服務（pre-planned transportation service）、公共運輸服務（public transportation）、車輛出租服務（vehicle rental）。接駁場合則包括機場接送服務、開閉幕典禮、各競賽場地（含媒體下榻飯店及選手村）。

(四)服務指南（Directory of Service）

主新聞中心服務臺可協助各國媒體提供相關廣播媒體工作之各類產品及服務。

現代大型國際運動賽會須為來自世界各地眾多媒體單位提供完善的設施及滿意的專業服務和民生服務（食、住、行），使其能夠運用主辦單位的軟硬體資源及鉅細靡遺的賽會相關訊息，進行國際報導，進行提升主辦城市暨國家的知名度與國際形象。然而為了因應媒體產業的全球化、融合化及聚合化（convergence）趨勢發展（Slicock & Keith, 2006; Quinn, 2005），以及網際網路合併電視的未來立體式數位傳播模式形成，媒體中心必須朝向可以整合所有媒體平臺而努力。

四、運動賽會的媒體購買概念

有鑑於媒體宣傳有其獨立性，運動賽會管理者無法控制媒體報導的方向與內容。為求整體行銷目標（如賽會曝光率、形象塑造、票務銷售等）之達成，透過創新的促銷策略，集中火力，在能影響賽會目標對象的最佳時機、地點進行傳播溝通，可為運動賽會本身創造出其獨特性，進而成為該賽會強而有力的態度與主張，並豐富其品牌內涵及品牌權益。媒體購買已成為運動賽會中最常使用的促銷工具，希望確保所有行銷活動及賽會本身的訊息能夠有效傳播給目標對象。Irwin、Sutton和McCarthy（2002）亦指出，廣告較適合作為促銷活動中的訊息傳播工作。透過置入性行銷的新聞置入方式，則是近來各縣市政府舉辦全國運動會常用的一種宣傳手法，而這種廣告方式與廣編稿型態有所不同，較不容易辨識（如**表6-6**）。

表6-6　媒體新聞置入性行銷模式

類別	方式	廣告辨別度
電視新聞報導	在新聞時段播出單則新聞報導時，有時還包括跑馬燈、主播即時專訪、現場新聞連線。	無法辨識
電視新聞節目	在新聞臺製播報導式的新聞節目，以整集播放方式做專題報導，有些是電視臺取得標案後量身製作新節目，或在既有節目的單集內容進行置入。	無法辨識
報紙新聞報導	由記者具名撰寫，用字遣詞均為新聞報導寫作方式，在版面上也直接當成一般新聞處理見報。	無法辨識
報紙座談會	政府出錢，透過報社舉辦座談會，由報社高層擔任主持，記者記錄，與談者都是由政府指定。	無法辨識
報紙專輯	由政府提供文稿、圖片，以新聞報導版面設計呈現，並掛有撰文者姓名，但均非線上記者。版頭或文末會註明「專輯」或「廣編特輯」作為區分。	普通

註：單則電視置入性新聞的費用約5-10萬元臺幣，新聞臺並會保證重播2-3次，另外，單集新聞專題或專訪的置入性行銷費用則需要約30-50萬元臺幣。

資料來源：陳曉宜、曾韋禎（2009）。

　　國內大部分的運動賽會管理者安排媒體廣告預算時，較缺乏通盤的考量（如廣告刊登、媒體選擇、廣告週期、廣告形式及媒體測量方式等），亂槍打鳥的做法，反而無法達到真正的廣告預期效果。廣告的操作必須密集而持續。因此，應有全年度的媒體購買計畫，而媒體購買並不是只有「買」這個動作，而是一連串系統化的策略動作（如表6-7）。

表6-7　媒體購買計畫組成內容

項目	內容
媒體調查	根據運動賽會本身及行銷需求進行媒體調查作業，分析目標對象的喜好以及與媒體的關係（包括收視率、閱聽率或閱讀率的選擇）；並且依照定位、安排媒體預算之分配比例。
媒體企劃	再者，透過企劃端的執行，找出各種媒體間的差異，擬定不同的廣告操作手法，並進行媒體效益評估。其步驟為：蒐集背景資料→訂定媒體目標→考量目標視聽眾→決定媒體策略→編制媒體預算→安排媒體排期→備案。
媒體購買	向媒體進行廣告購買議價及採購作業。

資料來源：傳立媒體（2006）。

如何在有限的經費下，將媒體購買預算花在刀口上，並可接觸到最多的潛在或目標對象，且讓整體行銷的效益達到最大化。媒體採購的精準度是展現廣告成效相當重要的一項工作。一般媒體預算幾乎需消耗行銷總預算的30%，甚至是50%以上的比重，若選擇電視廣告的操作，其支出比例則會再向上攀高。

因此，廣告代理商通常會建議依據活動之需求，以分配電子、平面及網路媒體或戶外廣告預算，或參考目前媒體的價格進行最適宜的增刪。基本上，行銷／廣告／媒體等部門的意見需要溝通，才能以有限的預算創造出最佳的廣告績效。

媒體策略的主要作用是讓廣告能夠朝正確的方向來設計，有效傳達訊息的媒體執行方案，以期擊中目標對象，也就是讓媒體企劃能夠以適當的方法，來有效傳達廣告訊息。常被作為執行媒體策略的依據包括：普及率／頻次策略、產品生命週期策略、媒體組合、媒體選擇、媒體比重及媒體創意等。電子媒體執行及運動賽會廣宣波段操作程序之參考案例，如**表6-8**及**表6-9**所示。

 ## 第三節　運動賽會新媒體公關

一、後疫時代的新媒體公關趨勢

2021年臺灣走入全球疫後新常態，造成全球經濟與社會強烈衝擊，且大幅改變消費行為與生活型態，讓原有的數位媒體時代加速變化，加上數位社群媒體龍頭Facebook更名「Meta」的重大消息，讓「元宇宙」（Metaverse）概念加速在2021年的成長與改變。也因此「後疫情時代的媒體」因應快速變化的趨勢裡，該如何掌握未來的公關及行銷趨勢：

表6-8 電子媒體執行範例明細表

項次	類別	內容	數量	金額	備註
1	新聞專題	東森新聞臺 年代新聞臺	3則	xxx,xxx	含重播共播出9次，播出後提供側錄
2	活動新聞採訪	東森新聞臺 年代新聞臺 或其他電視臺	3次		安排3次活動出機拍攝
3	節目專訪	東森電視臺「遇見大人物」	1則		播出後提供側錄
4	SNG連線	東森電視臺	3次		當日提供3次連線
5	新聞跑馬燈	非凡、年代、東森	5天		
6	20秒電視廣告託播	非凡、年代、東森、三立、衛視、超視、八大、緯來家族	壹式	x,xxx,xxx	10秒GRP:227 總秒數不少於13,500秒（20秒總檔數不少於675檔）
7	15秒廣播廣告託播	NEWS98、寶島新聲、好事989、Gold FM	壹式 9/7-9/21	xx,xxx	15秒廣告共254檔 活動口播不少於5次
8	網路廣告	中時電子報	8/22-9/19	xx,xxx	

註：媒體購買前應考慮採取檔購或CPRP收視點百分比方式，同時須要求對方提供結案報告，如電視部分除了可瞭解播放檔次（數）外，更重要的是要求CPRP收視點百分比的達成率，作為有效曝光之依據。

表6-9 廣宣波段執行表

項目		110/10	110/11	110/12	111/01~05	111/06	111/07	111/08	111/09	111/10
戶外廣宣	戶外倒數計時看板						100天			
	路燈布旗							45天		
	道路指示牌							45天		
	安全島關東旗							45天		
	現場關東旗							45天		
	布條旗							45天		
	公車廣告							45天		
	捷運燈箱							45天		
平面媒體	報紙置入性行銷活動							30天		
	海報、DM						150天			
電子媒體	官方網站架設				10個月					
	網路廣告（網站／FB／IG／抖音等）							30天		
	電視CF							14天		
	捷運電視廣告							30天		

（前置作業期：110/10～111/01~05）

(一)趨勢一：AI力量更強大，顛覆未來應用更快更多元

美國資訊科技研究顧問公司Gartner, Inc.的最新預測，2022年全球人工智能（AI）軟體收入預計將達到625億美元，比2021年增長21.3%（Gartner, 2021）。人工智慧（Artificial Intelligence, AI）正澈底改變運動並將之提升到全新水平。數據與量化分析長期在體育界扮演核心角色，不過AI已深深影響賽事策略規劃、比賽戰術及吸引觀眾的方式。科技已在體壇廣泛運用，也成為內外運動發展的關鍵因素，讓所有運動員和隊伍朝頂尖邁進（CIO, 2019）。AI智慧應用在運動競技表現外，媒體應用AI人工智慧進行公關及媒體操作更為廣大，包括：

◆自動化新聞製造

運用AI撰寫新聞，可藉由AI技術蒐集、分析大量資料，幫助記者節省更多的時間，將新聞內容做得更好、更細膩。在2016年里約奧運會上初次上場，對源源不斷的數據分析整理後，把信息跟事先定制的新聞模板裡的對應詞句配對，然後組成新聞稿，發表在不同的平臺。要是發現數據裡有異常，它還會提醒記者注意。也就是說，整個里約奧運會期間，寫稿機器人承擔了大量有關比分和獎牌數的實時報導，記者則可以更多採寫其他內容（BBC NEWS中文，2018）。

◆精準內容傳播

運用AI平臺及大數據資訊，淬鍊出更全觀性的消費者輪廓，並根據消費者行為，選定投放效果更好的關鍵字，提升點擊率，並從海量的數據歸結出具有綜觀性的市場洞察，發揮具有話題性的報導議題、未來趨勢，讓內容更符合消費者期待或引起關注。

◆媒體聲量與輿情監控

如何在社群媒體中追蹤數萬條貼文以及每個用戶的討論內容，過濾

掉一些不必要的雜訊，找到媒體經營者真正要的聲音，作為後續經營策略的參考，這些人工智慧都是可以協助幫忙的。透過社群監聽的工具，如：Google 快訊、Hootsuite、Social Mention 等，都可幫助經營者瞭解競爭對手在社群上狀態的平臺，該平臺會針對競爭對手在社群中的資料進行蒐集與分析。

◆媒體自動化

在AI人工智能平臺輔助下，捕捉運動賽事的攝影機也能揀選精彩畫面供電視經銷商與行動裝置播放。

(二)趨勢二：社群媒體行銷仍是後疫主軸

全球疫情造成人與人面對面實體的流動，也造就社群媒體的使用推向新高點，社群媒體仍是疫後重點。根據「OpView社群口碑資料庫」的調查數據顯示，2021年社群網站的網路聲量持續在成長，尤其在2019年5月之後疫情升級，疫苗討論度高；中華隊選手在東奧的優異表現以及網紅爭議事件不斷引發媒體新聞報導的推波助瀾之下，整年度社群網路聲量成長15.7%（動腦傳播，2022）。Instagram在中華隊選手於東奧紛紛表現優異的情況下，其選手們的IG都分別按讚人數暴增，如戴資穎於東奧奪獎牌，網友紛紛在其IG底下留言稱讚，創造另一波關注。除了Facebook和Instagram媒體之外，消費者也開始轉向朝新型社群媒體包括 TikTok、Pinterest、Snapchat上，除了具有高互動性和兼具趣味性，同時也降低了消費者的廣告疲勞，相對主流媒體的飽和信息量，消費者似乎對新型社群媒體的廣告接受度更高些。視覺影像更成為2022年社群媒體的新走向，必須更投注創建高品質且具有趣的影片或圖片來增加消費者的興趣。

(三)趨勢三：影音及KOL網紅行銷趨勢大成長

疫情的影響，降低了人與人的接觸，讓人們更注重社群媒體的應用，

近年來影音內容也成為與消費者溝通的重要管道。其中Z世代及千禧世代更成為社群媒體的主要用戶，在影音社群內容多元且快速發展的狀況下，年輕世代的專注力也逐漸降低。根據行銷統計，消費者或許不會去看企業廣告，但樂於看家人與朋友影片分享，且觀看短影片每個影片不超過15秒，甚至人類的專注力更短，連15秒影音都嫌太長。這樣的現象也助長了短影音內容的市場，因此建議品牌在行銷操作上可於Instagram限時動態、TikTok多加著墨。

另外，大量使用觀看影片作為主要溝通行為模式，造就網紅行銷得到了認可。企業品牌如今更趨向尋找價格合理的影響者，來接觸年輕一代的族群，其中微網紅（Micro influencer）和奈米網紅（Nano influencer）成為吸引品牌使用的關鍵：他們和粉絲間的互動關係具有真實性，能增加消費者信任感，使品牌有機會接觸到小眾消費群；網紅與影音及直播的搭配，都將是未來主流的行銷手法之一。

(四)趨勢四：Podcast趨向社群化，耳朵經濟再進化

根據《天下雜誌》和東方線上數據對「2021臺灣聽經濟調查」發現，Podcast收聽率已從2020年6.6%躍升至20%（天下雜誌，2021）；Podcast在全球各地越來越受歡迎，有越來越多Podcast平臺與內容的蓬勃發展，當社群媒體開始走向聲音社群，增加對話的真實性及感受。北美四大職業運動之一的國家美式足球聯盟（National Football League, NFL）同時也是全世界最具商業價值的職業聯盟之一，NFL Podcast主要來自報導NFL及旗下32支球隊的相關訊息，同時結合NFL Media及NFL Films與iHeartMedia共同合作製作的官方Podcast平臺，內容包括深入賽事結果及球員的分析，適時的置入NFL官方政策或趨勢的看法，以中立方式提供閱聽者更全面的聽覺感受。除了職業運動之外，奧林匹克官方網站也開設專屬奧林匹克頻道，傳遞更多屬於奧林匹克精神鼓舞人心的故事及政策性的宣達，讓聲音成為品牌和消費者直接溝通的新媒介，引發聲音經濟與社群結合的可能性！

二、新媒體公關應用原則與實務

網路的興起為公關帶來了更多元的傳播工具，伴隨著大量網站的建立及科技的普及化，公共關係的應用可說是進入全新的階段。結合網路科技的推陳出新，有別於過去傳統媒介如報紙、雜誌、電視、廣播等，除了可獲得的資訊更多，取得資訊的方式更為便利，因此大眾更可以在網路或社群平臺上主動傳播訊息，讓網路成為一個組織與公眾之間的虛擬的對話場域，也讓公關帶來一個全新的挑戰。

因此公關或行銷人員對於新媒體的應用，除了本章所提到包括部落格（Blog）、社交網路（Facebook）、影音平臺（YouTube）、相片分享（Flicker）、網路影音（Podcasts）等之外，如何將線上結合線下更能吸引目標族群的目光，藉此達到溝通的目的。

(一)中華隊賽事球迷一頭熱，國內頂級賽事沒人看

排球運動在學生族群風氣盛行，特別是在大專院校更是最多學生參與的運動項目，但很難想像2004年成立的排球國內最高層級業餘賽事，企業男女甲組排球聯賽（Top Volleyball League, TVL）還曾經歷觀眾比工作人員還要少的窘境。在2015年，臺灣排球企業聯賽已有十年歷史，當時同時投入耕耘排球運動的企業也不少，包括：臺電、MIZUNO、conti、中國人纖等，但沒有完整性的行銷宣傳資源投入，因此多數排球人口根本不知道國內TVL賽事的亮點及賽程資訊，導致賽事能見度非常低，經過協會與專業公關公司的合作及經過消費者洞察與社群議題觀察，引導協會用行銷運動概念與品牌再造思維，重新思考如何再次擦亮「排球企業聯賽」的招牌，讓排球運動成為臺灣熱門參與及觀賞的運動，創造TVL賽事討論議題並提升排球迷進場觀賽意願。

(二)TVL開幕戰宛若中華隊國際賽，兩天吸引超過5,500觀眾進場觀賽

為創造媒體曝光廣度，公關行銷團隊依循職業運動架構擬定媒體及球迷討論度高的議題：

1. 新議題擬定：藉由長期觀察體育線媒體報導方向，以職業運動思維擬訂新議題，包括球季該年度主題「GO UP向上衝刺」、重要數據紀錄、新球隊及新洋將加盟、新規則，球員形象照拍攝等多元角度，增加媒體報導吸引度。
2. 多元媒體及波段性操作：除了平面、網路、電子媒體之外，也特別規劃廣播專訪及各平面媒體的策劃報導，針對排球選手做深度報導溝通，讓球迷看見除了場上光鮮亮麗之外的奮鬥故事，賽前一個月期間TVL報導不間斷。
3. 社群媒體：同時也透過排球族群喜愛的社群媒體進行賽事資訊的提供，也讓喜愛排球運動的民眾獲得企業聯賽開打的訊息，成功在賽

▲透過新媒體傳播並創造賽事討論議題並提升民眾進場觀賽意願

前引起排球球迷大量轉貼賽事相關訊息及討論風潮。

4.官媒新媒體平臺經營：專人協助排球協會經營TVL賽事粉絲團，以球迷關心的議題爲出發點規劃貼文內容，同時發起我的排球好友網路活動及辦理TVL主視覺LOGO徵選活動串連Facebook網路排球KOL共同發聲，增加排球運動消費者討論度及關注度，單則貼文創造超過1,000次分享及15萬以上的自然曝光量。

5.公關行銷宣傳成效：公關操作期間媒體報導超過350則，曝光價值超過4,000萬元，在社群媒體的活動貼文分享數超過1,200次主動分享，曝光率超過60萬人次。

行銷策略是隨著時代變遷而與時俱進的，企業排球聯賽透過社群及行銷方式，讓喜愛排球的民眾作爲重要的KOL在社群進行訊息的傳散，藉由社群力量，結合有溫暖的球員故事議題發酵，打響賽事知名度。

問題與討論

一、請說明運動與媒體間的關係爲何？

二、運動賽會的媒體運作應包括哪些內容？

三、廣告（adversities）、宣傳（publicity）與公共關係（public relation）的差異爲何？

四、運動賽會的公共關係計畫該如何進行？

五、運動賽會的整合行銷傳播該如何規劃與執行？

參考文獻

一、中文部分

BBC NEWS中文（2018）。〈AI和媒體人工智能AI怎麼做新聞〉，9月26日，取自https://www.bbc.com/zhongwen/trad/science-45591003。

中央社（2008）。〈無線4臺授權奧運新聞畫面每天限6分鐘〉。《凱絡媒體週報》，7月21-27日，442，頁7。

中央社（2009）。〈高市世運預算恢復，主媒體轉播刪4,700萬元〉，3月31日，取自http://sports.yam.com/cna/sports/200903/20090331570715.html。

中時電子報（2004）。〈廣告超級貴──30秒230萬美元〉，2月2日，取自http://news.chinatimes.com/。

中華奧林匹克委員會（2020）。〈2021年第32屆東京奧運會〉，取自https://www.tpenoc.net/game/tokyo-2020/。

天下雜誌（2021）。〈2021聽經濟大調查完整調查報告〉，6月3日，取自https://www.cw.com.tw/article/5115003?template=transformers。

竹之下休藏、磯村英一（1982）。《社會學》（第二十五版）。東京：大修館書店。

吳宜蓁（2002）。《危機傳播──公共關係與語藝觀點的理論與實證》。臺北：五南。

吳玟琪、蘇玉清譯（1997）。Harris, T. L.原著。《奧美相信之行銷公關》。臺北：臺視。

吳淑儀（1997）。〈臺灣主要報紙對奧運新聞報導之內容研究〉，未出版。臺北：中國文化大學新聞研究所碩士論文。

呂佳霓譯（2010）。Mullin, B. J., Hardy, S. & Sutton, W. A. 原著。於程紹同主譯，《運動行銷學》（第三版），頁383-409。臺北：藝軒。

李立（2006）。〈2008北京奧運新聞中心（MPC）簡介〉。《奧林匹克季刊》，50，頁26-31。

李百盛（2014）。〈臺灣成功申辦國際大型運動賽會之研究──以臺北2017世界大學運動會為例〉，未出版。臺中：國立臺中教育大學教育學院體育學

系碩士論文。

李淑芳譯（2008）。廣岡勳原著。《洋基王牌行銷》。臺北：時報。

李晶玉（2004）。〈面對媒體〉。《體育運動發言人媒體溝通研習營研習手冊》，未出版，頁3-14。中華民國體育運動總會。

東森新聞報（2004）。〈超級盃—最秒4秒才知勝負—收視率創4年來新高〉，2月3日，取自http://www.ettoday.com/2004/02/03/10888-1580801.htm。

林東泰（1999）。《大眾傳播理論》（修訂一版）。臺北：師大書苑。

邱繡霞（2002）。〈媒體運動（Media Sport）的全球策略──以NBA在臺灣發展為例〉，未出版。臺北：淡江大學大眾傳播學系碩士論文。

金鍾、金兌妍（2002）。〈世界盃足球賽與商業化〉。《國民體育季刊》，31(3)，頁75-78。

施致平（1993）。〈傳播理論與我國職棒運動互動關係之探討〉。《體育學報》，15，頁137-148。

施致平（2000）。〈媒體與運動商業化互動關係之研究〉。《體育學報》，28，頁87-100。

洪煌佳（2004）。〈運動賽會媒體與公共關係〉。於程紹同主編，《運動賽會管理：理論與實務》，頁143-183。新北：揚智文化。

范智明（2002）。〈運動公關及個案研究〉。《大專體育》，60，頁111-118。

徐木蘭、楊君琦、劉仲矩（1997）。〈非營利組織公關策略之初探〉。《社教雙月刊》，79，頁44-48。

張力可（2000）。〈臺灣棒球與認同：一個運動社會學的分析〉，未出版。國立清華大學社會學研究所碩士論文。

第二十九屆奧林匹克運動會（2007）。北京奧運新聞中心，10月31日。2008年北京奧運會組織委員會官方網站，取自http://www.beijing2008.cn/bocog/organization/n214071293.

莫季雍（1999）。〈運動節目閱聽眾：一個偏好閱聽眾群的社會人口面向及傳播行為分析〉。《中華傳播年會研討會發表論文》，2003年11月3日，取自http://news.creativity.edu.tw/papers/。

動腦傳播（2022）。〈後疫情時代社群平臺x網紅年度調查 行銷共存時代來臨〉。2月28日，取自https://www.brain.com.tw/news/articlecontent?ID=50561#

陳立偉（2021）。〈讓別人說你好，數位時代下的公關吸睛術〉，9月29日，取自https://mymkc.com/article/content/24579。

陳曉宜、曾韋禎（2009）。〈「政府置入性行銷專題」政府主導標案 指定媒體購買〉。自由電子報，8月30日，取自http://www.libertytimes.com.tw/2009/new/aug/30/today-fo4.htm。

陳嬿如（2008）。〈2009年臺北聽障奧林匹克運動會主新聞中心設施需求規劃之研究〉，未出版。國立臺灣師範大學運動與休閒管理研究所碩士論文。

湯銘新（1996）。《奧運百週年發展史》。臺北：中華臺北奧林匹克委員會。

程紹同（2001）。《第五促銷元素》。臺北：滾石。

程紹同（2004）。〈北京奧運大商機〉。活動產業研討會發表論文。臺中。

程紹同（2008）。〈08京奧行銷決戰鳥巢〉。《中華奧林匹克委員會——奧林匹克青年營大會手冊》，未出版。

程紹同、方信淵、廖俊儒、呂宏進（2007）。《運動管理學導論》（第二版）。臺北：華泰。

程紹同、吳經國、黃煜（2001）。〈現代奧運會主辦城市申辦模式研究（1992-2000）〉。行政院國家科學委員會專題研究計畫成果報告計畫編號：NSC89-2413-H-003-084，未出版。

黃金柱主譯（2008）。Parks, J. B., Quarterman, J. & Thibault, L.原著。《當代運動管理學》（*Contemporary Sport Management*）。臺北：師大書苑。

黃俊英（2003）。《行銷學的世界》。臺北：天下。

黃蕙娟（2003）。〈運動賽會公關策略之研究——以2002年中華汽車盃國際體操邀請賽為例〉，未出版。國立臺灣師範大學運動與休閒管理研究所碩士論文。

楊樺主編（2006）。《北京奧運會通用培訓系列教材：北京奧運會工作人員讀本》。北京：北京體育大學。

葉公鼎（2009）。《大型運動賽會經營管理》。臺北：華都。

熊源偉（2002）。《公共關係學》。新北：揚智文化。

維基新聞（2008）。〈2008年ING臺北國際馬拉松比賽〉，取自http://zh.wikinews.org/zh-hk/%E9%A2%91%E9%81%93:2008%E5%B9%B4ING%E5%8F%B0%E5%8C%97%E5%9C%8B%E9%9A%9B%E9%A6%AC%E6%8B%89%E6%9D%BE%E6%AF%94%E8%B3%BD。

趙月香（2002）。〈奧林匹克運動與現代傳播媒介〉，《體育文史》，3，頁52-54。

劉永元（2009）。〈2009世界運動會知識與經驗〉。《國際綜合運動賽會經驗傳承研習手冊》，未出版，頁10。新竹：國立新竹教育大學體育系。

劉昌德（1996）。〈臺灣運動商品化過程中的大眾傳播媒體角色〉，未出版。國立政治大學新聞研究所碩士論文。

劉建順（2005）。《現代公共關係學》。臺北：智勝。

蔡美瑛譯（1999）。Newsom, D., Turk, J. V., & Kruckeberg, D.原著。《公共關係──理論與實務》。臺北：亞太。

鄭怡卉（2020）。〈社群媒體時代下的公關專業倫理：探討公關倫理核心價值與挑戰〉。《傳播與社會學刊》，（總）第53期，頁91-123。

戴國良（2007）。《行銷學：精華理論與本土案例》（第二版）。臺北：五南。

聯合晚報（2003）。〈象牛熱戰，賺進2.5億〉，10月19日，頭版。

韓國瑾（1998）。〈公共關係策略在體育與運動組織中的應用〉。《中華體育》，11(4)，頁1-8。

二、英文部分

Alcalay, R. & Taplin, S. (1989). Community health campaigns: from theory to action. In R. E, Rice & C. Atkin (Eds.), *Public Communication Campaign* (2nd ed.), 105-130. Newbury Park, CA: Sage.

CIO (2019, JUN 5). Artificial Intelligence in Sports: A Smarter Path to Victory. from https://www.cio.com/article/220178/artificial-intelligence-in-sports-a-smarter-path-to-victory.html

Goldblatt, J. (2002). *Special Events: Twenty-First Century Global Event Management* (3rd ed.). New York: John Wiley & Sons, Inc.

Grunig, J. E. & Hunt, T. (1984). *Managing Public Relation*. New York: Holt, Rinehart & Wiston Publishing Co.

Harlow, R. F. (1976). Building a public relations definition. *Public Relations Review, 2*(4), 34-42.

IOC (2010, March 22). Vancouver 2010: The first social media games. from http://www.olympic.org/en/content/Media/?articleNewsGroup=-1&articleId=78187.

IOC (2010, March 22). Vancouver 2010: The first social media games. from http://www.olympic.org/en/content/Media/?articleNewsGroup=-1&articleId=78187.

Irwin, R. L., Sutton, W. A. & McCarthy, L. M. (2002). *Sport Promotion and Sales Management*. Champaign, IL: Human Kinetics.

Jackson, R. (1997). *Making Special Events Fit In The 21st Century*. Champaign, Ill:

Sagamore Publishing.

Kelly, J. & Godbey, G (1992). *The Sociology of Leisure. State College*. PA: Venture Publishing, Inc.

Kotler, P. (2003). *Marketing Management* (11th ed.). Upper Saddle River, NJ: Prentice Hall.

Maibach, W. & Cotton, D. (1995). Moving people to behavior change: a staged social cognitive approach to message design. In E. Maibach & R. L. Parrott (Eds.), *Designing Health Messages: Approaches From Communication Theory and Public Health Practice*, 41-63. Thousand Oaks, CA: Sage.

Moss, D. (1995). Public relations and marketing. In S. Black (Ed.), *The Practice of Public Relations* (4th ed.). Boston, OX: Butterworth-Heinemann.

Newsom, D. & Carrell, B. (1991). *Public Relations Writing: Form & Style* (3rd ed.). Belmont, CA: Wadsworth Pub. Co.

Nixon, H. L. & Frey, J. H. (1996). *A Sociology of Sport*. Belmont, CA: Wadsworth Publishing Company.

Quinn, S. (2005). Convergence's fundamental question. *Journalism Studies, 6*(1), 29-38.

Rice, R. E. & Atkin, C. (1989). Mass cpmapign in the people's Republic of China during the Mao era. In R. E, Rice & C. Atkin (Eds.), *Public Communication Campaign* (2nd ed.), 212-215. Newbury Park, CA: Sage.

Rice, R. E. & Atkin, C. (1994). Principles of successful public communication campaign. In J. Bryant & D. Zillmann (Eds.), *Media Effects Advances In Theory and Research*, 365-387. Hillsdale, NJ: Lawrence erlbaum.

Russell, R. V. (1982). *Planning Programs In Recreation*. Louis：Mosby.

Sage, G. (2002). Global sport and global mass media. In A. Laker (Ed.), *The Sociology of Sport and Physical Education: An Introductory Reader*, 211-233. New York, NY: RoutledgeFalmer.

Shone, A. & Parry, B. (2001). *Successful Event Management: A Practical Handbook*. London: Continuum.

Slicock, B. W. & Keith, S. (2006). Translating the tower of Babel? Issue of definition, language, and culture converged newsrooms, *Journalism Studies, 7*(4), 610-627.

Sport Business International (2010, Feb. 10). Vancouver: 687 million interested in Winter Olympics. 153, p. 4.

Stuyck, S. (1990). Public health and the media: unequal partners. In C. Atkin & L. Wallack (Eds.), *Mass Communication and Public Health: Complexities and Conflicts*, 71-77. Newbury Park, CA: Sage.

Watt, D. C. (1998). *Event Management In Leisure and Tourism*. New York, NY: Addison Wesley Longman.

Wenner, L. A. (1989). Media, sport, and society: the research agenda. In L. A. Wenner (Ed.), *Media, Sport, and Society*, 1-48. Newbury Park, CA: Sage Publications, Inc.

Whannel, G. (2002). *Media Sport Star-Masculinities and Moralities*. New York, NY: Routledge.

Wilcox, D. L., Ault, P. H., Agee, W. K. & Cameron, G. T. (2001). *Essentials of Public Relations*. New York : Addison-Wesley.

Wilkinson, D. G. (1988). *The Event Management and Marketing Institute*. Ontario, DM: The Wilkinson Information Group, Inc.

Witte, K. (1995). Fishing for success: using the persuasive health message framework to generate effective campaign message. In E. Maibach & R. L. Parrott (Eds.), *Designing Health Messages: Approaches From Communication Theory and Public Health Practice*, 145-165. Thousand Oaks, CA: Sage.

Chapter 7

方信淵

運動賽會風險管理與場館安全

學習目標

1. 瞭解風險管理的意義。
2. 瞭解運動賽會之風險管理策略。
3. 瞭解不同等級之運動賽會可能面臨的風險種類。
4. 瞭解運動賽會保險與相關法令的關係。

　　舉辦運動賽會，不管規模大小或任何種類，能夠平平安安順利圓滿落幕，就是主辦單位最希望看到的賽會結果。尤其在現今國際間恐怖攻擊事件頻繁，恐怖分子更常利用國際賽會的高曝光率，進行恐怖攻擊，以用來宣傳他們所要宣揚的理念或訴求，大型賽會反而常成為恐怖攻擊的目標對象。

　　日本的國土交通省於2020東京奧運（因COVID-19疫情延至2021年舉辦，但名稱仍為2020東京奧運）舉辦前夕，2021年6月公布修正「鐵道運輸規程」，7月1日起允許各鐵路公司檢查旅客手提行李，若旅客拒絕檢查，可要求其下車或離開車站，作為防範恐怖攻擊的對策之一。運動賽會組織或行政管理者除了希望將賽會辦得精彩熱鬧之外，更希望整個運動賽會過程能夠平安順利。但是舉辦賽會的過程中，難免會有危險因子存在，任何一項的疏忽與意外發生，除了可能造成人員的傷害外，意外事件更會將賽會所有的正面消息湮滅抹殺，令人有得不償失之憾。例如，2021年12月4日，雲林縣斗六市公所跟雲林觀光協會等單位，舉辦為期兩天的封街賽車活動，沒想到在活動首日下午四時許，一組0到400公尺直線加速賽事，發生參賽車輛失控衝入路旁人群的恐怖意外，現場至少有6人受傷，其中還有一名孕婦腳部擦撞傷，皆被緊急送往醫院救治。

　　此事件再經過新聞媒體報導，造成主辦單位斗六市公所更嚴重之形象損失，斗六市長也馬上宣布取消賽事，再好的比賽結果都可能因為意外事件發生，而招致負面評價。事實上，與運動賽會相關的風險種類很多，除了運動本質上的風險（如天候、場地設施、競賽活動過程等）外，由於賽會活動聚集了眾多的參與群眾，秩序失控所產生的風險也是值得重視。

　　此外，鑑於近年舉辦運動賽會的人力及資源投入愈趨龐大，商業化經營的傾向亦可能帶來市場與財務上的風險。此外，針對場館安全，隨著國際情勢的動盪不安，激進行為使得大型賽會活動也可能成為恐怖分子攻擊的標的，也是運動賽會舉辦時要特別考量的外部風險。例如，根據日本產經新聞報導，從東奧開幕日起到帕運閉幕日止，在全日本將動員史上最大

規模的約59,900名警力負責維安；即使受到疫情影響大多數比賽場館舉行閉門賽事，但在場館負責維安的民間保全人員每天最多將高達18,100人，同屬史上最大規模；TBS電視臺報導，日本自衛隊爲協助東奧及帕運賽事順利進行，將派遣陸上、海上及航空自衛隊共約8,500名自衛隊員投入，在競技場館附近進行空中警戒及網路安全等任務（中央通訊社，2021a）。顯見舉辦一個大型運動賽會的風險管理，以及舉辦場館之場地與人員安全維護工作日益受到關注。

　　此外，與風險管理最直接的嚴肅課題，就是運動賽會主辦單位在風險發生後所必須負擔的法律責任。主辦單位會有哪些法律責任？可否透過契約加以免除？相信是所有主辦單位所關心的議題。本章節除了將依序介紹風險管理的概念外，並說明運動賽會風險管理策略，並透過不同的方式來區別運動賽會中可能發生的風險類別。

　　最後，有關運動賽會相關的保險議題，也將法令規範與風險管理作結合，使運動賽會管理者有充分的瞭解，進而採取適當的措施，讓運動賽會順利進行，同時透過保險風險轉嫁策略，將運動賽會舉辦之風險管理做完整與嚴密之解說和探究。

 第一節　風險管理概念與策略

一、風險的定義

　　所謂「風險」（risk）的名詞解釋，在《韋伯大辭典》中定義爲：「一種偶發的危害、危險事件或面臨到損失或傷害」（a hazard; a peril; exposure to loss or injury）。因此，造成損失或危害的事故，便可稱之爲「風險」。

　　根據前述定義，風險具有兩個基本要素：包括「不確定性」

（uncertainty）與「損失」（loss）。「不確定性」描述風險是易變的、難以預料的；「損失」則是強調風險的負面結果，例如：原訂2020年舉辦的東京奧運，因為受到新冠肺炎全球疫情延燒的影響，在日本與國際奧會多次磋商後，不取消，但延後一年到2021年舉辦，這是奧運史上第一次出現延期狀況。受新冠肺炎疫情延燒，全球陷入緊急狀態，進而影響運動員訓練狀況，因此包含加拿大及美國在內的多國皆公開表示希望東奧能夠延期，甚至出現若東奧執意於2020年開打，將拒絕派員參賽的強硬態度。日本政府與國際奧會從善如流，在距離原訂的開幕前四個月，決定將東京奧運延至2021年7月舉行，這是奧運史上首次延期，過去曾三度出現奧運取消的狀況，分別是1916年受第一次世界大戰影響柏林奧運取消，1940東京奧運及1944倫敦奧運則因第二次世界大戰取消。

而根據BBC新聞網的報導，《金融時報》引述摩根大通（JPMorgan）估計，無法在2020舉辦奧運會將令日本的年化經濟增長減少0.8%；日經新聞則引述關西大學名譽教授宮本勝浩的估算指出，延期舉辦奧運將令日本國內的經濟損失達到6,408億日元；日經還指出，奧運延期舉辦之下，日本2020年的國內生產總值將大幅下滑（BBC NEWS中文，2020），顯見不確定的風險因子可能產生嚴重的後果。

二、風險管理的意義

風險管理（risk management）不是只求沒有事故發生而已，Mulrooney和Farmer（1998）更明白指出，風險管理就是要降低危險、傷害或可能導致的法律訴訟。風險管理雖然無法完全免除災害的產生，但透過有效的風險管理策略至少可以降低未來可能面臨的實體傷害、財務損失或法律訴訟等問題。

為了降低風險及可能造成的損害，就必須具備一套完善的風險管理計畫。風險管理計畫絕對不僅於設計一份安全檢核表（safety checklist），而

▲中華職棒風險管理策略精準，成為2020年全球唯一開打的職棒賽事

是一套有系統的程序，以發現、釐清、評估並解決風險可能帶來的損失。由於生活中的風險無所不在，為處理風險必須一併考量人力、設施、財務等各面向的問題，所以，更廣義地說，風險管理不限於風險問題的處理，更可以說是整個事業體或活動的綜合管理（Smissen, 1996）。

　　此外，亦有學者將風險管理定義為危機管理（crisis management），彭小惠（2002）認為風險管理著重事前預測可能發生的危險，進而根據危險的嚴重性與發生頻率高低採取不同的因應策略，是較屬於事前防範的工作，例如大型運動賽會的安全檢查或對參賽選手投保意外保險以轉嫁風險等，較屬風險管理範疇。但是當危害事件已經發生後所做的一些補救措施，例如：受到新冠肺炎疫情影響，2020年全球體育賽事戛然停止，但中華職棒卻領先世界，在4月12日在臺中洲際棒球場，投出全球第一球，成為2020年全球唯一開打的職棒賽事。這一球，讓全世界看見臺灣，中華職棒成了2020年全球最早開打的職棒聯盟。

　　前段提到中華職棒成了2020年全球最早開打的職棒聯盟，但要在疫情

嚴峻時打比賽，中職和各隊也勢必要有充足準備。2020年的開幕戰最大的不同，就是採閉門舉行，完全不開放球迷進場。樂天桃猿隊也發揮創意，在沒有球迷的座位區，安排了身穿樂天桃猿球衣、手持口號看板的500位機器人，為球員加油。中職獨步全球開打，引來國際媒體矚目，《NBC News》及《運動畫刊》均專文報導，一盞盞聚焦中職的鎂光燈，對臺灣來說，不僅讓世界、球探直接看到中職的棒球實力，未來可能吸引更多的洋將來臺打球。

以下針對一般運動賽會常見之風險管理流程與策略分述如下：

三、風險管理策略

風險管理策略主要包含「降低風險」（reduction）、「規避風險」（avoidance）、「承擔風險」（retention）及「轉移風險」（transfer）等策略，一般常見的風險管理策略，可依著風險發生的可能性高低與風險嚴重程度來評估採行之風險管理策略，如**圖7-1**所示，並詳述如下：

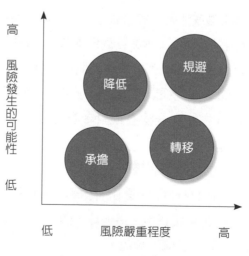

圖7-1　風險管理策略

(一)降低風險

如果發生的機率高，但後果較不嚴重時，則可以考慮照常舉辦，但試著採取配套措施，藉以降低風險之策略處理。在全球新冠肺炎疫情持續延燒的時候，許多賽事在經過評估主辦城市疫情狀況與賽會本身條件後，選擇照常舉辦，但規劃配套防疫措施，例如中華職棒採取降低風險策略，開幕戰二度延期，但最後仍決定採閉館無觀眾比賽，降低疫情風險，成為全球唯一開打的職棒聯盟，不僅造成全球關注與轟動，韓國、日本與美國職棒也研議跟進。

(二)規避風險

當某一風險發生之機率高，且後果會很嚴重時，則最好的策略就是停止進行該項活動。因為若繼續進行，很可能會產生嚴重的後果。一般會選擇採取規避策略，大都是主辦單位因為無法承擔風險發生的嚴重後果，

▲2020年已經舉辦了十年的高雄富邦馬拉松決定停辦，並全額退費給1.5萬名跑者
資料來源：截圖自中天新聞網路影片。

風險發生的機率又高，所以才會選擇取消賽事活動以規避風險。例如2020高雄富邦馬拉松評估剛在臺灣蔓延開的新冠肺炎疫情不確定性高，且可能造成臺灣的防疫破口情況下，於賽前十天宣布停辦該屆馬拉松賽事，且在賽事籌備執行進度已超過九成，報名參加跑者可領到所有參賽物資的條件下，全額退費，是當年臺灣新冠肺炎疫情在臺爆發後，第一個宣布停辦的國內賽事。

(三)承擔風險

當發生機率不高，且後果嚴重性較為輕微時，則可以考慮採用承擔風險的方式處理。一般採用承擔的風險管理策略，可能因為主辦單位不願蒙受取消或延期活動造成的損失，以及主辦單位研判發生風險的機率可能不高，所以無異於以往，照常舉辦活動，但採用此策略有時也會因為錯估情勢而造成巨大損失或影響。例如，歐美國家相對於亞洲國家輕忽疫情嚴重性與影響，一開始並未停辦賽事，選擇承擔風險，但最後導致NBA、MLB、英超、義甲、西甲足球聯賽停賽，德甲、法甲、比甲、葡甲足球聯賽，改以無觀眾閉門比賽進行，歐洲職籃全面停賽。

(四)轉移風險

當發生機率不高，但後果卻會相當嚴重時，則應該要透過適當機制轉移分攤，一般來說，賽會活動會透過為賽事投保保險，尋求風險轉移，將賽事取消或延期的風險透過購買賽事保險，轉嫁給保險公司。例如：2020年爆發的新冠肺炎全球災難式的疫情，全球的賽事只有溫布頓網球賽從2003年SARS疫情後，每年為全球性疫情投保200萬美元的鉅額保費，長達十七年，付出了3,400萬美元的保險費，但2020年賽事因新冠肺炎取消，將可獲得約1.4億美元（約臺幣42億8,000萬）的賠償，堪稱是國際運動賽會史上最划算的保單之一。

但是賽會主辦單位不要因為已保險就以為可以將全部風險轉嫁給保險公司，並不表示主辦單位就不用注意風險發生的防範。因為保險仍需要成本，如果投保人因為已有投保，而降低本身需要注意之義務責任，甚至故意忽略風險的存在，這可能產生「道德上的危險」（moral hazard）之現象，因此可能更容易導致風險事故的發生，反而增加其下次投保之成本。

前述四種風險管理策略的運用並非可以獨立切割，有時面臨風險的實際處理原則，並無法那麼明確界定是屬於這四種風險管理策略中的哪一項，亦可能兩種策略合併使用或採不同比例之策略應用。劃分為四個主要策略也只是便於管理者瞭解風險性質與處理方式的基本方法。當發生機率與嚴重性程度需要進行更細微的區分時，管理者可以根據本身在特定運動賽會所擔任的工作需求，編製類似的圖表以協助風險管理決策的制定。

🏏 第二節　運動賽會的風險種類

運動賽會的舉辦從籌備、報名、比賽期間到賽會結束的過程中，都可能面臨到多樣性的風險。先瞭解風險的類別，進一步確實掌握可能風險的起因與風險管理策略，是運動賽會管控風險的首要之務。以下針對運動賽會風險的類別分述如下：

一、以風險來源區分之風險

(一)硬體設施規劃、設計或興建不當

賽會的硬體規劃、設計或興建不當，可能容易產生風險。例如，臺北大巨蛋被勒令停工的爭議，起因之一就是北市府擔心因硬體設計規劃不當，造成疏散公安隱憂的考量。2015年5月，北市府發現大巨蛋有79處構

造未按設計圖施工，勒令遠雄停工，如果我們檢視北市府大巨蛋安全體檢小組，在2015年4月發表的《大巨蛋安全體檢報告》指出，當時的大巨蛋規劃，共有「建築量體過大導致災害風險劇增」、「商場與巨蛋共構造成安全危機」、「各棟地下停車場整體連通，災害易蔓延擴散」、「戶外空間無法容納所有逃生民眾」、「消防車無法靠近救災」五大關鍵問題。為排除上述疑慮，專案小組提出兩項替代方案，第一是保留巨蛋本體，但將建築面積由近五萬六千平方公尺縮減為四萬六千平方公尺；第二則是乾脆「拆蛋」，僅留下以公共使用目的為主的建物（排除商場），建築面積更大幅縮水至不及兩萬平方公尺，遠雄對於兩項方案，皆無法接受（鄭閔聲、楊竣傑，2020）。在經過協商與積極改善後，北市府同意遠雄於2020年8月復工，並於建照變更申請書中，依北市府防災要求，一併修正細節。

(二)醫療器材與醫療人力缺失

當運動賽會發生意外事件時，需要第一線醫護人員的急救與治療，如果現場醫療器材設備不足，或是醫護站地點設置不當，都可能導致傷患救治的延誤，同樣地，如果比賽現場醫護人員的員額不足或是醫療專業能力缺乏，也將使賽會傷患發生傷亡事件的可能性增加。例如，2021年臺北馬拉松，開跑後陸續共有7名跑者因身體不適送醫，其中2位選手為氣喘與胸悶，另5位選手為到院前心肺功能停止（OHCA）狀態，經賽事醫護組緊急處理恢復生命跡象，並後送鄰近醫院（蘋果新聞網，2021）。臺灣運動醫學會榮譽理事長葉文凌醫師投書媒體，指稱還好這是發生在首善之區的臺北，沿路的臺大、馬偕、三總均是醫學中心，且路段平坦，無上山下海之虞，更重要的是，重症治療能量充足，後援的加護病房和外科手術也絕不是問題，藉此呼籲，運動賽事的醫療服務必須要標準化，運動賽事一定會有風險，必須要有風險意識和保障措施（葉文凌，2021）。

(三)運動員個人因素

運動員比賽調整狀況不佳或對自己過度自信造成疏忽等，皆可能意外造成個人運動傷害的產生，例如：運動員缺乏適度的休息、對自己過度自信、不遵守運動規則、未配戴標準的護具或防護措施等；或者在自行車比賽中，選手如果在大集團跟車前進時，因個人疏忽而摔車，便可能造成後面更多選手撞成一團而導致更嚴重之意外傷害風險。

(四)觀眾因素與恐怖活動

過度熱情的觀眾或球迷，容易在觀賞比賽時，因過於投入而情緒亢奮，甚至在現場群眾氣氛的感染下，而產生一些激進的偏差行為，如酗酒、鬧事、打架，甚至衍生球迷暴動事件。例如，2021環法自由車賽的賽事，就在第一站，一位民眾手持加油看板突然走進賽道，幫選手們加油，但這突如其來的舉動讓急馳而來的選手馬丁（Tony Martin）毫無反應時間、直接撞上他；緊跟在後的多名選手紛紛追撞，導致集體摔車的連環自行車禍。

此外，另一種非理性的激進行為則是恐怖活動，近年來國際間恐怖攻擊頻傳，國際大型運動賽會更常被恐怖分子列為攻擊目標。最嚴重的運動賽會恐怖攻擊事件當屬1972年慕尼黑奧運會，有11名以色列籍的選手和教練被潛入的恐怖分子殺害，以及1996年亞特蘭大奧運會也發生奧運百年紀念公園爆炸案等。為了防止激動觀眾因情緒失控攻擊，除了在賽場規劃時，應在硬體設施上作適當的區域隔離，並在觀眾進場時禁止攜帶危險物品入內（如玻璃瓶、易燃品、尖銳金屬等），此外加強現場人員安全檢查與巡邏，亦能避免滋事分子藉機鬧事。例如，國內唯一的銀標國際馬拉松賽事——新北市萬金石馬拉松，2022年的賽事就動員了警力358名、民力257名，共615名警民力，針對會場及周邊進行「滴水不漏」的交管維安，

▲2021環法自由車賽的熱情車迷手持過長加油看板侵入賽道，造成集體摔車的連環自行車禍

資料來源：截圖自YouTube頻道FloBike畫面。

陸空總動員，除了出動保安大隊霹靂小組反恐等級維安、刑大警犬隊防爆及偵蒐外，更派出無人機隊對於空域進行維安監控，目的也就是要讓所有選手都能在最安全的環境下參賽（蔡琇惠，2022）。

二、管理層面區分之風險

相較於前述幾項風險來源較偏向賽會的作業層面，還有部分風險是來自於整個賽會的其他管理層面，管理層面的風險係指在運動賽會舉辦過程中，因為管理策略與執行所產生的風險類別，包括：作業風險、市場風險、財務風險及法律風險等等，詳細說明如下：

(一)作業風險

作業風險是無所不在的，學者對其所下之定義可為：「作業風險起因外部事件造成直接或間接損失的風險，導致的原因可能來自於內部管理

程序、人員與系統的不當或失誤等。」（Bank for International Settlements, 2001）根據此定義，前述運動賽會中各種可能因人員疏失、硬體設備規劃或設計不當等問題而導致的風險，皆可歸類爲運動賽會的作業風險。隨國際間爭相爭取大型賽會的主辦權之際，主辦單位若能透過嚴整的訓練流程與完善的風險管理計畫，將各種作業風險予以分類並加以改善或規避，應有助於日後的風險管理計畫執行。

(二)市場風險

運動賽會與商業結合自1984年洛杉磯奧運會後日益興盛，運動賽會的成功舉辦有賴企業資金的挹注或門票收入，透過運動贊助之執行或門票銷售系統的建制使運動賽會在財政構面得以不虞匱乏。運動賽會所衍生的相關運動用品商機，已成爲現代運動賽會成功舉辦與否的重要關鍵因素，此外，電視轉播權利金、廠商贊助權利金等收入，也是賽會主辦單位重要的收入來源，以上均爲市場風險管理所應注意的構面，皆可能使運動賽會主辦單位面臨市場風險。然而，賽事因故未能如期舉辦，也可能導致賽事主辦單位的損失風險，例如在國際馬拉松賽事歷史上，最著名的一次賽事取消就是2012年的紐約馬拉松，主要是因爲颶風「桑迪」10月28日開始侵襲後對城市留下了災難性的影響，而紐約馬拉松起跑的地點又在受災最嚴重的史坦頓島，經過爭議與討論，最終考慮到受災民眾的感受與城市救災的當務之急，紐約路跑協會與紐約市代表於11月2日傍晚緊急宣布，11月4日的比賽將取消，這是紐約馬拉松舉辦四十二年以來，首次取消；根據《跑者世界》的報導，紐約路跑協會當年因賽事取消損失達1,890萬美元，而幸運的是紐約路跑協會透過與賽事取消承保方的談判獲得了1,500萬美元的賠付（每日頭條，2018）。

▲馬拉松賽事的取消亦可能造成巨大的市場風險

(三)財務風險

財務風險與市場風險是息息相關的，市場風險著重於運動賽會的成本效益分析，但財務風險則更深入考慮到成本支出與財政收入的現金流量問題。例如在大型賽會舉辦以前，要大興土木建構符合賽會規定的運動場館，即使經過評估計算後整個賽會的總收入將大於總成本，但由於大部分的支出係發生於賽會正式開始前（如場館的規劃興建支出），而主辦單位主要收入則是在接近運動賽會即將開始前才有贊助、轉播金或門票等收入，因此如果主辦單位現金支出與收入的時間無法銜接，甚至發生資金週轉不靈，則可能造成財務的風險。如奧運、亞運等許多大型運動賽事的主辦國都曾因為籌辦賽事過程，無法有效控制預算，耗費過鉅造成財務負擔，或賽後為了賽前大興土木的運動場館的營運問題而大傷腦筋。

(四)法律風險

　　法律風險有三個主要來源，第一種風險導因於法律或契約規範本身的內容，例如，運動賽會場館安全標準的規範，當要求的標準愈高，主辦單位可能需承擔的風險則愈高。第二種如契約中可能針對一些不可抗力事件所衍生之結果作規定，契約雙方要如何分擔因不可抗力事件所造成的風險，也屬於此一法律風險之範疇，例如，2010年美國道奇棒球隊來臺灣與國內職棒聯隊打熱身賽，原本主辦單位預計打三場，第二場球賽卻因大雨而導致臨時喊停，儘管主辦單位投保罕見的「表演中斷險」獲得部分理賠，但後續與相關協力廠商及贊助商間應如何分攤擔負此一不可抗力的財物損失，便是法律風險中的重要課題。第三種風險則為侵權風險，臺北市成功申辦2017世大運，體育局斥資新臺幣400萬元透過中華民國大專體總委託新加坡的ESPN製作宣傳影片，但片中有四個空拍鏡頭卻涉及侵權，遭發行齊柏林「看見臺灣」紀錄片的阿布電影公司求償240萬元，甚至無法公開播放。上述三種皆為法律風險，應該是運動賽事主辦單位應該要謹慎小心審視的問題。

 ## 第三節　賽會保險與法令

　　在臺灣打高爾夫球有一項不成文的規定，這是沒有強制性的，但通常幸運打出一桿進洞的人，是要請在場的球友吃飯的，一頓飯請下來少則幾萬，多則數十萬的都有，所以也衍生出「一桿進洞險」這險種，而「一桿進洞險」，其實臺灣各家產險公司，像是國泰產、富邦產、南山產、華南產、泰安產等幾乎都有，但也許不會直接叫一桿進洞險，通常會稱為高爾夫球員責任保險，裡面就包含第三人責任、衣李球具毀損滅失、球桿破裂折斷、一桿進洞費用補償及球僮慰問金費用等賠償，組成一個綜合保險。

當這幸運的一桿進洞發生時，被保險人可檢附球場開立之一桿進洞證明及實際支付憑證來申請理賠，依實際支出進行賠償，但最高賠償額度以保額為限（目前有2-5萬保額可供選擇）。

　　保險商品的種類眾多，賽會針對無法獨自承擔的風險，往往藉由保險來移轉分攤風險的責任，因此本文以下則針對運動賽會舉辦過程中，相關的保險險種來做說明，並針對相關法令問題進行說明。

一、節目中斷險

　　從2020年初新冠肺炎的全球疫情爆發之後，根據數據資料庫公司Two Circles的統計，全球的運動賽事原訂有49,803場次，但截至該公司4月底的統計，只剩下26,424場次依照原訂計畫舉辦，尚未取消，也就是說因為疫情的影響，全球的運動賽事大約取消了47%（CUTLER, 2020）（圖7-2）。

　　而賽事因為外力因素遭到取消，主辦單位勢必蒙受損失，這些損失有保險可以理賠嗎？根據林和謙（2020）的論述，美國職籃NBA爵士隊中鋒Rudy Gobert於2020年3月12日首先確診武漢肺炎（新型冠狀病毒COVID-19），加上聯盟陸續有人員染疫，NBA官方考量球員、觀眾、工作人員的安全，並避免感染擴散，立即宣布無限期停止本季所有賽事，而且不只Rudy Gobert中鏢，隔天他的隊友Donovan Mitchell也確診染上武漢肺炎，成為NBA確診第二例，接著幾天也有數名球員確認感染，包括籃網隊大咖球星Kevin Durant在內。因為疫情取消既定的賽事，「節目中斷險」是有可能符合的保險商品，「節目中斷險」的原文為event cancellation，但因承保範圍不僅包含運動賽事，所以一般保險業界較常譯為節目中斷險，故以下皆以「節目中斷險」來稱之。

　　節目中斷險主要承保項目包括體育競賽、表演、展覽等活動，承保範圍包括：主辦單位無法控制的意外事故，例如場地失火、斷電等，活動或節目出席人員因為疾病、意外傷害或死亡而缺席，以及特定天氣因素如豪

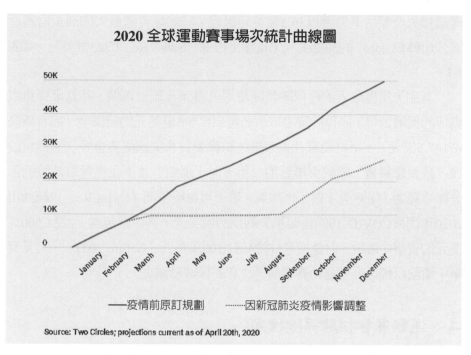

圖7-2　2020年全球運動賽事受疫情影響而紛紛取消

資料來源：https://twocircles.com/us-en/articles/covid-to-halve-2020-sports-calendar/

大雨、颱風或冰雹等。不保項目包括出席人員發生體力透支、精神耗損，或染性病、愛滋病，以及受酒精、藥物或毒品影響。以運動賽事來看，必須是主辦單位已經支付的費用，節目中斷險才可理賠，比如賽事場地布置費、行銷費用、相關維護費用等。而運動員感染武漢肺炎，致賽事取消所引發的運動聯盟損失，因節目中斷險的承保項目有「出席人員因為疾病、意外傷害或死亡而缺席」，因為未排除法定傳染病，因此可以理賠。

　　這一波的新冠肺炎全球疫情，根據國外媒體Reinsurance News統計，全球保險業因新冠肺炎（COVID-19）引起的理賠損失，截至2020年7月底，總共來到210億美元，相當於新臺幣6,153億元，主要是用於賠償旅行或活動取消、營業中斷、貿易信用險的損失。根據Reinsurance News數據，前十大疫情苦主中，損失最慘重的是英國倫敦的保險巨頭勞合社（Lloyd's），

理賠損失及預估準備金以36.5億美元居冠；其次是美國最大的商業財產保險公司FM Global 的30億美元，及瑞士再保（Swiss Re）的25億美元，如**表7-1**。

其中，規模最大的再保險集團慕尼黑再保及瑞士再保，都是承保東京奧運的保險公司，原預計賽事取消恐付出至少5億美元的賠償金（約合新臺幣147.5億元），不料後來在東京奧運組織委員會與國際奧會多次協商討論後，政策急轉彎，確認東奧延期一年，而「延期」並不在奧運取消險的部分保單範圍，保險業才鬆了一口氣。瑞士再保險集團（Swiss Re）也統計出2020年因為COVID-19的理賠損失約為39億美元，其中就包含了8億1,500萬美元的賽事中斷險，財產與意外險4億1,100萬美元（Gallin, 2021），可見賽事中斷險已經是現今運動賽事值得注意的保險種類之一了。

二、運動賽會相關保險種類

一般來說每家保險公司的保險費率都不一樣，保險費率也就是保險人用以計算保險費的標準，保險人承保一筆保險業務，用保險金額乘以保險

表7-1　2020年1-7月全球疫情損失前10大保險公司　　　（億美元）

排名	保險公司	損失
1	勞合社Lloyd's	36.50
2	FM Global	30.00
3	瑞士再保Swiss Re	25.00
4	安盛AXA	17.00
5	慕尼黑再保Munich Re	16.63
6	安達Chubb	13.70
7	蘇黎世Zurich	7.50
8	安聯Allianz	7.24
9	SCOR	5.30
10	Partner Re	3.38

資料來源：Reinsurance News

費率就得出該筆業務應收取的保險費。保險費率跟保險金額、保險內容以及保險期限有關，因此，保障得越多，時間越長，保費就越高。以下針對運動賽會相關的保險種類簡述介紹：

(一)旅行平安險

一般來說，不限定搭乘航空交通工具才有保障，無論客戶在國內或國外，全程皆享有保障。包含一般意外身故保險金或喪葬費用保險金、騎乘自行車意外身故保險金或喪葬費用保險金、大眾運輸工具意外身故保險金或喪葬費用保險金、一般意外失能保險金、騎乘自行車意外失能保險金、大眾運輸工具意外失能保險金、重大燒燙傷保險金、傷害醫療保險金、海外突發疾病住院醫療保險金、海外突發疾病住院補償保險金、海外突發疾病門診醫療保險金、海外突發疾病急診醫療保險金、重大燒燙傷保險金、海外突發疾病醫療保險金限額調整等。

(二)個人傷害保險

主要係提供被保險人因意外事故致其身體蒙受傷害而致殘廢或死亡時之保險保障，不包含其他非意外（如疾病等）所致之事故，故該類商品之保費相較於其他類型之人身保險低廉。

(三)公共意外責任險

係指企業、團體或機構於從事營業或業務活動因意外事故所致第三人之傷害或財物受損，依法應負賠償責任而受賠償請求時，保險公司對被保險人負賠償責任。但意外事故必須是下列兩個原因之一所造成：(1)因被保險人或其受僱人經營業務之行為所致者；(2)因被保險人營業處所之建築物、通道、機器或其他工作物所致者。

但也要特別注意，公共意外責任保險有不予承保範圍，簡述如下：下

列意外事故所致之賠償責任，不是公共意外責任保險之承保範圍，保險公司不負賠償責任：(1)產品責任—因出售或供應之商品或貨物所致；(2)工程責任—因工地發生之震動或支撐設施薄弱或移動所致；(3)僱主責任—因執行職務之受僱人發生體傷、死亡或財損所致；(4)電梯責任—因所有、使用或管理之電梯所致；(5)污染責任—各種型態之污染所致；(6)專業責任—因執行醫師、律師、會計師、建築師或其他專門職業所致；(7)託管責任—因向人租借、代人保管、管理或控制之財物受有損失所致；(8)契約責任—以契約或協議所承受之賠償責任；(9)因經營非保險單所載明之業務或執行未經主管機關許可之業務或從事非法行為所致；(10)因故意行為所致；(11)因颱風、地震、洪水或其他天然災變所致；(12)被保險人為住宅大樓管理單位時，於住戶或承租戶住、居所室內發生意外事故所致體傷、死亡或財物受有損失（中華民國產物保險商業同業公會網站，http://www.nlia.org.tw）。

(四)產物保險

分成個人險種與企業險種，運動賽會主辦單位在產物保險的部分，主要是商業火險、責任險、工程保險、海上保險等。

◆商業火險

包含：(1)商業火災保險；(2)地震險；(3)颱風及洪水險；(4)水漬險；(5)竊盜險；(6)爆炸險；(7)自動消防裝置滲漏險；(8)第三人意外責任險；(9)煙燻險；(10)航空器墜落、機動車輛碰撞險；(11)罷工、暴動、民眾騷擾及惡意破壞行為險；(12)恐怖主義險；(13)地層下陷、滑動或山崩險；(14)營業中斷險；(15)租金損失保險等。

◆責任險

包含：(1)公共意外責任保險；(2)僱主意外責任保險；(3)產品責任保險；(4)營繕承包人意外責任保險；(5)保全業責任保險；(6)個人資料保護責任保險等。

▲產物保險種類繁多，主要目的是保障運動賽事相關的財產安全或完整性

◆工程保險

包含：(1)營造綜合保險；(2)安裝工程保險；(3)營建機具綜合保險；(4)鍋爐保險；(5)機械保險；(6)電子設備綜合保險等。

◆海上保險

包含：(1)貨物運輸保險；(2)貨物運送人責任保險。

三、風險管理與法令相關議題

(一)法律觀點談保險理賠爭議

雖說賽會活動為參加者投保了保險，但出了意外之後，傷者也不一定就獲得理賠，這是什麼原因？以下我們從法律觀點來談談這問題。

郭姓男子2014年前參加「AMD環東國際自行車賽」，但比賽當天下

雨，路面積水、有坑洞，他騎經省道臺11線92公里處時和其他參賽選手擦撞，送醫不治；郭妻和兩個小孩請求自行車騎士協會賠償，但卻被告知自行車賽為「不保事項」，無法理賠，妻兒一路打訴訟，臺灣高等法院更一審判自行車騎士協會應賠償郭妻和兩子各27萬7千餘元確定（王宏舜，2020）。

該意外事件中，賽會主辦方其實投保了旅行平安險、公共意外責任險等兩項保險契約，但公共意外責任險其實是保障主辦方，若是自己跌倒、疾病引發的意外（中暑、熱衰竭、高山症等），非主辦單位疏失的原因，公共意外責任險一律不賠，如果傷者無法舉證是大會疏失造成您的意外，保險公司就有權不理賠。此案例中主辦方表示「自行車賽不包含在保險範圍內」，主要是考量自行車比賽有運動特殊性，國際職業比賽也常見在雨天舉辦，摔車意外屢見不鮮，這應屬容許、自願承擔的風險；況且郭姓男子隱瞞心臟病史，違反報名簡章規定，風險自然不是協會能控制，他們已按報名簡章投保公共意外責任險，沒有過失；報名簡章、賽前公告除書面外，也公告在網站，並隨時更新訊息，有盡到讓選手充分知悉的責任。而協會在比賽前規劃、維安交管都按相關規定辦理，沒有賽道積水、多處路段有坑洞裂縫、未設警告標示、未執行交通管制等狀況，因此不應該承擔理賠責任，在「將自行車賽排除在保險範圍外」這件事也不應該有過失。

而法院在經過六年的審理之後，認為郭姓騎士因報名簡介的內容而決定參加自行車賽，協會負有對選手投保完善保險以保障生命、身體安全的義務，而協會投保的「旅行平安保險」及「大會公共意外責任險」不能認符合債之本旨為給付，有因可歸責於債務人的事由，致為不完全給付；而自行車賽的報名費每人2,000元雖含保險，但未表明保險種類、保險契約內容，協會稱不能獲賠的說法無據，更一審試算競賽組、挑戰組繳交的報名費用，依序為2,000元、2,500元，協會為競賽組應投保的旅遊平安險至多不超過100萬元，以2,000元、2,500元的比例換算，協會應為競賽組投保的旅遊平安險為80萬元，更一審計算後，認為郭妻、兩個兒子得請求的保險金

為831,480元，平均繼承後，協會應賠3人各277,160元（王宏舜，2020）。

(二)八仙塵爆事件引發的相關法令修正

八仙海岸水上樂園（已停業）2015年6月27日舉辦彩色派對活動時，發生粉塵爆炸事故，造成大批遊客灼傷事件，包含15人死亡、484人受到程度不等之燒燙傷案件。八仙塵爆事件後，中央及地方政府單位，就相關法令進行修正，以避免類似事件慘劇再度發生，整理如下（天秤座法律網，2020；交通部觀光局，2017；廖佩君，2015）：

1. 交通部觀光局修改《發展觀光條例》草案、《觀光遊樂業管理規則》：為了避免類似意外再發生，交通部觀光局《觀光遊樂業管理規則》新增第19條之1規定，觀光遊樂業園區內舉辦特定活動（納管天燈、煙火等與火焰相關的活動，或路跑、馬拉松、熱氣球等需特殊器材管制的活動），應於30日前檢附安全管理計畫，報經地方主管機關核准。地方主管機關為前項核准後，應陳報交通部觀光局備查。

2. 提高《觀光遊樂業管理規則》的責任險保險最低額度，總保險金從原本的2,400萬元，提高為6,400萬元，每一事故傷亡金額，則從原來的1,000萬元，改為3,000萬元；若業者舉辦特定活動，也應比照辦理。

3. 制訂《民間辦理大型群聚活動安全管理自治條例》草案：事件發生後，新北市政府制訂《新北市民間辦理大型群聚活動安全管理自治條例》，於2018年9月9日公布，並定自2019年1月1日施行。內容主要明訂參加者達千人以上、持續2小時以上的活動，包括演唱會、燈會、博覽會、煙火、慶典等活動，主辦機關應在活動前制定活動安全工作計畫、投保公共意外責任險，並事先與場所管理者簽訂安全協定，另要辦理防救災教育演練等，同時將相關文件送市府審查。

此舉後來也引起其他縣市政府跟進制訂大型群聚活動安全管理自治條例，確保大型群聚活動之安全，避免災害發生與強化緊急應變功能，保護人民生命財產。

 結　語

舉辦任何形式或規模之運動賽會難免會有風險的產生，如何有效規避風險或轉嫁風險甚至承擔風險，都是運動賽會管理者應該在事前充分評估且有效運籌管理並擬定風險管理計畫，交由所有賽會參與人員確實執行與考核。運動賽會的風險來源，可能來自硬體設施設計或興建不當、醫護人員數量或專業性不足、運動員個人因素、觀眾影響或恐怖活動攻擊等因素。就管理層面，可區別為作業風險、市場風險、財務風險與法律風險等，本章主要著重於風險管理的策略、風險種類、活動保險險種及法律相關議題作說明與探究。

是故，運動賽會主辦單位除了須於賽前充分瞭解賽會可能產生之風險外，並應妥善制定一套完整之風險管理流程、擬定有效管控風險的策略，強化運動賽會場館之安全管理，並得藉由投保、增聘專業人員等內部關係來分攤風險，若意外事故仍不幸發生，即使無法免除外部責任，仍可透過轉嫁移轉風險的方式來求償。運動賽會要避免風險事故的產生，唯有靠主辦單位群策群力，共同擬定符合賽會性質之風險管理計畫，並澈底執行與考核，才能有效降低賽會舉辦過程中的風險事故發生，讓運動賽會圓滿完成。

問題與討論

一、本章提及的風險管理策略中，試舉一項近三年的運動賽會危機事件
來說明，其所採用的策略為何？

二、本章提及運動賽會常見的風險管理策略，請依您過去參與運動賽會
的經驗，討論您曾遭遇過哪些運動賽會所發生過的風險事件，您又
如何避免重蹈這些傷害事件？

三、運動賽會中常見的風險種類包含哪些？選擇其中兩項風險，假設在
您承辦下一屆的全國運動會的情況下，您會如何避免嚴重的意外事
件發生。

四、本章最後討論運動賽會所牽涉的法律相關議題，請就您曾經遭遇的
運動賽會意外事件，可以透過哪些保險來轉移風險。

參 考 文 獻

一、中文部分

BBC NEWS中文（2020）。〈東京奧運：延期一年舉辦的經濟影響是什麼〉，
取自https://www.bbc.com/zhongwen/trad/world-52037451。

Hinet新聞網（2010）。〈冬奧開幕傳悲劇 雪橇練習出人命〉，3月20日，取自
http://times.hinet.net/times/article.do?&newsid=2657996&option=entertainme
nt。

中央通訊社（2021a）。〈東京奧運開幕式保密到家 維安創日本最大規模〉，
取自https://www.cna.com.tw/news/firstnews/202107220055.aspx。

中央通訊社（2021b）。〈東京奧運支出逾1.4兆日圓 無觀眾省下2千億日圓〉，

取自https://www.cna.com.tw/news/aspt/202112230169.aspx。

天秤座法律網（2020）。〈八仙塵爆後，政府做了什麼？〉。天秤座法律網，取自https://www.justlaw.com.tw/News01.php?id=9385。

文匯網（2009）。〈東亞運首例甲流 澳門男足中招〉，12月6日，取自http://news.wenweipo.com/2009/12/06/IN0912060076.htm。

方信淵（2007）。〈以保險作為大型運動賽會之風險轉移策略與做法〉。《大專體育》，93，頁108-112。

王宏舜（2020）。〈參加自行車賽摔死不賠？妻兒打6年訴訟終於贏了主辦方〉。Udn聯合新聞網，取自https://reurl.cc/8W1xgo。

王凱立（2004）。〈運動賽會風險管理與法令〉。載於程紹同等著，《運動賽會管理：理論與實務》，頁185-210，新北：揚智文化。

王澤鑑（1998）。《侵權行為法：基本理論一般侵權行為》。臺北：王慕華。

北京奧林匹克運動會組織委員會（2006）。《北京奧運會工作人員讀本》。北京：北京體育大學出版社。

立法院（1999）。「民法債編新舊條文對照表暨修正說明（88、4、21公布）：第一百九十一條之三之修正說明」，《立法院公報》。

交通部觀光局（2017）。《觀光遊樂業管理規則》。

李仁德（1995）。〈我國運動意外傷害保險探討〉。《體育學報》，20，頁87-98。

每日頭條（2018）。〈賽事風險管理之賽事取消險〉，取自https://kknews.cc/zh-tw/sports/monyvz6.html。

周大慶、沈大白、張大成、敬永康、柯瓊鳳（2002）。《風險管理新標竿：風險值理論與應用》。臺北：智勝。

奇摩網（2010）。〈道奇陣容騙很大？悍創：已盡力可退票〉，3月3日，取自http://tw.news.yahoo.com/article/url/d/a/100303/1/21d2l.html。

林千源（1996）。〈運動場館觀眾安全之維護〉。《中華體育季刊》，10(1)，頁32-36。

林和謙（2020）。〈球星確診武漢肺炎 賽事取消 保險可賠嗎？〉。《現代保險》新聞網，取自https://www.rmim.com.tw/news-detail-25790。

林輝煌、林瑞泰（2002）。〈運動意外傷亡與相關法律規則之研究〉。《臺灣體育運動管理學報》，1，頁313-329。

金磊（2004）。《安全奧運論：城市災害防禦與綜合危機管理》。北京：清華大學出版社。

高俊雄（2005）。《運動設施管理》，頁88。臺北：桂魯。

張寧倢（2022）。〈5萬觀眾爆踩踏意外！非洲國家盃足賽8死50傷　「瘋擠窄門」影片曝〉，取自https://www.ettoday.net/news/20220125/2177300.htm

彭小惠（2002）。〈風險管理應用於體育的理論與實務〉。《中華體育季刊》，16(2)，頁29-36。

黃榮堅（2003）。《基礎刑法學》（上）。臺北：元照。

新華網（2010）。〈國際奧會關注巴西自然災害〉，取自http://tw.nextmedia.com/applenews/article/art_id/32419026/IssueID/20100408。

葉公鼎（2009）。《大型運動賽會經營管理》。臺北：華都。

葉文凌（2021）。〈還好是在臺北！驚傳5跑者OHCA 運動賽事醫療須標準化〉。自由時報網路新聞，取自https://sports.ltn.com.tw/news/breaking-news/3773788。

廖佩君（2015）。〈八仙塵爆後 公共意外險保額提高〉。蘋果新聞網，取自https://tw.appledaily.com/finance/20151029/UFU4DCE3HLH6MSJI23ZZ6XZ-BSA/。

劉興樺（2008）。〈資訊安全風險管理（ISO/IEC FDIS 27005）議題初探〉。網路簡報。

蔡琇惠（2022）。〈高規格維護競賽安全獲好評〉。中華新聞雲，取自https://www.cdns.com.tw/articles/554264。

鄧家駒（2005）。《風險管理》。臺北：華泰。

鄭閔聲、楊竣傑（2020）。〈柯文哲終於搞定大巨蛋 議員為何不買單？〉。《今週刊》，1030期，取自https://www.businesstoday.com.tw/article/category/80392/post/202007150014/。

聯合新聞網（2010）。〈冬奧開幕 老天爺賞雪〉，2月13日，取自http://mag.udn.com/mag/sports/storypage.jsp?f_MAIN_ID=114&f_SUB_ID=1796&f_ART_ID=235844。

蘋果新聞網（2021）。〈臺北馬今早開跑 7人不適5人OHCA！急救後恢復意識送醫〉，取自https://tw.appledaily.com/life/20211219/AJOHFLBKZB-F7XJRQN5BFUA7DPA/。

二、英文部分

Ammon, R. Jr. (2001). Risk management process. In D. J. Cotton, J. T. Wolohan & T. J.

Wilde (Eds.), *Law for Recreation and Sport Managers*, 265-277. Dubuque, Iowa: Kendall/Hunt Publishing Company.

Bank for International Settlements (2001). Working Paper on the Regulatory Treatment of Operational Risk. Retrieved from November 13, 2003. http://www.bis.org/publ/bcbs_wp8.htm#pgtop.

Brown, M. T. (2001). Risk identification and reduction. In D. J. Cotton, J. T. Wolohan & T. J. Wilde (Eds.), *Law for Recreation and Sport Managers*, 279-291. Dubuque, Iowa: Kendall/ Hunt Publishing Company.

CUTLER, M. (2020). Covid-19 set to halve 2020 sports calendar- new analysis. https://twocircles.com/us-en/articles/covid-to-halve-2020-sports-calendar/

Eickhoff-Shemek, J. (2001). Standards of practice. In D. J. Cotton, J. T. Wolohan & T. J. Wilde (Eds.), *Law for Recreation and Sport Managers*, 293-302. Dubuque, Iowa: Kendall/ Hunt Publishing Company.

Gallin, L. (2021). As the world reopens, event cancellation coverage will be an issue: Mumenthaler, Swiss Re. https://www.reinsurancene.ws/as-the-world-reopens-event-cancellation-coverage-will-be-an-issue-mumenthaler-swiss-re/

Hronek, B. B. & Spengler, J. O. (1997). *Legal Liability In Recreation and Sports*. Champaign, IL: Sagamore Publishing.

Kaiser, R. A. (1986). *Liability and Law In Recreation, Parks, and Sports*. Englewood Cliffs, New Jersey: Prentice-Hall.

Mulrooney, A. A. & Farmer, P. (1998). Risk management in public assembly facilities. In H. Appenzeller (Ed.), *Risk Management In Sport: Issues and Strategies*, 267-281. Durham, North Carolina: Carolina Academic Press.

Sawyer, T. & Smith, O. (1999). *The Management of Clubs, Recreation, and Sport: Concepts and Applications*. Champaign, IL: Sagamore Publishing.

Smissen, B. (1996). Tort liability and risk management. In B. L. Parkhouse (Ed.), *The Management of Sport: Its Foundation and Application*, 164-184. New York: McGraw-Hill.

Chapter 8

王慶堂

運動賽會行政管理規劃與執行

學習目標

1. 瞭解運動賽會之籌備體系與組織分工。
2. 瞭解籌備處各部門之工作規劃內容與執行要項。
3. 瞭解運動賽會籌備法規體系及行政規劃與管理執行機制。
4. 瞭解運動賽會籌備業務管制考核、組織運作、行政管理、庶務採購、經費編列與控管、安全維護及緊急應變等運動賽會支援體系運作。
5. 透過實務性議題之學習，提高對運動賽會行政管理之正確認知與操作技能。

第一節　籌備組織與專業委員會

　　運動賽會的行政管理工作主要係有效控制運動賽會之依規、依序、依時、依限的籌備，並且按籌備工作計畫書如期、如質的完成。行政管理工作不論是從行政三聯制的角度，以計畫、執行、考核的程序辦理並進行滾動式計畫修正，或是由管理功能角度出發的規劃、組織、領導、控制的模式辦理；運動賽會籌備之行政規劃與管理必須嚴守依法行政原則，千萬不可便宜行事衍生爭議，尤其賽會籌備工作涉及預算編列與執行、政府採購、履約管理、採購驗收、憑證核銷、公文書處理、報告書撰寫、計畫結案等，更要遵循法規規範謹慎處理，不可貪圖一時方便，產生違規或違法之爭議。

　　一個成功的運動賽會需要長時間的籌備，花費龐大之人力、財力與物力，以國際綜合運動賽會之籌備而言，籌備期約在四至六年，國際單項運動錦標賽籌備期約一至二年；國內大型運動賽會之籌備階段約為二年，以全國運動會之籌備舉辦而言，籌備會及籌備處於賽會舉辦前兩年成立並開始運作，全國運動會開幕前一年公布競賽規程，核定舉辦之運動種類、科目及競賽項目；全國運動會開幕前六個月公布各項運動種類技術手冊，確定舉辦之競賽項目及預定賽程規劃等。運動賽會舉辦結束後，籌備單會還要就進行場地清理、經費核銷、收支決算及報告書撰寫等工作。

　　整體而言，運動賽會之籌備工作由行政規劃作業開始，也以行政管理作業結束，顯現運動賽會籌辦時，行政管理規劃與執行的重要性。國際運動賽會之籌備組織體系，必須依據主辦城市與賽會所有權組織所簽訂之賽會舉辦合約書規範之協議事項與程序進行籌備組織籌設；國內運動賽會之籌備組織，則須依循運動會舉辦準則或籌備會組織規程之規定進行組織與籌設。全國運動會自1999年開始舉辦以來，為國內運動賽會籌備組織規劃

最為完整之運動賽會，其組織規模與架構足堪作為運動賽會籌備之參考。本節以國內全國運動會之籌備作為基礎，探討運動賽會籌備之行政管理規劃與執行概要，其他全國綜合性運動賽會亦可依照賽會層級與規模予以參照或酌予調整辦理。

依據《全國運動會舉辦準則》規定，全國運動會之籌備組織包含籌備會、籌備處；並設置運動競賽審查會、運動禁藥管制會等專業委員會；籌備處為運動賽會籌備之實際執行組織，籌備處分組辦事，執行各項運動賽會之籌備工作。依照中華民國110年全國運動會籌備會組織架構，在籌備會下分別設置了籌備處、運動競賽審查會、運動禁藥管制會等部門，110年全國運動會籌備會組織架構，詳如圖8-1。

一、籌備會

全國運動會承辦城市應於全運會舉辦二年前成立全運會籌備會，辦理各項籌備事項。籌備會委員組成包含承辦單位首長；承辦單位所在地之直轄市、縣（市）議會議長；教育部體育署競技運動及運動設施二單位主管；中華奧林匹克委員會秘書長；中華民國體育運動總會秘書長；承辦單位所在地之直轄市、縣（市）體育會理事長；承辦單位之代表；媒體、藝文或體育學者專家。全國動會承辦城市應制定「全國運動會籌備會組織章程」連同委員名單報教育部核定後，展開全國運動會之籌備工作。

圖8-1　全國運動會籌備會組織架構

二、籌備處

　　運動賽會籌備處業務分工雖會因為主辦機關、賽會規模等條件而有所差異，依據全國運動會舉辦準則規定，籌備處分組辦事，籌備處各工作組依據業務的分工予以劃分，因工作組數量眾多，110年全國運動會籌備處轄下設置了24個工作組，但為了協調與統籌業務屬性相近，業務關聯性高或資源調度有統籌需要的各工作組，在籌備處下設置了行政部、宣傳部、典禮部、服務部以及競賽部，統籌各項籌備業務。

　　中華民國110年全國運動會籌備處由教育局局長擔任籌備處主任，文化局長擔任籌備處副主任，轄下設置24個工作組，遴聘新北市政府教育、體育、農業、經濟發展、文化、觀光旅遊、交通、警察、環保、衛生等局處主管、各級學校校長擔任工作組組（副）長及工作人員，協助籌備處進行全國運動會之籌備工作。籌備處業務部及工作組與分工如下：

1.行政部：統籌行政文書組、總務會計組、綠化美化組、社會資源組、團本部組等之業務分工與協調。

2.宣傳部：統籌新聞宣傳組、藝文活動組、觀光行銷組等之業務分工與協調。

3.典禮部：統籌典禮組、表演組、聖火組、接待組等之業務分工與協調。

4.服務部：統籌服務組、交通組、警衛組、環保組、醫護組等之業務分工與協調。

5.競賽部：統籌競賽資訊組、裁判組、獎品組、場地組、器材組、藥檢組、運動傷害防護組等之業務分工與協調。

110年全國運動會籌備處組織架構，詳如**圖8-2**。

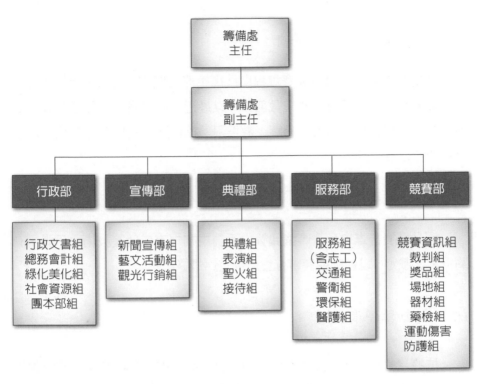

圖8-2　全國運動會籌備處組織架構

三、運動競賽審查會

　　全國運動會運動競賽審查會依據《全國運動會舉辦準則》規定設置，專責審議及處理運動競賽事務，其組織簡則經教育部核定後施行，運動競賽審查會依規定審查競賽及爭議事件，主要工作為審議競賽規程、競賽運動種類之技術手冊，以及競賽期間非屬運動規則或競賽技術之爭議事項。通常由籌備處之競賽組或競賽資訊組作為運動競賽審查會之幕僚單位，協助審查會之協調聯絡、審議事項之會議召開、資料準備、紀錄彙整等業務工作。

(一)審查競賽規程及技術手冊

運動競賽審查會負責競賽規程與技術手冊之擬定、審查與核定工作，涉及競賽科目、項目及參賽人數部分，以最近一屆已辦或將辦之奧運、亞運舉辦之競賽科目、項目及參賽人數爲限；以審議全國單項運動協會規劃之競賽科目及項目。

(二)審議爭議事件

運動競賽審查會負責審議競賽中不屬規則規定或競賽技術之爭議，有關爭議之裁定，以運動競賽審查會之裁定爲最終決定。

四、運動禁藥管制會

依據《國民體育法》規定，「實施及執行國際運動賽會禁藥管制規範」爲中華奧會本《奧林匹克憲章》賦予之專屬權利及義務，與中央主管機關合作辦理之事務；另依據教育部2020年2月27日發布施行之《運動禁藥管制辦法》，國家運動禁藥管制組織（NADO）爲與世界運動禁藥管制機構（WADA）簽署遵《行世界運動禁藥管制規範》（World Anti-Doping Code），辦理我國運動禁藥管制業務之民間捐助之全國性財團法人，所以自2021年3月1日起中華奧會運動禁藥管制組業務移轉由「財團法人中華運動禁藥防制基金會」辦理。運動禁藥管制業務包含運動禁藥教育、宣導、輔導、防治、行蹤登錄、治療用途豁免、檢測（包括藥檢分配計畫、檢體採樣與處理、實驗室分析等）、違規調查、審議、管制決定、申訴、執行及其他管制相關活動。

全國運動會運動禁藥管制會依據《全國運動會舉辦準則》規定設置，專責審議及處理運動禁藥管制事務，其組織簡則經教育部核定後施行。運動禁藥管制會主要任務爲運動禁藥管制檢測研訂與執行，運動禁藥管制工作

之籌劃與執行、採樣工作之執行與監督、運動員違規使用藥物審理等工作。通常由籌備處之禁藥檢測組作為運動禁藥管制會之幕僚單位，協助禁藥管制會之協調聯絡、審議事項之會議召開、資料準備、紀錄彙整等業務工作。

 ## 第二節　籌備業務分工與進度管考

　　運動賽會籌備工作繁雜，且業務屬計畫性之短期工作，行政院及所屬機關自民國110年起不得再運用「勞動派遣」，除短期具期限性之專案性業務並報經上級主管機關核可，始得依「行政院運用勞動派遣應行注意事項」規定，所以運動賽會主辦機關於運動賽會籌備期間，為因應籌辦運動賽會之特定業務需要，如需以業務費進用臨時人員，可以依照「行政院及所屬各機關學校臨時人員進用及運用要點」規定，進用臨時人力協助運動賽會之籌辦，減輕各業務支援機關人力負擔之狀況。

　　運動賽會之籌備會（或組委會）係委員制之組織，為運動賽會籌備組織最高層級之單位，由籌備處行政組負責辦理協調聯絡、會議召開、資料準備等前置作業，以及會議紀錄製作、業務執行追蹤等其幕僚工作。

一、籌備處業務分工

　　運動賽會籌備期間各項籌備工作除運動競賽本身之賽務工作外，運動賽會籌備工作涉及教育、文化、新聞宣傳、觀光旅遊、交通運輸、安全維護、環保清潔、醫療衛生、食安管制、商業經濟及社會資源募集等各項運動賽會支援業務。為有效整合工作之效率及資源運用，籌備處依據業務屬性成立業務部，統籌工作組之分工與業務協調工作，業務部具有整合業務及溝通協調各組工作之樞紐關鍵，依照分工層級劃分，業務部為籌備處之一級單位，工作組為籌備處之二級單位。

籌備處各業務部就所統籌之各工作組,輔導工作組各項業務並協助制訂工作計畫與預算編列,主要分工事項及重點工作統整如下:

(一)行政部

統籌行政文書組、總務會計組、綠化美化組、社會資源組、團本部組之業務分工與協調。

1. 輔導行政文書組、總務會計組、綠化美化組、社會資源組、團本部組編製工作計畫書。
2. 輔導行政文書組、總務會計組、綠化美化組、社會資源組、團本部組各組經費預算編列與經費執行。
3. 輔導行政部所屬工作組制訂工作計畫管制事項及檢核點。
4. 協調行政部所屬工作組業務協調及資源統整。
5. 行政部所屬工作組計畫執行進度及預算執行進度管制與考核。

(二)宣傳部

統籌新聞宣傳組、藝文活動組、觀光行銷組之業務分工與協調。

1. 輔導新聞宣傳組、藝文活動組、觀光行銷組編製工作計畫書。
2. 輔導新聞宣傳組、藝文活動組、觀光行銷組各組經費預算編列與經費執行。
3. 輔導宣傳部所屬工作組制訂工作計畫管制事項及檢核點。
4. 協調宣傳部所屬工作組業務協調及資源統整。
5. 宣傳部所屬工作組計畫執行進度及預算執行進度管制與考核。

(三)典禮部

統籌典禮組、表演組、聖火組、接待組之業務分工與協調。

1.輔導典禮組、表演組、聖火組、接待組編製工作計畫書。

2.輔導典禮組、表演組、聖火組、接待組經費預算編列與經費執行。

3.輔導典禮部所屬工作組制訂工作計畫管制事項及檢核點。

4.協調典禮部所屬工作組業務協調及資源統整。

5.典禮部所屬工作組計畫執行進度及預算執行進度管制與考核。

(四)服務部

統籌服務組、交通組、警衛組、環保組、醫護組等之業務分工與協調。

1.輔導服務組、交通組、警衛組、環保組、醫護組編製工作計畫書。

2.輔導服務組、交通組、警衛組、環保組、醫護組各組經費預算編列
　與經費執行。

3.輔導服務部所屬工作組制訂工作計畫管制事項及檢核點。

4.協調服務部所屬工作組業務協調及資源統整。

5.服務部所屬工作組計畫執行進度及預算執行進度管制與考核。

(五)競賽部

統籌競賽資訊組、裁判組、獎品組、場地組、器材組、藥檢組、運動
傷害防護組等之業務分工與協調。

1.輔導競賽資訊組、裁判組、獎品組、場地組、器材組、藥檢組、運動
　傷害防護組編製工作計畫書。

2.輔導競賽資訊組、裁判組、獎品組、場地組、器材組、藥檢組、運動
　傷害防護組各組經費預算編列與經費執行。

3.輔導競賽部所屬工作組制訂工作計畫管制事項及檢核點。

4.協調競賽部所屬工作組業務協調及資源統整。

5.競賽部所屬工作組計畫執行進度及預算執行進度管制與考核。

二、業務協調機制

運動賽會籌備委員會及籌備處在整體執掌工作之統籌、管制、考核等工作主要由行政部統籌負責。籌備處行政部負責統整運動賽會籌備之行政幕僚作業、管制籌備處各組工作計畫之執行、檢核各項計畫之期程與檢查點之完成、考核各組業務計畫執行進度等工作，在運動賽會中行政與管考工作將是敦促各工作組計畫執行重要之推手，也因其統籌之功能，多由行政部承擔籌備處各工作組業務協調或臨時任務之接辦與推動等工作。

行政部統籌運動賽會籌備之行政幕僚作業、管制籌備處各組工作計畫之執行，所以運動賽會籌備處對於行政部之負責人員，多選任在運動賽會主辦機關中具有行政業務主管權限及熟悉運動賽會業務之機關首長或主管擔任。

籌備處在進行各部、組業務協調及工作整合時，必須統一各業務部及工作組之相關計畫書、經費預算、重要工作進度時程、重點工作業務交叉比對檢核、執行業務之衝突與爭議協調等。

(一)工作計畫書編製

研訂籌備處各部、組工作計畫書格式與架構，協助各部、組研擬籌備工作計畫書，進行各組工作計畫彙整與審核作業，協調確認大會各項文件資料、手冊撰述內容與業務編配之正確與妥適。

(二)預算編列與執行

制定籌備處各部、組預算編列標準，匡列各部、組預算總額，編定預算執行期程及進度管制表。

(三)工作檢核與時程控管

檢討各部、組籌備所定之工作計畫書內容、分項計畫、預定時程及工作檢核點之正確性與合理性。檢討各部、組籌備工作計畫書所定之工作內容、分項計畫有無業務與工作相衝突或遺漏之事項，並擬定建議事項。

(四)協調業務與檢核遺漏事項

召開各部、組工作協調會議，商討部、組工作計畫書所定之工作內容、分項計畫，針對計畫重調之業務部分重新協調主政分工，針對遺漏之工作事項，確認主政單位與補正計畫書內容。協商部、組間業務配合事項，針對業務執行問題或困難事項進行協調處理。

三、業務管制與考核

運動會籌備處應該依據各業務部及工作組織業務分工事項制定管制表，並就業務之工作期程以及檢核點進行管制與考核，管制之內容包含工作進度之管制以及預算執行進度之管制，以完整掌握各業務部及工作組之計畫執行進度。

各工作組將各組業務分工之內容分項制定工作計畫進度並列表管制，並依據工作之重要性劃分為籌備處管制事項、業務部管制事項以及工作組管制事項等，在籌備處應該製作運動賽會籌備進度管制總表，定期檢討與查核重要籌備工作事項之辦理進度；業務部應設置業務部之工作管制表，以掌握所屬工作組之籌備工作執行狀況與進度；工作組應就所辦理業務進行工作進度管制。

籌備處各項管制業務在完成工作進度審核後，應建立管制考核事項檢核系統，由各工作組依工作執行進度定時填列，透過網路填報及資料庫檢

核系統，即時掌握籌備處各業務部及工作組之重大工作事項執行情形與進度。針對跨工作組之業務協調事項，屬於業務部各工作組間之業務協調，由業務部進行協調與管制分工，屬於跨業務部之分工及協調事項，則由籌備處召集會議進行跨業務部及工作組之業務協調，以使各項運動賽會籌備計畫可以快速及統籌的執行。

依據籌備處整體籌備計畫書與各部、組工作計畫書之內容與分項計畫，由行政部進行計畫執行追蹤與考核，確認計畫依據既定工作內容、時程順利完成。

(一)計畫進度管制

籌備處成立業務督導小組，定期召開計畫管制會議，檢討各部、組計畫實際執行進度與預定執行進度之差異，針對計畫執行進度落後達百分之五的工作計畫進行追蹤輔導。於籌備處辦公室設置計畫執行進度管制表，依照工作項目及執行時間進行管制，提醒各部、組重要工作事項依限完成。

(二)工作檢核

依據每項工作計畫或分項計畫之完成檢查點進行稽核檢查，尤其對舉辦準則、競賽規程、技術手冊等明確規範完成期限之工作應進行重點檢核。針對各項工作計畫中，計畫執行進度與預算執行進度差異達百分之二十以上之工作計畫，應加強檢核及輔導，以確保計畫執行進度之正確性。

 ## 第三節　行政文書與庶務採購

運動賽會之籌備組織屬於臨時性之任務編組，所以在行政文書製作與收發時，除可藉由運動賽會主辦機關之法人身分進行公文書之製作與收

發，也可以運動賽會籌備組織之身分，辦理行政文書之製作與收發。但在運動賽會之庶務採購時，因所執行之經費預算多為政府編列之公務預算，在辦理財務採購、勞務採購及工程採購時，必須依照政府採購法之程序辦理，以符合法律之規定。

一、運動賽會文書作業

運動賽會籌備期間籌備會、籌備處對各級機關、團體之外部公文書往返，籌備處各部、組間各項協調與業務確認，各項籌備與協調會議之資料準備與會議紀錄繕打校對、公文書往返之登錄與簽辦等業務，均屬行政與文書重要之業務項目，行政文書部門之籌備工作屬於支援性質，協助籌備會及籌備處各部門行政文書與秘書工作，主要有文書與公文格式之規劃與制定、各項文稿與收發文處理工作、聘函及各項證件之審核、編製大會報告書等業務。

(一)文書與公文格式之規劃與制定

國內舉辦全國運動會、全民運動會、全國中等學校運動會時，因其籌備之主體為直轄市或縣市政府，所以有關文書製作與格式多依附於直轄市政府或縣市政府之公文傳遞與收發體系辦理，如「中華民國110年全國運動會籌備會」因其主辦機關為新北市政府，所以其文書體系即依附於新北市政府之文書體系之中。籌備會公文格式除抬頭更改為籌備會，簽核用印改為籌備會各部、組之層級外，其餘並無太大之調整或變化。

運動賽會籌備處各部門人員多屬任務編組或由各機關、學校借調之現職人員，但在籌備處中，各項公文書之簽呈、會辦、核定等工作多依循行政科層體制與業務之授權辦理，所有籌備會之主任委員、籌備處主任、各業務部長、工作組長、幹事等人之職銜名章等，須依職務由行政文書組製發給籌備會各部門的業務承辦人員或主管，俾利其依規定簽核公文。並於

籌備工作結束時，收回製發職銜名章予以截角作廢。

(二)各項文稿與收發文處理工作

行政文書部門完成公文收件後，應依據業務執掌分送公文交由承辦單位辦理，完成核判之發文亦應於繕打校對後以電子公文或紙本公文方式進行傳送或寄發，並將副本抄送承辦單位備查。

◆編排發文字軌

大型運動賽會籌備處下設工作組別多達數十個，各組所製發公文書如未能予以編碼區分，相關文書之歸檔、資料查詢等工作將有所不便，所以針對各籌備工作組別的發文，應於總發文字號前，應編上容易識別之字軌，以利文書收發與歸檔工作之進行。

◆收文

籌備處所收之各式公文應進行編號，公文編號已收發文同號為原則，所有來文應依序編號建檔，公文之簽辦流程應有簽收與時效之管制，籌備處之收文應由行政部進行公文之承辦業務分文，交由業務歸屬之部、組承辦公文，如業務涉及數個部、組，應由行政部協調公文主政單位承辦，各業務部門承辦公文如未能依限完成簽辦歸檔者，文書單位應製作公文逾期稽催單，提醒承辦單位掌握公文時效與流程。

◆發文

公文簽辦完成後，如係對外之行文（函、書函、箋函、公告、開會通知）等，行政部應進行發文，發文前應依據簽辦並完成核判之文稿進行繕打校對，加上發文字軌、日期與公文編號後，如係電子發文，則依收文單位之電子收文信箱進行公文交換傳遞，如對個人或未具有電子公文收發之機關團體，應採用紙本發文，紙本發文應注意印信使用之正確、收件人與地址之正確性、依據文件之性質與急迫性確定寄送之方式。

◆文件歸檔

運動賽會籌辦期間之各項文件應編號與歸檔，以利日後公文及業務需要時得以查詢，歸檔之文件或公文可以將運動賽會籌辦之流程完整保存並記錄下來，紙本文件可以忠實呈現運動賽會之整體樣貌，並可供作日後學習、參考或借鏡之文獻資料。如以運動賽會籌備處收發之公文，於運動賽會籌辦完成後，應將公文書彙整歸檔並移交運動賽會主辦機關之專責單位管理保存。

(三)編製大會報告書等業務

運動賽會於籌辦完竣後，應依規定製作並出版報告書，報告書應詳細記載運動賽會之申辦、籌備、舉辦、競賽成績與成果等流程之大事紀。如全國運動會舉辦準則即明定報告書之內容應包含總統及院長致詞稿、籌委會組織成員、籌備處工作小組名單、競賽種類（科目、項目）、競賽成績（含獲獎人員名單）、參賽人數統計（以參賽單位統計）、競賽人數統計（以競賽種類統計）、競賽項目成績紀錄、籌備會議紀錄、檢討與建議等。

二、賽會一般庶務準備

依據政府採購法規範之範圍包含有財物、勞務及工程等三種性質之採購，運動賽會有關籌備辦公室、比賽場地布置、會議室與競賽使用空間、辦公機具與設備、文具紙張、電話、保險及一般賽會所使用之財物、勞務等之採購、驗收、核銷工作，多屬於事務性之採購範圍；而有關比賽場館新建、整修、比賽設備器材購置、資本投資與支出等事項之採購、驗收、保固與核銷作業，則屬於營繕與採購之業務範圍。

運動賽會籌備期間籌備處各工作組基本運作所需物品，幾乎都是透過庶務採購單位進行財物採購取得，從大會各項服裝採購、驗收、發放、核銷等繁瑣冗長的工作；各項紙張、文具、碳粉、墨水，以及各種耗材、物

品等之需求估算、購置、保管、領用等作業，這些工作必須有籌辦賽會之經驗者，才能精確估算所需之各項物品與數量。各項財務、耗材與物品之需求與使用，這些物品如於需求時進行零星採購，容易造成人力浪費及無法有效議價降低採購成本，所以建議在進行運動賽會之各項財務與需求物品採購時，儘量採用集中採購分批交貨之方式辦理採購，或以議定物品規格及單價的開口式供應合約方式來採購，可以確保籌備會需求時可以迅速獲得所需財物與物品，並且避免過量採購之浪費、浪費置放儲存空間與保管之人力資源。

三、賽會財務採購

運動賽會自籌備至順利舉辦完畢間，所有需求與業務都和採購業務息息相關，小至原子筆與紙張採購，大到運動場館興建與驗收，都是採購單位所負責之業務，所以這部分的業務相當繁瑣，所涉及的採購內容繁多，適用之政府採購樣態、法規條文等十分專業，一般採購業務多會由專業之總務人員或受過政府採購訓練之人員擔任第一線之採購業務，但在進行採購程序之前運動賽會各組之承辦人員必須提出採購之需求、內容規格、適用程序與條款、驗收標準、履約標的與期限等，以提供事務及採購單位依規定進行採購。

運動賽會所需之事務性工作相當瑣碎繁雜，但任何物品之短缺或遺漏都可能造成賽事與籌備工作之重大影響，主要工作可區分為行政與事務之支援、財務與需求品之購置、備用物品之整備等項目。

賽會籌備及舉辦期間所需用之消耗物品種類及品項眾多，行政協調與提供賽會支援之業務與內容範圍十分廣泛，這些工作包含行政支援、勞務支援與事務用品機器提供等內容。

(一)行政支援

　　行政支援工作主要係提供賽會核心與周邊活動之協助與援助，舉凡籌委會各辦公室空間規劃與布置、各項會議場所規劃及大會會場布置、發電機及冷氣機之裝設、賽會籌備與行政空間之各項水電、音訊、傳真、影印、音響之設置工作等，都是事務工作必須預先完成的事項。另外還須協調電信業者局接洽申請於各辦公處所、會場及比賽場地設置聯絡電話、寬頻網路、行動電話基地臺等事宜；與電力公司、自來水公司、電訊公司聯繫，避免水電故障；與郵局接洽設置大會臨時郵局、發行紀念郵票、信封；準備比賽場地茶水與餐點供應、比賽場地周邊展售攤位區規劃等工作，都是事務單位要與各公民營事業機構協調支援的重要事項。

(二)電腦資訊設備與事務機器提供

　　運動賽會的性質屬於短期性之活動，賽會期間需要使用之事務性機器或資訊設備數量龐大，如以採購方式提供籌備處及競賽執行部門來使用，所花費之成本支出相當龐大，且賽會舉辦完畢後大量之事務機器、電腦設備遠超過賽事主辦機關使用之需求，所以國內各大型運動賽會主辦單位針對運動賽會期間所需之事務機器與資訊設備常以短期租賃之方式來處理，以撙節經費支出，避免投資浪費。

　　庶務單位對籌備處各部門、競賽場地、媒體服務與資訊查詢需求等所需之各項事務機器，如影印機、傳真機、電話機、投影機，資訊設備如電腦主機、大型伺服器、印表機、手提電腦、液晶電視機等；應進行詳細之品項、規格、數量、布置地點之需求調查，提出完整之使用需求計畫後，進行租賃服務招標，讓廠商提供符合各部門所需之機器設備，並於使用期間進行維修管理，除可提供運動賽會籌備單位及競賽執行單位最新、最好的機器設備外，亦可以有效掌控設備之維護與使用之妥適性，避免於賽事

進行中出現故障，確保賽會籌辦之品質。

四、賽會勞務採購

　　勞務採購係指專業服務、技術服務、資訊服務、營運管理、維修、訓練、勞力等業務範圍。在運動賽會籌辦中，有關賽事規劃與競賽執行、行銷與活動規劃與執行、儀典與表演之規劃與執行、宣傳與廣告業務等屬於專業服務之範圍；賽會網頁設計、資訊平臺規劃與執行、競賽管理資訊系統規劃開發與執行等業務屬於資訊服務之事項；舞臺、燈光音響之規劃與架設業務，競賽器材與事務機器之租賃，各項宴會之規劃與執行，流動廁所租賃及環境清潔維護等工作屬於一般勞務之採購範圍。

　　有關勞務支援部分之採購事項，籌備處各業務負責之部門應對需求內容、服務規格、執行勞務服務期間、驗收標準等事項，在賽前進行完善之規劃，並且提出服務需求規範，交由事務採購單位依據政府採購法之規定進行公開之招標作業，以其在運動賽會籌備與進行期間提供完善之勞務服務。

五、賽會工程採購

　　運動賽會之競賽場地整備時，當運動場館進行新建、整修工程採購時，針對工程採購及施工時間之掌控與計畫時程之估算尤應謹慎。工程採購應於場館評估後，儘速辦理，避免因賽會舉辦而壓縮施工期間，或因工程延誤導致場館尚未完成驗收即先行使用，造成工程驗收及保固之爭議。

　　賽會場館需求單位進行工程採購前，應先訂定採購程序與作業流程，以建立採購之標準作業程序，進行大會所需之採購作業。依據政府採購法進行的工程採購、財物採購大多採公開招標最低價決標方式辦理，但因採購標的之特殊性與需求，也可採用最有利標之方式進行採購，有關運動賽

會所需之比賽場館或練習場地之建築工程與修繕工程採購，其金額較籌備處其他部門支出高，在進行招標時應要特別謹慎，以免錯誤之發生。

 第四節　經費籌編與核結

　　預算編列與經費籌措工作為國內舉辦各項運動賽會時所遭遇之共同難題，政府公務預算編列須以相對應之財政收入作為經費支出額度之限制，直轄市及縣市政府在籌備運動賽會時，須斟酌中央政府補助款額度、社會資源募集金額及地方政府自有財源之稅入規模等，審慎編列運動賽會之經費預算。

　　全國運動會雖是國內規模最大之運動賽會，其舉辦之目的為發展我國競技運動、提高運動技術水準、促進運動競爭力，並提升辦理賽會能力，以利城市運動產業發展；但目前臺灣運動產業之發展現況，藉由賽會行銷與贊助、社會資源籌募、授權商品銷售及比賽門票發售等城市運動產業發展之內容均未臻成熟，所以運動賽會籌辦之主要經費仍以中央政府之補助款及地方政府編列公務預算為主要經費來源，所以經費編列與預算執行控制，須依據中央及地方政府預算籌編原則、中央政府各機關預算執行要點、直轄市、縣（市）單位預算執行要點等規定之編列項目、標準等進行預算編列與執行。

一、經費預估與匡列

　　運動賽會依據賽事等及與規模，評估籌編賽事辦理經費之總額度。在籌辦經費上，賽事籌備之經常性支出預算其規模與需求總額較容易掌控，至於競賽場館新建與修繕之經費需求數額則因場地規模、新建運動場館數量、修繕程度等因素，致使運動賽會資本投資經費較難以具體掌控。

(一)經費總額之估算

　　以全國運動會之籌備經費規模而言，在不計列比賽場館新建與重大修繕費用支出之預算規模約新臺幣2-3億元之間，每一屆全國運動會主辦城市對於運動賽會競賽辦理以外之籌備重點與突顯城市行銷之投資內容差異頗大，所編列支出經費的各部門經費比例分布有所不同。賽會籌辦之總經費係依據籌備處各部門因應賽事籌備所需經費累計所得，運動賽會經費支出最大之部門為競賽事務、行銷宣傳及儀典表演部門，合計經費支出約占籌備處經常門預算百分之六十以上，顯示運動競賽主體規劃與執行、行銷宣傳及儀典表演規劃與執行工作為運動賽會籌辦之主軸項目。

(二)單位預算匡列與籌編

　　運動賽會之工作部門依賽會之規模而調整，較小型之運動賽會約分為10個工作組即可勝任，但全國運動會之賽事規模約需25-30個工作組進行業務分工與執行，方可滿足賽會籌辦之需要。

　　運動賽會籌備處各工作組，必須依據其工作執掌擬定工作計畫，據以估算編列所需之經費預算，會計部門必須制定預算編列之標準，設計預算編列表格，交由各工作組進行預算概編作業，以初步統計並估算賽會籌備初估之預算規模，進行總體預算比例估算後，作為各部門預算額度匡列之基準，並交由各工作組編列細部預算。

二、預算編列

　　運動賽會之總體預算編列完成後，須按照地方自有財源額度、中央補助款地方應自籌配合比例額度、社會資源可募集金額等進行綜合評估；並依據運動賽會辦理進度分年編列預算，提送議會審議以完成預算編列之法定程序。

(一)中央補助款

　　教育部對地方政府或學校辦理全國性運動賽會均編列有經常性補助，針對經常門之運動賽會籌辦經費補助，教育部援例給予主辦城市或學校定額之籌辦經費補助，地方政府依據財政收入標準，就中央補助經費部分，需籌編百分之十至四十之地方政府配合款。

　　針對運動場館之新建或整修部分，主辦城市應於申辦計畫中對競賽場館提出評估報告，因運動場館新建或整修需較長之規劃設計與施工期限，所以盡可能於完成申辦時即向教育部提出運動場館新建或整建之計畫，爭取教育部專款補助，以協助主辦機關儘早進行競賽場館之改善計畫。

(二)社會資源募集收入

　　主辦城市以運動賽會籌辦需求資源與可運用資源進行盤點後，規劃出運動賽會資源可進行交換或募集企業贊助之內容，制定計畫書與資源運用規劃，以尋求社會或企業以現金或財物贊助運動賽會主辦機關。主辦機關於經費預算編列及提送議會審議時，應將社會資源募集之收入編列為預算收入科目，以利經費完成募集後，即可作為預算支出之額度，避免因社會資源募集收入進帳後須再度辦理追加減預算案，提送議會審議後始得動支之限制。

(三)地方政府自籌經費

　　直轄市或縣市政府籌辦運動賽會時，依據財政條件及自有財源籌編比例進行預算編列，原則以中央經常型補助收入、計畫型補助收入、捐贈收入及自有歲入等項之總額，合計作為運動賽會預算支出總額編列為原則。

三、經費執行與審核

　　預算編列及經費執行與支出審核為專業之會計工作，運動賽會籌備處各工作組之籌備人員，多為臨時借調人員或學校主管兼任為主，運動賽會籌辦與經費編審經驗較為薄弱，所以在運動賽會籌備處之各部、組業務人員調集時，能商請各機關或學校之主計人員參與運動賽會之籌備工作，對運動賽會之經費編審作業將有極大之助益。

　　會計部門對審核通過之預算案應進行預算執行審核與登帳管理作業，對採購進行監辦與監驗，確實讓預算之執行符合計畫科目之內容。

(一)辦理經費執行講習

　　籌備處各業務人員多屬兼職或借調之身分，大部分人員對會計法規或預算執行要點所作之規範較為陌生，為讓經費執行與審核作業能順利進行，會計部門應辦理講習會，建立籌備處業務承辦人員對經費執行、支出與核銷之作業流程能有所認識，提高經費執行之效率。

(二)請購作業與登帳

　　會計部門之作業量十分龐大，籌備處經費執行之請購案，均要經過會計部門之審核與登錄，除可有效掌握各部門經費收支進度外，經費之付款與核銷都必須依據登錄之科目與數額辦理。

　　會計單位必須為每一個部門開設計畫代碼，依據計畫代碼與執行內容進行登帳管理，各部門如有預算計畫科目以外之支出需求時，應由業務承辦部門提出修正計畫，並經過機關首長或授權人核定後，辦理計畫科目與預算之變更，以確保經費執行之有效審核與管制。

(三)收納及支付各項款項

運動賽會主辦機關收受民間企業之捐助運動賽會籌辦款項或上級政府之補助款時，應開立自行收納款項統一收據，並依規定將收取之款項納入預算辦理，直轄市或縣市政府必須將納入預算之經費辦理追加減預算，提送議會審議；如設有教育基金之機關或學校則可將民間企業之捐助款項納入基金，以收支併決算方式處理。

會計單位依據登錄收支帳目辦理經費核銷及支付程序，採購或請購之經費於支付款項前須完成驗收與憑證核銷之程序，會計部門必須依據憑證審核要點之規定，審核支出憑證之正確與合法性，於完成憑證審核後辦理付款作業。對採購案件之項目與內容，凡應登錄財產之設備或物品應會請事務單位填寫財產增加單，進行財產的列帳管理。

(四)預算執行進度管制

會計部門應依據運動賽會籌辦期程，分季或按月統計籌備處各部門之經費執行金額與執行率，送交各業務部負責主管掌握預算執行情形，對於預算執行進度落後之部、組，應適時提供建議或檢討，協助籌備處各項工作計畫之預算執行與管制。

四、經費核結

運動賽會籌辦完竣後，會計部門應訂定期限敦促籌備處各部、組進行經費核銷與結算作業，除配合年度結束應完成支用經費之核銷結算外，籌備處應盡量於比賽結束兩個月內完成憑證審核及付款作業，避免付款延宕造成合作廠商資金積壓之負擔。

(一)決算

凡納入預算之收支經費或收支併決算之經費，應於年度結束或計畫結束後辦理決算，並將決算報告送議會審議，以完成法定程序。

(二)經費分析

會計部門掌控運動賽會籌辦之整體收支帳務，應於完成結算後，依據各部門支出與收入金額，分析整體經費支出內容與比例，除有效掌握經費收支情形外，如能納入運動賽會報告書之內容，更可作為日後各單位承辦類似運動賽會時經費編列之參考。

 第五節　安全維護與緊急應變計畫

運動賽會舉辦期間來自各參賽單位之隊職員、選手、工作人員，大會邀請之貴賓、新聞媒體、工作人員及志工，以及大量觀眾聚集於主辦城市，尤其開幕典禮主場地聚集數萬人潮，賽會期間重要之比賽場館聚集人數也高達數千人，因此運動賽會舉辦期間針對運動賽會之參與者規劃完善之安全維護計畫，為確保運動賽會順利進行之重要工作。

運動賽會期間動員警察、消防、醫療衛生、建管等單位制訂各項安全維護計畫，成立緊急應變小組，事先模擬各種狀況進行演練，以確保運動賽會期間之安全順利舉行，在嚴重特殊傳染性肺炎（COVID-19）流行期間，更須制訂防疫計畫，以確保運動賽會參與人員之健康安全免於受到威脅，都是運動賽會籌備成功辦理之重要基礎。

一、賽會安全與醫療規劃

運動賽會籌辦前應有完整之醫護規劃，以確保賽會籌辦期間所有參與者之安全，賽會安全與醫護規劃內容主要有賽會活動緊急救護計畫、運動競賽場地之醫護規劃，以協助並確保各活動與競賽場地之參與者受到醫療與緊急救護保障。

(一)賽會活動緊急救護規劃

運動賽會開（閉）幕典禮、周邊藝文活動或選手之夜等活動，聚集人潮的數量高達上萬人，活動時可能因活動辦理或人潮過度聚集引發意外事件，所以在賽會活動期間應針對大量人潮聚集與活動可能發生之意外，進行大型活動緊急救護規劃。在大型活動緊急救護規劃之主要內容有緊急疏散規劃、急救站設置數量與地點、緊急救護裝備器材準備、救護人員數量與配置、傷（病）患緊急救護與動線規劃、緊急避難空間規劃、救護車後送路線開闢與管制等內容。

(二)競賽場地之醫護規劃

運動競賽充滿著諸多不確定因素與風險，意外傷害之發生為運動競賽無法避免之風險，當風險無法完全排除時，除設法藉由宣導、預防等途徑降低發生之機率外，只能以最好之準備來面對與因應此種風險。

綜合運動賽會舉辦之競賽種類多，且競賽內容差異頗大，競賽種類中技擊類運動、舉重、角力、柔道、身體接觸性球類運動發生運動傷害或意外機率較高，產生之傷害程度較嚴重，所以必須加強競賽場地醫護站之緊急處理能力與人力；在較低競賽風險之比賽場地中，醫護站主要以緊急救護與簡易傷害處理為最低設置原則。競賽場地醫護站設置地點以鄰近競

賽場地、距離出口近、動線順暢、環場視線良好及救護後送通路順暢為原則。

◆高競賽風險運動種類

高競賽風險之競賽場地所設之醫護站，除應配置醫師、護理師、緊急救護員或運動傷害防護員外，現場應配備緊急急救器材及救護車，以應付競賽期間突發之意外事件。高競賽風險之運動項目主要有技擊類運動、田徑、體操、舉重、角力、柔道、身體接觸性球類運動等。

◆中度競賽風險運動種類

中度競賽風險之競賽場地所設之醫護站，可依據醫師人力調度情形配置醫師，但必須配置護理師、緊急救護員或運動傷害防護員，鄰近場地或醫療機構有救護車可供支援，以應付競賽期間突發之意外事件。中度競賽風險之運動項目主要有自由車、馬術、一般隔網球類運動等。

◆低度競賽風險運動種類

低度競賽風險之競賽場地所設之醫護站，至少應配置護理師、運動傷害防護員等，鄰近場地或醫療機構有救護車可供支援。低度競賽風險之運動項目主要有撞球、保齡球、射擊、高爾夫運動等。

◆特殊運動項目

帆船、划船、輕艇、龍舟、開放水域游泳等開放水域運動項目，因場地遼闊且水域具有不確定之危險，所以除於比賽場地應配置水上救生船艇與救生員外，醫護站亦應比照高風險競賽項目，配置醫師、護理師、救護員及救護車。

二、運動傷害防護計畫

運動競賽期間除提供傷病救護外，更應加強運動傷害之防護工作，運

動代表隊或運動員除自備隨隊之運動傷害防護員外，國內大型運動賽會籌備處均安排運動傷害防護員協助運動傷害防護工作。運動傷害防護員在賽前可以協助運動員進行運動傷害之預防或支持性貼紮防護協助，在運動競賽進行中執行運動傷害防護工作，進行運動傷害急救之辨別與評估及送醫前之緊急處置。

運動賽會提供運動傷害防護員協助及服務選手，可以照護無法自備運動傷害防護員之選手。田徑比賽場地因比賽選手人數與競賽項目多、賽程安排緊湊，是運動傷害防護員需求數量最高之運動種類，以全國運動會之規模而言，田徑比賽場地需配置運動傷害防護員6-10人才能滿足選手之需求，依據進行比賽之場地數量估算，於高競賽風險運動種類，每一競賽場地約需運動傷害防護4-6人；中度競賽風險運動種類需配置運動傷害防護員2-4人；低度競賽風險運動種類建議配置運動傷害防護員2人。

三、公安維護與緊急應變計畫

為維護運動賽會舉辦期間之場地、人員與環境安全，往往需投入大批安全維護人力，預防可能危害大會安全之情事發生。運動賽會舉辦城市在公共安全維護與預防重大公安事件投入大量的資源與人力，來確保賽會之順利舉辦，也突顯運動賽會期間安全管制之重要性。

(一)賽會活動維安

舉辦運動賽會應先擬定大會安全維護計畫書，就大會警衛及安全維護、比賽場地安全維護、開（閉）幕典禮會場管制及安全維護、晚會會場秩序與安全維護、高級長官或貴賓安全維護、交通動線及車輛管制、消防安全規劃與防護等工作進行詳細之評估與規劃。

▲利用條碼掃描門票可以控制實際入場人數及檢核門票之真偽

(二)公共服務設施維安

　　運動賽會期間主辦城市對鐵路車站、公路車站、公共場所及休閒娛樂設施要加強安全維護與巡邏監控，運動競賽所使用之運動場館、會議場地、大會使用設施，以及隊職員選手、媒體、貴賓住宿飯店等，要先進行公共消防及安全查核，以確保公共服務設施之安全維護。

▲2010年廣州亞運進入選手村之嚴格安檢把關

▲2010年廣州亞運各場地人員與車輛進出管制嚴格，所有車輛需經過安檢與核對證件後始可進入比賽場地或管制區域1

▲2010年廣州亞運各場地人員與車輛進出管制嚴格，所有車輛需經過安檢與核對證件後始可進入比賽場地或管制區域2

(三)公共衛生檢查與維護

　　為確保公共衛生與運動賽會參與人員之食安，運動賽會舉辦前主辦機關應協調主辦城市衛生局，針對運動競賽場地、周邊服務設施、轄內飯店或餐廳、團膳或大會餐飲供應廠商，進行公共衛生檢查及食品安全查核，以確保運動賽會參與者飲食衛生與安全。

▲2008年北京奧運健康與衛生宣傳海報

(四)後送醫療體系規劃

　　運動賽會籌備處在賽會規劃時，應由主辦城市衛生局協調轄內醫療院所，規劃運動賽會期間競賽場館及各項活動場地之專責醫療後送醫院，並簽訂醫療合作或支援協議。運動賽會期間協助處理緊急救護及醫療事宜，由大會及醫療體系合作成立醫療調度小組，隨時掌握合約醫院或轄區醫院急診室現況與容量，有效調度緊急救護資源提供運動賽會完善之救護協助。

(五)緊急應變規劃

　　運動賽會籌備單位除例行籌備業務與備案外，必須由籌備會主管階層召集警政、消防、醫療、衛生等機關首長或單位主管，成立緊急應變小

▲2009年高雄世界運動會蓮池潭會場服務區帳棚被大風吹毀，部分掉落蓮池潭中

▲2008年北京奧運比賽場發電機起火燃燒

組，並設置緊急應變中心，由籌備處高階主管輪流值勤，對大會可能發生之意外事件進行評估與應變模擬，建立緊急事件處理標準作業流程及通報系統，專責處理賽會期間緊急事件之應變或危機處理。

四、嚴重特殊傳染性肺炎（COVID-19）防疫計畫

2020年1月21日臺灣出現第一例嚴重特殊傳染性肺炎（COVID-19）確診者，中央防疫指揮中心由三級提高到二級開設，讓我國展開嚴重特殊傳染性肺炎防疫之路，運動賽會之籌辦亦隨之受到管控與限制。教育部依中央流行疫情指揮中心訂定之「COVID-19因應指引：公眾集會」及相關防疫規範，在2021年3月發布「辦理大型體育運動賽會及活動防疫注意事項」，作為大型體育運動賽會及活動辦理之指引，規範運動賽會主辦單位應評估活動之必要性及相關風險程度，並據以妥為規劃相關防疫應變計畫；當國內疫情發生變化，社區感染或傳播風險增加時，應配合指揮中心建議或指示辦理。適用對象及範圍包含參加賽會及活動所有人員，含教練、選手、裁判、工作人員及觀眾等。

依據「辦理大型體育運動賽會及活動防疫注意事項」規定，運動賽會主辦機關應確實依國內外疫情現況、活動性質及參加者特性，進行風險評估，評估指標包含能否事先掌握參加者資訊，活動空間之通風換氣情況，活動參加者之間的距離，活動期間參加者為固定或不固定位置，活動持續時間，活動期間可否落實手部衛生及配戴口罩等。如主辦機關評估決定辦理，主辦單位應訂定防疫應變計畫，內容包括風險評估、應變機制、防疫宣導規劃、防疫設施及防護用品準備、參加者住宿規劃及工作人員健康管理計畫等，並落實相關防疫準備與措施。

新北市政府主辦於2021年10月舉辦民國110年全國運動會，即依據教育部「辦理大型體育運動賽會及活動防疫注意事項」規定，制定「110年全國運動會因應嚴重特殊傳染性肺炎（COVID-19）防疫計畫」經教育部核定

後，於運動賽會期間依據防疫計畫辦理民國110年全國運動會，並依計畫順利舉辦完竣。

問題與討論

一、運動賽會籌備會之組織功能為何？運動賽會籌備處之組織功能為何？二者有何差異？

二、運動競賽審查會之業務職掌與工作重點有哪些？

三、運動禁藥管制會之業務職掌與工作重點有哪些？

四、我國各項運動賽會之舉辦準則的變遷及主要規範內容為何？

五、運動賽會之籌備計畫與執行管制措施之辦理機制為何？

六、運動賽會行政文書作業要注意哪些事項？

七、運動賽會預算籌編依據與標準有哪些？如何進行經費控管及預算執行？

八、運動賽會之場地醫療規劃應注意哪些重要事項？

參 考 文 獻

一、中文部分

中華民國110年全國運動會籌備處（2021a）。110年全國運動會因應嚴重特殊傳染性肺炎（COVID-19）防疫計畫。新北：作者。

中華民國110年全國運動會籌備處（2021b）。《中華民國110年全國運動會秩序冊》。新北：作者。

中華民國110年全國運動會籌備處（2022）。《中華民國110年全國運動會報告

　　書》。新北：作者。

行政院（2015）。《文書處理手冊》。臺北：作者。

行政院主計總處（2022）。《中華民國一百十二年度直轄市及縣（市）總預算編製要》點。臺北：作者。

教育部體育署（2015）。《國際運動賽事管理手冊》。臺北：作者。

教育部體育署（2021）。〈辦理大型體育運動賽會及活動防疫注意事項〉。臺北：作者。

程紹同、方信淵、范智明、林保源、廖俊儒、王慶堂、呂宏進（2011）。《運動賽會管理：理論與實務》（第二版）。新北：揚智文化。

二、引用法規

全國大專校院運動會舉辦準則（2020/6/3）。

全國中等學校運動會舉辦準則（2019/5/16）。

全國運動會舉辦準則（2020/11/13）。

政府採購法（2019/5/22）。

國民體育法（2022/1/19）。

嚴重特殊傳染性肺炎防治及紓困振興特別條例（2020/5/31）。

Chapter 9

王慶堂

運動賽會競賽管理之規劃與執行

學習目標

1. 瞭解現代運動賽會發展之趨勢。

2. 瞭解運動賽會運動種類及競賽項目規劃之趨勢。

3. 瞭解運動競賽管理部門之組織劃分、業務分工與執行要項。

4. 瞭解競賽規劃執行、競賽場館與器材整備、運動裁判、競賽資訊等部門業務支援與整合。

5. 藉由實務議題之學習觀摩，提高對運動競賽管理正確認知與操作技能。

 第一節　運動賽會發展與分類

　　2014年12月8日至9日在摩納哥舉辦的國際奧林匹克委員會（International Olympic Committee, IOC，簡稱國際奧會）第127屆年會，全體委員無異議通過「奧林匹克2020改革議題」（Olympic Agenda 2020）專案的四十項建議。國際奧會所提出的「奧林匹克2020改革議題」建議方案主要內容可歸類為「永續發展」、「提高公信力」以及「吸引青少年」等三大方向。對奧運會申辦允許多國或多地區聯合主辦奧運，申辦程序由「申辦」轉為「邀請」形式；夏季奧運會將不再限制二十八個競賽運動種類，改為限制運動員數量及競賽項目總數；奧運主辦城市可以在奧運運動種類及項目選定擁有更多主動權限；重視青少年運動，推動性別平等，禁止性向歧視；減少申辦成本並節約賽事經費，增加奧運會管理彈性，以永續奧林匹克運動發展；專款獎勵及保護乾淨誠實比賽的運動員；投資創立奧林匹克電視頻道，強化國際奧會宣傳能力。讓奧林匹克改革議題重新引領國際運動賽事發展方向，塑造未來奧林匹克活動的政策指導方針。

一、國際運動賽會之改革與發展

　　在國際奧會所提出的「奧林匹克2020改革議題」建議方案之後，2016年里約夏季奧林匹克運動會、2020東京夏季奧林匹克運動會、2018雅加達亞洲運動會、2022杭州亞洲運動會等籌委會，均配合對舉辦運動種類、競賽項目都隨之有所調整；除了增加女性運動競賽項目及男女混合競賽項目，更新增青少年參與程度高的新興運動種類，如運動攀登、衝浪、滑板、電子競技等，除對我國運動發展種類有新領域之開拓外，在我國政府所舉辦之各級運動賽會亦隨之產生舉辦運動種類新增及競賽項目調整之課題。

在世界各國面臨新型冠狀病毒肺炎（COVID-19）疫情肆虐之同時，各項國際運動賽事受到影響而推遲賽會舉辦期程，或是取消賽事之舉辦；國際奧會於2021年3月12日第137次年會中，討論通過國際奧會執委會於2021年2月提出「奧林匹克2020+5改革議題」（Olympic Agenda 2020+5），以因應新型冠狀病毒疫情影響所提出之未來五年改革策略路徑，改革議題中，綜整國際運動賽會因新型冠狀病毒肺炎疫情造成的籌辦進度、財務及經濟狀況考驗，需建立的防禦機制及協調和諧的賽會行事曆；提升數位科技與人的互動，鼓勵虛擬運動發展並擴大與電子遊戲社群的連結；透過良善治理加強奧林匹克活動，持續樹立社會與企業公民典範，建立創新的收益模式等重要改革措施；強化奧林匹克運動會的獨特性及普世性，持續吸引菁英運動員，強化運動員的權利與責任，促進永續的奧林匹克運動會。

二、運動賽會之分類

運動賽會依據賽會主辦所有權組織、舉辦規模與類別、參賽隊伍組織、參加對象等條件，在運動賽會分類上，可以將運動賽會主辦所有權屬於「國際運動組織」之運動賽會歸屬為國際性運動賽會；將主辦所有權屬於國內「各級政府」或「民間體育組織」的國內運動賽會。而在賽會分級上，可將屬於多種競賽種類同時集中舉辦之綜合性運動賽會，屬於單一運動種類個別舉辦的單項運動賽會。

(一)國際綜合運動賽會

國際運動組織在其專屬之權利中，有主辦國際綜合運動賽會或是國際單項運動賽會之主辦權利，國際組織藉由申辦、授權承辦等程序，授權城市、運動組織舉辦國際運動賽事。在重要或是熱門舉辦之國際賽事申辦過程中，往往吸引眾多城市爭取運動賽會承辦權，國際運動組織亦可在授權舉辦之同時，向申辦城市受收取權利金。

國際奧會擁有夏季奧林匹克奧運會、冬季奧林匹克奧運會、青年奧林匹克奧運會所有權；每四年舉辦一次的夏季奧林匹克奧運會，因主辦城市可藉由奧運會進行都市更新重建、民生基礎建設改善、就業機會增加、城市觀光旅遊人口提高及文化擴散等效益，吸引眾多國際城市申辦。

臺灣曾多次向國際運動組織申辦國際綜合運動賽會，在2003年高雄市政府向國際世界運動會協會（International World Games Association）提出申辦2009年第8屆世界運動會（World Games），2004年6月14日高雄市謝長廷市長與世界運動會協會會長正式簽訂2009世界運動會主辦書，確認我國高雄市成為2009世界運動會之舉辦城市，賽會於2009年7月在高雄市順利舉辦完竣，其申辦、取得舉辦權、賽會籌辦等，是臺灣第一次成功申請並舉辦國際綜合性運動賽會的首例。

臺北市代表我國向國際大學運動總會（FISU）申請主辦第29屆夏季世界大學運動會（XXIX Summer Universiade），2011年11月29日國際大學運動總會執委會宣布由臺北市取得2017年夏季世大運主辦權。2017臺北世大運（Taipei 2017 Universiade）於2017年8月19日至8月30日舉行，為臺灣首次舉辦世界大學運動會，2017臺北市大運之主辦，籌備委員會總計支付國際大學運動總會主辦權利金2,000萬歐元。

國際綜合運動賽會之舉辦有其固定週期，如國際奧會（IOC）所有的夏季奧林匹克奧運會、冬季奧林匹克奧運會、青年奧林匹克奧運會，亞洲奧林匹克理事會（OCA）所有的亞洲運動會、亞洲沙灘運動會、亞洲室內暨武藝運動會等，為每四年舉辦一次之運動賽會；國際大學運動總會（FISU）夏季世界大學運動會、冬季世界大學運動會，為每二年舉辦一次之運動賽會。雖因為新型冠狀病毒肺炎（COVID-19）疫情運動賽會舉

▲2020東京奧運的標誌

辦日期有所更動，但應屬於因應疫情防疫之需要而調整，所以2020東京奧運會雖延期至2021年舉辦，但仍維持「2020 Summer Olympics」、「Tokyo 2020」等名稱。

(二)國際單項運動賽會

國際運動組織或國際單項運動組織依據其所屬賽會之主辦權利，經由申辦或授權承辦等程序，授權城市、運動組織舉辦國際單項運動賽事或錦標賽。部分國際單項運動賽事或錦標賽在重要性或許不如國際綜合運動賽會，但因運動種類之特殊性，部分世界單項運動錦標賽其重要性仍具有相當影響力，如每四年舉辦一次的世界盃足球賽，就是極具代表性之國際單項運動錦標賽。

世界單項錦標賽舉辦週期依不同運動種類訂有舉辦週期，舉辦週期從一年到四年不等，國人熱愛的棒球運動，曾經2001年、2007年在臺灣舉辦過的世界杯棒球錦標賽，應是國人親身參與過最精采的國際單項運動賽會。

國際大學運動總會（FISU）也舉辦世界大學單項運動錦標賽，其舉辦週期為每二年舉辦一次，曾經在臺灣舉辦過世界大學棒球錦標賽（2004、2018）、世界大學舉重錦標賽（2010）、世界大學羽球錦標賽（2010）、世界大學射箭錦標賽（1998、2008）等國際單項運動賽事。

(三)國內綜合運動賽會

國內綜合運動賽會之舉辦，依據《國民體育法》第8條之規定，政府應鼓勵各機關、機構、學校、法人及團體舉辦運動賽會，並由中央主管機關定訂全國性綜合運動賽會舉辦之準則。教育部作為我國體育行政主管機關，分別訂有《全國運動會舉辦準則》、《全民運動會舉辦準則》、《全國大專校院運動會舉辦準則》、《全國中等學校運動會舉辦準則》、「全國原住民運動會舉辦準則》、《全國身心障礙國民運動會舉辦準則》等，作為我國辦理全國性綜合運動賽會之依據。

　　我國綜合運動賽會除全國大專校院運動會、全國中等學校運動會為每年舉辦一次外，全國運動會、全民運動會、全國原住民運動會、全國身心障礙國民運動會之舉辦週期為每二年舉辦一次。

　　政府就各種全國性運動賽會之舉辦，應依全國體育發展政策，並配合國際正式運動競賽予以規劃，所以我國各級政府辦理之綜合運動賽會之競賽運動種類、競賽項目均配合國際運動賽會之競賽內容而調整修正，自2020年以後，各項綜合運動賽會之舉辦準則配合國家競技運動發展，就應舉辦之運動種類或選辦運動種類進行規範，以其國內運動賽會之舉辦種類與國際運動賽會接軌，並落實國家運動人才之培訓政策體系。

◆全國運動會

　　全國運動會應辦種類以奧運最近一屆已辦或將辦之競賽種類為限。選辦種類以亞運最近一屆已辦或將辦之競賽種類評估後，擇定五種以下選辦。各競賽種類之競賽科目、項目及參賽人數，以奧運、亞運最近一屆已辦或將辦之科目、項目及參賽人數為限。

◆全民運動會

　　全民運動會舉辦運動種類分第一類、第二類，兩類競賽種類合計不得逾二十四個競賽種類。第一類以世界運動會最近一屆已辦或將辦之競賽種類為限，其規模不得少於十二個競賽種類；第二類屬其他競技性、觀賞性及娛樂性運動競賽種類，其規模不超過第一類二分之一。

◆全國大專校院運動會

　　全國大專校院運動會計有田徑、游泳、體操、桌球、羽球、網球、跆拳道、柔道、擊劍、射箭、舉重、射擊、拳擊、空手道、軟式網球、角力、輕艇、划船、自由車及木球等二十種為必辦運動種類。執委會得於最近一屆已辦或將辦之奧林匹克運動會、亞洲運動會及世界大學運動會中，選擇必辦運動種類一種，經組委會審查通過，由教育部核定後舉辦。

◆全國中等學校運動會

全國中等學校運動會計有田徑、游泳、體操、桌球、羽球、網球、跆拳道、柔道、舉重（以滿十四歲為限）、射箭、軟式網球、空手道、射擊、拳擊、角力、擊劍、輕艇、划船、自由車及木球等二十種必辦運動種類。執委會得於奧林匹克運動會或亞洲運動會已具奪牌潛力之競賽種類選擇一種至兩種舉辦。各競賽種類之競賽科目及項目，以最近一屆已辦或將辦之奧運、亞運競賽種類、科目及項目為原則。

◆全國原住民運動會

全國原住民運動會舉辦運動種類分第一類、第二類，兩類競賽種類合計不得逾十七個競賽種類。第一類屬原住民族特有或傳統民俗之運動，其規模不得低於舉辦種類總數二分之一；第二類屬具優勢或屬團體性，適合推動於多數原住民族之運動競賽種類。

◆全國身心障礙國民運動會

全國身心障礙國民運動會競賽種類分為競賽性活動，種類以帕拉林匹克運動會（Paralympic Games）、達福林匹克運動會（Deaflympic Games）及亞洲帕拉運動會（Asian Para Games）舉辦之競賽種類及項目為限；其他聯誼性活動以與體育相關之活動為原則。

(四)國內單項運動賽會

全國各單項運動協會依據其組織規程或年度工作計畫內容，經教育部或各級政府組織核定辦理單項運動錦標賽，其種類包含全國性錦標賽、區域性錦標賽、分齡錦標賽等。非屬全國中等學校運動會、教育部主辦之全國中等學校運動聯賽之運動種類，全國單項運動協會於每年三月底前，規劃舉辦全國錦標賽，報經教育部核定後，作為國中、高中運動績優學生之升學輔導盃賽。國內各單項運動錦標賽其名稱依慣例均會冠上年度（民國年）、運動種類及錦標賽之全稱。

 ## 第二節　競賽審查與賽制規劃

　　運動賽會之籌辦係依據舉辦準則相關規定辦理，教育部針對國內運動賽會訂有各項舉辦準則。有關運動競賽之規劃與執行規範，除依據競賽準則外，並依據各項運動會之競賽規程、技術手冊等內容進行賽事之辦理。競賽規程係由運動賽會之籌備處擬定，經運動競賽審查委員會審議通過，報請教育部核定後施行，並於比賽前一年公告競賽規程。運動賽會之技術手冊則由籌備處會同競賽運動種類全國協會，參照最新國際比賽規則擬定，經運動競賽審查委員會審查通過後，由籌備委員會報請教育部核定後實施，並於比賽半年前公告技術手冊。

一、運動競賽審查會

　　運動競賽審查會係《全國運動會舉辦準則第8條規》定設置，規範全國運動會主辦機關除設籌備會外，應另設運動競賽審查會，專責處理運動競賽事務。運動競賽審查會主要之任務包含：

　　1.審查運動會競賽規程總則。

　　2.審查各競賽運動種類技術手冊。

　　3.研訂各競賽運動種類賽制。

　　4.提供運動賽會主辦單位各項競賽技術諮詢。

　　5.審理參賽選手及參賽團隊因資格不符或冒名參賽而被取消參賽資格爭議事件。

　　6.審理各參賽團隊於比賽期間違背運動精神行為之罰則處分事宜。

　　7.審理非規則或審判委員會申訴案以外之爭議事件。

　　8.協助督導運動賽會之相關競賽事宜。

二、競賽規程內容與審定

競賽規程為運動賽會舉辦之基本規範，係依據運動會之舉辦準則規定就賽會依據、舉辦日期、舉辦單位、參加單位、選手參賽資格及標準、競賽種類、競賽種類及項目等予以明訂規範，並就賽會報名參加、競賽進行所涉及之報名註冊、資格審查、單位報到及會議、競賽秩序、獎勵、申訴、爭議之判定、罰則、運動禁藥管制、實施與修正程序等，進行統一律定，以作為競賽施行之依據。

競賽規程經運動競賽審查會審議通過，由教育部核定施行。具體條文內容主要有依據舉辦準則規範事項、競賽之組隊與報名事項、競賽秩序及管制事項等三大部分。

(一)舉辦準則規範事項

運動賽會主辦依據、舉辦日期與地點、舉辦機關、參賽單位、選手參賽資格及標準、舉辦競賽運動種類、績優單位及個人之獎勵、爭議、申訴與判定等事項。

(二)競賽之組隊與報名事項

參賽組隊機關應辦理之行政措施，如選拔程序、參賽標準、參賽選手身體狀況、監護人同意書、個人資料授權使用等；報名註冊、資格審查、單位報到及會議程序等事項。

(三)競賽秩序及管制事項

參賽組隊機關應遵守之競賽秩序規範、競賽爭議申訴程序與判定、違反競賽罰則、運動禁藥管制程序及核備實施與修正程序等事項。

三、技術手冊內容與審定

運動種類之技術手冊係參照競賽規程之各項競賽運動種類，依據其運動特性、需求、規則、比賽項目、賽制、會議實施等事項，擬訂運動種類之技術手冊內容，並經運動競賽審查會審查通過後報請賽會之所有權單位核定，並據以執行。

競賽運動種類技術手冊內容除核准日期、文號外，主要包含運動組織、競賽資訊、管理資訊、會議實施等事項。

(一)運動組織

包含競賽運動種類之世界組織、亞洲組織及全國組織之主席（會長或理事長）、秘書長、會址、聯絡電話、傳真、電子郵件等資訊。

(二)競賽資訊

競賽資訊包含競賽之分項規定與競賽限制。如競賽日期、運動種類、比賽地點與場地、分級分量與過磅、比賽項目與分組、採用賽制、賽程表、成績計算與名次判定、場地、設備、器材之標準與規範、性別檢查之進行等事項。

(三)管理資訊

管理資訊內容有規範大會競賽管理工作與執行單位；大會技術人員，如審判委員、裁判人員之資格；競賽爭議申訴之程序與審判議決；獎勵之項目、名額、受獎程序及受獎之服裝規定等事項。

(四)會議程序

　　明定技術會議、裁判會議召開之時間、地點，以及各參賽單位出席會議之規定。

四、賽制與賽程編排

　　運動賽會之競賽制度主要係因應比賽之隊伍、參賽人數、舉辦日數、競賽場次、場地數量等條件，進行競賽制度與賽程之評估規劃；另外依據運動競賽之特殊性，採取特定之賽程安排模式，讓運動賽會之各項競賽在符合公平原則下順利進行。

　　全國運動會、全國大專校院運動會、全國中等學校運動會等競賽參加人數與隊伍數量較多之運動種類，或是團體球類競賽種類，常受限於比賽時間為五至六天之賽程，所以在正式賽會舉辦前，先行辦理會前賽或資格賽，以減少運動賽會辦理期間賽程安排困難或是競賽場次無法容納之現象。

　　全國運動會針對團體球類之競賽種類，如報名參加隊伍不含主辦城市超過九隊以上時，原則舉辦資格賽，並委託全國單項運動協會辦理資格賽；除保障主辦城市參賽隊伍外，另擇優錄取七隊參加會內賽。個人競賽種類及個人球類則以參賽之直轄市、縣市進行報名人數及隊伍數量進行總量管制，確保賽會舉辦期間之賽程安排足以容納，不辦理資格賽。

　　全國大專校院運動會及全國中等學校運動會舉辦運動種類之桌球、網球、羽球報名參賽學校隊伍數量及選手人數眾多，在賽會舉辦期間無法容納所有賽程，所以多以分區進行資格賽之方式，分區擇優錄取選手參加會內賽，以確保全大運及全中運之賽程可以順利進行。

(一)賽制考量因素

競賽制度的選定主要依據賽會舉辦天數、競賽場地數量、參加隊伍及選手數量、對戰場次及比賽使用時間、最終成績公平性、裁判與工作人員數量、賽務經費支出等因素進行綜合考量。尤其競賽之晉級與最終成績公平性，是所有參賽選手與教練在競賽過程中最為重視之關鍵，也是運動賽會舉辦以選手為核心價值所要關注之焦點。

運動賽會依據不同運動種類競賽進行方式，評估並設計競賽制度，如田徑、游泳、划船、輕艇採用分道次之同場競賽方式，以預賽、複賽、決賽模式逐場擇優晉級，並最終以計時方式判定名次，賽程場次安排制度化且可控性高，屬於競賽制度安排容易之運動種類。跳水、競技體操、韻律體操、運動舞蹈採用裁判專業評分制度，進行評審參賽選手之成績，因國內各級參賽選手數量穩定，所以賽程安排尚屬容易。在國內跆拳道、柔道等技擊運動，羽球、網球、桌球等球類運動參加人口及隊伍數量眾多，且須逐場對戰判定勝負及晉級，所以在安排競賽制度、比賽場地數量、晉級程序與勝負判定公平性上須考量之因素眾多，所以在競賽制度與場次安排上有較高之難度。

(二)常用賽制

國內運動競賽常用之競賽制度有淘汰制、循環制、混合賽制、評分制、聯賽制等。

◆淘汰制

淘汰制可分為單敗淘汰制及雙敗淘汰制，單敗淘汰制可縮短比賽之場次，節省時間與經費，但因參賽隊伍單敗即淘汰，最終成績第一名者為競賽隊伍中確實之冠軍。雙敗淘汰制可以增加淘汰賽制之公平性，確保績優隊伍可以獲得公平之成績，在雙敗淘汰制中參賽隊伍需雙敗後才遭淘汰，

最終名次成績較符合競賽實力。一般在參賽隊伍眾多、比賽時間較短時可以選擇單敗淘汰制，或配合復活賽制度，以提高單敗淘汰之競賽公平性，如參賽隊伍數不多或比賽時間可以延長時，雙敗淘汰制應是較好之選擇。

◆循環制

在比賽中所有參賽隊伍均可於賽程進行同場競技，在所有參賽隊伍循環對戰完畢後，計算所有隊伍之勝敗績分、得失分、對戰勝負關係等成績後，判定勝負名次，最終成績與排名可以完整呈現參賽隊伍之競賽實力；但比賽場次多、比賽期間冗長是循環賽制無法避免的缺點。

◆混合賽制

混合賽制爲結合淘汰制與循環制之特點，將比賽分爲兩階段進行。第一階段採循環制，將參賽隊伍進行分組循環後，再擇優進行淘汰賽，淘汰賽以第一階段成績分組交叉進行，並可以依據比賽時間及場次安排，以單敗淘汰或是雙敗淘汰方式進行最終名次之判定。目前全國運動會所進行之球類比賽，因會內賽隊伍數僅有八隊，所以在第一階段預賽時係分兩組採用分組單淘汰加復活賽制（復活賽以二柱復活賽，最優勝者爲分組第二名），各組前兩名採交叉決賽，勝者爭冠、亞軍，敗者爭三、四名；預賽各組第三名爭五、六名。

◆評分制

在無法分組同場競技分出勝負或無法以客觀計時、得分之運動競賽種類，如跳水、水中芭蕾、體操、運動舞蹈的各競賽項目中，競賽成績表現採用裁判群進行評分，再將所有裁判評給之成績進行統計，捨去最高與最低之給分後，計算平均得分作爲勝負評定之標準。

◆聯賽制

聯賽制主要以提供長期運動競賽或實施主客場制之球類賽事作爲比賽制度，如職業棒球、聯業籃球所進行之賽事，在教育部所主辦的學生聯賽

中，棒球、足球、排球、籃球等均採用聯賽制。聯賽採用全部賽程中各隊完成比賽的勝場數或各場積分數作為名次之判定，其性質類似多輪次之循環賽制。

第三節　場地規劃與設備器材整備

　　運動賽會主辦機關在籌備與規劃階段，依據賽會之規模、特性、運動種類、競賽規格需求、所屬運動場館規模與數量等，進行運動賽會籌備的競賽場地規劃、整備、布置與使用。主辦機關在進行運動競賽場地規劃及設備器材整備時，要依據賽會等級、競賽規格、服務品質之需求等條件，評估設置符合競賽標準之合格場地與通過認證之設備器材，以滿足競賽運作及裁判成績判定之需求。

一、運動賽會申辦前之場地評估

　　運動賽會在申辦前，需要先完成競賽運動種類、競賽項目（科目）、競賽場地及場地設施網絡之評估與規劃。競賽場地主要係配合競賽運動種類、競賽項目（科目）來進行評估與規劃，而場地設施網絡之串聯主要需配合主辦城市所屬各項運動場館之種類、數量、地理區位、交通環境等條件組合成型。

　　運動賽會申辦機關或主辦城市，可依據機關專業人力之規模自行辦理，或委託專業顧問公司協助辦理賽會籌辦之運動場館評估或規劃。內容主要涵蓋競賽運動種類之特性、基本競賽空間、競賽特殊需求條件、室內外之場地配置、參賽人數規模、比賽日數、場館轉換條件、交通環境與動線、區域場館整合等因素，具體評估主辦城市可運用之運動場館數量、規模條件，並進行比賽場館選擇之最佳模式。

▲任何一項比賽的場地均需符合標準才能進行比賽

(一)場地特殊性之運動種類

運動競賽項目因賽事之特殊空間要求,比賽場地無法與其他運動項目相容,需要以專用場地進行比賽。如田徑、游泳、跳水、棒球、自由車場地賽、登山車、划船、輕艇、沙灘手球、沙灘排球、保齡球、高爾夫等運動種類之比賽場地,需要評估主辦城市之場地擁有數量與規模,必要時可以商借鄰近縣市所屬之運動場地。

(二)空間可相互轉換與運用之運動種類

運動競賽必須於室內環境進行的運動種類,場地常具有可轉換之特性,可依據運動空間之長、寬、高與周邊附屬設施之內容,進行比賽場地之轉換與調配。如桌球、羽球、籃球、排球、體操、跆拳道、空手道、柔道、角力、拳擊、撞球等運動種類,可依據現有體育館之規模與空間、區域交通條件、比賽所需天數等條件,進行比賽場地之選定、調整與轉換。

▲許多室內場館具有多功能用途，可規劃進行不同的比賽項目

二、競賽場地整備原則

辦理綜合運動賽會時因舉辦運動種類多，且部分競賽具有場館需求特殊性，因此競賽使用場地數量龐大，在進行場地調配與競賽種類安排規劃時，需要考量現有運動場館整備優先順序、區域場館集中、場館交通連結便利等因素。

(一)現有運動場館整備

為有效運用現有公共運動場館系統資源，在整備運動競賽場館時考量順序應該首先考量運動場館現況可立即使用的場館；其次選擇局部修繕即可使用的場館，第三順序為現有場館或建築空間透過布置與轉換後，可作為比賽使用的場館，最後才考量為舉辦運動比賽而新建運動場館。

(二)區域運動場館集中

　　城市發展往往具有區域地緣關係或場館設施關聯性，將運動賽會主要使用場館集中於同一地區，為競賽場館配置最理想的狀態，可便於競賽管理、賽會服務、資源運用，並縮短賽會參與者之移動距離。舉辦城市如無法達到運動場館集中之條件，使用之主要場館的分布點也應盡量避免過度分散。

(三)場館交通連結便利

　　運動競賽場館規劃配置的地點除儘量集中之外，也可以配合城市交通運輸軸線或公共路網，串聯運動賽會所使用之競賽場館。運動場館網絡系統建構時，必須考量交通的便利性，盡量城市交通軸線、公共運輸路網節點、停車空間便利之地點為主，以方便運動賽會參與者的到達，如臺中市藉由臺74號快速道路，可以便利的串連朝馬運動中心、朝馬足球場、臺中小巨蛋、洲際棒球場、洲際體育館、北屯運動中心、潭子運動中心、太原足球場、太平運動中心、大里運動中心等運動場館。

三、運動競賽場館規劃

　　運動賽會使用之比賽場地無論新建、整修或是使用現有運動場地轉換，在作為正式競賽場地時，所配置使用的場地空間、競賽或服務設施、競賽器材、計分計時設備等，須符合舉辦競賽運動種類之國際總會或全國運動協會之認證標準。在國際運動賽會所使用的競賽場地必須具有較高規格施工品質與競賽空間要求，除正式比賽場地外，在比賽場地附近需規劃設置熱身場地；國際運動競賽舉辦因日程較長、參賽隊伍數較多、賽前練習準備等因素，經常需要配合設置練習場地供選手賽前練習使用；在國內

運動賽會所使用之競賽場地則可以依據運動設施數量、規模等條件進行比賽或練習場地之規劃。

(一)正式比賽場地

運動賽會期間所使用之主要競賽場地，競賽場地空間尺寸、鋪面材質、照明亮度、環境溫度等，需要符合各競賽運動種類之國際總會或全國運動協會之認證標準，競賽使用之設備器材也應符合通過認證標準。

(二)熱身場地

運動賽會期間作為選手賽前熱身或競賽準備的場地，場地位置一般與正式比賽場地相毗鄰，使用的運動空間尺寸、鋪面材質、照明亮度、環境溫度等條件，應該與正式比賽場地相同或相近，所提供練習器材應該與比賽指定使用器材相同廠牌與型號。

(三)練習場地

運動賽會期間提供各參賽隊伍日常練習之場地，多為距選手村較近，交通方便、使用時間具有彈性，可便利選手安全進行練習之場地。

(四)預備場地

運動賽會期間依據場地品質或突發需要所預備之運動場地，一般作為正式比賽場地、熱身場地或練習場地無法滿足或臨時應變使用之運動場地。

四、競賽設備器材之整備

運動賽會籌備所準備的場地器材，必須遵循各競賽運動種類之國際總

會或全國運動協會所訂定或審定之規則標準，規劃建置運動競賽空間、布置比賽場地、設備器材，並取得各競賽運動種類之國際總會或全國運動協會之場地及器材認證。

　　準備符合比賽標準規定的競賽場地與器材，是場地器材整備最重要的工作任務。如果運動賽會使用之運動場地、設備器材未能取得合格認證，或不符合運動競賽規則，競賽成績不被承認時，將導致選手權益受損。

　　運動賽會之場地器材整備工作，除了提供比賽所需之標準化場地與器材外，也須提供相關之服務工作，在運動競賽舉辦前要完成場地器材之整備工作，比賽中與賽後亦有相關工作要執行。

(一)比賽前之服務工作

　　場地器材整備在賽前進行各競賽場地選定後，即要進行整建、修繕、布置規劃、設計等工作，並依據政府採購法規定進行招標作業；並要確保在比賽前即完工、驗收完畢，經過競賽種類之裁判長確認競賽場地規格、器材認證標準，及計分計時設備合格後，完成比賽前之整備工作。

1.會同裁判長檢核比賽場地、比賽器材及裁判用具之數量與標準。
2.對運動比賽場地之整備進度進行系統之管制，配合競賽、裁判、獎品、典禮、成績紀錄、資訊服務等單位，調配場地使用需求、時段劃分、環境布置等工作。
3.布置運動員檢錄區、媒體採訪區，規劃競賽場地裁判、工作人員、運動員休息、觀眾加油、出入口及管制等空間與動線。
4.製作競賽場地位置平面圖、交通位置、周邊服務空間等資訊。

(二)競賽期間之服務工作

　　在運動賽會進行期間，對運動競賽場地、設備器材等硬體設施，需進行維護與管理，日間指派專人進行場地安全與維護巡視，夜間進行巡邏，並指

派保全人員或工作人員夜間留守，以保障運動場地與設備器材之正常使用。

1.與競賽場地使用單位協調聯繫，確認場地及設備器材之使用正常。

2.督導競賽場地場務經理，完成每日的場地準備、比賽器材用具分發及收回、保管事宜。

3.競賽期間如因使用損壞、缺少等情形，應要有專人立即排除。

4.維護賽會參與人員（裁判、選手、教練、觀眾及工作人員）所需之服務、醫療救護、飲水處等空間與設備。

(三)賽後之復原工作

運動競賽結束後，應進行運動場地用後之檢查，確認是否因使用、比賽進行等因素造成之損壞，並進行賽後維護工作。針對借用、租用之設備器材應該進行清點、檢查，並辦理點交歸還手續。

1.競賽場地與空間環境之賽後檢查，對場地、器材進行盤點與清洗復原。

2.競賽器材及計分計時設備之數量清點與損壞檢查，對損壞器材進行維修，髒污之器材進行清洗。

3.計時、紀錄與測量之精密儀器於清理完成後，進行校準並收藏保管。

 ## 第四節　裁判業務規劃與執行

運動賽會之執法裁判，依據不同之運動種類比賽規則、競賽進行與成績判定等，依據競賽規則授權執法人員，一般統稱為裁判人員。裁判人員依據競賽規則之執法內容與業務分工，大致分為裁判長、審判委員、技術委員、裁判、競賽程序管理人員等，每項執法之裁判人員在比賽進行中負擔著不同的任務，在運動賽會業務執行中，遴聘具有裁判資格之人員協助

比賽之進行，促成競賽公平、順利運行重要之工作。

一、裁判執法原則與功能

　　運動競賽中裁判依據競賽規程、技術手冊以及運動規則，以公平判定運動比賽中的過程與運動員動作是否合法，以及比賽的勝負，維護運動比賽順利進行。在比賽的過程當中，針對競賽的成績或者是競賽爭議的處理，裁判扮演著仲裁者的角色，在一般競賽的過程當中，規則有明文規定者，以裁判之判決為終決；規則無明文規定者，由該競賽種類之技術會議或審判委員會議判決之，其判決為終決；不屬規則規定或屬競賽技術之爭議者，由大會運動競賽審查委員會裁定之。

　　裁判執法的過程中，依據競賽的準則以及運動規則，判定競賽的過程以及選手之動作是否符合規則之規範，就事實判定比賽勝負或是最終之成績，是裁判執法之最重要原則。裁判在運動競賽中具有以下重要的功能：

1.使運動競賽可以依據賽制、賽程順利的進行。
2.讓運動競賽可以符合公平、公正、公開的競技原則。
3.維護競賽的價值並提升運動水準。
4.落實運動規則之規範與精神。
5.提高運動的教育意義。
6.推廣奧林匹克精神。

二、裁判遴選與聘任

　　運動賽會依據辦理之等級，遴選聘任適合之各項裁判人員，執行裁判之工作，在全國性的運動賽會中，原則遴選具有A級裁判資格者擔任裁判執法之工作，在地方性的運動賽會中，可遴選具有C級以上裁判資格者，擔任裁判執法之工作。審判委員會之組成採用奇數委員人數組成，一般全

國性運動競賽之審判委員人數多介於五至七人之間，技術委員或裁判之人數，則依據比賽隊伍（人）數、競賽場地數量、比賽場次等條件，依據實際需求之人數聘任之。

(一)裁判之推薦

運動賽會籌備單位在裁判人選規劃時，會先徵詢全國單項運動協會推薦具有國家級裁判資格、熟悉運動競賽執法需求及具有豐富裁判經驗者擔任裁判長，並由籌備處、全國單項運動協會、地方單項運動委員會等組織，推薦符合資格之裁判人選，由運動賽會籌備單位遴選聘任。

◆審判委員

審判委員一般遴選具有豐富競賽經驗之專業人士或資深裁判擔任，並保留至少一席由運動賽會籌辦單位推薦聘任，其餘由全國單項運動協會推薦適合之人士擔任。

◆技術委員

部分之運動種類在競賽的過程中，依規則指派技術委員監督或輔導裁判進行執法或者是勝負之判定；一般技術委員多由資深之裁判擔任，以落實裁判執法技術監督或輔導之效果。

◆裁判

運動競賽依據執法需求決定裁判之聘用人數，為減少運動賽會籌辦時裁判住宿及交通費用之支出，建議可以遴選適當比例之當地裁判，除可以節省經費支出外，亦可增加主辦城市之運動裁判參與機會，提高區域裁判水準。

(二)裁判研習

運動賽會遴聘之執法裁判雖已具備裁判資格，但為求競賽裁判執法之

一致性與公平性,在賽會舉辦前最好能辦理執法裁判講習或研習,讓應聘裁判人員可以瞭解賽會籌備單位之需求與立場,透過裁判在職訓練與執法前講習,強化裁判之本職學能,提高裁判執法品質。

(三)裁判器材與紀錄文件

各項運動競賽種類之競賽進行方式不同,如田徑、游泳、體操、球類運動、技擊運動、混合運動等,裁判針對不同競賽種類及賽制,準備成績判定之計時、計分系統,影像輔助判定設備、碼錶、旗幟、競賽器材等,依據賽程紀錄需求,設計不同之裁判使用表格,雖然大部分之競賽裁判表格可於國際通用之比賽規則或競賽種類協會取得表格格式,但仍須依據賽會之規模與舉辦規格,編印成賽會專用之裁判表格,供賽會裁判執法使用。

(四)裁判相關會議

運動賽會籌辦期間為讓裁判工作推展順暢,且與運動競賽相關業務單位之協調與互動順暢,在賽會籌備的賽前階段應辦理競賽裁判人員相關會議,以確保裁判業務順利進行。

◆裁判長會議

運動賽會籌備階段,在競賽場地選定後,邀請裁判長進行場地會勘,對競賽場地整修、場地布置、設備器材添購、動線規劃、執法需求等,提供裁判之專業建議。

◆場地檢查會議

在競賽場地整修完成與競賽設備器材布置就位後,在比賽開始前三天,由裁判長會同競賽、場地器材與競賽場地管理單位,檢視競賽場地器材,確認運動場地、比賽器材、執法設備數量與規格,是否達到比賽之標準與需求,大會提供裁判執法所需之電腦或影音設備、記錄表格、文具、耗材等,確認裁判設備及物品之準備完成。

◆裁判會議

依據競賽規程或技術手冊規定，在開賽前召開裁判會議，研商競賽種類裁判之分工、執法標準、裁判模式等。裁判會議在裁判完成報到後，由裁判長召集全體裁判人員，裁判會議如有對競賽相關決議或賽事進行之調整，應由裁判長在領隊暨技術會議中，提出說明或賽事建議討論，相關賽事建議或調整，如於領隊暨技術會議作成決議，即據以進行賽事修正或進行裁判執法。

(五)裁判津貼

運動賽會主辦機關對所遴聘的執法裁判會提供各項接待或津貼，但會依據賽事之規模或性質而有所差異，一般而言，裁判之往返交通、住宿、膳食及裁判費等項目，是賽會主辦機關會為裁判所規劃準備的項目。

◆往返交通

運動賽會主辦機關依據擔任裁判人員居住或服務機關之所在地，提供運動競賽裁判執法期間的往返交通費用，如裁判人員符合由大會提供住宿者，則提供一次往返交通費用補助，其額度標準為公共運輸之汽車、鐵路之票價，或檢具高鐵、飛機經濟艙之費用，如未由大會提供住宿者，應提供每天往返之交通補助費用。

◆住宿

依慣例賽會主辦機關需為裁判安排執法期間之住宿，但居住在舉辦縣市轄內或距離未滿30公里之裁判，大會一般不提供住宿服務。大會統一提供裁判人員住宿時，原則以兩人一室每人一床的標準安排，住宿期間以裁判報到當日至比賽賽程結束當天為止，主辦單位如未能提供裁判人員統一住宿，則依公務人員出差旅費之住宿標準，由裁判人員依據個人需求尋覓住宿之飯店，並取得合法之單據，由主辦單位辦理核銷，以支付裁判人員住宿費用。

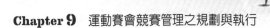

◆膳食

　　裁判人員在運動競賽執法期間，主辦機關可依據實際狀況，提供裁判人員三餐之膳食，如因各項競賽比賽時段之不同，由大會統一安排有所不便的時候，可以代金的方式，每天定額發給裁判人員執法期間三餐之膳食津貼。

◆裁判費

　　運動賽會主辦機關為表示對執法裁判的尊重與辛勞，慣例上會支付裁判人員裁判費，一般國際賽事發給裁判人員裁判費用津貼每日約在美金100元至200元之間。國內的全國性運動賽事，發給裁判人員裁判費用津貼每日約在新臺幣1,200元至1,500元之間。依據行政院所發布的各機關（構）學校辦理各項運動競賽裁判費支給標準數額表所定，國家級裁判每日金額為新臺幣1,500元，如依據場次支給裁判費，每場以新臺幣400元計算。勞動部公告，自2022年元旦起，國內基本工資調升至25,250元，最低時薪為168元，如依據每天裁判工作時間以8小時計算，省市級裁判費每日新臺幣1,200元，未能符合基本工資8小時新臺幣1,344元之標準，行政院在民國91年所訂的運動競賽裁判費支給標準，顯然有重新修訂之必要。

 ## 第五節　競賽資訊規劃與成績紀錄系統整合

　　民國82年臺灣區運動會在桃園舉辦時，首次採用網路線上報名系統，作為各參賽單位報名註冊使用，首開國內運動賽會資訊報名系統之先河，臺灣運動賽會競賽資訊系統發展迄今三十年，由早期參賽選手報名資料電子檔案提交，到現今網路線上資料庫系統之使用，整體資料庫之規劃，讓運動競賽資訊應用從早期單純的選手註冊報名，發展成為整合運動賽會所有參與人員之基本資料登錄、隊職員選手註冊報名、資格審查、競賽抽籤及賽程晉級排程自動化、成績紀錄系統化、成績查詢即時化，藉由資訊技

術在運動賽會之整合，讓運動賽會之各項資料蒐集與應用，競賽之管理更加有效率，充分展現臺灣科技島之軟硬體實力。

綜合運動賽會同時舉辦多種運動競賽，不同運動種類比賽之進行具有其獨特性，運動競賽系統必須兼容各項競賽體系的特殊性，並且在運動賽會規劃階段、報名階段、賽前準備階段、比賽期間以及比賽結束之後，進行各項工作，讓運動競賽的管理可以順暢地運行。

一、賽會規劃階段

在運動賽會規劃的時期，參酌競賽的規模，舉辦運動種類的數量以及特性，賽會辦理的流程，對資訊系統進行分析與規劃，就對運動賽會辦理可有效使用之工具，如整體資料庫系統、網頁系統、競賽及成績系統以及賽會期間使用之APP等，進行完整且適當的分析規劃。

(一)競賽規程、技術手冊資料檢核與分析

運動競賽資訊規劃之前要先蒐集歷年舉辦規模等級相同或類似之運動賽會的報名資料與相關競賽資料紀錄，作為競賽資訊規劃之模擬與參考對象，並依據運動賽會舉辦之競賽規程及技術手冊內容，分析運動賽會舉辦之運動種類，所使用之賽程、賽制，電子化計時計分系統，組隊單位及競賽分組，對各運動種類競賽規則及賽務執行，競賽成績傳輸與處理，資料庫內容與格式檢核與分析，資料除錯及防呆機制規劃，以確保競賽資料庫與系統整合操作之可行性與正確性。

(二)競賽業務分析與整合

競賽資訊規劃必須協調整合競賽規劃、賽務執行、場館設施與空間規劃、裁判計時計分系統資料傳輸、成績資料確認與傳輸、成績統計與獎狀印製，讓運動賽會期間之競賽有關業務進行系統整合，除了可以確保運動

競賽順利完成以外，更可以提高競賽成績資料之正確性，節省人力物力以及時間成本。

運動競賽資訊規劃在業務整合的時候，必須妥善納入場館資訊設備規劃與效率評估，結合競賽場館以及競賽與裁判執法之設備系統，進行整體的布線整合，以有效結合競賽資訊與裁判紀錄，成為競賽場館中競賽管制、賽務執行、成績處理、資訊設備調度與運用的單一窗口、統籌競賽資料處理與檢核，流程控制與安全維護之工作。競賽業務資訊整合具有以下之特點：

1.資料蒐集系統化有利於資料統整與訊息發布。
2.統一資料庫處理與檢核有利於流程控管與資訊安全維護。
3.建立競賽管制單一窗口便利各項運動資訊與數據之蒐集與運用。
4.各運動競賽場館資訊設備、競賽影像與成績資訊傳輸可以有效整合。

(三)資料庫建置內容分析

運動競賽資訊系統資料庫為運動賽會籌辦機關整體賽會資料庫的一部分，所以運動賽會資料庫系統在規劃時也應該要納入運動競賽之基本需求，進行資料庫架構分析，制訂資料欄位內容規範，以確保運動競賽資料庫各欄位資料之整合與正確。運動賽會舉辦期間各單位使用運動賽會資料庫之需求度極高，所以資料庫伺服器建置需要考量遠端資料管理需求，防火牆監控必須符合最高規格資訊安全規定，滿足資料庫內容更新及網站維護需要，提升營運效率達到運動賽會即時訊息更新，作為提供媒體新聞中心訊息發布之基礎。

資料庫建置內容至少應滿足籌備組織參賽單位基本資料之蒐集與應用；參賽單位團隊人員資料蒐集與處理應用；運動賽會籌備人員、工作人員、參加人員基本資料蒐集與應用；以及競賽程序及成績記錄資料之蒐集

與應用的基本需求。

二、報名階段

運動競賽資訊系統建置完成後，首先需要確認網路報名條件與欄位作業介面是否符合競賽規程與技術手冊之規定，並對報名系統進行測試與除錯，並就競賽成績資料與匯入，成績紀錄查詢資料庫測試與校正，並在報名期間提供各參賽單位操作與輸入諮詢，全程掌控各單位報名之流程，排除相關系統疑慮與操作障礙。

(一)報名系統建置、運作

競賽報名系統必須要確認各單位在報名資料系統網頁前端的輸入或轉入資料可以順利正常的運作，讓各參賽單位基本資料輸入、隊職員選手個人資料輸入、照片及參賽資格相關文件上傳、選手報名資料輸入等各項資料之正確與完整，並要有適當之資料除錯與防呆機制設計，以減少網路報名註冊錯誤之發生。

◆各參加單位資料

各參加單位的基本資料應包含機關全稱、簡稱、編號、聯絡人、電話、住址、電子信箱資料等資訊。

◆參賽單位團隊資料

報名團隊基本資料包含總領隊、副總領隊、總教練、副總教練、總管理、副總管理、醫護人員、技術員、選手、教練等職稱人員之基本個資（如姓名、性別、身分證字號、出生年月日等）。

◆參加各項競賽項目之運動員（選手）／隊伍（縣市或學校）資料

依照運動會競賽規程有關隊伍註冊規定及選手參賽資格規定，依照參

賽運動種類、科目、項目等各項資料，輸入各運動員（選手）／隊伍（縣市或學校）資料（如姓名、身分證字號、出生年月日、照片上傳等），團體或團隊項目應包含預備運動員（選手）之資料。

◆報名資料／資格賽資料轉入確認

　　報名之單位資料、團隊資料、各項競賽項目之運動員（選手）／隊伍（縣市或學校）資料，轉入系統資料庫，並列印轉出進行資料核對與確認。

(二)報名說明會

　　運動競賽資訊系統具有運動賽會單一性之特色，運動賽會主辦機關在辦理網路報名註冊之前因舉辦說明會，辦理競賽資訊系統及報名註冊系統之解說，提供系統操作之教育訓練手冊或系統操作影音檔案，並在網路報名註冊期間提供線上諮詢協助，排除各報名單位系統操作之困難與疑慮。

(三)報名註冊資料彙整與分析

　　競賽資訊之報名作業系統應具有報名資格篩選功能，協助系統彙總處理檢核及相關資料分析。

◆線上檢核工作

　　各報名單位線上填寫之各項資料，採取線上檢核工作，如身分證字號、選手年齡、體重、跨項跨組限制、參賽人數限制等。

◆智慧式選單

　　各項資料庫已有的代碼資料，皆透過資料庫產出提供點選，簡化資料之輸入，並且減少人工輸入之錯誤。

◆資料統計作業

　　統計運動會各項參賽數據，提供參賽報名單位進行資料檢核與確認，

並提供競賽組判斷各項比賽隊數、人數是否達到可以比賽、或需資格賽之隊（人）數。

(四)參賽單位資料查詢

參賽單位完成報名註冊後，可於線上資料庫系統查詢完成報名之相關資料，或列印各單位之完成報名作業之數據資料。

◆線上統計列印服務

參賽單位於線上列印縣市或學校各項報名資料及統計報表，以供參賽單位自行核對、統計之用。

◆各參賽單位資料查詢

依縣市或學校別進行查詢，列出縣市團隊、參賽隊伍（學校）、選手相關資料。

◆競賽項目資料查詢

依各種競賽種類項目做查詢，列出各項目參賽的縣市單位及隊伍（學校）、選手等相關資料。

◆參賽人數（次）統計資料查詢

依競賽種類、組別、科目、項目或依參賽單位進行查詢，統計職員、選手、男女等各項人數（次）統計資料。

(五)資格審查作業

運動員（選手）參賽資格審查主要係依據競賽規程之參賽報名資格，如選手年齡、報名人數、個人參加項數、選手設籍時間、學籍或轉學時間、違反運動禁藥規定之禁賽名單、教育主管機關或全國單項運動協會之禁賽名單等，可以先藉由競賽資料庫系統進行基本資料比對檢核後，再由資格審查委員會進行覆核，以確保報名註冊之隊職員、教練、選手符合競

賽之資格規定。

三、賽前準備階段

在運動賽會參賽之隊職員、教練及選手完成報名註冊程序及資格審查後，競賽資訊管理系統即可依據資料庫之數據及競賽賽制與賽程規定，進行賽程之抽籤、賽程編排、選手編號、秩序冊印製等賽前準備工作。

(一)賽程抽籤前置作業

競賽管理應先依據競賽規程完成賽制與賽程製作，繪製對戰表（圖）並於大會官網公告，並公告分組抽籤規定及方式，通知參賽單位出席抽籤會議。

(二)賽程抽籤

競賽運動種類及項目依據運動規則進行賽程安排，屬分組同場競技擇優晉級之運動種類，如田徑、游泳等依據參賽選手之個人最佳參考成績採行分組，不須辦理抽籤作業，球類運動及技擊類運動種類等，其賽程安排參考種子隊伍、同參賽單位選手之設定，個人賽、雙人賽、團體賽等對戰晉級賽程，進行分組抽籤或賽程抽籤。抽籤規定及方式採用大會規定或會議決議，採用電腦自動隨機抽籤或人工抽籤方式辦理分組抽籤作業。電腦自動隨機抽籤後由系統產出分組或賽程報表，人工抽籤完成，於競賽系統輸入隊伍分組或對戰選手資料後，抽籤過程及結果即時提供分組或賽程圖（表）及清單，經抽籤會議確認後，公告於大會競賽資訊。

(三)非抽籤種類競賽資料編排及提供

非抽籤之運動種類，競賽資訊系統依照大會競賽項目賽制之設定，

以參考成績、同參賽單位預賽迴避等原則，以系統依據參賽人數、晉級系統模式進行預賽、複賽、準決賽、決賽賽程，就場次與分組數量之計算編排。由競賽系統透過亂數排定、盡量避開同一單位同組出賽等方式，排定競賽組別、道次，適用項目如：田徑、游泳及其他同類型比賽，具有排定組別、道次的運動種類與項目。

四、比賽期間

運動賽會辦理競賽期間，應該成立競賽管制中心來統整運動競賽相關業務執行，協調處理競賽期間各種突發狀況，並由專人負責賽程調整、成績確認與公告、競賽時程管控、計分計時系統傳輸障礙排除、各競賽場館成績傳輸資料正確完整、雲端即時成績彙整與處理、各競賽場館資訊設備與傳輸通路穩定，以確保各項運動比賽期間賽務可以順暢運行。

(一)賽程表及檢錄單列印

非抽籤之運動種類，如田徑、游泳及其他採用預賽、複賽、決賽晉級之同類型比賽，競賽資訊系統依據每一階段比賽結果，自動檢索生成下一階段比賽之賽程表及出賽選手，並同時列印檢錄單提供出賽選手檢錄與連結計時系統，提高賽程自動化程度，降低成績資料人工抄錄出錯之機會。

(二)競賽成績輸入與處理

運動賽會同時有多個運動種類及場地進行比賽，各運動場地需要有專人執行比賽成績確認及資料輸入，各競賽場地及比賽項目進行比賽成績輸入及維護作業，包含比賽成績處理、晉級選手成績、參賽選手資料、成績審核處理確認。

競賽成績系統協調球類計時系統，技擊類得分暨倒數計時系統，田徑、游泳、自由車等精密計時系統之成績資料，整合計時計分等精密儀器

之資料傳輸協定，藉由成績即時連線提高運動競賽資料庫系統效率。

(三)成績公告與獎狀輸出整合

運動競賽資訊系統依照團體運動種類及個人競技項目競賽賽程，產生比賽成績紀錄表單，並予以公告，各項成績紀錄應依照名次及競賽種類項目統計各競賽種類、組別團體錦標及總錦標的排名；決賽成績總表、各單項成績總表、破紀錄清單、各場次比賽紀錄表等報表，支援獎品組提供獎狀列印資料、流程管理與頒獎作業資訊，以整合所有競賽場地賽務、成績紀錄及頒獎儀軌與流程。

(四)成績統計分析與查詢

運動競賽資訊系統依據成績紀錄資料庫之數據，提供相關成績查詢及統計分析資料，為符合參賽單位組隊管理、選手成績查詢、媒體採訪及報導規劃、傑出運動成績揭露等需要，成績統計與查詢應具有以下內容：

◆即時成績訊息

已完成賽程之成績與比賽結果，提供即時成績查詢，包含單位成績查詢、選手個人成績查詢，提供媒體記者及民眾可快速查詢競賽成績總表、各項比賽前三名（或前六名、前八名）名單、每天比賽結果、破紀錄清單、最新績分排名、總錦標等資訊。

◆成績統計

提供參賽隊伍、人數、人次統計，參賽單位獲獎選手、獲得獎牌數及積分資料查詢。

◆賽程查詢

提供每日賽程查詢，為便利使用者得知當天或未來賽程與出賽選手資訊，建議可依運動種類、比賽項目、日期、場地、參賽單位或選手做查

詢。

五、比賽結束

運動賽會舉辦結束之後，參賽選手所創下之比賽成績與紀錄是重要之數據資產，尤其大數據蒐集與分析的結果對未來運動賽會籌辦、運動選手發展歷程、運動成績紀錄締造等方面均具有重要之價值與意義。

(一)成績紀錄蒐集與整理

將競賽資料庫中各項成績紀錄，依照名次及競賽種類項目統計各競賽種類、組別成績排名、決賽成績總表、各單項成績總表、破紀錄清單、各場次比賽紀錄表等，比賽成績匯出成為完整數據檔案，除可作為未來成績之歷史紀錄外，亦是運動紀錄數位典藏之重要內容。

(二)成績報告與資料庫建置

依照各競賽項目比賽的成績資料製作成績報告，成為運動賽會成果報告書重要的歷史紀錄，並從運動競賽資訊資料庫中，匯出比賽成績及運動員之參賽資料（如出賽人員、比賽成績、決賽結果），作為我國運動人才與成績資料庫資訊數據資料庫之內容，作為永久成績歷史資料查詢之完整數據，克服運動賽會舉辦完畢後，大會官方網站關閉後，相關運動成績數據無法便利查詢之課題。

問題與討論

一、「奧林匹克2020改革議題」之重點有哪些？「奧林匹克2020+5改革議題」之重點有哪些？對國際運動發展產生哪些影響？

二、運動賽會的競賽管理規劃核心的出發點為何？

三、運動賽會舉辦的運動種類選定原則與標準為何？我國競技運動的發展要如何與國際運動競賽接軌？

四、運動競賽場地與器材的準備，要如何才能達到運動競賽之要求與標準？

五、運動裁判在運動比賽中的執法原則有哪些？裁判在比賽中發揮的功能為何？

六、電腦設備及資訊系統在運動賽會中具有什麼樣的價值與地位？要如何整合才能發揮它最大的效能？

七、在大數據的年代，要如何有效地利用運動競賽的成績紀錄以發揮它最大的效用及價值？

參 考 文 獻

一、中文部分

中華民國110年全國運動會籌備處（2021a）。《中華民國110年全國運動會籌備會組織章程》。新北：作者。

中華民國110年全國運動會籌備處（2021b）。《中華民國110年全國運動會運動競賽審查會組織簡則》。新北：作者。

中華民國110年全國運動會籌備處（2021c）。《中華民國110年全國運動會總領隊會議手冊-1014版》。新北：作者。

教育部體育署（2015）。《國際運動賽事管理手冊》。臺北：作者。

程紹同、方信淵、范智明、林保源、廖俊儒、王慶堂、呂宏進（2011）。《運動賽會管理：理論與實務》（第二版）。新北：揚智文化。

二、英文部分

International Olympic Committee (2014). Olympic Agenda 2020, 20+20 Recommendations. https://stillmed.olympic.org/Documents/Olympic_Agenda_2020/Olympic_Agenda_2020-20-20_Recommendations-ENG.pdf

International Olympic Committee (2021a). Olympic Agenda 2020+5, 15 Recommendations. https://stillmedab.olympic.org/media/Document%20Library/OlympicOrg/IOC/What-We-Do/Olympic-agenda/Olympic-Agenda-2020-5-15-recommendations.pdf

International Olympic Committee (2021b). Olympic Charter. https://stillmed.olympics.com/media/Document%20Library/OlympicOrg/General/EN-Olympic-Charter.pdf?_ga=2.119986445.401021877.1656064474-663504915.1654590650

三、引用法規

全國中等學校運動會舉辦準則（2019/5/16）。
全國大專校院運動會舉辦準則（2020/6/3）。
全國運動會舉辦準則（2020/11/13）。
全民運動會舉辦準則（2021/2/17）。
全國身心障礙國民運動會舉辦準則（2021/3/30）。
全國原住民運動會舉辦準則（2021/3/30）。
國民體育法（2022/1/19）。

Chapter 10

呂宏進

運動賽會典禮業務運作

學習目標

1. 瞭解運動賽會典禮業務的範疇與工作職掌。
2. 瞭解運動賽會聖火引燃與傳遞的意義與規劃內容。
3. 瞭解開閉幕典禮的意義與規劃內容。
4. 瞭解開閉幕典禮表演節目規劃的內容。
5. 瞭解頒獎典禮的意義與規劃內容。

 第一節　聖火引燃與傳遞規劃

　　現代奧林匹克運動會（以下簡稱現代奧運會）自西元1896年法國古柏坦爵士設立後至今已一百一十餘年，但其歷史淵源可追溯自古代奧林匹克運動會（以下簡稱古代奧運會），該運動會起源於宗教，主要係祭祀宙斯（Zeus），自西元前776年起，每隔四年舉辦一次，至西元394年被羅馬皇帝狄奧多西一世所禁止，前後共舉行二百九十三次。由此可知現代奧運會係為古代奧運會的復活，其競技種類與活動內涵已大不相同，但其文化精髓卻是一脈相傳，無法切割與揚棄的。

　　由於現代奧運會起源與宗教祭祀有關，故其典禮儀式更具有特殊、神聖與莊嚴性質。根據《奧林匹克憲章》第51至58條規定了許多儀程（protocol）的規範（中華奧林匹克委員會譯，2019），該規範主要的用意是對當事者的尊崇與重視，其內容包括儀程、身分與註冊卡、會旗使用、聖火使用、開閉幕典禮、頒獎典禮及榮譽冊等，至於這些規範的細節則於《國際奧會儀程指南技術手冊》有更具體的規定。目前國內四大運動賽會（全運會、全民運、全大運、全中運）有關典禮儀式部分已朝向奧運會所規定的儀程指南辦理。其中，頒獎典禮在我國運動會之籌備處大都歸在競賽事務組織中來處理。

　　以下擬將國際奧會所規定儀程指南及國內目前辦理典禮儀式之範疇，整併為：第一節聖火引燃與傳遞規劃；第二節開閉幕典禮規劃；第三節頒獎典禮規劃等範疇。上述三節之規劃內容、工作職掌及注意事項，除聖火引燃與傳遞規劃將於本節敘述外，其餘內容將分別於各節說明之。

一、聖火引燃與傳遞起源

(一)聖火引燃起源

現代奧運會雖自1896年於希臘雅典辦理第1屆奧運會，但皆未有聖火引燃（亦稱聖火引火）、傳遞與點燃之儀式，遲至1936年第11屆德國柏林奧運，當時籌備委員會總幹事卡‧丁姆（Carl Diem）正式向國際奧會提議恢復古代奧運會傳統的規定，即在奧運開始前由盛裝的希臘少女（飾女巫），在雅典奧林匹亞赫拉神廟旁舉辦莊嚴肅穆的祭典儀式，藉由聚光鏡吸取太陽光點燃火種，此為現代奧運會聖火引燃之起源。

(二)聖火傳遞起源

關於聖火傳遞的起源依然要追溯至古代奧運會召開前，當聖火引燃後，其火炬象徵著天王宙斯的神威，並派特使持火炬奔赴各城邦傳遞運動會即將舉行的訊息，也藉此通告神聖休戰（The Pax Olympica）的開始，鼓勵踴躍參與奧運會，這便是現代奧運會聖火傳遞的由來。而神聖休戰原先為期一個月，而後延長至三個月。在此休戰期間，全希臘境內各城邦皆不得發動戰爭，交戰中的城邦則需停戰，並保障往返參與奧運者不受到侵犯，他們是受到宙斯神庇佑的，而且凡進入奧林匹亞參與此一盛會者，皆不得攜帶武器，若違反此一規定者將予以懲戒（李天祐，1991）。此正與現代奧運會會旗所強調的五大洲攜手合作，共享和平繁榮的寓意相同。

二、聖火引燃與傳遞規劃

由上述可知1936年柏林奧運為現代奧運會首度出現聖火引燃與傳遞的儀式，以下將簡要概述奧運聖火引燃與傳遞規劃的情形，至於國內聖火引

燃與傳遞規劃將舉全運會例子加以說明。

(一)聖火引燃規劃

◆奧運會聖火引燃規劃

自1936年柏林奧運於希臘奧林匹亞赫拉神廟旁舉辦首次聖火引燃儀式後，歷屆奧運會聖火引燃皆於該地舉行，其引燃規劃因承襲古代奧運傳統，故其規劃內容大同小異。以下將舉2020年東京奧運說明之。

2020年東京奧運聖火引燃，因受新冠肺炎疫情相當嚴重的影響，聖火引燃儀式並未對外開放，僅邀請國際奧委會與東京組委會所註冊的100名人員到場觀禮，現場參與者皆保持安全距離，並且取消所有的表演，並調整部分引燃儀式的流程，在眾人的見證下，於3月12日在雅典赫拉神廟前廣場，由身穿希臘長袍的女祭司，持東京奧運的火把，緩緩放入聚光鏡內，利用太陽光逐漸加溫，歷時約一分多鐘的屏息等待，火把終於燃放出火焰，象徵東京奧運即將展開。

◆全運會聖火引燃規劃

四大運動賽會中，以全運會最受矚目，全運會的前身為區運會及省運會。全運會每兩年舉辦一次，由各縣市政府輪流爭辦，故其引燃地點與方式不盡相同。例如110年全運會聖火引燃典禮（如**表10-1**），於110年9月17日晚上七點於新北市金山區野柳地質公園舉行，從野柳女王頭放射出絢麗光芒，並透過雷射光束引燃聖火，以展現賽會LOGO新北市地標女王頭的特殊與地質景觀，現場凱渥名模王心恬的運動時尚秀也極為吸睛。聖火引燃在教育部常務次長林騰蛟與新北市長侯友宜共同從圓形造型的母火座將聖火引燃後，也隨即交接給大會之聖火隊，希望藉由聖火把和平、希望、愛傳遍全臺灣，並克服新冠肺炎疫情的影響，期待全國運動好手齊聚新北，創造最好的成績，成為全臺灣與全世界的驕傲。

表10-1　110年新北市全運會聖火引燃典禮流程

活動時間	活動內容	備註
19:00-19:02	主持人開場	
19:02-19:05	開場表演	樹人家商演出
19:05-19:13	貴賓介紹／致詞	教育部常務次長林騰蛟致詞 市長侯友宜致詞
19:13-19:15	引頌祝禱詞	主持人引頌
19:15-19:25	取火儀式	1.新北女神王心恬率領15個運動種類學生進場 2.新北女神降臨，透過雷射光束，引燃母火座火焰 3.市長持聖火炬引取本屆聖火
19:25	聖火隊出發	市長將聖火傳遞予聖火隊
19:25-19:30	媒體聯訪	

資料來源：新北市政府體育處。

(二)聖火傳遞規劃

◆奧運會聖火傳遞規劃

　　1936年柏林奧運於7月20日舉行引燃儀式，火炬第一棒由希臘人康斯坦丁擔任，他也成為現代奧運會史上第一位聖火傳遞手。而奧運聖火先在

▲110年全國運動會聖火引燃後傳遞給大會聖火隊（新北市政府體育處提供）

希臘境內傳遞，之後經保加利亞、南斯拉夫、匈牙利、奧地利、捷克和德國，整個傳遞行程共3,075公里，聖火經過的國家共有3,075位跑者接棒，每棒跑1公里，於8月1日抵達柏林運動場的開幕會場。自此以後，此項火炬接力便成為現代奧運會傳統習俗，而被點燃的聖火，在奧運會舉行期間燃燒不熄，直到閉幕式之最後節目結束後才熄滅（湯銘新，1996）。

1976年蒙特婁奧運為歷屆聖火傳遞距離最短者，總共只傳遞775公里，而且只經過希臘及加拿大兩國。當年7月13日聖火在奧林匹亞引燃後，由希臘聖火傳遞手交給加拿大聖火傳遞手後，透過感測器將聖火的熱能轉換成電波，再經由衛星直接傳送到加拿大，然後使用雷射在蒙特婁點燃聖火。本屆聖火傳遞的路程雖然最短，但比起以前以飛機與船隻越洋跨海，此次傳遞方式充滿了高科技的色彩。而2004年雅典奧運則是第一次將奧運聖火傳遞到非洲及南美洲，也首度完成單屆奧運聖火傳遞五大洲的新紀錄（彭志平，2008）。2008年北京奧運聖火傳遞係以「和諧之旅」為主題，以「點燃激情，傳遞夢想」為口號。途經五大洲的二十一個城市，緊接著在大陸境內三十一個省、自治區和直轄市傳遞，並抵達世界最高峰——珠穆朗瑪峰。總傳遞時間為一百三十天，傳遞總里程約137,000公里。本屆聖火火炬接力是奧運史上傳遞路線最長、範圍最廣及參與人數最多的一次火炬接力（彭志平，2008）。

2020年東京奧運聖火於3月12日在希臘赫拉神廟引燃後，於3月20日搭「東京2020 Go」號專機抵達日本宮城縣的航空自衛隊松島基地，由日本奧運柔道冠軍野村忠宏、角力冠軍吉田沙保里共同高舉聖火燈並點燃慶典火炬。本屆奧運聖火傳遞的理念為「Hope Lights Our Way」，涵意為「希望照亮我們的路」，傳遞出相互支持與鼓舞的寓意，期望全日本人民皆能團結起來。但因受COVID-19疫情影響，聖火傳遞活動延至2021年3月25日才進行，本屆聖火傳遞與歷屆奧運差異很大，因疫情關係許多都道府縣都取消公路傳遞，聖火傳遞活動自3月25日從日本311大地震的重災區福島縣楢葉町日本足球國家訓練中心出發，隨後在日本四十七個都道府縣進行傳遞，

途中約有一萬名火炬手參加傳遞，共歷時一百二十一天，並於7月23日開幕式當晚抵達奧運主場地國立競技場。

◆**全運會聖火傳遞規劃**

　　歷屆全運會聖火傳遞路線可分為三種，分別為全國聖火傳遞、離島聖火傳遞及主辦縣市聖火傳遞三種路線。全國聖火傳遞約歷時十餘天，離島傳遞費時則由一天至數天不等，而主辦縣市內聖火傳遞則依幅員大小約耗時一日至數日。其傳遞方式則有人員傳遞、車運、船運、空運、鐵路運輸及網路傳遞等，其中又以人員與車運傳遞最常採用。如92年臺北縣全運會在國內則採人員、車運及船運傳遞；離島則採網路傳遞聖火，可謂當時之創舉；而94年雲林縣全運會本島採人員及車運傳遞；離島便採空運與人員傳遞為之。

　　110年新北市全運會聖火傳遞首創網路、鐵路、公路三路方式進行，聖火於9月24日從市民廣場出發，展開為期十六天的市外傳遞活動，並於10月10日回到新北市，這期間完成了四天鐵路聖火號環島列車的創舉，公路聖火則傳遍全臺二十二個縣市著名景點，以及網路濾鏡傳遞聖火，不僅透過聖火傳遞運動精神，也促進觀光與文化交流。本屆全運會透過三路傳聖火，就是希望透過多元管道，以虛實整合方式，廣邀全臺民眾成為聖火隊，這次傳遞火炬手從6歲至80多歲，有近百位民眾共同完成聖火交接活動，期望大家用熱情傳遞希望之火，在疫情影響下，大家團結一致。全運會聖火10月10日起至10月13日止，進行新北市二十九區境內傳遞，這四天傳遞期間，邀請大家跟著聖火去旅行，捕捉聖火照片上傳可參加網路抽獎活動。

三、聖火引燃與傳遞規劃工作職掌及注意事項

　　運動會之籌辦各組應先訂定明確工作職掌，再依其職掌適切分工，方能如期完成各項工作進度。然執行過程中由於經驗不足或一時疏忽，易產

生不當缺失，故籌備時許多注意事項，應格外留意。以全運會籌備處分組來說，一般將聖火引燃與傳遞工作歸併為聖火組業務，以下將分述聖火組工作職掌與注意事項，以利日後承辦單位參考。

(一)聖火引燃與傳遞規劃（聖火組）工作職掌

1.編訂聖火傳遞計畫、研擬聖火點、引燃、熄滅及傳遞方式。

2.該組企劃說明及遴聘工作人員。

3.該組預算編列。

4.編訂聖火傳遞計畫。

    (1)傳遞路線及各縣市交接地點及行程安排等。

    (2)設計點、引燃聖火、傳遞方式及歡迎與歡送有關事宜。

    (3)傳遞期間一切安全事宜。

    (4)辦理相關聖火引燃、點燃等宣傳事宜。

5.研擬本縣境內傳遞方式及計畫。

6.函請各有關縣市組織聖火傳遞隊及研擬聖火傳遞與歡迎事宜。

7.規劃開閉幕典禮聖火進場、點燃、維護等相關事宜（協同儀式組辦理）。

8.辦理聖火之夜活動事宜。

9.其他有關聖火業務及臨時交辦事項。

(二)聖火引燃與傳遞規劃注意事項

1.聖火臺操作應由專業維護人員操作，並配合大會流程進行演練。

2.聖火臺可裝置通訊器材及資訊設備，以利臺內、臺外狀況掌握。

3.聖火繞行全國時，工作人員與燃料器材專車應分開載送，以維護人車安全。

4.聖火點燃呈現方式為兼顧創意與安全，可及早定調，以利後續工作推展。

綜上，全運會聖火傳遞因橫跨各縣市，加以傳遞日程長、路線遠、耗費人力多及交通路況較難掌握等因素，故應擬訂完善的聖火傳遞計畫，並於事前邀集各縣市代表召開工作協調會議，充分討論傳遞日程、路線安排、表演活動、交接流程、護火車隊安排、雨天備案、緊急應變措施及相關配合與注意事項等，以利聖火傳遞工作順利進行，避免不必要的意外發生。

 第二節　開閉幕典禮規劃

一、開幕典禮規劃

運動會的開始稱為開幕，其儀式稱為開幕式或揭幕式，通稱開幕典禮。開幕典禮向來為國際綜合性賽會注目的焦點，開幕典禮若能精彩上演，就表示賽事已成功一半，更會替大會帶來無比的賽會效益，所以主辦單位不得不挖空心思，以讓世人留下永恆的回憶。現今最流行的開幕典禮主要內容包含：驚奇神秘的聖火點燃方式及炫目動人的表演節目。以下將概述奧運及國內賽會開幕典禮的規劃情形，而國內規劃部分將舉全運會例子加以說明。

(一)奧運開幕典禮規劃

◆奧運開幕典禮規劃

①聖火點燃規劃

依據奧運的傳統，聖火應於開幕前一天抵達主辦城市，並於開幕典禮當天點燃。且依奧林匹克儀程指南規定，聖火必須安置在主場館明顯且

▲2020年東京奧運我國代表團參加開幕典禮（教育部體育署提供）

視野良好的地方，如在主場館結構許可下，最好可由會場外也能夠看到聖火。另在奧運會期間，聖火不可熄滅，當聖火熄滅時，即正式宣告奧運會結束。故在規劃聖火安置位置與保護措施時應特別注意，以免違反了儀程指南的規定。

現代奧運會舉辦一百多年來聖火點燃早已成為開幕典禮中最高潮的部分，所以每屆奧運之主辦城市均費盡心思、絞盡腦汁、創新花樣及別出心裁來規劃聖火點燃儀式。尤其最近幾屆奧運聖火點燃方式及點燃聖火選手，往往被視為最高機密，連聖火造型，也相當講究。此舉不僅可增添奧運的看頭，更可展現每一個主辦國與城市獨有的文化特色。例如，2000年雪梨奧運會的聖火火炬，就取材於雪梨大劇院和土著飛鏢的弧線。2020年東京奧運會聖火火炬長71公分，重1.2公斤，由日本吉岡德仁所設計，聖火創意靈感來自於日本福島縣南相馬市當地小學生的櫻花繪畫作品，其顏色係融入櫻花的金色，火炬頂部則從五個「花瓣」圍繞著中央的「花蕊」，其主要材質為鋁材，而製造火炬的鋁材約有三成係採用日本2011年3月11日

大地震的岩手、福島、宮城三個受災縣之臨時住宅的鋁窗廢料回收製作而成，極具歷史意義與特色。

在持聖火進場與點燃聖火的人選安排上，通常主辦城市會選擇具備國家代表性、社會影響力、頂尖運動員及特殊傑出人士等諸項身分的人員擔任。例如1964年東京奧運會，即選擇坂井義則點燃聖火，因為坂井義則為原子彈投擲廣島當日出生的生還嬰兒，此舉象徵祈求世界和平（湯銘新，1998），意義不凡。1968年墨西哥奧運首次由女性田徑選手白瑞麗奧點燃聖火，象徵男女運動員在奧林匹克殿堂平等的地位；1992年巴塞隆納奧運，則由殘障奧運射箭選手安東尼・雷波路點燃聖火，寓意運動權利不分你我。

2020年東京奧運開幕典禮由柔道選手野村忠宏和角力運動員吉田沙保里持聖火進場，火炬先後傳遞給棒球傳奇人物長嶋茂雄、王貞治、松井秀喜，以及醫師大橋博樹、護理師北川純子、帕運鐵人三項選手土田和歌子，和日本地震重災區岩手縣、宮城縣、福島縣兒童代表六人，最後交由前世界網球球后大坂直美，其逐步登上象徵富士山的聖火臺並點燃聖火，而生生不息的聖火火焰，就宛如運動員精神，永不熄滅。另大坂直美具有女性與混血雙重身分，更體現本屆奧運所強調「男女平等」與「多元和諧」的理念。

綜觀最近九屆奧運會聖火點燃方式及點燃聖火選手皆不相同（如**表10-2**），但無庸置疑的是聖火代表了神聖、純潔及完美意涵，更象徵和平、光明、團結與友誼的精神。

②表演節目規劃

2022年北京冬季奧運會開幕典禮於2月4日晚上於北京國家體育場舉行，因適逢中國農曆新年正月初四及傳統節氣立春，故本屆的表演節目融入了節慶的元素，內容規劃係由中國名導演張藝謀策劃演出，其展演主要分為「開幕式序幕」、「開幕式倒數」、「春回大地」、「冰雪五環」、「建構一朵雪花」及「雪花主題歌」，重點在展示本屆的主題「一起向未

表10-2　最近九屆奧運會聖火點燃方式一覽表

時間	屆次	主辦城市	點燃聖火人員	身分	點燃方式
1988年	24	漢城	鄭善萬、金元卓、孫美廷	傑出人士	搭直升電梯離地50公尺點燃
1992年	25	巴塞隆納	安東尼‧雷波路	殘奧射箭選手	以射箭點燃聖火
1996年	26	亞特蘭大	阿里	美國拳王	點燃火種迅速飛向聖火臺
2000年	27	雪梨	傅麗曼	原住民選手	水中點燃聖火
2004年	28	雅典	卡卡拉馬拿斯基	帆船選手	倒置聖火臺點燃後再扶正
2008年	29	北京	李寧	體操選手	以夸父追日空中漫步點燃
2012年	30	倫敦	卡勒姆‧艾利 喬丹‧達基特 德西里‧亨利 凱蒂‧柯克 卡梅倫‧麥里芝 艾丹‧雷諾茲 阿德爾‧特蕾西	帆船運動 非運動員 田徑 田徑 賽艇 田徑 田徑	直接點燃其中7個金盤，其後剩餘的197個金盤陸續被點燃，再將204個金盤升起形成一個大火盤
2016年	31	里約	萬德雷‧科代羅‧利馬	田徑	聖火被點燃至球型聖火臺，之後升到空中
2020年	32	東京	大坂直美	網球	登上臺階點燃象徵富士山造型的聖火臺

資料來源：本文整理。

來」，期盼春之希望能鼓舞人心，讓全世界更團結，一起為未來共同努力。開幕的表演節目融合了人工智慧、機器人及5G等科技元素，讓人驚嘆不已，茲將展演內容分述如下（2022年冬季奧林匹克運動會開幕式-維基百科，2022）：

1.開幕式序幕

　　因天氣寒冷與疫情管控等因素，開幕式序幕約30分鐘，且為凸顯民眾參與的特色，開幕式序幕並未邀請專業演員，而由最小5歲、最大70多歲的表演者擔綱演出。序幕的廣場舞涵蓋多種風格與形式，不僅有國標舞、現代舞，也有蒙古族、藏族、維吾爾族、朝鮮族等鮮明的民族舞，甚至還融入了霸王鞭的元素。另透過直播，廣東省深圳市、四川省成都市、浙江省杭州市、吉林省白山市和其他中國大陸城市的各族民眾都參與其中，展現

出歡聚時刻與祝福冬奧的熱烈氣氛。

2.開幕式倒數

　　和以往的60秒倒數計時方式不同，本屆冬奧開幕前的倒數計時採用了中國傳統的二十四節氣，開始於「雨水」，終於「立春」，極具中國特色。

3.春回大地

　　在倒數計時結束後，現場出現各種光影，開始是綠色，代表「春回大地，萬物甦醒」，會場中央漸漸形成一朵綠色蒲公英，當參與的演員吹散蒲公英，白色的種子飛向空中，白色煙花綻放，寓意蒲公英的種子飛向天空。最後，空中打出中文「立春」和英文「SPRING」，這是冬奧史上首次同時出現中英文焰火的情景。

4.冰雪五環

　　當升國旗、奏國歌結束後，一滴冰藍色的水墨從天而降，並幻化爲黃河之水傾瀉而下，運用了唐朝詩人李白《將進酒》中的詩句「君不見黃河之水天上來」。而「黃河之水」最終凝結爲一片冰雪天地，巨大的水從冰面中升起，凝固成冰，將歷屆冬奧以時間軸方式用光雕線圖呈現，最後定格在「2022中國北京」。隨後，一枚巨大的冰球在螢幕空間中反覆撞擊，整塊冰立方漸漸碎裂，冰雪五環以「破冰」的方式呈現在世人面前。

5.建構一朵雪花

　　此段「一朵雪花」的表演設計靈感來自「中國結」的圖案，寓意團結吉祥之義。在演出中，引導人員手持雪花形成的引導牌向場地內呈圓形狀靠攏，此時飄落的小雪花也開始向場地匯聚。接著，一條橄欖枝把一個個書寫著參賽國家和地區名字的「小雪花」共同匯聚在冰雪五環下，組成了一朵碩大的雪花，構成一個雪花臺。而這雪花映照攜手同行之路，象徵「世界大同，天下一家」，也體現「一起向未來」的理念。

6.雪花主題歌

　　本屆開幕式主題歌《雪花》係由北京愛樂合唱團一百六十名少年兒童演唱，並由北京市十一所小學共約五百名小學生舞蹈演出。此表演使用

了大規模的動作捕捉，一朵朵雪花盡情地在各個小朋友的腳下綻放，象徵雪花和孩童的自由浪漫。小朋友們手持和平鴿燈聚集在場上快樂嬉戲，在《雪花》兒童歌舞接近尾聲時，所有和平鴿燈匯聚在一起，而東南方向有一個「掉隊」的小朋友，被另一個小朋友手擎著和平鴿燈手拉手的將他「帶回來」，在星光的指引之下，與其他的小朋友一起融入大家庭，組成了一個巨型心形圖案，齊聚於主火炬雪花臺周圍，迎接聖火的到來。

綜觀歷屆夏季與冬季奧運開幕典禮各有其規模與特色，但北京冬奧開幕典禮以精緻細膩的表演藝術與科技的運用，傳遞著中國文化的傳統特色與現代科技的元素，張藝謀導演堅持用世界語言講述中國故事創意的功力，贏得各界不少的讚譽。

◆ **全運會開幕典禮規劃**

全運會自從民國88年至110年止，已先後辦理過十二屆全運會，其中110年全運會大量融入科技元素，可謂自省運、區運及全運舉辦以來，相當成功的運動賽會，尤其開幕典禮也受到各界一致的肯定。以下將針對110年全運會開幕典禮規劃情形說明如下：

①聖火點燃規劃

110年全運會開幕典禮於10月16日晚上六點正式於新莊體育館揭開序幕，新北市因應疫情而創造了不一樣的全運會，時尚化、年輕化、在地化、科技化，大會聖火於晚上七點左右由2020東京奧運拳擊國手林郁婷與划船國手黃義婷兩人護持下緩緩進場，並接續由我國網球一哥盧彥勳、2020東奧跆拳道銅牌羅嘉翎共同持聖火，與虛擬人物新北女神一同點燃聖火，本屆高聳矗立聖杯造型的聖火臺，內容更融入電玩世界的元素，展現獨特多元的科技效果，至此，全運會聖火便在傳統與科技互現，真實與虛擬交替中劃下完美的句點。

②表演節目規劃

　　110年全運會表演節目係由清水高中、樹人家商、南強工商、能仁家商、東南科技大學、醒吾科技大學、文化大學、國立臺灣戲曲學院等學生團體，以及知名的舞鈴劇場、采風樂坊、臺灣特技團接力擔綱演出。節目名稱為「傳奇再起」，故事軸線從臺灣這塊土地出發，刻劃生活在這座城市的人們，世代攜手合作，展現新北市在地的獨特生活印記，不斷奮力追趕，努力成就傳奇，成為臺灣第一的城市。這座偉大的城市也召集各世代的運動英雄們，匯聚於此突破紀錄，共創傳奇新頁。本節目共分八個橋段，茲將展演內容分述如下（新北市政府，2021a）：

1.倒數：全國英雄、匯聚新北

　　以倒數影片揭開整場序曲，結合臺灣各縣市代表地標景點，搭配各縣市表現亮眼的運動項目與運動選手，將各種運動項目和城市之美以畫面展現，帶出新北市主場「以運動交朋友」的賽事核心。

2.序幕：隨時上場、GAME ON！

　　本屆全運會，首度將電競比賽納入正式賽事項目。為凸顯本次創舉的意義，序幕內容將以電競世界的概念作為核心元素，帶領觀眾進入110年全國運動會的虛擬世界。

3.第一幕：天人降、山海現；英雄臨、傳奇起

　　玩家化身為由空而降的天人，緩緩落入生命之洋，本次全運會電競賽事兩大遊戲《英雄聯盟》和《爐石戰紀》的兩位代表英雄，以笛子吹響傳奇篇章，飛舞的精靈在化身山與海的新北女神吟唱與環抱之下，輕柔喚醒大地萬物。天人舉起新北女神賜予的聖火火炬，進入虛擬世界的競賽中。

4.第二幕：幸福久久、青春活力

　　人魚在生命之洋歌唱舞蹈，想要找尋生命的答案。她化身人類，從海洋走上大地，來到一座充滿幸福的城市，來到一所擁有無線青春活力的校園。此段由知名網紅「這群人」當中的展榮、展瑞和學生舞群共同演出校

園青春之歌,展現幸福新北市的魅力與活力,也象徵傳奇經典終將世代流芳。

5.第三幕:英雄之路、十面埋伏

　　好奇的人魚被捲入東西雙方英雄戰士爭奪宇宙魔方的戰火中,巨大的魔龍挾著磅礡氣勢出現,東西雙方合作抗敵。就在魔龍即將毀滅雙方英雄時,天人出現,以人魚的海洋之心匯聚英雄之氣,轉動宇宙魔方,擊敗魔龍,最終獲得勝利!此段由東西雙方的英雄戰士們互相競爭、最後合作擊敗最大敵人的方式,演繹著運動員的訓練與對抗外敵的過程,充滿了挫折與挑戰,唯有不畏艱難、同心齊力才能踏上最終的英雄之路,創造英雄傳奇。

6.第四幕:王者之都、榮耀城市

　　贏得最後勝利的天人、人魚以及眾英雄們,來到「王者之都、榮耀城市」,為其不斷成長前進的堅強意志與運動風氣折服。更迭不停的日昇月落,帶出持續不斷前進的新北城市價值。從清晨到夜幕低垂,以時間的流動及不同形式的舞蹈,展現族群共融的運動新北市。時序進入夜晚,則交棒由舞鈴劇團演繹奇幻新北的魔幻都會夜。

7.第五幕:逆光、前行

　　讓全人類難忘的2019年至2021年,全世界因為疫情而動盪不安,疫情肆虐下的人們正在面臨巨大的逆境,但正因為逆著光,讓我們能更加堅強。此段由知名歌手──陳芳語演唱溫暖人心的「逆光」,用歌聲給予全民勇氣和力量。

8.第六幕:新北慶典、歡慶全運

　　此段以新北市各大慶典及節慶活動作為本屆開幕活動演出終曲,無論未來有多少挑戰,我們都不會停止前進,因為我們就處在如此美麗的城市,「我新北、揪強大」。

　　開幕典禮結束後,緊接著展開新北全運之夜,全程由TVBS電視轉播,分別由當紅歌手與藝人孫盛希、溫妮、ØZI、高爾宣接力賣力演唱,帶給現

場來賓、選手及觀眾充滿活力四射的動感之夜。綜觀110年全運會開幕典禮順暢且整體呈現新的風貌，突破以往以人爲主較小格局的規劃模式。該屆演出內容眞實與虛幻交織；科技凌駕傳統，而大型舞臺凸顯場面壯觀，且服裝均經精心設計，演出動作精熟，整齊有律，搭配音樂、燈光、雷射及科技效果，倍增震撼場面，也突顯「隨時上場」的主題。

二、閉幕典禮規劃

運動會的結束稱爲閉幕，其儀式稱爲閉幕式或閉會式，通稱閉幕典禮。閉幕典禮於運動賽事最後一天舉行，其主要用意在於將會旗移交給下屆主辦單位，並將賽會做一圓滿結束。其主要內容包含：惜別的表演節目、祝福的會旗交接及圓滿的熄滅聖火儀式。以下將簡述2020年東京奧運及110年全國中等學校運動會（以下簡稱全中運）閉幕典禮規劃情形。

(一)2020年東京奧運閉幕典禮規劃

2020東京奧運閉幕典禮於2021年8月8日晚上在日本東京國立競技場舉行，本屆閉幕式的主題則爲「Worlds we share」，因疫情關係創下奧運史上首次以無觀眾入場的辦理方式。典禮在升國旗、奏國歌、運動員進場後，東京斯卡樂園管弦樂團現場先後演奏了坂本九原唱〈昂首向前走〉、LiSA〈鬼滅之刃〉片頭曲〈紅蓮華〉以及貝多芬第9號交響曲，最後由女歌手Milet演唱法國女歌手艾迪特・皮雅芙所唱的〈愛的讚歌〉。隨即進行本屆男女馬拉松比賽的頒獎典禮，另爲表達在疫情中對逝者的哀思，由佐藤健作演奏太鼓，山田葵表演獨舞。之後以紀錄片影片形式播放北海道、沖繩縣、秋田縣、岐阜縣四個日本傳統舞蹈的影片後，現場並表演盂蘭盆舞與〈東京音頭〉。

至此，典禮已接近尾聲，隨後奧林匹克運動會會旗緩緩降下，並演唱〈奧林匹克頌〉。在會旗交接儀式上，東京都知事小池百合子將奧運會旗

▲2020年東京奧運我國代表團參加閉幕典禮（教育部體育署提供）

交給國際奧會主席托馬斯・巴赫，隨即再由巴赫主席交給2024年巴黎奧運會主辦城市市長安娜・伊達爾戈，之後升法國國旗、奏法國國歌，並由巴黎進行八分鐘的影片直播表演，影片最後由八架戰鬥機飛過巴黎鐵塔，劃出美麗的藍白紅法國國旗顏色，象徵世人對巴黎奧運的企盼。最後，在東奧籌備會會長橋本聖子和奧會主席托馬斯・巴赫閉幕致詞後，在貝加馬斯克組曲《月光》的音樂伴奏中，奧運聖火緩緩熄滅，象徵2020東京奧運圓滿落幕。

(二)110年全中會閉幕典禮規劃

　　110年全中運閉幕典禮於110年4月22日下午在雲林縣政府大禮堂舉行，首先播放全中運辛苦的籌備過程與賽事的精彩畫面，緊接著由雲武子武術團帶來精彩的序幕表演，展現出雲林縣西螺七崁的武術精神，隨後街舞團隊帶來動感十足的演出，以及由雲林縣多位校長組成的薩克斯風團演奏悠揚動聽的音樂，最後在頒發運動團體錦標獎與運動精神獎等各項獎項後。

典禮已接近尾聲，大會會旗緩緩降下，並由教育部體育署副署長洪志昌將會旗交接給下屆承辦單位花蓮縣政府，象徵傳承全中運的精采、卓越及輝煌。下屆的承辦單位花蓮縣同時安排「阿勒飛斯文化藝術團」帶來「六大禮讚」舞碼，將花蓮縣六大族群的傳統歌謠以傳統樂器與舞蹈相融合，展現出花蓮在地原住民族獨特的文化與傳統特色。最後在倒數聲中，體育署副署長洪志昌與雲林縣縣長張麗善共同熄滅聖火，象徵110年全中運在雲林縣圓滿結束，並為本屆大會的標語「雲林上場、精彩飛揚」劃下完美句點。

三、開閉幕典禮儀程規範

根據《奧林匹克憲章》第55條規定，奧運會開閉幕典禮的舉辦，均須嚴格遵守國際奧會儀程指南的規定，且典禮之內容、細部計畫、時間表及表演節目，應先提報國際奧會核准，方可據以執行。至於國內全運會開閉幕典禮儀程規範可分兩種：一種為教育部體育署所制訂的舉辦準則中規定了開閉幕典禮的程序；另一種是舉辦單位所規定的開閉幕典禮須知。前者具有法規命令的約束力，後者為行政規則不具約束力。所以開閉幕程序舉辦縣市必須遵守；至於開閉幕典禮須知是參加全運會相關人員皆須遵循的內部規定。以下將針對奧運會開閉幕典禮儀程及全運會開閉幕典禮須知與程序加以說明。

(一)奧運會開閉幕典禮儀程規範

◆開幕典禮儀程規範

有關奧運會開幕典禮儀程規範逐項簡要歸納如下：

1.國家元首進場：國際奧會主席及奧運會籌備會主席至會場入口處迎接國家元首。

2.服裝：著正式服裝準備進場。

3.旗幟與名牌：旗幟與名牌皆由籌備會統一規格，而引導牌持牌人也由籌備會指派。

4.繞場：參加繞場人員不得攜帶旗幟、小旗幟、彩帶及照相機等非制服配件的物品。

5.進場順序：除希臘代表團最先進場與殿後地主國代表團外，所有代表團繞場均以主辦國語言字母順序出場。有資格進駐奧林匹克選手村之運動員皆可進場，但職員最多以六人為限。

6.行致敬禮：各代表團繞場經國家元首及國際奧會主席包廂時均須行禮致敬，並於完成繞場後，掌旗人員留在運動場內。

7.奧運會籌備會主席致詞。

8.國際奧會主席致詞。

9.國家元首宣布開幕。

10.會旗進場，升會旗，奏會歌。

11.聖火進場，點燃聖火。

12.象徵性施放和平鴿。

13.運動員宣誓：左手執奧林匹克旗一角，舉起右手宣讀誓詞。

14.裁判宣誓：左手執奧林匹克旗一角，舉起右手宣讀誓詞。

15.演奏或合唱主辦國國歌。

16.各代表團掌旗人員退場（運動員退場），前往保留座席觀賞表演節目（禮成）。

◆閉幕典禮儀程規範

有關奧運會閉幕典禮儀程規範逐項簡要歸納如下：

1.閉幕典禮於主場館內舉行。

2.運動員進場。

3.國際奧會主席與奧運會籌備會主席就位。

4.演奏希臘國歌與升希臘國旗。

5.演奏主辦國國歌與升主辦國國旗。

6.演奏下屆主辦國國歌與升下屆主辦國國旗。

7.會旗交接：主辦城市市長將會旗交還國際奧會主席，國際奧會主席緊接著將會旗交給下屆主辦城市市長。

8.籌備會主席致詞。

9.國際奧會主席致閉幕詞（宣布閉幕）。

10.熄滅聖火。

11.奏奧林匹克聖歌與降會旗。

12.各代表團掌旗人員退場（運動員退場）與演奏驪歌（禮成）。

以上是國際奧會現行規定的開閉幕典禮儀程，至於程序先後若經國際奧會核准，也可進行程序調整，至於表演節目可以穿插在典禮儀式中進行。例如：2008年北京奧運開幕典禮就將聖火進場與點燃聖火移到典禮的最後一項來進行，以塑造在典禮最高潮的時刻，劃下驚嘆與完美的句點。而到了閉幕典禮也將熄滅聖火移置最後一項流程來進行。至於開閉幕典禮儀程更細節的部分則於技術手冊加以規範。例如：下屆主辦國表演、聖火安置與維護規定、國際奧會貴賓接待禮儀等。

近年來國際奧會有鑑於延續成功的奧運會需要經過不斷地複製成功的經驗，於是在以《奧林匹克憲章》為最高指導原則前提下，制定各種標準作業程序，以確保奧運會成功的舉辦。例如：已經取得奧運會主辦權的主辦城市必須簽訂主辦城市合約書，國際奧會另提供多項技術手冊作為合約書之附件，其中包含各項規劃準則，如儀程指南暨現行辦法等。因此，如非奧運會主辦城市，則不易取得上述技術手冊，且技術手冊內容將依各屆奧運之時空變遷而修訂（李玉芳，2008）。

(二)全運會開閉幕典禮儀程規範

◆開閉幕典禮須知

　　歷屆全運會開閉幕典禮須知，主要內容是針對開閉幕典禮之細節進一步補充與規範，舉辦縣市可依照主場館之特性與實際需要對須知做適當的修正。以110年新北市全運會開閉幕典禮須知為例，其開幕典禮主要須知包含：時間、地點、參加人員、服裝、集合時間、運動員進場順序、進場注意事項、運動員與裁判宣誓、運動員退場等。至於閉幕典禮主要須知則為：時間、地點、參加人員、服裝、席位說明、其他注意事項等。

◆開閉幕典禮程序

　　民國109年11月13日新修正的「全運會舉辦準則」第17條規定了開閉幕典禮程序（教育部體育署，2021），其程序如下：

①開幕典禮程序

　　1.典禮開始（奏樂）。

　　2.運動員進場（由牌、旗引領）。

　　3.唱國歌。

　　4.籌備會召集人致歡迎詞。

　　5.會長致詞。

　　6.總統（或其代表）致詞，並宣布全運會開始。

　　7.會旗進場。

　　8.升會旗。

　　9.運動員宣誓。

　　10.裁判宣誓。

　　11.聖火進場及點燃聖火。

　　12.禮成（奏樂）。

②閉幕典禮程序

    1.運動員進場（由牌、旗引領）。

    2.籌備會召集人致詞。

    3.會長致詞。

    4.成績報告及頒獎。

    5.降會旗。

    6.會旗交接。

    7.下屆承辦單位表演。

    8.熄聖火。

    9.禮成（奏樂）。

    此外，在《全運會舉辦準則》第17條也規定全運會開、閉幕典禮致詞時，以不超過3分鐘為原則；下屆承辦單位表演，以5分鐘至7分鐘為原則。上述程序是我國辦理全運會皆須遵守之儀程規範，此儀程規範係參照國際奧會儀程指南研修而來。另以110年全運會開閉幕流程觀之（新北市政府，2021b），僅於開幕典禮增列主席就位與大會裁判進場；閉幕典禮則加列精彩賽事回顧與下屆承辦單位代表致詞，並省略運動員進場流程外，全部開閉幕流程（如**範例10-1**及**範例10-2**）悉依民國109年11月13日發布之《全運會舉辦準則》辦理。除上述程序外，各項表演節目與全運之夜則可安排於典禮前或放置於禮成之後演出。

範例10-1　110年新北市全運會開幕典禮流程

時間：中華民國110年10月16日（星期六）　地點：新北市新莊體育館	
時間	項目
16:00-16:30	暖場表演
16:30-17:00	新北全運序幕
17:00-18:00	開幕表演
18:00	典禮開始
18:00-18:02	主席就位
18:02-18:05	大會裁判進場
18:05-18:35	運動員進場
18:35-18:37	唱國歌
18:37-18:40	籌備會召集人致歡迎詞
18:40-18:43	會長致詞
18:43-18:46	總統致詞，並宣布全運會開始
18:46-18:48	會旗進場
18:48-18:50	升會旗
18:50-18:51	運動員宣誓
18:51-18:52	裁判宣誓
18:52-18:56	聖火進場及點燃聖火
18:56-19:00	禮成
19:00-20:00	新北全運之夜

資料來源：新北市政府（2021b）。

範例10-2　110年新北市全運會閉幕典禮流程

時間：中華民國110年10月21日（星期四）　地點：新北市政府6樓大禮堂	
時間	項目
13:55-14:00	暖場表演
14:00-14:02	典禮開始
14:02-14:07	精彩賽事回顧
14:07-14:10	籌備會召集人致詞
14:10-14:13	會長致詞
14:13-14:23	成績報告
14:23-14:38	頒獎
14:38-14:40	降會旗
14:40-14:45	會旗交接
14:45-14:50	下屆承辦單位（臺南市）表演
14:50-14:53	下屆承辦單位（臺南市）代表致詞
14:53-14:58	熄聖火
14:58-15:00	禮成

資料來源：新北市政府（2021b）。

四、開閉幕典禮工作職掌與注意事項

　　開閉幕典禮為運動賽會的隆重大典，其主要工作內容相當繁複，舉凡序幕表演、運動員進場、升會旗、主要節目表演、聖火點燃與熄滅、下屆主辦單位表演及長官貴賓接待事宜等。以全運會籌備處分工而言，開閉幕典禮儀式由儀式組統籌負責；表演節目則由表演組規劃；聖火點燃與熄滅係由聖火組主導；長官貴賓接待乃由接待組擔任。其中聖火組工作職掌與注意事項已於本章第一節敘明，在此不再贅述。而接待組雖於開閉幕典禮中僅為協助角色，但因負責整個大會的接待工作，自有其重要性，故在此一併說明，以下將針對儀式組、表演組及接待組分別說明之。

(一)開閉幕典禮工作職掌

◆儀式組工作職掌

　　1.訂定大會開、閉幕典禮計畫。

　　2.該組企劃說明及遴聘工作人員。

　　3.該組預算編列。

　　4.針對大會主題，配合縣市地方特色，擬定大會典禮計畫。

　　5.訂定開、閉幕典禮程序，並整合開、閉幕典禮之進行。

　　6.協同執行秘書共同辦理司令臺貴賓邀請規劃、席位安排，並繪製席位圖解（名單擬定、席位標示、邀請聯絡等事宜）。

　　7.大會主席、貴賓致詞人選等聘請。

　　8.開閉幕典禮程序模擬預演與總預演。

　　9.辦理各縣市升旗典禮（亦可省略不辦理）。

　　10.遴選大會司儀、標兵、執會旗、持單位牌及裁判與選手宣誓代表人員等訓練事宜。

11.蒐集各縣市特色及優秀選手等資料供典禮旁白參考。

12.調查並確定各單位進場代表曲目。

13.籌組大會樂團、合唱團、樂隊、管絃樂及音響租用,無線電對講機洽借等事宜。

14.會同獎品組共同規劃閉幕典禮及頒獎方式。

15.會同廣告創意公司聯繫辦理典禮整體規劃事宜(含新聞媒體宣傳、煙火、雷射、燈光等表演規劃與進行)。

16.運動員集結進場退場型態設計與指揮管理。

17.編印典禮簡介、須知手冊。

18.辦理下列工作:

　(1)採購典禮所需器材物品。

　(2)協同表演組有關典禮各項表演等演出。

　(3)協同行政文書、接待組,有關貴賓及其他縣市政府觀禮事宜。

　(4)協同各組辦理有關會場整體設計與布置。

　(5)協同聖火組有關聖火點燃事宜。

　(6)協同獎品組有關頒獎事宜。

　(7)召開開、閉幕典禮彩排、總預演工作協調會(會議紀錄分送相關組別及局室)。

19.團本部之設置及規劃。

20.其他有關典禮及臨時交辦事項。

◆表演組工作職掌

　1.籌劃大會表演計畫、節目及內容。

　2.該組企劃說明及遴聘工作人員。

　3.該組預算編列。

　4.表演單位及人員之聘請。

　5.針對大會主題,配合縣市地方特色,擬定大會表演計畫。

　6.確定開、閉幕典禮表演節目。

7.各表演節目籌備及練習。

8.召開表演工作協調會。

9.其他有關表演及臨時交辦事項。

◆接待組工作職掌

1.統籌與各界聯繫各級長官貴賓接待事宜。

2.該組企劃說明及遴聘工作人員。

3.該組預算編列。

4.協同相關單位聯繫歡迎接待事宜。

5.擬定與繕造各級長官、貴賓名單名冊。

6.遴選接待人員,分配接待任務及辦理實地講習及訓練。

7.協同安全維護、警衛組辦理長官、貴賓接待事宜。

8.安排長官、貴賓住宿及膳食等各項接待事宜。

9.辦理開、閉幕典禮貴賓簽到及頒獎事宜。

10.辦理寄送貴賓服裝及禮品事宜。

11.協助聖火引燃、記者會、歡迎餐會及選手之夜等貴賓接待事宜。

12.其他有關接待及臨時交辦事項。

(二)開閉幕典禮注意事項

◆儀式組注意事項

1.單位牌及頒獎臺之設計,可結合大會主題、吉祥物併同設計,更顯精緻。

2.因幾乎所有大專院校不隸屬縣市政府,持牌服務學生可由高中儀隊女生擔任,不僅身高一致、服裝出色,且可節省經費。

3.為表示歡迎與隆重,各縣市升旗典禮應考慮辦理。

4.開幕典禮主場館若要採大型舞臺搭設方式,應考慮撤除時間是否影響第二天田徑比賽。

◆**表演組注意事項**

1.大會主題愈早定案，則表演企劃才能提早進行。

2.表演節目除個別突顯大會主題外，每個節目彼此間應有關聯性，則更具意義。

3.表演節目的趨勢應兼顧傳統與現代，尤其科技、燈光、音響、特效與大道具相結合，更具震撼效果。

4.表演節目內容規劃若能融入與現場觀眾之互動，則對典禮則有加乘之效果。

5.表演內容除表現大會主軸外，應考慮服裝道具之價格或替代品，且於活動結束後能繼續使用者為佳。

◆**接待組注意事項**

1.識別證不宜太小，並以顏色區分不同屬性，以利管制。

2.開幕典禮當天正門大廳入口，宜區分貴賓及工作人員入口，以利管理。

3.縣市首長是否出席，除專人邀請外，並應於開幕當天確認是否出席。

4.貴賓服裝應有部分庫存尺寸，以利更換。

5.接待人員可由大專院校親善大使擔任，以減少訓練時程，惟應考慮配合度。另可特別安排數位著舉辦縣市特色服裝之親善大使，於廣場前歡迎民眾與會，並可供合影留念。

綜上，開閉幕典禮規劃時應將城市或地方產業與文化藝術融入表演節目當中，以形塑其與眾不同的地方特色與風格（呂宏進，2004）。此外，開閉幕典禮規劃時應先思索幾個問題（呂宏進，2011）：

1.是否尋覓到合適代言人。

2.節目是否具有傳承與創新意涵。

3.表演是否將歷史文化與現代藝術結合。

4.道具是否善用高科技技術。

5.是否能營造觀衆互動氣氛。

6.創意是否違反相關儀程規範。

7.開閉幕表演內容是否有關聯性。

8.表演節目是否得到民衆認同感。

9.演唱會之主唱人是否具有代表性。

10.是否愼選大會主題歌與演唱者。

11.典禮安全是否滴水不漏。

12.典禮經費是否充足。

13.是否愼選典禮規劃與執行者。

14.是否過度著重開幕典禮而輕忽閉幕典禮。

15.核心價值是否以城市特色爲主，臺灣文化爲輔。

以上十五個問題在規劃時若能加以考量，則開閉幕典禮必能更臻完美。

◆防疫注意事項

1.防疫計畫係依據中央流行疫情指揮中心「COVID-19因應指引：公衆集會」與教育部體育署「辦理大型體育運動賽會及活動防疫注意事項」，做滾動式修正，參加人員一律配合辦理。

2.開閉幕典禮於二級警戒下不開放觀衆入場，典禮儀式採精簡方式辦理。

3.開閉幕場館設置暫時隔離區，會場出入口加強管制，並於單一出入口處，設置紅外線體溫感測儀或智慧體溫量測儀量測體溫及進行手部消

▲110年全國運動會防疫措施
（新北市政府體育處提供）

毒，入場採1922實聯制或填寫登記單，場內落實全程佩戴口罩及禁
止飲食。

4.針對活動現場人員經常活動接觸之區域，由專責人員定時清潔並消
毒，清潔人員須穿戴防護裝備。

5.場內派員持續宣導防疫措施，包含全程佩戴口罩、保持社交安全距
離、維持個人衛生習慣等。

 第三節　頒獎典禮規劃

一、頒獎典禮起源

古代奧運會僅頒獎給各項競賽第一名的選手，且所有獲勝選手統一由
大會安排在最後一天舉行頒獎典禮，其主要意涵在於將該榮耀獻給諸神，
並肯定優勝選手傑出的表現，此為頒獎典禮的起源。第1屆古代奧運會唯一
的優勝者為柯諾依波斯，其身分是一位廚師，而優勝的獎品只有一隻羊，
至於象徵無比榮耀的橄欖皇冠是在第13屆奧運才首度出現。

現代奧運會自1896年希臘雅典奧運至1928年荷蘭阿姆斯特丹奧運，頒
發優勝選手獎牌、獎狀及特別獎等，是統一集中於閉幕典禮舉行，在1932
年之後的奧運才改在每項競賽結束後立即舉行頒獎，讓現場的觀眾為獲勝
的運動員即時慶賀與分享榮耀（ACOG, 1997）。

二、頒獎典禮儀程規範

奧運會之頒獎典禮規範是依照國際奧會所訂的儀程（黃瓊儀編譯，
2007）來辦理；至於國內全運會則依舉辦準則、競賽規程總則及各單項運

動競賽技術手冊規定來辦理，以下將依頒獎人、頒獎時機、頒獎方式、優勝獎勵、獎牌與獎狀製作規定、獎牌及獎狀所有權、紀念證書與獎章及榮譽冊等說明如下：

(一)頒獎人

奧運會期間的頒獎人規定須由國際奧會主席或其指定的委員，偕同相關國際運動總會會長或副會長擔任；國內全運會通常由政府官員、縣市首長、民意代表、體育界耆老及相關運動協會理事長或其代表擔任頒獎人。

(二)頒獎時機

奧運會各競賽項目頒獎時機，應盡可能於運動競賽結束後，於該競賽場地舉行頒獎典禮；國內全運會頒獎時機與奧運會相同。

▲110年全國運動會教育部體育署主任秘書呂宏進擔任男子田徑110公尺跨欄頒獎人（呂宏進提供）

(三)頒獎方式

奧運會頒獎方式為：獲獎前三名運動員應著正式或運動服裝，站立於面向司令臺之受獎臺上，第一名的受獎臺臺階應略高於左方第二名及右方第三名之受獎臺階。

大會頒獎時應宣布前三名獲獎人及其他獎狀得獎人姓名。第一名得獎人所屬代表團團旗（一般為國旗）懸掛於中央旗桿，第二及第三名分別懸掛於中央旗桿之左、右旗桿，旗面朝向比賽場地並同時升起。當演奏第一名會歌（一般為國歌）時，所有獎牌得主均須面向團旗，以表敬意。國內全運會與奧運會頒獎方式大致相同，但因參賽單位為各縣市代表隊，故前三名是升縣市旗，並演奏第一名之縣歌，沒有縣歌者，則以全運會會歌代替，但目前我國全運會為節省時間及加快比賽節奏，已取消升縣市旗與奏縣歌之儀程。

(四)優勝獎勵

奧運會與全運會優勝獎勵可分為個人賽項目及團體項目兩種獎勵，其獎勵方式如下：

◆個人賽項目

前三名運動員分別頒給金（銀質鍍金）、銀、銅質獎牌乙面，而前八名的運動員也分別頒贈獎狀（證書）乙紙。如果前三名有並列得獎者，均可獲頒獎牌及獎狀。另外，獎牌上須鑴刻該獎項運動種類與項目名稱，並繫有可卸下之環帶或綬帶，以利懸掛於運動員頸部。全運會獎勵方式則以參賽人數多寡決定錄取名次。例如：我國全運會各競賽項目三人錄取一名；四人錄取二名；五人錄取三名；六人錄取四名；七人錄取五名；八人錄取六名；九人錄取七名；十人以上錄取八名。前三名發給金、銀、銅牌及獎狀，第四至第六名發給獎狀。另參加種類（項目）全部賽程中均未出

賽者（含資格賽）不發給獎牌及獎狀。

◆團體項目（種類）

前三名隊伍成員如於奧運會期間至少參加乙局或乙場比賽者，皆可獲得金、銀、銅質獎牌乙面及獎狀乙紙。前述優勝隊伍之其他成員則僅獲頒獎狀乙紙，另第四至第八名隊伍之成員則各獲頒獎狀乙紙。而全運會獎勵方式則以參賽人數多寡決定錄取名次，其錄取方式與個人項目相同。

另外，全運會還特別設有績優單位獎，其獲獎標準爲：依參賽單位獲得之金牌數，取前八名依序頒給總統獎、副總統獎、行政院院長獎、立法院院長獎、司法院院長獎、考試院院長獎、監察院院長獎及大會獎等獎項，以資鼓勵。金牌數相同時，以銀牌數計，依此類推。此乃全運會與奧運會最大不同的獎勵差異，因爲國際奧會規定不得編製全球國家排名順序，自然沒有該項獎勵措施。

至於參加奧運會選手如遭取消資格，其所得之獎牌與獎狀均應繳還國際奧會；全運會選手若經撤銷或廢止資格或獎勵者，其已領取之獎牌或獎

▲2020年東京奧運我國舉重女神郭婞淳勇奪59公斤級金牌（教育部體育署提供）

狀，應繳回全運會承辦單位，承辦單位並應辦理獲獎之遞補。總成績因而變動者，亦同。

(五)獎牌與獎狀製作規定

◆獎牌製作規定

奧運會的獎牌製作尺寸為直徑6公分，厚0.3公分為原則。第一名及第二名獎牌純度至少應為925-1,000的銀質獎牌，而第一名獎牌尚須鍍上至少6公克之純金。全運會目前對獎牌製作尺寸並沒有一定之規範，但獎牌文字內容則規定為：中華民國○年全國運動會、承辦單位所在地、賽會期程（中華民國○年○月○日至○月○日）。

◆獎狀製作規定

奧運會的獎狀製作樣式為長方形印製品，四周繪製古代運動圖樣（惟歷屆均有變更），中間書寫相關簡要文字。惟製作前之樣式仍須由奧運會籌備會將所有獎狀（含獎牌）之設計圖樣事先提報國際奧會執行委員會取得書面許可，方可進行製作。全運會目前對獎狀製作尺寸也沒有一定之規範，但獎狀文字內容則規定為：由會長、副會長及籌備會召集人共同署名，獎狀上方應印有全運會會徽及教育部備查文號。

(六)獎牌及獎狀所有權

奧運會獎牌及獎狀由籌備會提供，並由國際奧會頒發使用，所有獎牌及獎狀皆屬國際奧會財產。籌備會須確保本條文規定之獎牌設計者將版權轉讓予國際奧會，國際奧會自動成為版權唯一的所有權人。當奧運會閉幕後，奧運會籌備會應將所有獎牌鑄模及剩餘之獎牌、獎狀繳回國際奧會，並向國際奧會呈報所有鑄造之獎牌及模版明細表，以確保奧運獎牌及獎狀不至於外流，遭人販售，影響獎牌之殊勝性。全運會獎牌及獎狀所有權人則為承辦單位所擁有。

(七)紀念證書與獎章

　　所有參加奧運會的國際奧會委員、國際運動總會會長及秘書長、各國家奧會主席及秘書長、選手、隊職員、隨隊人員、審判員、裁判員、計時員、檢查員、司線員等皆可獲頒紀念證書及紀念章各乙份。另外，獲頒獎牌之選手均可獲國際奧會執行委員會所贈紀念章乙枚。凡退出奧運會之代表團成員均不核發紀念證書暨獎牌。全運會則沒有贈送紀念證書與獎章之舉，但歷屆承辦單位都會贈送一些不同的紀念品給參賽人員，例如：紀念衫、扇子、帽子、洗面乳、背包及名產等等。

(八)榮譽冊

　　奧運會籌備會應編訂每一運動項目獎牌及獎狀獲獎人榮譽冊並提報國際奧會留存。且針對每一運動項目獎牌得主應給予特別報導，並自1928年阿姆斯特丹奧運會開始，將獎牌得主姓名於會後鐫刻在主場館明顯處，作為永久紀念。而全運會承辦單位在賽會結束後，應於六個月內撰妥報告書，其內容有一項即為競賽種類及競賽成績表，該表則詳實記載獲勝單位、比賽項目（科目）、姓名、名次及成績等，實具有保存資料與表彰獲勝選手之意涵。至於主場館永久鐫刻獎牌得主姓名，目前國內尚未見之。

三、獎牌與獎盃的規劃設計

(一)獎牌規劃設計

　　奧運會優勝獎牌，均附有獎狀。獎牌為圓狀金屬物，早期為正面雕製凸出的優勝者受群眾擁舉圖形，目前國際奧會統一為站立在希臘潘納辛納科競技場的希臘勝利女神（背部則插上翅膀）圖案、五環標誌及賽會名

稱等,背面為屆次、地點及年代等字樣(教育部體育大辭典編訂委員會,1998)。

(二)獎盃規劃設計

奧運會並未設有優勝獎盃;而全運會則依照舉辦準則設有包含總統獎在內的八座績優單位獎盃。傳統獎盃的造型來自於八百多年前英王愛德華出征歸來,接受敬獻一杯酒,在啜飲之際墜馬而逝,此後在重要宴慶中,主人以一個盛滿美酒的大杯,傳遞嘉賓啜飲,分享喜慶,稱之為「愛杯」。後來人們將「愛杯」作為體育競賽中對優勝者的敬意。獎盃兩側的盃耳綴有彩帶,這條彩色的帶子叫做「綵」,是早期家裡、地方或國家有喜慶時,用五色繩索結成美麗的裝飾,一方面是美觀好看,一方面也表示吉祥如意。近年來,獎盃的設計已大幅改變造型,並呈現出傳統與創新之時代精神,充分的展現大型活動賽會承辦縣市獨特的人文、歷史與地理環境特色(呂宏進,2006)。

綜整各種獎牌與獎盃的規劃設計,約可歸納出以下七個設計理念:

1.明示承辦年份及大會標誌(logo)。
2.將吉祥物結合其中。
3.具地方或文化特色。
4.結合運動意象。
5.彰顯獲獎榮耀。
6.造型藝術化,極具典藏價值。
7.整體與個別造型皆有其代表意涵。

規劃者若能含括上述各點,則是相當完整的創意與設計理念。

▲ 2020年東京奧運我國羽球好手李洋（左）、王齊麟
（右）榮獲男子雙打金牌（教育部體育署提供）

四、頒獎典禮實務工作規劃

　　運動賽會中經過激烈的競爭，對選手而言最神聖與光榮的時刻當屬頒獎典禮，所以如何規劃一個溫馨、莊嚴、神聖而熱鬧的頒獎典禮，是極為重要的課題。舉凡頒獎典禮服務人員的甄選與訓練、頒獎前各項準備工作、典禮會場布置、頒獎流程預演、頒獎實施流程掌握、頒獎物品回收等要項，皆須縝密安排與演練，尤其頒獎服務員是頒獎工作最大的幫手，其甄選與訓練應格外重視，以達到盡善盡美的要求。**範例10-3**為全運會頒獎實務工作要項及頒獎程序，提供承辦單位參酌辦理，以避免不必要之疏失，讓獲獎選手留下永遠美好的回憶。

範例10-3 全運會頒獎實務工作要項及頒獎程序

一、頒獎前各項準備工作

(一)各競賽比賽開賽前三天，簽收獎品組核發以下各項物品。

　　1.頒獎臺一座，含1、2、3名。

　　2.引導牌（「第一名」、「第二名」、「第三名」一組及「受獎人」一面）。

　　3.盛獎盤3個（含絨布）。

　　4.獎牌（金、銀、銅牌，數量依各競賽種類比賽項目而定）。

　　5.紀念品（吉祥物布偶，數量與獎牌數量同）。

　　6.破大會紀錄獎品。

　　7.頒獎音樂CD 2片。

　　8.一臺手提CD音響備用。

(二)事先聯繫好頒獎人員。

(三)隨時與場地主任保持密切聯繫。

二、頒獎典禮會場布置

(一)和場地主任協調適當頒獎場地，並請裁判長（或各單項協會）提供成績播報員的名單。

(二)和播報員協調頒獎典禮流程之進行。

(三)布置頒獎場地（留意音響插座並決定是否需要延長線）。

(四)確認頒獎音樂播放是否正常。

三、頒獎典禮預演

將頒獎流程預演一遍，以確認沒有遺漏所有環節。

四、頒獎實施流程

向競賽資訊組拿成績

↓

| 比賽成績皆由競賽資訊組確認，頒獎項目以競賽資訊組所提供名單為準 |

請示場地主任配合裁判長
安排好頒獎人及頒獎時間

↓

| 1.成績報告
2.確認領獎人身分
3.安排受獎順序 |

播報員報成績及受獎人報到

↓

| 1.播報頒獎項目
2.播報得獎名次、單位及成績
3.頒獎人身分、姓名
4.服務員、受獎者及頒獎人就位 |

告知播報員即將頒獎項目
及頒獎人身分姓名

↓

播報員報「頒獎」，播放頒獎音樂
引領受獎人領獎

↓

| 1.服務員引領受獎者進頒獎席
2.服務員引領受獎者上頒獎臺
3.服務員喊「立正、敬禮」口令
4.服務員遞送獎牌與紀念品
5.頒獎人逐一頒獎
6.服務員喊「立正、敬禮」口令 |

頒獎樂停，選手及服務員面向
升旗臺，請頒獎人面向升旗臺

↓

播報人員報升縣旗
播縣歌（或會歌），升縣旗

↓

| 1.掌聲恭喜得獎人
2.感謝頒獎人 |

頒獎典禮結束引導受獎隊伍
離場，感謝頒獎人

五、頒獎物品清點與回收

(一)確實清點頒發出去的獎牌及紀念品，剩餘的獎牌及紀念品請妥善保管，待全運會結束後收回。

(二)頒獎臺、引導牌、盛獎盤請妥善保管，待獎品組收回。

(三)獎牌及紀念品，若全部賽程結束後仍未領取獎牌、獎品，請註明競賽項目、縣市、姓名及名次，並於會後由獎品組收回。

資料來源：本文整理。

由**範例10-3**得知全運會頒獎典禮程序是相當嚴謹而隆重,且非常重視頒獎順序,尤其奧運會頒獎典禮更是如此。例如:2020年東京奧運頒發獎牌時是由第一位頒獎人從第三名、第二名及第一名順序頒發;接著第二位貴賓頒贈精緻花束(全運會一般採吉祥物或其他物品替代),其順序也與第一位頒獎人相同,由上可知頒獎典禮是多麼注重細節與精緻性。

五、頒獎典禮工作職掌與注意事項

在國際賽事或國內賽會頒獎典禮上,曾出現許多錯誤的花絮。例如:升錯旗幟、放錯音樂、頒錯獎狀及寫錯姓名等狀況,令受獎者期待感受榮耀時刻,瞬間化為烏有,值得承辦單位特別注意。既然頒獎典禮工作相當注意細節,其工作職掌的規劃更形重要,以全運會籌備處分組而言通常將頒獎典禮劃歸為獎品組的工作,以下將說明其工作職掌,並提示相關注意事項,期許將錯誤降到最低。

(一)頒獎典禮(獎品組)工作職掌

1.擬訂頒獎計畫並統計各項頒獎獎品種類數量及設計製作。

2.該組企劃說明及遴聘工作人員。

3.該組預算編列。

4.統計各項頒獎獎品之種類及數量。

  (1)協同競賽資訊紀錄組統計獎盃、獎牌、獎狀、紀念品種類及數量。

  (2)辦理獎品採購。

5.擬訂頒獎計畫及辦理頒獎工作:

  (1)內容包括各場地頒獎及閉幕典禮頒獎。

  (2)研訂頒獎方式。

  (3)安排頒獎人、時間等。

  (4)辦理各場地頒獎負責人講習會。

(5)會同儀式組規劃及辦理閉幕典禮頒獎事宜。

(6)頒獎服務人員集中訓練。

(7)獎品包裝及管理。

6.獎品應以地方特色之物品為主要考量並辦理發包採購。

7.獎狀直接裝袋分送到各團本部並簽收之。

8.其他有關獎品、紀念品及臨時交辦事項。

(二)頒獎典禮注意事項

1.頒獎人員可安排體育界耆老及昔日運動明星，另各縣市長官、駐區督學亦可機動頒獎。

2.若經費許可，各競賽場地可設置升旗臺，否則至少田徑、游泳項目一定要設置，以示對選手尊崇。

3.各競賽場地獲獎選手，可統一於該場次比賽完15分鐘內頒獎，以免選手枯等。

4.請各競賽種類頒獎負責人安排接待頒獎人，並照顧與督導頒獎服務學生。

5.確實點收獎牌、紀念品數量，金、銀、銅牌以及紀念品請妥善保管，不可遺失，剩餘請繳回。

6.每天與獎品組本部聯繫確認服務學生到達頒獎場地時間。

7.頒獎時請確認得獎選手身分，以免誤頒，產生不必要之紛爭。

(三)防疫注意事項

1.防疫計畫係依據中央流行疫情指揮中心「COVID-19因應指引：公眾集會」與教育部體育署「辦理大型體育運動賽會及活動防疫注意事項」，做滾動式修正，參加人員一律配合辦理。

2.比賽選手賽事上場前及下場後一律佩戴口罩，惟上場期間可免戴口

罩，賽場之工作人員亦同；其餘工作人員一律全程佩戴口罩。

3.頒獎典禮於二級警戒下不開放觀眾入場，頒獎及受獎者一律佩戴口罩，獎牌及獎品由受獎人自行拿取，若無法自行拿取者，頒獎人將消毒後協助完成頒獎事宜。

4.各場館設置暫時隔離區，會場出入口加強管制，並於單一出入口處，設置紅外線體溫感測儀或智慧體溫量測儀量測體溫及進行手部消毒，入場採1922實聯制或填寫登記單，場內落實全程佩戴口罩及限制飲食。

5.針對活動現場人員經常活動接觸之區域，由專責人員定時清潔並消毒，清潔人員須穿戴防護裝備。

6.場內派員持續宣導防疫措施，包含全程佩戴口罩、保持社交安全距離、維持個人衛生習慣等。

　　總之，頒獎典禮除遵守儀程規範外，規劃時應以運動員尊崇感為主軸，並應著重競賽的內在意涵，儘量運用大眾傳播媒體的資源，以行銷選手為中心導向，回歸運動的本質、價值與意義（呂宏進，2003）。

　　綜合性運動賽會競賽成績的良窳，固然是體力與國力的直接展現，但國家或城市的文化特色與風情，得透過其他方式來行銷，而賽會典禮業務正是最好的行銷舞臺，其中開閉幕典禮更是最佳的賣點。典禮業務包含聖火引燃與傳遞、開閉幕典禮、聖火點燃、表演節目、頒獎典禮及人員接待等，都應依照相關規定縝密而細心的規劃，且應深入瞭解各項工作的範疇、職掌及注意事項，期使典禮業務運作順暢、圓滿與成功。

　　展望未來，我國更應積極行銷臺灣特色與文化，並秉持宏觀的視野、精緻的規劃及熱誠的服務，努力爭辦各項國際性賽會，藉由增加國際能見度與辦理經驗的累積，再為我國運動賽會史上創造出另一波的高峰。

運動賽會管理

問題與討論

一、大型運動賽會典禮業務相當重要，請說明其範疇與工作職掌。

二、假如您是本屆全運會籌備處的主任或總幹事，在參考了1988年漢城奧運至2020年東京奧運聖火點燃的方式，您如何構思與提出有別以往的點燃方式，以增添大會光彩。

三、請比較我國全國運動會舉辦準則中開閉幕典禮程序與國際奧會規範的開閉幕典禮儀程有何差異？

四、大型運動賽會開閉幕典禮規劃時應先思索哪些問題？讓開閉幕典禮更為成功與順利。

五、請說明運動賽會頒獎實務工作要項及頒獎程序為何？

 參考文獻

一、中文部分

2022年冬季奧林匹克運動會開幕式-維基百科。上網日期2022年3月6日，取自 https://zh.wikipedia.org/wiki/2022%E5%B9%B4%E5%86%AC%E5%AD%A3 %E5%A5%A7%E6%9E%97%E5%8C%B9%E5%85%8B%E9%81%8B%E5%8 B%95%E6%9C%83%E9%96%8B%E5%B9%95%E5%BC%8F

中華奧林匹克委員會譯（2019）。《奧林匹克憲章》。臺北：中華奧林匹克委員會。

中華臺北奧林匹克委員會（2021）。《第32屆2020東京奧林匹克運動會中華臺北代表團參賽報告書》。臺北：中華臺北奧林匹克委員會。(若有在文內加入，此項才加入)

呂宏進（2003）。〈2002年韓國釜山亞運考察重點之分析〉。《師大體育》，

47，頁156。

呂宏進（2004）。〈運動賽會個案討論：92年全國運動會舉辦實例〉。載於程
　　紹同主編，《運動賽會管理——理論與實務》，頁583-584。新北：揚智文
　　化。

呂宏進（2006）。《臺北縣體育文物誌》。板橋：臺北縣立板橋體育場。

呂宏進（2011）。〈運動賽會典禮業務運作〉。載於程紹同主編，《運動賽會
　　管理——理論與實務二版》，頁347-348。新北：揚智文化。

李天祐（1991）。《古代希臘史》。甘肅：蘭州大學出版社。

李玉芳（2008）。〈奧林匹克運動會開幕典禮進場順序之規定〉。《國民體育
　　季刊》，37(1)。

教育部體育大辭典編訂委員會（1998）。《體育大辭典》。臺北：臺灣商務。

教育部體育署（2021）。《國民體育法相關法規彙編》。臺北：教育部體育
　　署。

彭志平（2008）。〈點燃奧運聖火〉。《時報奧運》，2，頁12-16。

湯銘新（1996）。《奧運百週年發展史》。臺北：中華臺北奧林匹克委員會。

湯銘新（1998）。《冬季奧運發展史》。臺北：中華臺北奧林匹克委員會。

黃瓊儀編譯（2007）。《奧林匹克憲章》。臺北：中華奧林匹克委員會。

新北市政府（2021a）。《110年全國運動會開幕典禮暨新北全運之夜節目手
　　冊》。新北：新北市政府。

新北市政府（2021b）。《中華民國110年全國運動會成果報告書》，新北：新
　　北市政府。

二、英文部分

Atlanta Committee for the Olympic Games (1997). *The Official Report of The
　　Centennial Olympic Games*. Atlanta, GA: Peachtree Publishers.

Chapter 11

呂宏進

運動賽會服務業務運作

學習目標

1. 瞭解運動賽會服務的範疇與工作職掌。
2. 瞭解運動賽會服務人員分類暨志工招募與組訓情形。
3. 瞭解運動賽會選手村設置情形與膳食安排。
4. 瞭解運動賽會安全措施與環保維護方法。
5. 瞭解運動賽會交通與醫療規劃情形。

第一節　服務人員分類暨志工招募與組訓

　　雖然運動賽會的核心為競賽事務的執行，但行政運作、場館設施、典禮儀式、行銷宣傳、藝文活動及賽會服務也不容輕忽。尤其賽會服務近來格外受到主辦單位的重視，其原因在於賽會服務立竿見影，只要有優質的服務品質，立刻可以擄獲所有與會人員的心扉，繼而讚譽聲四起，對大會絕對有加分效果。

　　賽會服務既然對大會具有舉足輕重之地位，其範疇如何劃分？若由我國最近二十年來之全國運動會、全民運動會、全國大專校院運動會、全國中等學校運動會（以下簡稱四大運動會）之服務手冊編製內容觀之，除競賽成績、檢討報告、新聞剪影等，幾可含括大會一切事務。惟此分法僅是為了手冊編製之資料完整性，實務運作上，由於運動賽會工作繁複，適切分工係必然趨勢。目前國內、外運動賽會，通常將賽會服務工作範疇分為下列幾項：(1)服務手冊之編製；(2)服務人員暨志工招募與組訓；(3)選手村設置與膳食安排；(4)交通規劃與市容美化；(5)安全維護與警衛工作；(6)醫療防護與環保清潔等。上述六項之服務範疇已相當完整，再以運動會籌備處（或執行委員會）組織分組觀之，民國110年新北市全運會服務部分為：服務（含志工）、交通、警衛、環保及醫護等五組（新北市政府，2021）；民國110年雲林縣全中運服務部則下轄競賽服務、膳食、交通、醫護、環保、場地志工及團本部等七組（雲林縣政府，2021）；民國109年花蓮縣全民運在後勤部下設：環保、醫護、膳食、隊本部及交通接駁等五組（花蓮縣政府，2020）。

　　綜上所述，不論是以服務範疇來分；抑或以籌備處組織分組來區別，其差異並不大，如何能落實賽會服務工作，才是關注的重點。以下擬就上述六項賽會服務工作，綜併為：(1)服務人員分類暨志工招募與組訓；(2)選

手村設置與膳食安排；(3)安全措施與環保維護；(4)交通與醫療規劃等四項。上述各項工作職掌及注意事項，除了服務與志工組於本節敘述外，其餘將於各節分別依選手村、膳食、警衛、安全維護、環保、交通及醫護等七組說明之。

一、服務人員分類

大會服務人員因服務對象與需求不同，主要可分為三種：一乃大會服務組服務手冊編輯人員及分派至各場地服務臺之工作人員；二是大會向特定單位商洽之專業志工；三為大會對外招募的一般志工。後二者則為一般人所稱之志工。茲依服務內容不同，約可分成十六類之服務人員（如**表11-1**）。

表11-1　大型運動賽會服務人員分類表

項目 分類	服務內容	主要服務 對象	專業 程度	來源	性質
服務手冊編輯員	(一)服務手冊編輯與發送 (二)服務組工作職掌之推動	所有人員	高	大會服務組	大會工作人員
服務臺人員	(一)摸彩券發放與回收 (二)競賽資訊發放與諮詢	所有人員	普通	大會服務組	大會工作人員
驗票服務員	(一)門票查核 (二)協助各競賽場地安全查核	所有人員	普通	大會招募	志工
民眾導覽員	(一)各競賽場地導引說明 (二)學習護照蓋章	所有人員	普通	大會招募	志工
環境維護員	(一)會場周邊清潔維護 (二)競賽場地清潔維護	所有人員	普通	大會招募	志工
選手村服務員	(一)裁判與選手住宿服務 (二)選手村各項諮詢服務	裁判、選手	普通	大會招募	志工
交通隨車員	(一)裁判與選手專車服務 (二)服務專車車況回報	裁判、選手	普通	大會招募	志工
交通義警	(一)開閉幕典禮協助交通導引 (二)競賽場地周邊交通導引	所有人員	高	大會商洽	志工
新聞諮詢員	(一)媒體中心諮詢服務 (二)競賽成績協查	新聞媒體	高	大會商洽	志工

（續）表11-1　大型運動賽會服務人員分類表

項目 分類	服務內容	主要服務對象	專業程度	來源	性質
計時計分員	(一)各競賽場地之計時與計分 (二)協助裁判遞送競賽成績	裁判、選手	高	大會商洽	志工
成績處理員	(一)各競賽場地成績輸入 (二)協助競賽成績查詢	裁判、選手	高	大會商洽	志工
頒獎服務員	(一)協助各項競賽頒獎事宜 (二)頒獎人與得獎選手確認與導引	頒獎人、獲獎選手	高	大會商洽	志工
場地服務員	(一)器材搬運擺置與回復 (二)場地秩序與安全維護	裁判、選手	高	大會商洽	志工
運動傷害防護員	(一)選手受傷之包紮處理 (二)選手肌肉不適之預防	選手	高	大會商洽	志工
藥檢採樣員	(一)通知採樣選手 (二)監控選手採樣過程	選手	高	大會商洽	志工
接待大使	(一)開閉幕典禮暨系列活動貴賓接待 (二)大會接機、隨隊、翻譯及貴賓接待	貴賓	高	大會商洽	志工

資料來源：本文整理。

　　由**表11-1**可進一步瞭解，不同類別的服務人員其服務對象也不盡相同，相對服務人員的專業程度要求也不一致。

二、服務組工作職掌與注意事項

　　服務工作既是一種藝術，也是一項哲學，唯有精益求精，才能獲得與會人員的好評，故賽會期間服務組的工作職掌與注意事項相當重要。

(一)工作職掌：協同各組編訂服務計畫

　　1.該組企劃說明及遴聘工作人員。
　　2.該組預算編列。

3.編訂服務實施計畫（含工作要項、組織編制、服務人員、所需設備及經費預算等）。

4.分送團本部各類紀念品並簽收。

5.洽請警察、衛生、交通、電信、郵局、社教等單位及相關組別，並加強各項服務工作事宜。

6.負責編印服務手冊。

7.各競賽場地、選手村代訂餐盒服務。

8.編配各類服務工作人員。

9.分發礦泉水等比賽服務用品至各場地。

10.其他有關服務及臨時交辦事項。

(二)注意事項

1.服務臺人員應熟讀服務手冊及秩序冊，以便即時服務。

2.安排學生團體欣賞比賽，可請老師或現場服務人員解說。

3.大會專車時刻表及場地賽程表可提供服務臺張貼。

三、志工的招募

運動賽會花費甚鉅，基於經費考量，目前籌辦單位對於賽會期間才加入服務工作的人員，都傾向以商洽或招募志工的方式來節省支出，因為大會志工僅需補助活動期間的交通費與餐費。近二年因疫情影響，志工人數需求雖不如以往多，但2020年東京奧運仍招募了五萬四千多名志工，民國110年新北市全運會志工招募活動，特別邀請籃壇名人錢薇娟一起響應志工招募活動，其中新北市在地飲食集團八方雲集在賽會期間為感謝志工的辛苦付出，免費提供水餃、鍋貼及梁社漢排骨便當等精緻餐點。本屆賽會約招募了一千五百多名志工，為大會提供最佳的後勤支援。然如何對外招募到合適志工，則應訂定完善的志工招募計畫，其計畫內容茲以**範例11-1**

「○○年全國運動會志工招募計畫」說明如下：

範例11-1　○○年全國運動會志工招募計畫

1.依據：承辦○○年全國運動會（以下簡稱○○年全運會）籌備處工作項目辦理。

2.目的：推動民間資源投入全運會服務工作，加強志工的服務內容及管理訓練，使志願服務的工作更能合乎實際需求，擴大服務參與，整合政府與民間的力量，實踐全運會的精神。

3.原則：

(1)服務管理制度化。

(2)服務提供多元化。

(3)服務推動全民化。

4.實施內容：

(1)需求調查及資源整合：由大會各工作組提出服務需求，以統計志工服務的內容及人數，另外亦調查有願意服務之個人及團體，以利資源整合。

(2)服務規劃及設計：針對服務需求及志工現況，規劃志工服務、工作訓練、服務內容及管理等事宜。

(3)服務說明會：為廣結志工資源，引導其投入服務工作，針對服務事項及內容，分場次舉辦說明會。

(4)志工招募及甄選：依服務需求，以招募及甄選合適之個人及團體志工，來參與大會各項服務工作。

(5)訓練及服務實習：為增加服務知能，對於參與服務之志願服務人員，提供基礎及專業兩階段職前訓練；另外透過大型活動提供志工

實習訓練機會，以提升團隊服務默契。

(6)工作協調會：依服務內容及分工，分場次辦理工作協調會，使志工更能瞭解服務內容及方式，增強志願服務的功能性。

(7)執行服務工作：配合大會各組服務運作，推動各項志願服務工作。

(8)服務評估及檢討：服務完成後，召開工作檢討會，從服務推動、規劃設計、執行運作與服務成果等各方面，檢討服務工作得失，並提出工作報告，以供日後辦理參考。

(9)感恩茶會：大會結束後，除製發感謝狀外，並舉行溫馨的志工服務感謝茶會。

(10)績優志工表揚：為鼓勵全心投入，表現優良的志工，於活動結束後予以表揚。

5.本計畫經○○年全運會籌備處核可後實施，修正時亦同。

資料來源：本文整理。

由**範例11-1**之計畫內容可知，依據、目的與原則僅是志工招募之形式要件，重點在於實施內容是否完備，而實施內容首推志工招募及甄選最為重要，志工的招募方式主要可分為：網路宣傳、廣告招募、活動宣傳、電話洽詢、單位推薦及現場報名等。當瞭解大會服務人員的分類後，可根據大會需求，訂定不同的甄選資格，以招募到大會真正所需要的服務人員。故報名表（如**表11-2**）設計相當重要，由報名表中之資料可初步挑選所需要的人員，俟後再進行面試遴選，如此較可確保志願服務人員之服務品質。

表11-2 大型運動賽會志願服務人員報名表

姓名：		性別： □男　　□女		婚姻狀況： □已婚　□未婚
出生日期：民國　年　月　日		年齡：		身分證字號：
戶籍地址：		通訊地址：		
電話（宅）：		電話（公）：		
行動電話：		E-mail：		
學歷：□國小（含以下）□國中□高中（職）□專科□大學□研究所（含以上）				
學校名稱：		科系名稱：		體育相關科系： □是　□否
職業：□工商人士□軍公教人員□家管□退休人員□學生□其他：				
服務單位：		服務部門與職稱：		
專業證照：		專長：		
興趣：				飲食習慣： □不拘　□素食
擅長語言：□國語□閩南語□客家語□原住民語□英語□日語□其他：				
主要工作經歷：		特殊榮譽：		
服務情形：		代表著作：		
志工參與動機（可複選）	□自我成長　□行善積德　□充實生活　□未來工作準備 □幫助他人　□結交朋友　□他人影響　□與興趣相符 □與專長相符　□打發時間　□其他：			
期望服務內容（可複選）	□驗票服務　□民眾導覽　□環境維護　□選手村服務 □交通隨車　□交通義警　□新聞諮詢　□成績處理 □場地服務　□運動防護　□藥檢採樣　□貴賓接待 □行政庶務　□其他：			
服務對象（可複選）	□裁判　□職員　□選手　□民眾　□不限對象			
面試意見（由大會填寫）				

賽會服務時間	星期	一	二	三	四	五	六	日
07:00~12:00	上午	□	□	□	□	□	□	□
12:00~17:00	下午	□	□	□	□	□	□	□
17:00~22:00	晚上	□	□	□	□	□	□	□

評核結果：□不錄取□錄取：賽會服務志工編號：體服志字第＿＿＿＿＿＿＿＿號 錄取服務內容：＿＿＿＿＿＿＿＿＿＿（本欄由大會填寫）申請日期：　年　月　日

資料來源：本文整理。

▲110年全國運動會志工招募宣傳活動（新北市政府體育處提供）

四、志工的組訓

(一)志工的組織

運動賽會所招募之志工，通常配置於籌備處（或執行委員會）之志工組（如**圖11-1**），若未設志工組則編入服務組統一調配運用。

從組織簡圖可知籌備處志工組下轄一般志工與專業志工。一般志工可分為：服務臺人員、驗票服務員、民眾導覽員、環境維護員、選手村服務員及交通隨車員等；專業志工可概分為：服務手冊編輯員、交通義警、新聞諮詢員、計時計分員、成績處理員、頒獎服務員、場地服務員、運動傷害防護員、藥檢採樣員及接待大使等。上述各類志工一經組織分組後則可開始接受訓練。

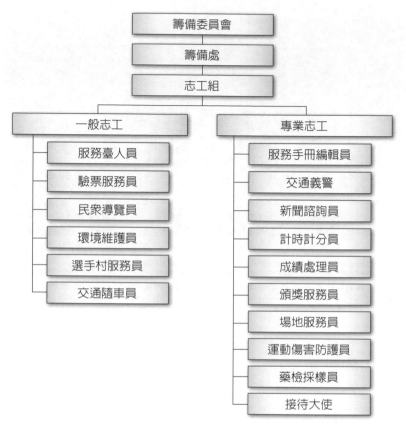

圖11-1 大型運動賽會志工組織簡圖

資料來源：本文整理。

(二)志工的訓練

為提升志工的服務品質，有計畫的志工訓練是不可或缺的一環。就一般訓練形式可分為：正式訓練課程、一對一指導及諮詢顧問等三種方式。對賽會志工訓練而言，以採行正式訓練課程較為實用可行，正式訓練課程則可分為基礎及專業訓練兩階段職前訓練，並輔以實習訓練效果更佳。除此，志工服務期間之注意事項也應予以提示及說明。

◆基礎訓練

　　由於志工對於運動賽會的認知及服務理念並不一致，所以第一階段基礎訓練，以介紹大會規劃概況及一般共通性禮儀訓練的內容為主。

◆專業訓練

　　當經過基礎訓練後，志工對大會有一定基本認識後，則可依服務人員之分類，分別說明大會籌備處各相關組別之服務事項。其方法以演講、討論、錄影帶演示、座談會及親自示範等方式為之。例如選手村服務員，則施予選手村相關服務及配合事項訓練，以達到專業訓練之要求。

◆實習訓練

　　紙上談兵，不如實戰經驗。擁有專業訓練之素養後，在賽會前的各項系列活動或小型比賽，則應實地操作與演練，並做成案例分析，以期賽會期間游刃有餘，勝任愉快。

五、志工組工作職掌與注意事項

　　一切的志工訓練皆為賽會服務做準備，故賽會期間志工工作職掌與注意事項格外重要。

(一)工作職掌：規劃志工服務相關事宜

　　1.該組企劃說明及遴聘工作人員。

　　2.該組預算編列。

　　3.辦理調查各工作組志工人員需求。

　　4.規劃辦理志工研習、招募相關事宜。

　　5.調查並彙整志工服務團體名單。

　　6.彙整各組所需志工類別及人數。

　　7.規劃志工服務績優表揚活動。

8.其他有關志工服務及臨時交辦事項。

(二)注意事項

1.志工之素質參差不齊，若未經長期研習或訓練，對其期望不宜過高。

2.志工應予以分類，以適才適所爲原則。

3.各隊服務志工之隊長，應協助各項聯繫業務及排班事宜。

4.每位志工每日以服務8小時爲原則，但仍應配合各競賽場地時間爲準。

5.志工服務時，應著大會統一製發之服裝，以突顯專業服務的目標。

6.各場地之服務志工應保持熱誠及親切態度，切勿與服務對象發生衝突，並應受場地負責人之指揮。

7.發生任何緊急事故時，應立即向場地負責人報告，並回報相關組別。

第二節　選手村設置與膳食安排

一、選手村設置

(一)選手村起源

　　國內綜合性運動賽會提供選手住宿場所通稱爲「選手村」；亞運會則稱「亞運村」（Asian Games Village）；奧運會稱爲「奧運村」（Olympic Village）。最早之選手村首推1924年法國巴黎奧運會，爲了方便運動員、工作人員之生活起居及參賽需要，奧運會籌備會決定出資在競賽場地附近建造奧運村，此爲第一個奧運選手村，日後各屆奧運會皆仿效興建奧運

村（湯銘新，1996）。歷屆亞奧運選手村等級最高當屬2006年卡達杜哈亞運，其住宿環境與水準可媲美五星級飯店，倍受與會人員讚賞與肯定（中華民國體育運動總會，2007）。

(二)選手村興建原則

為辦理2017年臺北世大運，我國於新北市林口區興建了國內第一座選手村，費用高達新臺幣150億元，選手村內共分四區，其中A、B、C區為選手住宿區，共有3,408戶，可容納130多個國家；1萬1千餘名隊職員，D區則有餐廳、郵局、銀行、接待大廳、醫療中心、電信中心，還提供美容美髮、乾洗衣服、Wi-Fi等服務。其中，餐廳可同時容納3,500人，並有世界各國料理可享用，選手村在賽會結束後，也已經轉為社會住宅，達到永續使用的目標。

2020東京奧運選手村位於東京晴海，其三面環海景致優美，附近則有晴海港公園，並可遠眺東京灣與彩虹大橋。選手村面積約44公頃，可分為住宅、綜合設施及廣場等三區，將於賽事結束後改建為一般住宅區，選手村主要設施有選手房間、媒體中心、餐廳、商店、銀行、醫療區、咖啡廳、服務臺、健身設施、娛樂中心、宗教信仰中心等多元設施，不僅生活機能完備，更融入環保元素。例如可回收承重200公斤的紙板床。本屆奧運因疫情嚴重，為減少選手村內同時間的居留人數，東京奧運籌備會制定了特別的抵離政策，原則上參賽選手僅能於各自賽程開始前5日入住選手村，且於賽程結束或遭淘汰後的48小時內搬離（中華臺北奧林匹克委員會，2021）。

通常大型選手村之興建應把握幾項原則（呂宏進，2011）：

1. 興建期不宜過長，約以三年為原則，以減少資金積壓，並維持房屋新穎程度。
2. 房間面積之大小，應以主辦國一般國民需求為規劃主軸，以利賽會結束後予以販售。
3. 選手村距離各競賽場地之車程，應以30分鐘為妥，最長不宜超過1小時，以利選手之參賽。

4. 選手村居住人數眾多，應以長遠性的社區機能來規劃，儘量具備各項完善的設施，以利日後該社區之發展。

5. 未來選手村之興建，應視同新社區之建立，各項環保設施與概念應融入其中，以提升居住的生活品質。

(三)選手村管理要點

早期國內四大運動會，因大運會承辦單位為學校，故不提供選手村住宿，其餘承辦單位為縣市政府，大都提供住宿服務。有關選手之住宿在民國90年高高屏全運會以前，幾乎皆以學校教室為選手村，住宿品質不佳，對成績頗有影響。民國90年高高屏及民國96年臺南市全運會選手村則分別以軍營與廟宇為主，住宿品質稍有提升。而民國91年全中運及民國92年全運會由臺北縣辦理，除有兩所學校提供學生宿舍外，其餘皆住宿飯店，獲得極高

▲我國2022年北京冬奧雪橇國手林欣蓉與延慶
奧運村奧運女神銅像合影（林欣蓉提供）

的評價。近年來，國內四大運動會已不提供選手村住宿服務，其中僅有全運會承辦單位才提供住宿費代金，其餘由參賽單位須自行訂房並負擔住宿費用。例如110年新北市全運會便酌予提供參賽單位隊職員每日雜費及住宿費代金200元。就經費效益而言，當然以現有旅館或飯店作為選手村最為經濟實惠，然辦理國際綜合性運動賽會，隊職員若分散住宿在安全上是一大隱憂，只有集中住宿管理，安全工作較能掌握與落實。2018年雅加達一巨港亞運是亞運會史上第一次由兩個城市共同舉辦，另為因應雅加達市區交通壅塞情況，故於主場館周邊租用蘇丹飯店所屬——蘇丹公寓，以供雅加達賽區的選手機動進駐，提供選手更完善的後勤支援（中華臺北奧林匹克委員會，2018）。2022年北京冬奧設有奧運村部，以負責北京、延慶及張家口等三個選手村的服務與管理，我國四位參賽選手則分住於北京及延慶奧運村。

雖然國內賽會目前並未有選手村之設置需求，但未來若要辦理國際綜合性賽會，其選手村管理要點因涉及選手生活管理與生命安全，其重要性自不待言，茲以**範例11-2**「○○年○○會動會選手村管理要點」說明如下：

範例11-2　○○年○○運動會選手村管理要點

1. 選手村內之選手生活管理與防疫措施，請各參賽國家領隊或教練負責管理。
2. 選手村內請保持肅靜，以免影響他人休息。
3. 進出選手村內請配掛選手證，以資辨識及便於接待。
4. 離開選手村時貴重物品請自行隨身攜帶保管，以免物品遺失。
5. 請勿在選手村內賭博、酗酒、嬉戲，或攜伴（非選手村住宿人員）住宿及休息。
6. 選手村內餐廳提供選手24小時使用。

7.請愛護選手村內各項設施與設備，並維護環境整潔及實施垃圾分類工作，如有故意破壞情事，需負賠償責任。

8.交誼廳之器材設施、書報歡迎使用及閱覽，但請勿攜回寢室內。

9.各選手村交誼廳設有電腦並連結網路，提供住宿人員上網查詢競賽相關資訊，歡迎多加使用。

10.選手村均設有服務中心，如需要服務時，請向選手村服務臺聯繫。

11.服務中心24小時均有服務人員值勤。

12.服務中心服務項目：

(1)文康休閒活動之安排與服務。

(2)選手村各項設施與設備之配置使用說明與引導。

(3)往返競賽區間場地交通接駁車輛之聯繫安排。

(4)提供代叫計程車服務。

(5)提供針、線、信紙、口罩及簡易防疫物品等。

(6)其他相關服務。

本管理要點係說明入住隊職員應遵守之事項與選手村所提供各種的服務項目。

二、選手村組工作職掌與注意事項

自從2019年開始因為嚴重特殊傳染性肺炎（COVID-19）疫情的影響，選手村除一般的服務與管理外，防疫計畫的規劃與落實是最重要的工作事項。

(一)工作職掌：規劃選手村服務計畫

1. 該組企劃說明及遴聘工作人員。
2. 該組預算編列。
3. 編訂選手村、裁判村服務作業計畫與防疫計畫，並含選手村住宿之編配，另裁判村之設置與裁判組協調之。
4. 協同總務會計、服務組分發大會各項紀念品作業。
5. 設置選手村、裁判村服務臺，提供服務工作。
6. 協同有關各組及單位辦理選手村安全維護及醫療事項。
7. 選手紀念品直接分送各團本部。
8. 選手村張貼明顯之告示，以要求基本生活禮儀與各項防疫規定。
9. 調查並規劃合法旅館、公營或訓練中心住宿之數量。
10. 其他有關選手村及臨時交辦事項。

(二)注意事項

1. 裁判與選手村的住宿地點，不宜同一飯店，以示對裁判尊崇。
2. 量級區分之運動種類，住宿地點可提供選手試磅器材，以顯貼心。
3. 各選手村應安排至各場地巡迴專車，以利選手比賽及觀賞。
4. 各選手村應設有專人24小時服務。
5. 防疫計畫與規定，依疫情發展狀況，隨時做滾動式修正與調整。

三、膳食安排

2000年雪梨奧運是有史以來，唯一提供各國代表團隊職員機票、食宿及器材運輸費用完全免費的奧運會。自雪梨奧運後，各屆奧運會主辦國皆免費提供食宿招待。但歷屆亞運會之主辦國，則僅在食宿上降低收費或由國際奧會（亞洲奧會）提供一定員額補助外，從未有交通及食宿免費之先

例。以2018年雅加達－巨港亞運為例，僅提供進駐選手村之代表團賽前三日及賽後二日之食宿，每人共酌收50美金。

2017臺北世大運選手村餐廳為展現臺灣美食外交，餐點有歐洲地中海、義大利料理、亞洲料理、清真料理及素食料理，還有肉圓、小籠包、滷肉飯、鹽酥雞及珍珠奶茶等特色美食。

2020年東京奧運由於疫情嚴重，選手不允許擅自離開選手村，其活動範圍侷限於選手村與競賽場地，所以膳食的安排就顯得格外重要。本屆選手村的餐廳提供了七百多種食物供各國隊職員享用，依食物類別主要可分為日式料理區、亞洲料理區及西方料理區等三區，此外，也提供素食料理、清真料理等多元食物，每項餐點均標示熱量多寡與營養素成分，滿足每位選手的味蕾與需求。2022年北京冬奧因疫情考量，特別在媒體中心設置機器人餐廳，餐廳內有中式與西式快餐區，並由炒鍋、漢堡及小吃機器人等一百餘部機器人，進行各種美味食材料理，記者只要透過手機掃描碼就能快速點餐。

▲2022年北京冬奧延慶冬奧村選手用餐情形（林欣蓉提供）

目前國內膳食安排，僅全運會給予參賽單位膳食現金補助或稱代金補助。而國內十多年前膳食安排主要有四種方式：(1)膳食供應；(2)現金補助；(3)餐券發放；(4)電子錢包等四種。茲分述如後：

(一)膳食供應

膳食供應是最傳統的供餐方式，國際大型綜合性賽會多採此一方式，且以24小時供餐方式最多。國內近年來由於競賽場地周邊商家林立，加以承辦單位為圖便利性，故皆以現金補助方式辦理。膳食供餐其好處是比較衛生且對選手較為方便，且菜色也較為多元。

(二)現金補助

現金補助對國內承辦單位較為省事，因為不必擔心供餐餐點發生問題，且不需耗費大量人力於餐飲烹煮上，是一種極佳的選擇方案。目前國內現金補助標準約為：隊職員及選手每人每日200元，於報到時持大會統一發給之「膳食費補助印領清冊」至大會膳食組（或事務組）領取。

(三)餐券發放

餐券發放與現金補助類似，唯一是餐券不能折換現金，也不能找零，對選手來說較為不便，但對承辦單位則可與特約餐飲店簽訂契約，例如以餐券9折請款，則可節省大會開支。

(四)電子錢包

電子錢包是臺北縣92年全運會為門禁管制、身分識別及膳食補助，首創之科技方法。所謂電子錢包即是儲值卡，此卡等同現金消費，其優點是攜帶方便，使用時不需簽名且可節省付錢找零的時間，唯一缺點是要在特約餐飲店才能消費，故電子錢包實為餐券發放的改良措施。

綜觀國內歷來運動賽會膳食之安排雖有上述四種方式，然現今承辦單位皆以提供現金補助較為方便易行。

四、膳食組工作職掌與注意事項

有關電子錢包的膳食安排，雖然目前的賽會已不再採用，但為說明膳食安排的歷史沿革，故仍列入膳食組的工作職掌與注意事項加以說明。

(一)工作職掌：編訂膳食服務計畫

1.該組企劃說明及遴聘工作人員。

2.該組預算編列。

3.編訂膳食實施計畫。

4.協調環境設備完善之餐飲業於大會期間提供優惠，並送交服務組納入服務手冊。

5.辦理大會期間有關膳食代購事宜（以午、晚餐為限）。

6.召開大會期間膳食招商供應工作協調會並與建設局、衛生局，擬定供應商膳食辦法並製作電子錢包。

7.協同衛生組研訂餐飲業者之服務要點及衛生稽查措施。

8.配合各組所需膳食服務工作之人員調配，並詳列各競賽場地代訂膳食負責人。

9.參加開幕典禮人員餐點採購及供應規劃。

10.其他有關膳食服務及臨時交辦事項。

(二)注意事項

1.電子錢包及讀卡機偶有故障，日後採此模式時，應注意其製作品質。

2.電子錢包消費地點，應廣設特約商店以利選手消費。

第三節　安全措施與環保維護

一、安全措施

(一)安全組織

　　運動賽會雖然是以競賽事務為中心，但保護所有與會人員的安全才是賽會最高準則。回顧1972年德國慕尼黑奧運發生史上最恐怖的悲劇，當時八名巴勒斯坦游擊隊恐怖分子於9月5日凌晨槍殺了十一名以色列隊職員，震驚全球，史稱「黑色9月事件」。另1996年美國亞特蘭大奧運於7月27日凌晨1時30分在奧林匹克公園發生爆炸案，造成兩人死亡，一百一十人輕重傷。同年8月4日閉幕前夕，兩名擔任奧運警衛之國民兵回營遭到槍擊，再度造成一死一重傷之慘劇，使亞特蘭大奧運留下永不可磨滅的陰霾。

　　因此，主辦單位應該規劃完善而嚴密的安全組織。以2000年雪梨奧運籌備會特設奧運會安全指揮中心，來維護賽會期間安全及警力調配，並於各競賽場地設有指揮官，以負責各會場之安全。2004年雅典奧運則成立安全部門，建立安全情報系統，培訓安全人員，並於各競賽場地、奧運村、機場、捷運站、港埠及交通要道配置保安器材及安全人員。2008年北京奧運在其籌備會下設安全委員會，以處理大會各項安全事宜，參與之單位包括公共安全部、北京公安局及志願服務隊等，總計投入公安人員十萬人；志願服務人員五萬人，來執行奧運會的安全工作，其保安費用高達20億美元。2009年臺北聽障奧運也特別成立維安部，共投入六萬人次的維安人力。2020東京奧運期間為確保參賽人員安全無虞，雖然受到疫情影響幾乎所有比賽場館皆舉行閉門賽事，日本警察廳總計動員約六萬名警力負責維

安工作，尤其在四十二個場館每日負責維安的民間保全人員高達一萬八千人。另外，日本自衛隊為協助賽事順利進行，也派遣共約八千五百名自衛隊員執行場館附近的空中警戒與網路安全任務。

　　我國綜合性運動賽會期間安全組織則分為兩個系統，一為警察系統，另一為政風系統。前者指揮官一般由承辦縣市警察局長擔任，後者則由政風室主任擔任。警察系統任務編組除由承辦縣市警力擔任外，由於國家元首通常也會出席開幕典禮，故國家安全局及保六總隊也會加入指揮及協調工作。政風系統之任務編組，通常由各縣市政風室人員擔任各縣市代表隊安全維護工作，以隨時掌握危安情資，並通報承辦縣市政風室。換言之，承辦縣市係統籌大會維護安全工作，各縣市代表隊內部安全維護工作則由隨隊政風室人員擔任。

　　綜上所述，警察系統主要為明示系統，意在預防與處理危安事件；政風系統為暗中系統，其目的在防患未然及提供最新情資給予警方辦案參考，以維護各項安全工作，兩者若能合作無間，實為完善而嚴密的安全組織。

(二)防衛重點

　　由於賽會期間，相關場所皆需執行安檢工作，其中以開幕典禮、競賽場地、選手村、重要路口及飯店，更應該加強警力與安檢人員，以維護與會人員之安全。

◆開幕典禮

　　開幕典禮為各參賽國家或縣市聚集之重要場所，尤其開幕典禮人數眾多，更受到主辦國家或承辦單位高度重視。以美國主辦奧運會為例，其開閉幕典禮安全系統依序至少包含：國防部國民兵系統、主辦城市警察局、中央情報局（CIA）、聯邦調查局（FBI）及民間保全公司等。另在各出入口均裝設電子攝影監視系統，隨時將會場狀況傳回安全管理中心，以掌握最新狀況。

我國四大運動會辦理開幕典禮除依警衛勤務執行要點執勤外，若總統或副總統要與會時，則在會場各入口處設有電子偵測門，並有國安特勤中心、保六總隊、憲兵隊及縣市警察局等單位共同維護會場安全，尤其警察局方面更組成警察、武裝、便衣等任務編組，並輔以刑事警察隊及機動預備隊，以掌握突發狀況及刑事案件處理。在駐守區域則細分成內衛、中衛、監巡及協調等區域，以組成綿密的安全網，保護所有參與人員的安全。

◆競賽場地

奧運會各競賽場地皆設有安全檢查區，欲進入車輛必須通過安全檢查才能進入，另在競賽場地內則配置特警人員、一般警力及安全巡邏，隨時掌握會場狀況，以維護選手及民眾安全。國內在各競賽場地之安全人員主要以警力為主，政風人員為輔，且依各競賽場地之交通特性及管制難易度，安置指揮所、警衛哨、交通管制哨、防竊哨及督導官等配置。另外游泳、體操及划船等場地，則加強反偷拍設備，以維護選手之安全。

◆選手村

國際運動賽會之選手村，由於容納來自世界不同國家的選手，有時會因語言、文化、信仰及宗教等因素產生磨擦，但選手村會發生重大意外事件，幾乎與恐怖分子有關。有鑑於1996年亞特蘭大奧運的恐怖事件，之後的奧運會則在奧運村設下天羅地網，其安全措施至少計有：(1)奧運村所有出入口設安全衛哨，使用X光掃描所有的背包與袋子；(2)奧運村內普設監視器，村內則有設備齊全之控制室；(3)安檢單位每天對申請貴賓證之貴賓進行背景檢查；(4)村內實施嚴格的手槍管制，只有大會警官才可攜槍進入會場；(5)村內24小時皆設有搜巡警力、炸彈處理小組、爆裂物探察犬以及危機應變小組等。

我國主辦2017臺北世大運其選手村安全維護則有三層管制：(1)第一層（選手村圍籬外）：選手村周邊維護交通安全、加強巡邏及犯罪偵查等工作；(2)第二層（選手村圍籬）：設置各出入管制點、車輛安檢站，嚴格實

施人員與車輛安全檢查；(3)第三層（選手村圍籬內）：設置維安中心；設置警察服務站，執行村內各區域安全巡邏、受理報案及治安事件處理；落實反恐任務工作。國內選手村安全措施，早期若設置於學校，其安全人員配置則與各競賽場地配置相似；若設於飯店則管制較爲不易，但仍會安排便衣警察駐守，以掌控飯店安全狀況。

◆重要路口及飯店

奧運會期間於競賽場地周邊重要道路及飯店均設有檢查哨，欲進入會場之各種車輛均需開啓行李箱、引擎蓋及通過底盤檢查，方得進入，而各飯店門口備有金屬感應門及X光機，由安檢人員檢查，飯店訪客未經住宿客人確認身分，皆不得進入。2009年高雄世運會則在三十一間選手住宿飯店及三處供膳中心設有維安指揮中心，負責選手的人身安全，在飯店各樓層每日皆會進行安全檢查措施。而國內綜合性運動賽會在重要路口，除開幕典禮當天以通行證作爲識別外，其餘時間並未特別管制與檢查；而貴賓住宿飯店則以事先安檢及加派警力保護爲原則。

(三)危機處理

2000年雪梨奧運制定「全國反恐怖分子計畫」，其內容詳述澳洲若發生恐怖事件之處理程序及機制，必要時澳洲國防部將提供支援與協助。2022年北京冬奧會和冬殘奧會組織委員會下設安保部，該部除維安事件之預防與處理外，針對危機處理也擬定完善的處理層級與程序，以利事件發生時能迅速通報與處理。

國內的危機處理小組通常由籌備主任（或執行委員會主委）、籌備副主任、總幹事、副總幹事、執行秘書及副執行秘書等人組成。危機處理小組是備而不用的臨時性編組，遇有重大事件而無法立即解決時，則啓動危機處理小組機制處理，輕微的意外事件或競賽爭議則按通報系統依程序解決與處理即可。例如民國110年新北市全運會「緊急應變計畫」由「一級應

變中心」統籌辦理，下轄分為「二級應變中心」（事件通報中心）、「大會媒體中心」及「場地事件處理中心」。以利事前做好準備與預防工作外，並於緊急狀況發生時能及時依編組啟動各項緊急應變作為，發揮預期功效，減少災損（新北市政府，2021）。另民國109年花蓮全民運動會訂有「緊急應變小組作業流程」，賽會期間遇有抗議、鬥毆、重大傷病、意外事件、場地器材損壞或故障無法立即修復影響賽事進行時，便啟動應變小組通報與處理流程（花蓮縣政府，2020）。

(四)防疫計畫

自2020年初因嚴重特殊傳染性肺炎（COVID-19）疫情開始遍布全世界，截至2022年3月底全球已逾六百萬名病患死亡，目前仍持續擴散傳染中，故辦理各種運動賽事應首重防疫計畫之擬定與措施之執行，必要時應延期或停辦各項賽事，以維護與會人員之生命安全。

2020年東京奧運因疫情嚴重被迫延至2021年舉辦，且註冊卡核發數量也大幅限縮，且限制選手只能在賽事前五天內入住選手村及賽事結束後48小時內須離境。另2021年3月20日宣布不開放海外觀眾入境觀賽，並於開幕前兩週2021年7月8日宣布開閉幕及東京首都圈舉辦之賽事皆不開放民眾進場，東京奧運成為史上無觀眾的奧運。為確保所有參賽人員嚴守防疫手冊規定，本屆奧運創設防疫協調官（Covid Liaison Officer），要求各國奧會、各國際單項運動總會及媒體須分別指派至少一名防疫協調官，協助團員明瞭及落實東京奧運防疫規定，且各國代表團在日本期間須全程陪同。防疫手冊針對不同對象共分七套，分別為：「選手及職員」、「國際單項運動總會」、「奧運及殘奧家族」、「行銷夥伴」、「電子媒體」、「平面媒體」及「工作人員」。這七套手冊內容基本原則是相同的，其目的就是為了減少接觸降低染疫風險，主要項目包括：

1.全程戴口罩：僅飲食、睡覺時可拿下，選手訓練及比賽時也可免除，

但開幕式及頒獎時需佩戴口罩，但頒獎時若選手分站位置能保持安全距離，便可脫掉口罩30秒供拍照，金銀銅得主可戴上口罩一起在金牌臺上合照。

2. 儘量避免肢體互動：選手間須保持2公尺距離，與其他人至少保持1公尺，須搭乘專用車輛等。

3. 檢測、追蹤及隔離：(1)下載健康回報軟體OCHA及健康接觸追蹤軟體COCOA；(2)啟程前檢測兩次，須持陰性報告入境，再於機場檢測一次；(3)遵守防疫手冊所列入境十四天規定；(4)入境後依規定定時檢測；(5)如有症狀接受檢測，若陽性需隔離。

4. 注意衛生：(1)戴口罩之外須勤洗手消毒；(2)在賽場以拍手取代歡呼；(3)物品勿共用；(4)房間或共用空間每30分鐘須開窗通風；(5)選手只能前往選手村、比賽場館及訓練場館，與賽事無相關地點皆不允許前往（中華臺北奧林匹克委員會，2021）。此外，我國代表團每日都會進行快篩，以確保團員之健康無虞。

▲2020年東京奧運選手村各項防疫規定（教育部體育署提供）

2022年北京冬奧所有參賽人員必須在抵達中國大陸至少十四天前完成全程疫苗接種，才能免除入境後二十一天集中隔離，但必須全部進入「閉環管理」。所謂「閉環管理」，是指所有參賽選手、教練和隊職員抵達北京首都機場後，就被專車直接送至選手村。在結束所有賽事與搭機離開北京前，只能在選手村和比賽場館的「兩點一線」間移動，不能與環外人員接觸。此外，北京首都機場還為冬奧開闢專門的停機坪、人員專門區域、專門通道與動線，形成完整的閉環系統，澈底切斷一般旅客與境外參賽人員接觸的可能性（賴錦宏，2022）。

　　國內自民國109年高雄大學承辦全大運因疫情關係延後舉辦運動會，並依據中央流行疫情指揮中心訂定「109年全國大專校院運動會因應新型冠狀病毒防疫計畫」，以提供參加賽會人員相關防疫規範（國立高雄大學，2020），自本屆賽會開始所有賽事皆訂有相關防疫計畫，防疫內容依疫情變化作滾動式修正，僅有計畫名稱略有不同而已。例如民國111年國立體育大學則訂為「111年全國大專校院運動會因應嚴重特殊傳染性肺炎（COVID 19）防疫計畫」，其要項計有：(1)防疫對象；(2)防疫組織架構；(3)賽會舉辦前、舉辦期間防疫規劃及應配合辦理事項；(4)開閉幕典禮防疫原則；(5)活動出現確診者應變措施等要項。而其要項內容之防疫措施則與2020年東京奧運防疫規定差異不大。另外民國111年花蓮全中運期間，為配合防疫工作確實落實，所有工作人員及參賽選手，均應接種COVID-19疫苗兩劑且滿十四天或提供自費二日內抗原快篩（含家用快篩）或PCR檢驗陰性證明方可參賽，且因疫情日趨嚴峻，故部分運動種類辦理延賽，並於111年7月1日至111年7月27日止，分三階段復辦賽事，使參賽人流降載，且賽事期間不開放觀眾入場，以減少防疫負荷。另所有人員應配合111年全國中等學校運動會因應嚴重特殊傳染性肺炎作業流程圖（如**圖11-2**），以建構選手安全的參賽環境。

備註：
1. 禁止有發燒（額溫≧37.5度）或急性呼吸道感染症者入場，若有相關症狀請儘速就醫。
2. 入口處安排專人量測體溫及手部酒精消毒。
3. 活動場域內提供洗手設備，肥皂或乾洗手液。
4. 不開放觀眾進場，相關賽事人員、隊職員、與大會工作人員持有大會證件者才能進入賽事場地，並且一律佩戴大會識別證件。

單一入口處進入賽事場館
查驗相關證件或繳交完整接種疫苗證明、篩檢證明（繳交防疫站）

⬇

噴乾洗手液、量體溫

⬇

體溫是否正常（額溫＜37.5℃）

否 → 安排前往留觀區，等待送醫採檢並聯繫裁判組人員。

是 → 進入比賽場館進行賽事

（採檢後，如仍有症狀，應留在家中或飯店等待採檢結果，不可外出）

⬇

醫院採檢是否確診

否 → 裁判長評估是否參賽 → 是 → 進入比賽場地

是 → 通報

賽事期間身體不適

⬇

隔離區

⬇

服務志工量測體溫是否正常（額溫＜37.5℃）

否 → 工作人員送至留觀區

是 → 進入比賽場地

賽後應儘速離場不得逗留

圖11-2　111年全國中等學校運動會因應嚴重特殊傳染性肺炎作業流程圖

資料來源：花蓮縣政府（2022）

二、警衛組工作職掌與注意事項

安全措施在運動賽會籌備處的組織分工，大致由警衛組與安全維護組共同負責不同的勤務，但有些籌備處僅設警衛組，而不設安全維護組。

(一)工作職掌：編訂完整警衛計畫並據以執行

1.該組企劃說明及遴聘工作人員。

2.該組預算編列。

3.編訂警衛計畫並執行：

　　(1)維護大會開閉幕典禮管制及各項比賽、藝文及展示活動場地之安全與秩序。

　　(2)維護蒞會長官、中外來賓、大會工作人員、選手之安全與安寧。

　　(3)確保開閉幕典禮、各項競賽、藝文及展示活動之場地交通順暢。

　　(4)加強轄內防盜、防竊、防火、防爆及防制不法活動，維護社會安寧。

　　(5)協助整理市容，維護環境整潔。

　　(6)與防空機構協調有關防空疏散圖。

　　(7)繪製交通管制路線圖及防空疏散圖。

　　(8)各警力任務工作之編組及訓練。

　　(9)有關偶發事件之處理及其他相關事宜。

4.各競賽場地交通流量與交通管制設施之調查與研究。

5.協同競賽場地負責人，劃分攤販區並加以管理，對於各類人員停車則加以管制。

6.增設夜間會場區域巡邏。

7.調派警車引導聖火傳遞並執行交通管制。

8.民眾參觀活動之進場指揮與秩序管理。

9.安排引導選手與裁判專車抵達競賽場地。

10.其他有關警衛及臨時交辦事項。

(二)注意事項

1.提供每一位執勤員警服務須知，可迅速掌握大會資訊，即時回答民眾疑問。

2.賽程臨時變更時，應主動與警局指揮中心聯繫，以方便勤務支援。

三、安全維護組工作職掌與注意事項

假若運動賽會籌備處未設安全維護組，則本組之工作職掌與注意事項，則併入警衛組辦理。

(一)工作職掌：編訂大會會場及各競賽場地安全維護實施計畫

1.該組企劃說明及遴聘工作人員。

2.該組預算編列。

3.編訂大會會場、競賽場地、選手村、裁判村及專案等安全維護實施計畫。

4.訂定各縣市代表隊維安人員聯繫細則。

5.協同警衛組及相關單位，實施場地安全檢查。

6.協同交通組會勘交通路線，確保交通安全。

7.洽請治安單位，協助大會期間安全及維護事宜。

8.擬定大會期間緊急突發事件應變計畫。

9.成立緊急事件處理小組成員編組。

10.建立緊急事件通報系統。

11.其他有關安全維護及臨時交辦事項。

(二)注意事項

1.開幕典禮場地應架設拱門式電子偵測門，以確保會場安全。

2.加強防止游泳池、體操及划船場地之偷拍行為。

四、環保維護

近三十年來環境保護為申辦奧運會重點工作項目之一，自1992年巴塞隆納奧運會，以迄2022年北京冬季奧運會，各主辦國對環境保護莫不重視。當大量觀光客湧入主辦國家或縣市時，環境的良窳與市容之美醜，即映入與會者的眼簾。因此，環保措施、場館環保設計、市容規劃及環境改善，應以環保的角度予以規劃，務使賽會服務的品質更為精緻，以下將針對較重要之環保措施與場館環保設計加以說明。

(一)環保措施

2020年東京奧運因新冠肺炎疫情的衝擊，延宕一年才舉辦。本屆奧運會期望成為最節能減碳的綠色環保奧運，並以3R（減量Reduce、重用Reuse、回收Recycle）為主要目標，另其倡議口號是「為了地球和人類，使我們一起變得更美好」（Be better, together- For the planet and the people）。事後證明日本東京奧運的許多環保措施，獲得極大的迴響與成果，也被認為是歷屆環保措施做得最澈底的主辦國家。以下簡述十一項環保措施：

1.再生鋁聖火火炬：材料來自2011年311日本大地震，臨時住屋中回收的再生鋁製成，造型宛如櫻花的聖火火炬，且採用氫氣來燃燒，降低碳含量的排放。

2.氫氣燃料的東奧聖火臺：這是奧運首度採用氫氣作為聖火臺的燃料，並透過碳酸鈉，產生黃色火焰效果，這項環保措施達到減碳的

效果。

3.電子廢料的獎牌：材料來自於全國捐贈的舊手機與其他電子廢棄物，並從中提煉出黃金32公斤；銀3,500公斤；銅2,200公斤，製成約5,000面獎牌。

4.廢塑膠變頒獎臺：首次採用回收塑膠製成的頒獎臺，經過九個月的回收，共蒐集到24.5噸的廢棄塑料，製成大會所需98個頒獎臺。

5.塑膠瓶製成運動服：來自可樂塑膠瓶回收的纖維材質，製作成火炬手的T恤上衣與褲子，胸前漂亮的斜背帶，則來自於接力賽中的斜背帶。

6.紙板打造的床鋪：選手村的床架採用回收的硬紙板製成，可耐重200公斤；床墊則由聚乙烯纖維製作而成，也可以重複使用，節省經費支出。

7.木造選手村廣場：由於該建物為臨時使用，因此向全日本63個市町村，借來40,000塊木材建造而成，每塊木材都會標示來源，奧運結束後，相關木材都會歸還並循環使用。

8.零廢氣電動車：車內係採自動駕駛，可協助代表團在選手村與各競賽場地移動，因車子裝有感測器，可掌握周遭車流動態，並能準時停靠目的地。電動車不使用燃油與不排放廢氣，可謂節能又減碳。

9.開閉幕主場館國立競技場：建築上除鋼構元素外，大量使用木頭作為建築結構，以寺廟屋簷為設計發想，場館屋頂加裝高效率薄膜的太陽能板，再結合日本獨具匠心的工法，充分顯現出纖細之美與自然節能的理念。

10.木造之最──有明體操競技館：該館為本屆奧運所建，其位址以前為存放木材之場所，因此使用全木材精心打造，但賽後將會拆除臨時的木造觀眾席，以達永續使用的目的；而有明體操競技館將永久作為展覽館使用。

11.選手村轉為新屋出售：選手村位於東京都中央區晴海五丁目，可容

納一萬八千人入住，奧運結束後，將改裝為新屋再售出，達到資源再運用之目的。

綜上，2020年東京奧運的十一項環保措施每項幾乎為創舉，且以實際需求與環保理念之角度規劃各項措施，值得各國在辦理各項大型運動賽會之重要參考。

(二)場館環保設計

場館環保設計的原則，最完整當屬2000年雪梨奧運會於1996年出版之《綜合環境指南》一書，其內容所述的九大原則主要為（詹德基，2000）：

1.場館的設計以太陽能為主要考量。
2.依照熱量選擇建材或天然建材。
3.使用天然通風與隔間。
4.使用再製與可再製的建材。
5.使用能量充分的裝置。
6.使用高能量的照明系統，並配以天然光線。
7.使用建築管理與控制系統，儘量減低能量需求。
8.盡可能大量使用再生能源。
9.以機械通風設備劃分區域，並關閉不使用空間的空調。

上述之九大原則，在雪梨奧運後的奧運主辦國大都以此原則與理念來施作。例如2020年東京奧運主場館國立競技場，係由日本建築師隈研吾團隊操刀。為了融合明治神宮外苑的林木，場館以「木與綠體育場」之環保設計為理念，廣泛使用當地天然材質，成為目前世界上最大的木結構建築物之一。整座場館高度也由原先的75公尺改為47.35公尺高，建築外牆結構使用了日本47個都道府縣提供的天然杉木，屋頂的支撐結構亦由日本本土的落葉松搭建。整座體館呈橢圓形，總造價為1,569億日元，面積19.2萬平

方公尺，爲地上五層；地下二層，並擁有三層看臺，可容納六萬名觀衆，必要時可擴增至八萬名。國立競技場在設計時並未追求場館的地標性，而是在建築稠密的東京留下自然的休憩園地。因此，場館是運用樸實的結構和自然的材質來增進與遊客的親近感。場館以白、黃、綠作爲主色調，並在場館外種植了4.7萬株植物，使場館周邊綠意盎然，且爲達到生態環保、減碳及降低成本的考量下，觀衆席並未設置空調設備，鏤空的建築結構和包括大型風扇在內的多種送風設備，並結合完整遮蔽看臺的屋頂，且屋頂加裝高效率薄膜的太陽能板，使得場內通過自然風就能使體感溫度下降攝氏10度（國立競技場-維基百科，2022），充分體現該場館的建築風格與節能特色。另2022年北京冬奧籌備會在環保方面，也訂定「綠色雪地運動場館評價標準」，在各場區監控移植的樹木，以保護當地的植物，且在場館興建上使用可回收與再利用的材質，以減少場館溫室氣體的排放，並建立跨區域電力交換機制，以達場館的再生能源。

目前國內規模最大、設備最完善，建築技術最先進首推2009年高雄世運主場館，該館占地19公頃，由國際知名建築師伊東豐雄設計監造，爲全球第一座開口型的運動場館，其螺旋連續體外觀兼具藝術與律動之美，其設計揚棄了傳統建材，除了場館結構全部使用再生及100%可回收再利用建材外，所有原料皆爲臺灣製造。屋頂採用8,844片玻璃壓縮的太陽能光電板作爲場館的棚架，不但可達到70%的遮光效果，預估每年可達到110萬度的發電力，每年可減少660噸的二氧化碳排放量，效益等同種植33公頃的樹木，除了供場館比賽期間照明、冷氣等電力使用，非賽事期間還可以出售多餘電力，藉由管線直接將多餘電力從主場館輸往臺灣電力公司，是我國太陽能光電運用的超大案例，不但符合節能減碳的趨勢，更是運動場館建築環保設計的指標（2009年高雄世界運動會官方網站，2009）。

由於國內之場館建築早期並無完善的環保概念，所以多數場館並未符合環保標準，唯有2009年落成的高雄世運主場館及預計於2022年完工的臺北大巨蛋符合環境保護的標準。因此，建議國內未來興建場館應朝環保意

識與綠色建築來規劃與設計。

五、環保組工作職掌與注意事項

環保組所掌管範圍相當多元，舉凡環保措施、市容規劃及環境改善等，皆由該組負責與處理，故應以多元的角度來執行業務，其中各項細部環節都應重視與落實。

(一)工作職掌：環保工作宣導與推展，大會會場與競賽場地垃圾清運及管理

1. 該組企劃說明及遴聘工作人員。
2. 該組預算編列。
3. 加強及維護市容整潔。
4. 協派環保志工整理大會會場、競賽場地四周之環境及整潔維護。
5. 辦理各區或鄉鎮市環境大掃除評比活動，尤其競賽場地所在之鄉鎮市應列為重點評比。
6. 大會會場及各競賽場地垃圾清運。
7. 流動廁所及垃圾桶之規劃、設置及管理。
8. 環保工作宣導與推展。
9. 發動民眾配合大會比賽前後作全面性整潔活動。
10. 辦理各路燈美化及清潔工作。
11. 其他有關環保及臨時交辦事項。

(二)注意事項

1. 務必要求各種承包廠商於工作完成時，其相關旗幟、廢料或機具應立即處理。
2. 開幕當天人潮眾多，務必加置流動廁所及動員大量環保人員及志工

清理環境。

第四節　交通與醫療規劃

一、交通規劃

　　大型運動賽會交通問題是最令主辦單位頭痛的。尤其開幕典禮當天須容納數萬人以上，不論是人員運輸與疏導皆須縝密的規劃。而最基本的交通規劃，應首重道路平整性與交通要道指示牌製作，尤其進入各競賽場地之導引標誌最為重要。而完善的交通規劃，至少應包含開閉幕典禮、選手村至競賽場地等交通規劃。

(一)開閉幕典禮交通規劃

　　2020年東京奧運暨2022年北京冬奧開閉幕除有完整運輸及疏導計畫外，並在主場館交通要道進行管制與改道，加上防疫管制之原因，只容許參與奧運會相關人員方可行駛，故交通暢通無阻，甚獲好評。

◆開閉幕典禮交通需求與疏導

　　開閉幕典禮人潮匯聚，相對車流量極大，停車需求甚殷，唯有適當的規劃，才能滿足需求，減少與會人員垢病。以國內全運會為例，可在開幕典禮數週前發函調查各縣市交通需求（如**表11-3**），以便控制各縣市與會人員之數量和停車需求，俾利大會做最佳之規劃與安排。當瞭解各縣市人員及車輛需求後，再配合開閉幕典禮交通管制疏導措施，才能有效的運輸與疏導人員。

表11-3 全運會各縣市交通需求調查表

縣市別		預估職員人數	
搭乘交通工具別	☐遊覽車 ☐火車 ☐飛機	預估選手人數	
預估車輛數		出發地點或站名	
希望本縣警車引導地點		抵達地點或站名	
預計出發時間		預計抵達時間	
聯絡人員姓名		聯絡方式	1.電話： 2.手機： 3.傳真：

資料來源：本文整理。

◆開閉幕典禮接駁專車

開閉幕典禮為運動賽會重要之典禮儀式，主辦國或承辦縣市都期待與會人員皆能出席盛會。因此，對裁判與選手之接駁計畫都非常周詳。我國對開閉幕典禮皆訂有專車接送計畫，以提供裁判、各縣市隊職員及選手完善的交通服務。

(二)選手村至競賽場地交通規劃

亞奧運對選手村至各競賽場地交通都訂有交通管制方案，在賽會期間不准私人車輛進入選手村與競賽場地。而對裁判、選手及媒體記者皆設有專車接送，另捷運系統也提供專屬服務人員導引。國內賽會接送專車主要只針對裁判及選手，至於巡迴公車則開放所有與會人員搭乘，凡有大會製發證件者可免費搭乘。而裁判及選手接送專車路線，通常是由選手（裁判）村出發至競賽場地，經過一段時間，再由競賽場地返回選手村。而國際賽會通常對選手村至所有場地之要求距離，以不超過30公里為原則，或車程不超過1小時為限。

▲2020年東京奧運我國體操代表隊搭乘大會接駁車（教育部體育署提供）

二、交通組工作職掌與注意事項

　　自2020年初開始COVID-19疫情全球大流行，交通運輸除一般性的服務與管理外，特別強化大會車輛清消工作，並規劃防疫專車以為因應。

(一)工作職掌：大會交通網規劃並調查統計所需租用車輛與調度大會專用車輛

　　1.該組企劃說明及遴聘工作人員。

　　2.該組預算編列。

　　3.大會交通網規劃暨防疫專車規劃與配置。

　　4.統計、租用、分配、調度及清消大會專用車輛。

　　5.會同公車處洽商比賽期間，持大會證件搭乘公車優待辦法。

　　6.繪製交通路線圖並送交服務組納入服務手冊。

　　7.辦理停車場之規劃與設置作業。

8.大會期間辦理有關交通管制規劃事宜。

9.重要路口放置各競賽場地指示牌。

10.規劃巡迴各競賽場地參觀專車路線。

11.規劃裁判暨選手專車至各競賽場地。

12.製作賽會期間持有大會停車證之車輛，停放路邊時免收停車費。

13.規劃開、閉幕典禮車輛停放位置及疏散計畫，並協同警衛組共同辦理。

14.其他有關交通及臨時交辦事項。

(二)注意事項

1.選手村宜選擇距離競賽場地不超過30分鐘為原則，且以交通路況良好之地點。

2.事先安排所需調度車輛，以利突發狀況可前往支援接送。

3.專車上應配置服務人員，以提升服務品質。

三、醫療規劃

　　雖說安全是賽會最高準則，但人員一旦受傷，如何將傷害降至最低，卻是醫療團隊的責任。另外，大會必須為每位與會人員（含參觀民眾）投保意外傷害醫療險，以確保賽會期間因意外事故可獲得合理的理賠。目前國際賽會在醫療規劃上，主要以開幕典禮、競賽場地、選手村及藥檢中心（站）為規劃重點。至於國內藥檢中心業務係併入競賽事務規劃，故以下僅就前三項醫療規劃情形分述如後：

(一)開幕典禮醫療規劃

　　千人以上的群眾聚集，即稱為大型群眾聚集。大型運動賽會開幕典禮少輒數萬人，多輒達十餘萬人，其醫療規劃益形重要。以2020年東京奧運

除設有醫療指揮中心外，各場地皆設置醫護站，尤其開幕典禮會場四周皆有緊急醫療救護站之設置，並與東京都附近的醫療院所結合成綿密的醫療系統網，其後送系統即：醫護站→責任醫院→大型醫院。

國內運動賽會通常在籌備處下設醫護組，以統籌各場地醫護站之設備與醫療人員。而開幕典禮醫療規劃通常在主場館會場設立數個醫護站，每個醫護站皆與警衛組、安全維護組、志工組及服務臺做安全連線，一發現病患立即啟動醫療防護系統，並依緊急事件及危機處理通報系統依序陳報。醫護站內除有醫療設備外，並配有醫生、護士與運動傷害防護員，且每站配有救護車，以因應實際需要後送指定醫院。而醫療人員在開幕典禮前，皆需至主場館熟悉環境及參加急救標準處置模式訓練，以提升醫護的速度與品質。另外，在開幕典禮會場人數眾多，各種危安事件都可能發生，故不應只有一般醫師，更應有急診醫師在場，以處理突發的緊急醫療事件，進而確保與會人員的生命安全。

(二)競賽場地醫療規劃

2020年東京奧運對於競賽場地規劃了醫療服務措施與健康保險計畫。其中醫療服務措施則包含：緊急醫療及救護車服務；而健康保險計畫則對所有大會與會人員予以投保。而2022年北京冬奧在各競賽場館也設置急救站，並成立中國第一支醫療救援直升機保障團隊，若有選手受傷時，可運用醫療轉運型直升機參與救援行動，並送至賽區定點醫院，比起採用救護車運送，平均可節省30分鐘救援時間。

我國各縣市選手之醫療費用則由各縣市團本部或選手先行墊付，再檢附醫院收據向大會請款，大會則將收據交予保險公司，並要求將醫療費用逕付受傷之選手，以節省請款流程。目前國內四大運動會於競賽場地皆設有醫護站，但會依競賽種類的危險性或激烈程度，決定是否同時配置醫師、護士或運動傷害防護員。例如田徑、跆拳道、柔道、武術及籃球係屬較危險或激烈之運動，故皆配置醫師、護士與運動傷害防護員；至於撞球

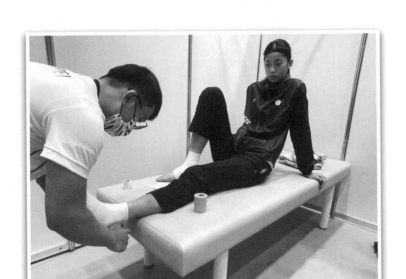

▲2020年東京奧運跆拳道國手羅嘉翎接受運動防護處置（教育部體育署提供）

較為溫和則僅配置校護與運動傷害防護員。而醫療人員調配原則，屬學校
場館者，護士則由校護擔任；非屬學校場館，醫師及護士則由醫院或衛生
所調派。運動傷害防護員則由大專院校遴選合格老師、專業人員或學生擔
任。另外，當選手受傷傷勢較重而醫護站無法處理時，則由救護車送至事
先規劃好之急救責任醫院。而急救責任醫院須具備兩大要素：一為距離要
近，且具地緣關係；二係衛生福利部認可地區等級（含）以上之醫院。

(三)選手村醫療規劃

　　亞奧運選手村皆會附設醫護中心（Medical Center），其服務至少包含：
運動防護、按摩服務、禁藥檢查、急救處理、病痛處理及各類科醫療服務
等。2020年東京奧運因為防疫的要求，所有入住選手村之選手與隊職員依規
定每日須接受唾液檢測，一旦發現快篩檢測呈陽性，則依大會指定流程進行
後續處理。本屆賽會期間我國代表團所有成員之檢測結果皆為陰性，沒有
任何團員遭到新冠肺炎之感染（中華臺北奧林匹克委員會，2021）。

▲2022年北京冬奧延慶奧運村綜合診所（林欣蓉提供）

　　2022年北京冬奧選手村醫療方面，設置了綜合診所，包含口腔科、骨科、眼科、中醫科等十八個科室。診所提供英語、法語、德語、西班牙語等多種語言服務，展現東道主的體貼與人文關懷。奧運村內的防疫工作相當嚴格，所有入住人員每天都要進行核酸檢測，以保障參賽人員的安全（吳雨林，2022）。

　　國內四大運動賽會由於選手村（飯店或旅館）散居各地，所以當選手於選手村有突發病症時，則依後送指定醫院資訊就診，且其從選手村至各後送指定醫院之車程皆應在15分鐘以內，以符合後送醫療緊急、迅速的基本要求。

　　綜言之，開幕典禮、競賽場地及選手村醫療規劃，其方式或有不同，但原則是一致的，即是在有限的醫療資源下，提供最佳的服務品質，醫療工作要落實，一定要事先規劃下列幾項工作：

1.瞭解能夠提供的醫療資源有哪些。

2.熟悉病患處理標準模式與程序。

3.適當的醫療人員配置與訓練。

4.完備的急救措施。

5.有立即啟動緊急醫療網的能力。

6.高標準的服務品質與要求。

上述幾項工作若能於事前規劃時就已列入考慮，則完善的醫療規劃與服務品質，雖不中，亦不遠矣。

四、醫護組工作職掌與注意事項

因為疫情升溫的影響，賽會的防疫措施、防疫檢測站及醫療量能都須事先規劃，必要時應設置防疫協調官，以利調配各代表隊之防疫醫療資源。

(一)工作職掌：編訂醫護工作計畫、加強餐飲衛生檢查工作

1.該組企劃說明及遴聘工作人員。

2.該組預算編列。

3.編訂醫護工作計畫。

4.擬定並執行因應嚴重特殊傳染性肺炎（COVID-19）防疫計畫，必要時應設置防疫協調官。

5.規劃賽會醫療網及後送機制，建立活動緊急事件處理通報系統流程，並送服務組納入服務手冊。

6.規劃開閉幕典禮與各競賽場地之醫療站及防疫檢測站位置、動線、設備、人員等。

7.有關各競賽場地附近醫院與診所資料，提供服務組納入服務手冊。

8.辦理醫療救護行前教育訓練。

9.洽商各醫師公會轉知各醫院診所，對外來選手給予醫療優待。

10.大會期間於各競賽場地、選手村及裁判村設置醫護站，並協調衛生所選派醫師及護士支援。

11.洽商大專校院運動保健相關學系學生支援，以利比賽場館設置運動傷害防護員。

12.督導供應膳食之衛生與食物安全等相關事宜。

13.協調消防局支援競賽場地救護車。

14.規劃各競賽場地菸害防制宣導及禁菸規範工作。

15.其他有關醫護及臨時交辦事項。

(二)注意事項

1.各參賽選手及隊職員證件，背面註明隨身攜帶健保卡與緊急聯絡人之電話。

2.相關特殊競賽規定，應告知醫護人員，如拳擊比賽醫師不在場不得比賽；足球醫護人員不得進入比賽場內執行醫護工作。

3.各競賽場地最好應配置醫師、護士及運動傷害防護員，以提供完善的醫療救護。

4.為確保大會餐飲安全，餐飲稽查小組應獨立設置。

賽會服務雖然非運動賽會的核心，但其範疇與難度並不亞於競賽事務的執行。舉凡服務人員分類、志工招募暨組訓、選手村設置、膳食安排、安全措施、環保維護、交通與醫療規劃等，都應深入瞭解賽會服務的範疇與工作職掌，才不致影響服務品質，再藉由籌辦人員細心的規劃與群策群力的付出，方能將服務品質臻於完美。

整體而言，賽會服務是一種藝術，也是一種智慧，它是屬於人性化思考角度的服務工作，除了豐富的籌辦經驗是成功的保證外，服務觀念的根植也相當重要，因為賽會服務品質是多元且永無止境，唯有秉持精益求精，全心付出，方能贏得激賞與尊敬。

問題與討論

一、綜合性運動賽會服務內容相當多元而繁雜,您能說明其範疇與工作
　　職掌嗎?

二、大型運動賽會服務人員極為重要,依服務內容的不同,您能說明其
　　分類為何?

三、選手是運動賽會的主角,有關選手村興建原則與膳食安排應考慮哪
　　些原則與方式?

四、自2020年初因嚴重特殊傳染性肺炎疫情開始遍布全球,2020年東京
　　奧運擬定了七套的防疫手冊,其內容包含哪些主要項目?

五、我國運動賽會安全組織系統如何劃分?其防衛重點包含哪些場合或
　　地點?

六、請試擬一份完善的運動賽會開閉幕典禮交通與醫療規劃計畫?

參 考 文 獻

2009年高雄世界運動會官方網站,上網日期2010年1月1日,取自http://www.
　　worldgames2009.tw/wg2009/cht/Venues_connect2.php。
中華民國體育運動總會(2007)。《中華民國體育運動總會2006年杜哈亞運考
　　察團返國報告書》。臺北:中華民國體育運動總會。
中華臺北奧林匹克委員會(2018)。《中華臺北代表團參加2018年第18屆雅加
　　達——巨港亞洲運動會報告書》。臺北:中華臺北奧林匹克委員會。
中華臺北奧林匹克委員會(2021)。《第32屆2020東京奧林匹克運動會中華臺
　　北代表團參賽報告書》。臺北:中華臺北奧林匹克委員會。
吳雨林(2022)。〈人民體談:冬奧醫療保障,盡顯使命擔當〉。《人民
　　網》,2022年02月16日,取自:http://opinion.people.com.cn/n1/2022/0216/

c437949-32353429.html。

呂宏進（2011）。〈運動賽會服務業務運作〉。載於程紹同主編，《運動賽會管理──理論與實務二版》，頁395。新北：揚智文化。

花蓮縣政府（2020）。《中華民國109年全民運動會成果報告書》。花蓮：花蓮縣政府。

花蓮縣政府（2022）。《中華民國111年全國中等學校運動會服務手冊》。花蓮：花蓮縣政府。

國立高雄大學（2020）。《109年全國大專校院運動會成果報告書》。高雄：國立高雄大學。

國立競技場-維基百科，上網日期2022年3月29日，取自https://zh.wikipedia.org/wiki/%E5%9C%8B%E7%AB%8B%E7%AB%B6%E6%8A%80%E5%A0%B4。

湯銘新（1996）。《奧運百週年發展史》。臺北：中華臺北奧林匹克委員會。

雲林縣政府（2021）。《中華民國110年全國中等學校運動會成果冊》。雲林：雲林縣政府。

新北市政府（2021）。《中華民國110年全國運動會成果報告書》。新北：新北市政府。

詹德基（2000）。〈2000年雪梨奧運會的特色〉。《第二十七屆2000年雪梨奧運會考察報告書》。臺北：中華民國體育運動總會。

臺北縣中等學校體育促進會（2002）。《臺北縣政府觀摩2002年第十四屆韓國釜山亞洲運動會報告書》，未出版。臺北縣中等學校體育促進會。

臺北縣政府（2003）。《中華民國九十二年全國運動會服務手冊》。臺北：臺北縣政府。

賴錦宏（2022）。〈嚴管控、北京冬奧看不到北京〉。《聯合報》，1月8日，A11兩岸。

Chapter **12**

張勝傑

2017臺北世界大學運動會案例分析

學習目標

1.瞭解2017臺北世界大學運動會大會整體規劃。

2.瞭解2017臺北世界大學運動會賽會實務運作。

3.瞭解2017臺北世界大學運動會賽會資產規劃。

　　2017臺北世界大學運動會（以下簡稱2017臺北世大運）是第29屆夏季世大運，臺北市於2011年11月29日獲得主辦權，2012年3月25日與國際大學運動總會（International University Sports Federation, FISU）簽約，正式展開籌備世大運的旅程。經過2,089個籌備的日子，決定21+1項運動種類，終於在2017年8月19日正式開幕，經過12天賽期，於2017年8月30日順利閉幕。總共有134個參賽國、10,791位運動員及隊職員參與，動用了18,769位志工，是有史以來最大的志工投入量。60座競賽及練習場館遍布五大城市，並包含我國籌辦賽會有史以來第一個選手村，22天選手村開村天數是世大運歷史上最長的營運天數。

　　2017臺北世大運具體展現我國舉辦國際綜合體育賽事經驗與軟實力，並帶來行銷臺北特色、提升運動風氣、培育國際體育事務人才等無形資產，以及運動器材設備、硬體建設等有形資產，「臺北的比賽環境非常好，這也是FISU看過最好的賽會之一，臺北已向世界證明你們的能力！」是FISU Oleg主席對臺北世大運的評語；2017臺北世大運的成功，不只歸功於中央、地方、各大專院校及民間團體長達六年的攜手齊心合作，盡全力為所有參賽者提供最完善貼心的軟硬服務，最重要的是我國民眾的熱情鼓舞與參與，讓所有國、內外選手充分感受到大家的熱情，使得世大運不只是選手獨舞的舞臺，而是一個讓選手能夠淋漓盡致表現、觀眾全心享受的運動饗宴。

　　本章將對於賽會整體籌備過程進行內容說明，並依據工作內容呈現詳實的計畫流程與籌備實務，提供讀者對於賽會籌備的初步瞭解，作為實務運用及後續研究的重要參考資料。

 第一節　賽會整體規劃

　　賽會整體規劃主要涵蓋賽會願景及目標、組織成立與規劃作業、賽會

計畫管控與執行作業、籌備人力及籌辦經費等部分，如能完善規劃上述各分項作業，方能完備賽會之舉辦。

世界大學運動會提供了一個獨特機會，可藉由大學運動促進身心平衡發展，發揚追求卓越精神，讓世界大學生以世大運為榮並培養自我認同與榮譽感，宣揚FISU之理念並促進本賽會之發展，更可讓主辦城市藉由賽會價值與理念之推廣，建構國際間交流平臺與拓展國際視野，讓世界感受到我國之友善、熱情、有效率、且豐富多元文化融合之社會，進而建立友誼，讓「臺灣走出世界，讓世界看到臺灣」，整體規劃以此作為本賽會願景，並依據願景延伸六項目標，作為賽會最高指導原則，其願景內容如下：

1.宣揚FISU價值與理念，促進世界大學運動會發展。

2.行銷臺灣，發展人文、科技與創意。

3.建立友誼，促進關懷與和平，增加市民光榮感及凝聚力。

4.落實環保綠能，打造永續發展城市典範。

臺北世大運組織委員會（以下簡稱組委會）依據願景內容設置六項整體目標，以此設定賽會規劃主軸，並可提供計劃編撰之重要準則，其目標包括內容如下：

1.強化世大運精神，提供優質服務，打造友善運動環境。

2.提升我國人民對2017臺北世大運之熱情參與及凝聚力。

3.結合我國文化、科技、創新，有效率的籌辦賽會。

4.有效提升競技運動水準，培養系列人才。

5.建立綠能永續經營概念及保留賽會遺產。

6.提升運動產業動能，強化運動風格形塑。

一、賽會組織規劃

賽會組織的成立為賽會籌辦作業之首要任務，臺北市政府為整合臺北世大運，規劃及執行相關籌辦事宜，於2013年2月20日訂定臺北世大運籌備委員會設置要點，並成立「臺北世大運籌備委員會」（簡稱「世大運籌委會」），以籌辦世大運相關事項、整合及協調全國體育界整體資源能量、議決世大運相關重要政策、擔任主辦城市與國際大學運動總會（FISU）聯繫窗口、選手發掘、培訓、養成及照護等事項及籌辦世大運國際學術研討會為主要任務。

2015年因應工作內容調整及賽會期間營運所需，成立「2017臺北世界大學運動會執行委員會」（簡稱「世大運執委會」），並依事項屬性設置對應之19個執行部門，並下設67個工作組別以完成組織整體作業。

二、賽會計畫與管控

賽會主計畫（Master Plan）視為賽會籌辦核心計畫，其內容依據賽會需求及主辦城市籌辦賽會之政策作為基礎，編制過程中首先依據賽會競賽與場館需求作為計畫主軸，再分別納入賽會服務、賽會支援及賽會活動等相關工作計畫，並針對賽會參與人員類別進行分類及規劃其服務需求，進而發展實質執行內容，主計畫編製步驟與內容包含如下：

1.確立作業目標及詳列計畫步驟。

2.列出賽會總體工作事項及權責範疇。

3.擬定各工作部門工作事項及合作機制。

4.規劃計畫團隊及有效規劃實質之執行層面。

5.擬定審核機制及完成計畫。

主計畫依據上述步驟編製完成後，將賽會籌辦時程分為籌辦概念規劃、籌辦作業營運、測試修正期及正式營運四大階段，發展賽會行動計畫及擬定辦理正式比賽之相關作業及所需資源，四大階段如下說明：

1. 第一階段：籌組組委會並蒐集各大賽會相關資料及安排國際賽會之參訪，分析賽會舉辦之重要面向與需求，並彙整國內相關資源以提供高層策略決策之依歸，訂定主要辦理策略。
2. 第二階段：規劃籌辦賽會之相關作業與執行營運計畫，以工作重點事項劃分為各執行專案，分項完成整體籌辦作業，達成可承辦賽會運行之基本要求。
3. 第三階段：實行賽會實際運作面向之測試，並依據檢核結果修正賽會營運計畫及調整工作內容。
4. 第四階段：確實執行正式賽會各工作事項之運行，並依據測試及修正後之主計畫作為工作執行手冊，確立作業機制。

　　完善的計畫需要透過嚴謹的管理與控制，方能確保各項作業的執行成效與防範案件的落後；在賽會管理及控制方面，世大運執委會運用「Planning & C4」的計畫管理概念，從計畫擬定到命令、控制、溝通及協調（command, control, communication and coordination），擬定管理程序與作業平臺，其工作包括從計畫層面（整體策略規劃、跨部門關聯性）檢視工作內容，配合場館營運計畫規劃賽會期間運作模式，跨部門協調並檢視各部門計畫時程是否配合。在管理人員方面由計畫組專責人員負責賽會主計畫的控管及進度檢視，並透過雲端作業系統進行計畫進度填列及查核點確認，遇進度落後事項則分析落後原因及部門間是否需要溝通協調，透過定期會議檢視工作進度及待協調事項，此控管作業的成效獲得國際大學運動總會（FISU）的讚許。

　　主營運中心（Main Operation Center, MOC）在賽會期間作為賽會主要管理控制的核心單位，也作為賽會期間跨縣市及中央單位之溝通決策

平臺，依據案件類型與層級建立事件分級系統，以掌握賽會期間各大小事務；事件分為不需回報（事件紀錄）、需通報單位主管（二級事件）及需回報主營運中心，並由主營運中心決策事項（第一級事件），在此機制運作下，本次賽會獲得良好的通報管理效果。

三、賽會人力規劃

賽會人力規劃分為兩個區塊：籌備期及賽會期，在籌備期間主要是依靠賽會的專職人力及市府兼任人力，2013年由專職人力及體育局人力進行籌備工作，2015年開始市府相關負責局處陸續開始投入人力，2016年正

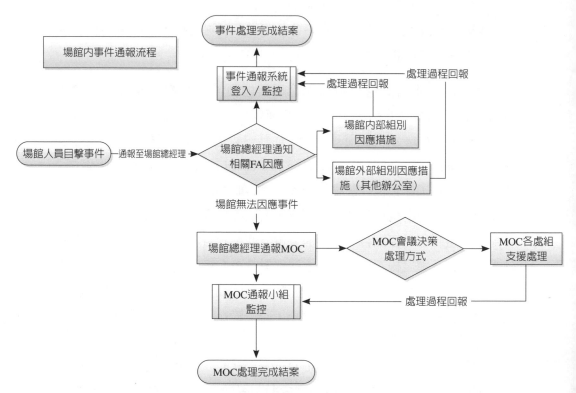

圖12-1　賽會（場館內）事件通報流程

式進駐執委會辦公室，在籌備期間共有專職人員300人、市府兼任人員305人，2017年因應賽會的場館化作業，導入更多場館端支援人力及各局處人力，維持賽會期間各場館的營運需求。在競賽部分，培育競賽團隊1,531人、國內技術官員（National Technical Official, NTO）963人、本國及國際技術官員（International Technical Official, ITO）127人、競賽助理1,480人。

在志工方面，由各處評估志工需求後提出招募人數，由志工部門辦理招募及基礎訓練，各處所需的專業訓練由各處自行培訓，實際完成培訓人員共18,769人，實際參與賽會期間服務的志工有14,060人，有關招募培訓階段各式志工課程、活動報名與賽會期間大量志工差勤、排班、調度及賽後相關志工資料製作與備份，皆透過志工管理整合平臺以電子化管理。

另規劃及協調中央內政部役政署支援396名具外語背景替代役役男，協助世大運選手村工作，於賽前協助選手村場地、設備的壓力測試及整備、賽會期間及賽會結束後選手村各項行政事務。

四、賽會籌辦經費

世大運申辦成功之後，由臺北市政府向行政院體育委員會（2013年改制為教育部體育署）提報六年籌辦計畫，經費部分包含興建和平國小籃球館、臺北網球中心、競賽場館修繕及選手村硬體經費，並依據各部門營運費用編列軟體營運經費。

體育署為輔導地方政府申請辦理國際綜合性運動賽會及給予經費補助，增進舉辦賽會整體效益，並合理分配中央財政資源，於105年2月22日公布《國際綜合性運動賽會申辦及籌辦作業原則》，依據國際綜合性賽會等級及規模，分別規定中央可補助的經費比例。

籌辦經費經由體委會轉行政院經濟建設委員會審議，最後經行政院通過，核定原則為中央補助43%經費、臺北市政府出資43%、自籌經費14%。

第二節　賽會實務運作

　　本章節依據賽會組織及賽會籌辦工作進行說明，依據各部門主要工作計畫及主要里程碑詳列辦理情形及工作內容，分項說明如下：

一、行政管理

　　行政管理扮演之角色為整合部門工作事項與行政業務規劃，負責執行委員會總體工作計畫的編制、督導實施與後勤工作，內部行政管理、組織重要會議、各項採購業務、法律事務、聯絡協調各執行部門及國內等相關行政事務。會計及財務組部分，編制世大運籌辦總預算、年度預算和會計核算工作；實施世大運財務風險管理和物資採購管理工作；對執行委員會經費、物資的使用管理進行審計等相關業務。

　　賽會整體規劃及運作亦是行政管理主要範疇，於賽會前一個月規劃全系統測試，模擬賽會情形之測試，以檢視場內各工作部門、主營運中心及交通運輸等，檢視臺北世大運執委會橫向溝通及應變能力。

　　最大規模的測試為選手村試營運，規劃30團代表團、共2,500名民眾模擬投入選手村及開幕典禮整體測試運作流程，以檢驗選手村住宿分配、餐廳運作、村內各項設施及服務；開幕典禮儀軌、代表團進場動線、隨團志工、開幕典禮場地設施設備之保障能力。

　　賽會期間主要工作為賽會整體營運控管，成立主營運中心負責各部門與各場館及中央縣市政府間資訊流通與橫向聯繫，整合賽會期間重大事件之應變處理。

二、國際事務

國際事務主要為負責與FISU與各國代表團（National University Sport Federation, NUSF）及國內外貴賓聯繫接待，世大運儀軌審視與確定。工作事項包含籌辦FISU與2017臺北世大運相關之國際活動、辦理各國代表團聯繫、接待與服務事項、協助各工作部門與FISU及各國代表團之聯繫，提供口、筆譯服務，以及國內外貴賓接待相關事項。

賽會期間負責FISU家族接待，於選手村提供代表團服務，包含語言翻譯、抵離境接送及主訊息中心資訊提供，並每日召開團長會議，回應代表團需求。

三、競賽管理

競賽管理為世界大學運動會核心任務，依據賽會基本需求、國際單項運動總會賽事規範及國內辦理運動賽會之條件，規劃各項競賽種類執行工作及人員之專業訓練等。

(一)競賽營運中心（Sport Command Center, SCC）

賽會期間競賽營運中心之組成負責賽事的執行及控管，並負責各部處協調。競賽資訊中心則位於選手村，負責提供代表團競賽相關資料，如技術手冊、每日賽程表、練習日程表、技術會議資訊、成績結果及獎狀、練習場地預約。

(二)賽務運作

根據各運動種類賽程由競賽總經理率領競賽工作團隊執行競賽各相關事務，包含場地配置、器材整備、競賽運行、成績處理等。

(三)裁判服務

依據賽會提供競賽團隊之服務內容，於每個ITO飯店設置ITO服務中心，處理發放裁判津貼、服裝、競賽相關文件，並確認每日接駁車輛、競賽場館用餐需求，完備服務作業。

(四)頒獎典禮

事先預排每場次執委會頒獎貴賓，並制訂頒獎貴賓擇定政策與流程，確認頒獎貴賓名單，事先預估每場頒獎典禮受獎人數最大量，作為頒獎物品準備依據，現場再依實際獲獎情形調整。

(五)運動展演

運動展演為競賽現場的視聽覺呈現，提升現場熱絡歡愉之氣氛，並涵蓋運動教育之意義。工作內容包含運動展示人力專業服務整合、組裝視訊

▲代表團於選手村競賽資訊中心查詢成績

相關配備、賽會資訊專業整合及運動展示串場媒體素材設計。

四、場館運作

場館整修建及場館營運為2017臺北世大運核心關鍵作業；臺北世大運執委會場館處主要負責綜理各競賽及練習場館新建及整修事宜，除場館硬體需符合賽會需求，賽會階段場館營運及各支援人力之整合與規劃，以及競賽器材整備、場館美化及物流均為場館處工作內容。

(一)場館新整建計畫及執行

臺北世大運涵蓋2座新建場館及57座整建場館，在新建場館部分包括臺北和平籃球運動館以及臺北網球中心。在整建場館部分，透過場館體檢調查，擇定79處60座場館，53座場館規劃由既有場館整建，場館需符合各單項總會的硬體標準，同時需滿足FISU最低基本需求，引進國外最新技術與趨勢，並符合世大運所有工作領域需求，由於場館分布在5個地方政府及14所大專院校，為有效控制整建進度，委託專業管理顧問（Professional Construction Management, PCM）定期追蹤各場館辦理情形，以協助工程代辦單位管控、追趕工進與控管品質、預算。

(二)視覺標示系統設計規劃

依據2017臺北世大運場館視覺標示系統延伸設計各場館美化及指標等設計。將競賽場館、練習場館、非運動場館及戶外裝置藝術分類，並依各單位需求進行設計。會同場館管理單位、設計師與製作廠商一併確認美化施作項目及可行性，並辦理查驗確認美化物製作之品質及安全。

(三)場館營運計畫規劃及撰寫

為使各方支援人員快速瞭解各項工作，透過營運計畫訂立各工作事項、流程及應變機制，由各處依其場館化後工作組進行營運計畫內容撰寫完成後，邀請場館總經理、競賽總經理及專家學者針對各場館營運計畫進行審查，確保其符合賽事及場館需求。

(四)場館人力規劃及聘任

擬定場館組織架構及職掌，完成各場館總經理及場館主任人員聘任，由場館管理單位推派熟悉場館事務人員擔任場館總經理、場館主任及場館秘書，針對各類人員分階段聘任並進行人員教育訓練。

(五)場館化規劃及執行

賽會開始前各場館提前以賽會模式營運，並將籌備期間工作人員分配至各場館，此項工作稱為「場館化」（venuization），場館化之後代表賽會正式開始進入競賽營運狀態，要實施場館化有許多前置工作需要進行，首先依據場館營運計畫盤點各處組所需進駐之工作人員數量，並確認工作人員來源，各場館由場館總經理及競賽總經理共同召開賽前場館營運團隊會議，確認各處組均完備相關工作事項，並透過實務訓練讓場館營運團隊人員瞭解場館各類動線及空間。場館營運首日（第一練習日或第一競賽日）前三天各場館人員（不含志工及警察）全職進駐場館，進行最終場布及工作確認。

(六)賽會期間場館控制中心（Venue Command Center, VCC）

場館控制中心為各場館賽會期間事件回報窗口，並為場館突發事件之主要應變中心，賽會期間24小時營運，確保各場館能完善、順利運作。各

▲世大運游泳項目採用活動式游泳池

場館透過通訊軟體、電話或事件通報系統回報事項至VCC，確認處理方式後由VCC統一發布訊息給場館總經理、場館處區域駐點人員，或由VCC直接派人至場館處理。

五、認證程序

認證是透過正式的報名、登錄、審核程序，核發特殊的識別證件，只有經認可的人員能進入特定場域，必須合理並正確地規劃各類人員進出各項賽會場域之權限，才能使大量的參賽人員在具彈性且安全的方式下參與賽事、參觀活動，並達到安全管制的效果。

籌備期間依FISU規範，建置認證組織分工，正確擬訂認證管制機制及權限矩陣，依各處權管業務擬訂參與人員計32個分類、89個子分類，實際調查參與人員組成，擬定595個應用職位，最後進行精確統計參與人數，以完備各項服務規劃。

(一)認證服務

依據認證作業規範，擇定合適地點設置認證服務據點，提供各類客群優質之報到及認證服務，依客群屬性、場地條件，逐步完成認證中心營運計畫確認設立四個認證中心，包含選手村、FISU總部飯店、媒體和OC認證中心。工作重點為確認整體報名流程，包含線上報名、資料驗證與安全查核、製證作業及現場認證作業。證件設計需納入整體賽會視覺設計，並完成格式、內容及規格文件設定，並透過贊助導入無線射頻識別系統（Radio Frequency Identification, RFID）技術之認證卡，結合「安全門禁管制」、「身分權限設定」、「人員分級管理」三大重要功能。為提高晶片認證卡之防偽功能，委由全國首屈一指的印製廠商透過坊間無法取得之票券紙，納入微小字、隱形油墨、彩虹條碼等技術，工序繁複、經全程安全控管的系統化製程，無法輕易偽變造，成為賽會期間主要通行權限的依歸，賽會期間出版報名及認證指南，指引代表團進行報名認證程序。

(二)場館認證管制

依賽會維安之整體規劃，完成一場館一營運計畫之場館認證規劃，以配合各場館、各賽項之異質性。本屆認證卡加裝RFID晶片、強化場館認證管制機制，賽事期間系統通行紀錄統計高達1,418,450筆，確實有效減輕辦證人員工作負擔，並提升世大運人員身分及區域權限管制成效。經協調GMS廠商提供門禁管制軟體功能，依賽會權限矩陣表及入口分流（代表團／貴賓、工作人員及裁判／媒體、觀眾通行）原則，完成門禁叢集參數設定，透過各場館認證點讀取認證卡晶片碼直接連線至GMS判讀、即時顯示通行權限，並兼具門禁追蹤管制功能。

六、抵離境

抵離境工作包含設置抵離境接送櫃檯及人力安排,抵離境人員及其隨身行李接運計畫,機場接運規劃桃園及松山機場為賽會官方機場,規劃機場接運服務,工作內容包括車輛臨時停靠區、人員及隨身行李接運動線、抵離境運輸路線,並設置交通諮詢櫃檯使相關人員能迅速抵離境。

七、儀軌

儀軌(Protocol)是一個大型賽會比較特殊的工作領域,包含賽會中所有有關儀式及典禮的工作事項,包含FISU會徽、品牌及旗幟使用、會員國官方名稱和順序、開閉幕儀式、頒獎典禮、聖火典禮、研討會儀軌、致詞、VIP貴賓規劃、繞場規劃、會員國旗幟使用、迎賓、總部飯店服務、邀請

▲各國旗幟依據儀軌規範排序入場

函、貴賓交通、競賽場地布置規則、選手村開村典禮、代表團歡迎典禮，各執行部門依據儀軌手冊完備相關作業，以開閉幕儀式流程爲例（**表12-1**）。

表12-1　2017世大運開閉幕流程表

項次	開幕	閉幕
1	FISU會長歡迎主辦國總統，並介紹FISU執行委員會	播放主辦國國旗歌（奧會模式）
2	播放中華民國國旗歌，升中華民國世大運會旗	參賽國國旗入場
3	參賽國的繞場遊行。每一個代表團最前方，安排大張舉牌，標示參賽國國名和國旗。參賽國的繞場順序，以世大運主辦國官方語言的字母順序，或是以FISU官方語言（送執行委員會認可）排列；主辦國最後繞場。籌備委員會將提供參賽代表團的國旗和標牌，規格大小統一	參賽國以隨機安排的順序繞場遊行
4	籌備委員會主委致歡迎詞，不超過3分鐘	籌備委員會主席的閉幕致詞
5	FISU會長致詞，不超過3分鐘，並邀請主辦國總統宣布比賽正式開始	FISU會長或是其代表的閉幕致詞
6	主辦國總統宣布比賽正式開始	播放FISU會歌，降FISU會旗
7	FISU會旗抵達會場	將FISU會旗交給2019世大運籌委會代表
8	播放FISU會歌，升FISU會旗	介紹2019世大運
9	火炬到場，點燃聖火	藝文表演
10	運動員宣誓	
11	評審和裁判宣誓	
12	與會者離開遊行會場，到預留觀禮位置直到典禮結束	
13	藝文表演	

資料來源：本書自行整理。

八、志工

　　志工爲最主要賽會運作人力，志工部門其工作主要分爲招募、培訓、管理及運用。世大運志工來源主要分爲學生志工、社會志工及國際志工，執行單位透過多元管道及學校平臺進行招募作業，共計招募志工人數爲18,769人，於賽會期間投入各競賽練習場館、選手村及其他非競賽練習場館的各項基礎工作，並設置志工站管理志工相關事宜。

　　志工的服務可說是賽會得以成功的重要因素，志工自願性的參與賽會、優良的服務品質不僅有助於臺北世大運形象，更可藉此機會作一城市外交的最佳典範，提升本市國際曝光度與關注度，進而成功塑造臺北「友善魅力、運動城市」的永續效益。

(一)志工招募

　　在賽會中志工依據來源類別被區分爲學生志工、社會志工及國際志工，學生志工招募以北區六縣市大專院校學生爲主，透過招募說明會、校園設攤、行銷宣傳活動、拜會學校及研商會議等方式完成，共計辦理活動159場次。社會志工以團體志工爲主，於場館所在縣市以招募說明會、設攤宣傳及拜會當地志工團體等方式進行，共計辦理89場招募宣傳活動。國際志工招募除透過大專院校及外交部相關活動，現場設攤招募國際學生之外，也由社團法人透過網路平臺向全世界招募國際志工，辦理6場次招募活動，經由官網報名、資格審查及面試，共錄取284名國際志工。

(二)志工培訓

　　國內志工培訓課程分爲A、B、C三級，完成特殊培訓課程（C級）之志工即取得合格志工資格，依序完成專業培訓（B級）及領導培訓（A級）之志工即可取得報名志工幹部（小組長）資格。國際志工報到及參訓共142

人，分為兩梯次辦理，第一梯次以服務代表團為主，第二梯次以賽會服務領域為主。

(三)實務訓練

辦理競賽練習場館、選手村及其他非競賽練習場館志工實務訓練。課程內容包含：性騷擾防治及通報流程、志工服勤事項提醒、場館環境認識（含避難動線、周邊交通等）及服勤內容介紹等視需要安排課程。

(四)志工管理中心

為利志工招募、培訓、管理及運用之整體規劃與執行，成立志工管理中心，志工招募自2014年10月啟動，統籌整體世大運志工相關業務，於賽會期間發揮應變及調度功能。

(五)志工服務獎勵與退場機制

為有效凝聚世大運志工向心力、提升志工服務品質，特訂定服務獎懲規範以表揚、獎賞志工。另設立志工服務幹部，以激發志工團結、互助之服務態度。志工獎勵以賽會服務時數紀錄為參考依據；退場機制以賽會工作執行內容為參考依據。獎勵內容包含依據服務時數頒發不同等級榮譽狀，另有參加證明，並安排感謝活動頒獎，福利方面有志工代金、個人意外傷害保險、專屬服裝及認證卡、購買門票半價、選手村服勤過早或過晚之住宿床位、接駁車服務、專屬悠遊卡、贊助商提供專屬購買優惠券。當志工有違規行為時，依照違規情節大小停止服務或是強制註銷志工身分。

(六)志工資訊管理整合平臺

為使志工招募、訓練、運用、權益、福利等各方面，均能有效、快速的管理，因而建置志工管理整合平臺。系統具備功能如下：志工招募、培

訓及活動報名，資料下載、公布欄、服勤排班與查詢、個人差勤紀錄、打卡、服務時數及代金統計等功能。

(七)志工人力分流及調度計畫

依志工培訓、專長及語言能力等，執行志工分流作業，並依志工服務地點與功能，進行志工需求分析，配合測試賽運作，調整志工類別及配置。為避免賽會期間志工資源發生不可抗拒之意外，研訂人力調度計畫，啟動志工跨場館支援作業，以完備賽會志工人力需求。

(八)志工管理

賽會期間各場館皆設有志工站，處理各項志工管理、運用及服務相關事宜。於選手村及桃園國際機場提供志工接駁車；於選手村提供國內志工住宿床位；於選手村及臺北市立大學提供國際志工住宿床位。

▲志工進行場館工作事項培訓

九、贊助

　　以賽會需求為基礎，結合創新行銷思維，促進企業參與，為世大運執委會及參與企業創造雙贏。其工作內容包含企業參與策略規劃、世大運物資需求及可回饋資源調查統整、開發贊助及認捐企業、發展贊助企業具體合作方案，招商目標如下說明：

(一)核心產業

　　核心產業被定義為與運動賽會有直接關係的產業，運動服飾、運動用品及運動器材業設定為世大運中贊助核心的產業類別，並與賽會品牌形象完美結合，使運動用品及器材業相關廠商成為贊助廠商，提升競賽資源量能。

(二)關聯產業

　　此產業屬於與世大運有間接關係之產業，舉凡運輸、倉儲、通訊、觀光、金融保險、文創及飲料食品業皆有關聯性，用以提供整體賽會交通運輸、賽會保險、賽會場館餐飲服務等，雖為間接產業，但所帶來的贊助價值則是世大運籌委會最主要的資源挹注。

(三)服務產業

　　為增添賽會服務及廣泛宣傳世大運，世大運執委會透過與便利商店作結合，從日常生活中去宣傳世大運，讓民眾能和2017臺北世大運產生更多共鳴，並提供賽會所需相關物資，強化服務效能。

(四)世大運企業贊助商

分級如下：

1.頂級贊助商（premium sponsor）：精選優質企業至多3家。

2.頂級贊助商（official sponsor）：精選優質企業至多6家。

3.官方贊助商（official partner）：精選優質企業至多15家。

4.官方合作夥伴（official supplier）：精選優質企業至多50家。

賽會期間依據贊助商級別提供相對應的回饋機制，贊助廠商得以在競賽場館內外部區域、官方刊物、世大運公園、世大運重點宣傳短片揭示贊助廠商品牌，並授予贊助商開發賽會聯名商品權利，如達一定標準更可成為賽會指定產品與服務的排他權利，世大運總計贊助價值約達15.6億，成為國內舉辦運動賽會之最高贊助價值。

▲賽會期間贊助商藝術裝置

十、文化活動

文化活動為全國軟實力的整體展現，透過視覺、聽覺、人際互動、情感流動增進全世界運動員對於主辦國家的文化的認識；對國內則可凝聚國家認同，並提升全民參與。執委會從籌備期即開始向國外宣傳本國之藝術文化，邀請各藝文團隊、學校、社區文化團體熱情參與，讓全世界完整領略本國藝術文化的多元豐富，並以文化作為交流媒介使民眾以臺北市為傲。

(一)聖火傳遞

聖火傳遞設備及工具結合在地設計師、竹編工藝家及傳統產業，打造國內第一把瓦斯燃燒系統的火炬。國外聖火傳遞於第1屆世大運主辦城市義大利杜林辦理母火引燃儀式，並接續傳遞至義大利拿坡里、泰國曼谷與韓國大邱，以十天橫跨歐亞4個城市超過1萬公里的行程進行聖火傳遞，返臺後辦理駐火儀式。國內聖火傳遞路線中，首站聖火即登上東北亞第一高峰玉山主峰（海拔3,952公尺），後以「LOVE」概念為主軸，串聯全臺21個縣市，象徵愛從臺北出發並散播至全臺。

(二)開幕典禮

表演設定為三大段落，以空間加時間推展，讓大家看到地理臺灣、臺北，以及時間上的過去、現在、未來。第一段「活力島嶼」，從歷史面呈現臺灣自板塊運動的碰撞中，孕育出多樣的生態與文化。第二段「匯聚臺北」，從地理空間呈現臺灣是華語地區最民主自由開放的地方，在節目中呈現臺北的鐵皮屋、夜市、廟宇、多元色彩，並且用氣味、煙霧讓大家以五感體驗臺北。第三段「世界部落」，以科技、運動和音樂、文化藝術臺

灣之光向世界打招呼。「聖火臺」由國內頂尖藝術團隊打造,首次運用動力機械裝置,創造出動態聖火臺,完美呈現臺灣成熟之機械及精工藝術。

(三)閉幕典禮

以「歡送派對」為主題,提供選手一個歡聚、回憶的時光。以年輕人喜愛的流行音樂呈現為主,輔以臺灣本土文化,如原民歌聲、北管、家將神將送神文化等多面向的表演內容。也考量年輕人的喜好,加入DJ形式呈現演出,另一方面可以展現臺灣電子音樂與DJ實力。

(四)世大運公園及博物館

2017年8月18日至30日在花博園區辦理,共分為「Find&Take尋找熊讚」、「世大運異想世界」、「國際民俗運動場」、「多元創意市集」、「熊讚野餐區」、「世界好好玩匯演Show」與「世大運博物館」活動區塊,另特別規劃社區世大運、運動夏令營與數位電競等活動。

▲閉幕典禮煙火

十一、資通訊服務

資通訊管理部門之主要職責在於提供資訊服務及相對應的技術支援，透過與國際知名賽會競賽資訊系統廠商（ATOS）進行合作，利用整合性解決方案與客製化系統確保賽事運行能有效率地進行，並提升國內於賽會競賽資訊系統的專業知能。

(一)資訊基礎建設

確保各場館資通訊網路正常運作，資通訊設備（含電話、電腦及無線電）皆按照規範程序進行維護與報修。

(二)成績系統

為比賽提供即時的整合性比賽成績資訊，包含計時計分系統（Timing & Scoring, T&S）：設置於競賽場館產出賽事成績資訊；場館成績系統（On Venue Result, OVR）：彙整計時計分系統資訊，處理場館內各運動項目之賽事成績；電視圖像系統（TV Graphics, TVG）：在發送轉播訊號前，負責將賽會成績數據與電視影像結合。

(三)官方網站

宣傳型官網於2013年5月上線，內容包含世大運介紹、相關新聞及相關活動訊息，網站後臺提供上稿編輯與修改等功能。賽會型官網於2017年4月上線，並進行相關賽事系統介接作業，提供賽會競賽資訊需求與服務，讓代表團及賽會相關人員得以獲得正確資訊，並提供外界有意瞭解此次賽事者，能藉由網站瀏覽賽事相關資訊。

(四)管理系統

　　以整合性系統支援賽會管理與日常營運，如場館進出管制、志工排班與差勤管理以及問題回報與追蹤。提供場館第一線同仁於行動裝置使用系統APP，便於各業務單位間橫向與縱向聯繫。

▲工作人員透過電視圖像系統合成轉播畫面

▲場館工作組聯絡用對講機

十二、交通

　　提供選手順暢及安全的交通接駁為運動賽會重要環節之一，交通處依據FISU所訂定之交通服務事項基本需求以及考量當地交通特性，研擬與會各類人員的交通輸運模式、訂車方式、各官方地點以及重要官方行程交通維持規劃，以及開閉幕典禮的交通規劃。

(一)交通營運與調度

　　於選手村成立交通調度中心以及交通櫃檯、FISU總部成立貴賓服務櫃檯。隨時掌握接送機專車、個人賽巡迴車、團體賽專車、貴賓專車等發車班次運作以及乘車需求，並於緊急狀況即時調度車輛。另執行桃園機場與松山機場、競賽與練習場館、選手村、開閉幕典禮主場館周邊相關動線交通維持與現場疏導作業。

訂車編號	乘車日期	乘車時間	國籍	人數	車種	航廈	目的地	狀態	備註	
08100076	08-13	16:15	辛巴威共和國	1	8人座小客車	桃園機場T1	貴賓-FISU…	已派車	辛巴威共和國	
08100097	08-13	13:30	俄羅斯聯邦	2	8人座小客車	桃園機場T1	貴賓-FISU…	已派車	俄羅斯聯邦	
08120001	08-13	00:35	拉脫維亞	4	甲類大客車	桃園機場T1	選手-選手…	已派車		
08120014	08-13	11:55	芬蘭	15	甲類大客車	桃園機場T1	選手-選手…	已派車		
08120015	08-13	11:55	荷蘭安地列斯	5	甲類大客車	桃園機場T1	選手-選手…	已派車		
08120046	08-13	16:15	阿根廷	20	甲類大客車	桃園機場T1	選手-選手…	已派車		
08120047	08-13	16:15	阿根廷	20	甲類大客車	桃園機場T1	選手-選手…	已派車		
08120048	08-13	16:15	阿根廷	20	甲類大客車	桃園機場T1	選手-選手…	已派車		
08120049	08-13	16:15	阿根廷	17	甲類大客車	桃園機場T1	選手-選手…	已派車	原名單為77…	
08120050	08-13	16:15	巴西	24	甲類大客車	桃園機場T1	選手-選手…	已派車		

圖12-2　交通訂車系統畫面

(二)VIP專用車輛服務

依據交通權限規劃貴賓專車服務與調度，T1交通車為一位VIP一輛專車、T2交通車為2位以上VIP共乘一輛專車、T3為單日單趟預約，於當日晚上十一時前向交通服務櫃檯完成預約隔日用車時間。臨時用車需求需於30分鐘前至交通服務櫃檯提出申請。

十三、醫療

賽會期間在選手村、競賽場館、練習場館提供醫療服務，後送醫療由指定醫院提供服務，建立完善的醫療服務網絡。宣導禁菸規範、執行稽查，營造無菸環境。配合疫情監測，杜絕傳染病蔓延，確保所有參與者健康安全。辦理食品衛生講習與輔導、食品衛生稽查與抽驗，以預防食品中毒之發生及確保所有參與者飲食安全。在選手村、競賽場館執行藥檢，確保運動競賽公平，保障乾淨運動選手權益。

十四、維安

維安為國際大型賽會重要的工作，以確保賽會的安全。透過中央與地方警政單位的合作，從人員安全查核至賽會期間場館安全維護等作業，以高規格的作業進行各項事務的處置，避免因疏漏而造成賽會及國家的危害，如場館人員動線分流與查核為賽會主要工作，將選手、裁判、貴賓、工作人員、觀眾及媒體動線予以區隔，建立選手專屬通道及出入口。

每日賽前2.5小時的場館淨化作業，人員及車輛安全檢查及館內秩序維護，更是確保安全無疑的重要工作，例如出入口設置安檢器材，嚴格過濾場館進出人員，場館外圍設置車輛檢查點，進入場館管制區車輛需事先向世大運執委會交通處申請車證，並施以車輛安全檢查，確認安全無虞後，

▲場館以X光機與安檢門進行安檢作業

才能進入管制區等。

　　開閉幕典禮安全維護工作及選手村安全維護工作是動用最多警務人員的作業，雖然在開幕遇到抗議突發事件，造成典禮流程變動及代表團入場受滯的情形，惟世大運執委會啓動緊急應變程序，有效地作適當處置，將危機轉變爲後續社會支持賽會的量能；另外，維護參賽選手（含隊職員）於選手村營運期間之安全，避免發生衝突及其他安全事故，爲維安重點工作，亦爲一大挑戰，期間加強選手村周邊治安維護及交通疏導事宜，選手村圍籬內規劃安檢點及人車檢查點等十一處使用X光機檢查儀、金屬探測器及車底檢查器等安檢設備，阻絕易生危害物品攜入村內，對於選手村周邊捷運、公路等大眾運輸系統、大型購物中心與國際大型會展等人潮易聚集處所，加強安全維護作爲，讓各國代表團對於世大運在安全維護作業上，給予感謝與讚賞。

十五、選手村

選手村位於新北市林口區文化一路及仁愛路口,現址為林口社會住宅。為籌備2017臺北世界大學運動會,特依FISU需求,將社會住宅周邊用地併同增建設施,成為選手村。村內分為國際區、住宿區及交通區,共有2,138戶作為選手住宿空間,另為給予選手舒適輕鬆的環境,除了餐飲住宿等基本需要外,特別於選手村內安排具臺灣特色的文化活動,讓選手放鬆之餘,能對臺灣有更近一步的認識。

世大運選手村依功能分有國際區、住宿區及交通區,共劃作A、B、C、D四個區域。提供代表團住宿、膳食、接待、認證、醫療、維安、賽事資訊、交通接駁等服務,以及代表團辦公室、醫護室、商店、郵局、電信中心、美容美髮店、洗衣中心、體適能中心等生活便利設施。

D區為選手村國際區,共有11棟建築以及等候大廳,提供多元諮詢及賽會服務,更是選手村各類行政業務的中心區域。包含主訊息中心、主認證中心、競賽報名區、競賽資訊中心、代表團辦公室、會議中心、醫療中心、換匯櫃檯、媒體區、訪客中心、等候大廳、失物招領櫃檯、升旗廣場、戶外暖身場。

A、B、C三區為住宿區,共23棟建築,提供選手舒適的住宿環境及多元的服務,服務事項包含房務清潔、住宿服務櫃檯、宗教中心、代表團醫護室、體適能中心(附按摩室)、戶外暖身場、電信中心、上網區、花店、洗衣中心、乾洗店、銀行、郵局、美容美髮店、遊戲室、便利商店、紀念品商店、選手餐廳、特色紀念品店、文化體驗活動與展演、多媒體互動科技體驗。

交通區分為個人參賽等候月臺、觀賽等候月臺、團體參賽等候月臺、捷運接駁巴士月臺及離境月臺;分別位於住宿區外環、第一車輛安檢區、入村停車區等。依比賽項目區分不同乘車月臺,提供代表團賽事接駁運輸。

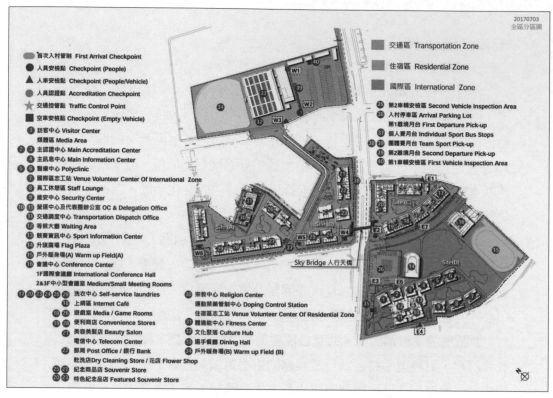

圖12-3　2017世大運選手村全區分區平面圖

(一)選手村營運管理

　　由於選手村分為4個基地，為確保賽會期間選手村順利運行及緊急事件處置，住宿區各區分別設置區長一職，統籌該區內所有大小事務，並於各住宿大樓一樓設置服務櫃檯。若有緊急事件發生，將由區長進行初步處置，若事件非區長能處理，則須通報國際區設置之營運指揮中心（Village Operation Command Center, VOCC）。

　　選手村營運指揮中心為營運期間處理各類災害或緊急事件之核心，協調聯繫各單位及主營運中心（MOC），以有效傳達各項規定與訊息，並監

督指揮村內各項服務及作業,並進行災害應變及復原任務。

(二)選手村住宿服務

住宿區每戶依房型不同入住3-8人,每天提供基本清潔服務,如三天換一次床組。住宿區除提供代表團住宿外,亦包含生活所需,如:選手餐廳、宗教中心、體適能中心、紀念品商店、美容院、銀行、郵局、洗衣中心、遊戲室等,並於住宿大樓一樓設置有代表團醫護室、休憩區、製冰區和住宿服務櫃檯等服務空間。

代表團首次入村後,於國際區主認證中心內之入住及退房櫃檯確認住宿資訊並完成繳費,便可至鑰匙櫃檯領取住宿房間鑰匙,享用住宿區提供之服務。各棟大樓住宿服務櫃檯皆配有工作人員、物管人員、替代役及志工協助代表團溝通及問題處理。代表團離村前,則向國際區退房點交櫃檯預約點交時間,由工作人員確認是否有損壞之品項,繳納相關費用並交還鑰匙即可離開選手村。

(三)選手村相關典禮

2017年8月12日下午3時舉行選手村開村典禮,中央及地方貴賓盛情與會,臺北世大運執委會主任委員柯文哲市長、國際大學運動總會Oleg Matytsin主席皆為選手村開村獻上祝福及勉勵;活潑熱情的舞獅表演更熱鬧拉開選手村營運序幕,正式迎接代表團的到來;代表團入村除了歡迎表演外,相關的儀軌流程包含升代表團旗幟、村長與各代表團代表雙方致贈交換禮物及相關的接待服務等,讓代表團備受禮遇,也因此達到透過賽會進行交流與外交的效果。

(四)選手村餐廳

選手村餐廳自2017年8月12日至2017年9月2日共營運22天,是歷屆世大

▲代表團於選手村餐廳用餐

運營運時間最長的餐廳，由於國內從來沒有選手村餐廳的營運經驗，故透過公開招標方式徵選專業廠商提供服務。選手村餐廳有3,498席座位，提供世界風味、亞洲、清眞、義大利及臺灣特色共五大料理，採自助式供應，每日供餐時間爲早上五點至隔日凌晨一點，賽會期間共提供320,180份餐點，餐點內容獲各代表團青睞，也成爲賽會得以成功的重要因素。

 ## 第三節　賽會永續資產與成果

爲達到資源永續利用，世大運執委會規劃一系列永續發展策略，將籌辦2017臺北世大運相關資產得以永續，並將賽會經驗進行留存。

一、知識管理系統

(一)建立知識管理系統（Knowledge Management, KM）

以蒐集籌辦過程中的各項重要文件、計畫、營運手冊、會議紀錄、影音紀錄等相關資料作為後續辦理賽會參考。

(二)總結會議

依照FISU規範，於2017年11月赴義大利拿坡里參與總結會議，將臺北世大運成功的經驗分享給下一屆主辦城市，促進國際體育交流。

(三)總結報告

出版2017臺北世大運總結報告，詳實記錄整體籌辦過程，留下珍貴的賽會文獻，將臺北世大運成功的經驗永續傳承。

(四)賽事相關研究案

為瞭解舉辦世大運之相關成果及影響，主辦城市與FISU合作，針對籌備期間、賽會期間進行相關數據蒐集及分析，包含賽事全方位研究（Global Sports Impact, GSI）、賽會數據蒐集研究（Data Capture）、經濟效益研究等，有助於修正世大運基本需求，加強往後賽事舉辦之效率，並透過分析結果瞭解世大運舉辦對全球整體經濟及體育產業的影響。

二、硬體資產

(一)硬體建設

　　場館分布於臺北市、新北市、桃園市、新竹市及新竹縣，除利用53座公有及各大專校院既有場館進行整建，另新建2座場館，分別為臺北市網球中心及臺北和平籃球館，皆取得綠建築證書。場館賽後回歸原權責單位營運管理或進行委託營運規劃（Operation Transfer, OT），提供市民運動與休閒之場所。

(二)選手村

　　賽會結束後進行設施拆除及復原工程，回復為3,408戶之社會住宅，提供無自有住宅之家庭承租，以改善北部地區居住環境。

(三)器材設備

　　各場館之器材規劃以協助提供場館之縣市政府、國私立大專校院及臺北市運動重點發展學校、基層訓練站等為主要移撥對象，最大化資產效能，並提升國內體育設施品質。選手村賽後設備轉換為社會住宅後可延續使用，部分「非固定設備」以移撥、無償讓與、讓售或拍賣等方式進行後續處理。

(四)文物蒐集

　　蒐集2017臺北世大運相關電子文件、影音檔案、出版品及文物等，包含聖火臺、火炬、服裝等等，除依FISU規範繳交外，亦將於臺北市留存。

三、人才培育

(一)賽會籌備人員

本次除動員臺北市政府各局處305名支援人力投入之外，自2012年籌備業務階段起，即招聘各領域專職人力進行賽會籌備與工作執行，至2017年共聘用300名人力，培育民間具籌辦國際賽會豐富經驗之人才。

(二)競賽團隊

全國單項協會所組成之21+1項賽事團隊，投入約3,000名賽務工作人員、963名國內裁判協助辦理賽會與執行各類工作事項，提升國內體育相關團體之國際賽會實務經驗。

(三)志工

大會期間（8月12日-9月2日）志工服勤總人數計14,060人；每人平均服務班數10班、平均服務時數約40小時。賽後於志工簽署個資同意書後，將資料導入中央及臺北市政府之志工資料庫，提升往後舉辦大型賽會及活動人力調度之效率。本屆世大運共有142位國際志工參與，成員來自四大洲，分屬39個國家，包含33種語言，透過國際志工將臺北之美行銷到全世界。

四、環境保護

(一)寶特瓶回收利用

於賽會期間選手村協力清運單位一共載運約39萬支廢寶特瓶，降低之

二氧化碳排放量約24,726公斤，製成800條毛毯，並提供予弱勢或中、低收入戶家庭使用。

(二)自來水直接飲用

世大運期間使用87座直飲臺，除了32臺固定式直飲臺由場館維護管理供運動民眾使用外，餘55臺行動式直飲臺，其中33臺在世大運結束後融入臺北的戶外公共場域，提供便利的飲水服務，其餘行動式直飲臺將配合本市各類大型活動直飲推廣使用，以利民眾體驗直飲，感受優質臺北好水。

(三)惜食計畫

為避免2017臺北世界大學運動會賽會期間大量的餐點供應可能造成之食材浪費問題，組委會、餐飲顧問EPG公司及餐飲供應GHG公司於賽會前共同擬定「食品管理及惜食計畫」，自源頭即開始控管，依據參賽人數、選手村入住人數等進行訂購，並依據實際情形及經驗製備食物，避免浪費且盡力減少剩食的產生，整體賽會22天期間供應32萬人次享用。

(四)黑熊保育

本次賽會以臺灣黑熊「熊讚」作為宣傳大使；臺灣黑熊係臺灣原生特有亞種，有著獨具特色的V字形白毛，而熊讚胸前象徵勝利之金牌，更是代表運動員挑戰自我、追求卓越之精神。藉由世大運宣傳力度，一併使民眾認識此一瀕危保育類動物，提倡善待環境及友愛動物，更加提升了辦理世大運之價值。賽後熊讚轉型成為臺北市吉祥物，除以活潑生動形象推動市政，亦延續保育意識推廣之使命。

五、賽會成果與評價

　　FISU會長於閉幕記者會表示「臺北世大運是FISU看過最好看的比賽之一」，各國選手服務皆是最高品質，組委會於賽會期間進行滿意度調查之結果顯示，對於2017臺北世大運整體服務滿意度以及提升臺灣整體國際形象效果，FISU、觀眾、選手／隊職員、國際／國內裁判、媒體及志工滿意度皆超過八成，2017年夏天，臺北寫下榮耀的一頁，而這些籌備過程的一點一滴，將透過賽會知識管理永續傳承，提升臺灣在未來辦理大型活動及賽會之水準，讓世界看見臺灣體育實力，並留下豐富的資產（legacy）。

　　2017臺北世界大學運動會是我國體育運動歷史上重要的里程碑，亦是臺北市行政效能、都市再造、文化素養提升及運動產業拓展等各面向的成果展現，賽會期間134國家，10,791名代表團成員聚集在臺北，透過中央、地方及民間同心協力，完成這項重要的任務，讓臺北脫胎換骨，提升首都的榮耀感，使所有參與世大運的人員，代表團、貴賓、媒體、志工甚至每位工作人員心中充滿榮耀，刻印美好的回憶，讓臺灣走出世界，讓世界走進臺灣，帶來無比的驕傲。

問題與討論

一、請依據本章節內容，談談你對於2017臺北世界大學運動會的感想？

二、請回顧及蒐集2017臺北世界大學運動會之相關報導或自身參與經驗，說明臺北市能成功舉辦之主要因素。

三、藉由本章節的內容，比較國際大型運動賽會與全國運動會及全民運動會之差異。

參 考 文 獻

2017臺北世大運執行委員會（2015）。世大運企業參與整體策略規劃架構。

臺北市政府體育局（2017）。《2017臺北夏季世大運永續資產報告》，取自 https://sports.gov.taipei。

臺北市政府體育局（2017）。《2017臺北夏季世大運總結報告中文版》，取自 https://sports.gov.taipei。

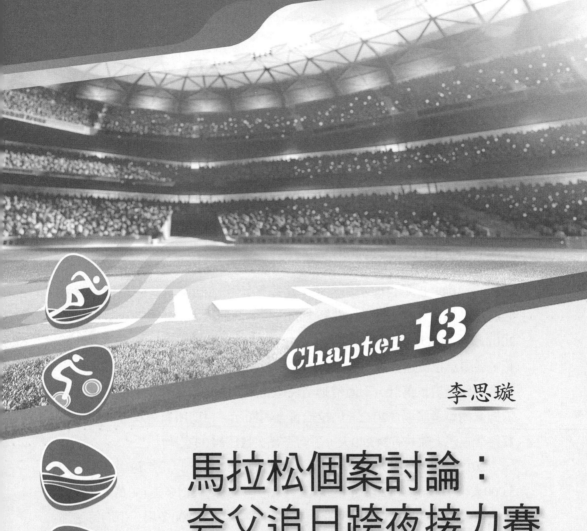

Chapter 13

李思璇

馬拉松個案討論：
夸父追日跨夜接力賽

學習目標

1. 瞭解臺灣路跑產業與自辦賽事過程。
2. 瞭解運動賽會舉辦之賽會組織分工。
3. 瞭解運動賽會舉辦志工招募與培訓。
4. 瞭解馬拉松賽會風險管理與工作分配。

第一節　夸父追日跨夜接力賽

一、全民瘋路跑

「運動」正是目前新興產業，路跑馬拉松活動又是其中規模相當可觀之運動項目，加上民眾保健觀念的增長與政府大力的推動下，臺灣亦於2008起路跑活動蓬勃興盛至今，馬拉松賽會的舉辦如雨後春筍般遍地開花，從事馬拉松運動的跑者也風起雲湧般急遽增加，每年報名參加馬拉松賽會的跑者數以萬計，不僅帶動全民運動風潮，也造就跑步經濟的興起。依據臺灣跑者廣場（2022）馬拉松普查網顯示，目前所有會員登錄的統計資料普查總人數共有24,249人，平均完賽次數為24.33次。

2013年起全臺灣大大小小大小路跑活動有300場，以平均每場賽事大約5,000人來參加計算，2013年度全臺參與路跑活動的人口多達150萬人。2014年持續發燒，更在2015年達到路跑賽事的高峰：一年800多場。平均每週都有14.2場比賽在全臺各地舉行，比2014年賽事組量成長了42%。若是拿2016年第一季與去年同期相比，增加了63場。眾多賽事中，比賽的類型從原本以距離劃分半馬（21.0975公里）、馬拉松（42.195公里）外，也從改變挑戰性與增加趣味性兩方面規劃。

臺灣從2013-2016年，三年的路跑賽事發展，單純的繞圈賽，折返路線，已經逐漸滿足不了求新求變的跑者，臺灣近年路跑發展趨勢正在進化中，開始往跑步旅遊方式發展，從單純的田徑賽、路跑賽，演變到多元主題式路跑，像是音樂路跑、哆啦A夢路跑等等，從平地跑到山徑，跑到兩棲越野賽等等，身上因比賽弄得越髒，跑者越開心，各種地形挑戰賽。也正因為一個人跑太孤單，呼朋引伴一路玩，路跑從一個人的運動，變成一群

人的運動。跑步，不只是技術，而是有著同樣目標的一群人，共同完成快樂滿足 （李思璇，2016）。而大部分主辦單位也一直在努力求新求變，不斷創新改變希望可以吸引更多跑者，也總希望自己的活動可以成為秒殺賽事，也因此在2014年中華健康生活運動保健協會與司格特國際運動行銷有限公司，於該年10月首創全臺灣兩天一夜夸父追日跨夜接力賽事，將臺灣形狀規劃成4塊拼圖的獎牌樣式，共分為南臺灣、北臺灣、西臺灣、東臺灣站進行，並透過團體接力的方式，挑戰兩百多公里之賽事，造成其他接力賽事竄起。

二、賽事介紹

　　CRUFU RUN夸父追日跨夜接力賽，為臺灣首場突破傳統路跑的極限超馬路跑跨夜接力賽事，由時任中華健康生活運動保健協會理事長詹仲凡，與司格特國際運動行銷公司執行長李思璇共同創辦之極限團隊超馬人車接力賽（詹仲凡，2018），本賽事以團隊精神為最高指標，非以競賽為主之活動，從2014年10月開始至今，已成功舉辦近25場賽事。賽事名稱緣起取自夸父追日的諧音「CRUFU」，共分為南臺灣、北臺灣、西臺灣與東臺灣四場賽事。每場次完賽後有四面代表臺灣不同區域的獎牌，跑者若四場皆有參加，四面獎牌還可以拼湊成一面完整的臺灣地圖，代表著一種「超越自我，征服臺灣」的環島紀念。活動組別：分為10人接力挑戰組及5人接力菁英組，限時30小時內完成，本賽事不分性別、年齡組隊，可全隊為男性、女性，或是男女混合組隊。活動方式：每隊自備選手補給、加油車，將自己組隊的跑者載至各接力點與接駁，全程共有30個接力區，以接力方式完成本賽事。

　　此神話故事夸父追日一直作為人向自然挑戰的英雄傳奇流傳至今。從另一個角度看，是代表與大自然競勝、征服大自然的雄心壯志。現今，無論半馬、全馬、還是超馬，每一個跑者上路就是孤獨的，「CRUFU RUN」

有別於臺灣以往的馬拉松、路跑等活動，以10人爲一組，並結合2臺汽車形式爲一參賽團隊，爲臺灣首創跨夜團隊路跑。全長共210公里的賽事路線上，將安排30個接力點，活動時程長達30小時，每人在賽事中需跑三棒，每一棒次約跑7公里，選手自行補給自己的10人團隊，輪流補給，替自己加油與呐喊，讓他們度過每一個撐不下去的時刻。

 ## 第二節　賽事組織分工

　　運動賽會之競賽管理業務組織主要之目的爲完整規劃運動賽會之進行程序、舉辦賽程與賽制、參與資格與審查、確保競賽場地之標準與安全等，並以專業之管理讓比賽公平、公正、公開的舉辦，所以競賽管理組織主要之業務包含有競賽審查、競賽規劃與管理、場地、器材、裁判、禁藥管制、紀錄與獎項授予等（程紹同等，2011）。

　　而創造與舉辦一個IP品牌賽事，必須進行完整的賽事策劃、賽事目標、賽事亮點。本節將以夸父追日跨夜接力賽創辦過程之賽事組織分工，細分運動賽事組織規劃。

一、賽事籌備

　　2020年東京奧運歷經延期後，終於2021年順利舉辦完畢，大至奧運會，小至民間賽事籌備，賽事籌備小組是賽事的核心，所有籌備小組工作內容是爲了確保所有賽事工作能順利進行而開始各項工作計畫。賽事籌備期工作是非常複雜的工作內容，但從賽事的運作規律來說，賽事籌備期可以分爲賽事管理和賽事經營。換句話說，賽事籌備期承擔著賽事舉辦重要的經營與管理任務。

　　賽事籌備六步驟：

(一)組織建立

夸父追日跨夜接力賽賽事籌備管理組織小組細分如**圖13-1**。

圖13-1　夸父追日跨夜接力賽賽事組織架構

(二)計畫制定

本賽事計畫制定自2014年籌備期過程，即設定總目標：成為品牌IP接力賽事，並希望可以成為跑者會持續想要參與的賽事，更透過臺灣人愛蒐集、集點的特性，設計出有別於其他賽事的臺灣拼圖獎牌，並將臺灣規劃東、南、西、北分站性質，讓跑者可以體驗不同的臺灣之美。並訂透過市場調查制定中價位之報名費，吸引參賽者報名之動機。2014年當年全馬報名費為900-1,000元不等，本賽事總長210公里報名費為1,200元，且贈品包括賽事紀念服、紀念品、大浴巾、獎牌、拍拍尺、完賽證書（含每人一張照片），開創有別於一般馬拉松之選手服務及紀念贈品。

▲夸父追日跨夜接力賽——第1屆至第3屆獎牌拼圖與收納盒

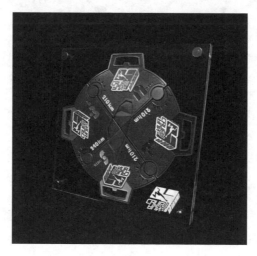

▲夸父追日跨夜接力賽——第4屆獎牌與收納盒

　　計畫擬定包括賽事日期擬定：2014年10月創辦第一場南臺灣站開始，並規劃未來一年（2015年）舉辦日期，又因考量市場賽事日期及跑者上班請假日期等，將一屆從一年舉辦完畢延長至一年半舉辦完畢。**表13-1**為2014年至2022年舉辦賽事期程規劃。

表13-1 **2014年至2022年舉辦賽事期程規劃**

屆數	站別／場次	舉辦日期	公里數	起點→終點
第一屆	南臺灣站	2014/10/04-05	210km	屏東八大森林樂園→臺東太麻里曙光園區
	北臺灣站	2015/02/07-08	210km	宜蘭武荖坑風景區→淡水漁人碼頭
	西臺灣站	2015/05/16-17	240km	苗栗西湖渡假村→臺南林默娘公園
	東臺灣站	2015/09/13-14	220km	臺東達魯瑪克部落→花蓮七星潭風景區
第二屆	南臺灣站	2015/11/21-22	210km	屏東八大森林樂園→臺東太麻里曙光園區
	澎湖站	2016/03/26-27	120km	西嶼燈塔→澎湖縣立體育場
	北臺灣站	2016/06/24-25	210km	宜蘭武荖坑風景區→淡水漁人碼頭
	西臺灣站	2016/10/01-02	240km	苗栗三義大興善寺→臺南林默娘公園
	東臺灣站	2017/04/15-16	220km	臺東達魯瑪克部落→花蓮七星潭風景區
第三屆	南臺灣站	2017/09/16-17	210km	屏東八大森林樂園→臺東太麻里曙光園區
	澎湖站	2018/03-24/25	120km	西嶼燈塔→澎湖縣立體育場
	北臺灣站	2018/06/24-25	210km	宜蘭武荖坑風景區→淡水漁人碼頭
	西臺灣站	2018/09/15-16	240km	苗栗三義西湖渡假村旁空地→臺南安平碼頭
	金門站	2018/12/01-02	120km	金門縣林務所→后湖海濱公園
	東臺灣站	2019/04/13-14	220km	臺東達魯瑪克部落→花蓮七星潭風景區
第四屆	南臺灣站	2019/09/28-29	210km	屏東六堆客家文化園區→臺東太麻里曙光園區
	北臺灣站	2020/06/06-07	210km	宜蘭武荖坑風景區→淡水沙崙海水浴場
	西臺灣站	2020/09/19-20	240km	苗栗三義西湖渡假村旁空地→臺南安平碼頭
	金門站	2020/11/28-29	120km	金門縣林務所→后湖海濱公園

（續）表13-1　　2014年至2022年舉辦賽事期程規劃

屆數	站別／場次	舉辦日期	公里數	起點→終點
第四屆	東臺灣站	2021/04/10-11	210km	臺東糖廠→花蓮七星潭風景區
第五屆	南臺灣站	2022/02/19-20	220km	屏東林後四林森林園區→臺東太麻里曙光園區
	澎湖站	2022/04/09-10	120km	澎湖西嶼漁翁島燈塔→澎湖縣立體育場
	西臺灣站	2022/09/24-25	240km	苗栗三義西湖渡假村旁空地→臺南安平碼頭
	東臺灣站	2023/04/08-09	220km	臺東達魯瑪克部落→花蓮七星潭風景區

(三)人力管理

夸父追日接力賽事在2014年10月舉辦第一屆開始，即遇到極大挑戰，便是賽事人力規劃與管理。賽事人力資源管理通常包括人力資源管理計畫、職務編組、活動期間人員配置、人力資源構成（包括現場工作人員、志工、合作廠商工作人員、技術人員等）、人員培訓等等。於2014年該年創辦人車接力賽時，臺灣鮮少有超過24小時不間斷跨夜接力賽事，且長時間長距離移動著，因此我們現場執行工作人力招募仰賴大專院校之招募志工學生，並透過不同站別舉辦，與鄰近學校大專院校學生合作；如南臺灣站與屏東科技大學、臺東大學合作；北臺灣站與宜蘭護專、眞理大學合作；西臺灣站與雲林虎尾科技大學合作；東臺灣與臺東大學、東華大學合作。

(四)財務預算規劃

賽事財務規劃非常重要，包括預計收入與預計支出，各項支出必須符合預算情況下，才能使賽會經營長久，達到當初計畫制定之總目標，成為品牌賽事經營者。本賽事財務預算規劃大項如**表13-2**。

表13-2 夸父追日跨夜接力賽預算規劃項目表（亦適用一般馬拉松賽事）

預算規劃項目			備註／說明
一、起終點會場	1	硬體租借	發電機、燈光音響、帳棚桌椅等
	2	場地租金	會場起／終點場地租金
	3	交管人事費用	義交人事費用
	4	流動廁所租借	
	5	充氣拱門	
	6	拍照背板	
二、選手賽前物資／完賽禮	1	賽事紀念服	
	2	賽事紀念品	如包包、衣保袋、斗篷等
	3	大浴巾	
	4	完賽獎牌	
	5	完賽紀念品	拍拍尺
	6	完賽證書	含每人一張起點照片
	7	大滿貫馬克杯	選手跑完4場大滿貫之隱藏版紀念品
	8	選手物資打包郵寄費	
	9	完賽餐點	
	10	大會手冊	
	11	號碼布	
	12	選手補給品	餅乾類、香蕉等
	13	運動飲料、水	
三、人力費用	1	志工／工作人員餐費補貼	
	2	志工／工作人員交通費	
	3	志工／工作人員住宿費	
	4	大會租車	
	5	主持人	
	6	救護醫療	救護車、醫護人員、護理人員等
	7	攝影團隊	空拍、攝影師等
四、製作物	1	選手車貼	
	2	大會車貼	
	3	帳篷單位牌	
	4	方向指引牌	
	5	其他製作物	如停車區等牌面
五、其他	1	行銷宣傳費用	
	2	設計費	
	3	晶片計時費用	
	4	報名平臺管理費	
	5	垃圾清潔費	
	6	印刷費	工作證、成果報告書、感謝狀等
	7	保險——公共意外責任險	依照內政部大型群聚規定保額投保
	8	保險——工作人員意外險	或旅平險

(五)服務後勤保障

本賽事提供選手後勤管理，包括起點住宿優惠、大會合作租車、住宿合作優惠、餐飲合作優惠等。並制定安全的醫療計畫，保障選手賽事期間安全。本節案例以2022年2月19、20日舉辦之第五屆南臺灣站為例，說明與易飛網旅行社合作，提供選手優惠住宿、租車等合作方案，並與墾丁統一渡假村合作餐飲優惠。

(六)風險管理

風險管理的本質，就是把我們對結果有所控制的領域最大化，而把我們完全不能控制結果和我們弄不清因果聯繫的領域最小化。管理風險的能力，以及進一步承擔風險以作長遠選擇的偏好，是驅動經濟系統向前發展的關鍵因素（Bernstein, 1998）。而大型綜合運動賽事因參與人數眾多，

▲第五屆夸父追日跨夜接力賽─南臺灣站與易飛網合作，製作賽事專屬住宿租車優惠網頁

▲第五屆夸父追日跨夜接力賽—南臺灣站與易飛網合作租車優惠

涉及範圍廣、影響因素複雜多變，不可避免及無法預知的風險可能隨時爆發。

2020年年初新冠疫情爆發，國內外各大型馬拉松賽事，皆因避免群聚與疫情擴散，在風險管理可控範圍內，相繼取消賽事。以國外賽事為例，2020年2月17日，日本政府表示，3月1日的東京馬拉松將取消一般民眾參賽者參加。2020年2月28日韓國首爾馬拉松組委會在官網上公告，受韓國新冠肺炎疫情爆發影響，原定3月22日舉辦的2020年首爾馬拉松被迫取消；2020年5月29日波士頓田徑協會宣布2020年波士頓馬拉松取消，比賽將改為虛擬線上跑，這是具有124年不曾停辦過且歷史悠久的波士頓馬拉松首次取消；2020年06月24日，柏林馬拉松組委會宣布，受新冠肺炎疫情影響，原定於今年9月最後一週舉辦的柏林馬拉松取消辦理，亦是柏林馬拉松自1974年創辦以來第一次取消賽事。同天紐約馬拉松賽事組織者宣布，原定於11月1日舉辦的紐約馬拉松因新冠疫情也被迫取消。7月13日，芝加哥馬拉松賽事組

▲第四屆夸父追日跨夜接力賽—北臺灣站，因受2020年新型冠狀肺炎疫情影響，延期舉辦公告

委會亦宣布，爲了應對疫情帶來的長期公共衛生問題，原定於10月11日舉行的2020年芝加哥馬拉松正式取消。

國內賽事來說，2020年1月26日下午決定原定2月8、9日舉辦之金門馬拉松經評估疫情擴散狀況，決定停辦，並全額退費給跑者，做好相對應之配套措施；金門馬拉松爲2020年首個提出取消舉辦之馬拉松賽事，之後包括高雄馬拉松等賽事相繼宣布取消，而高雄馬拉松爲疫情後臺灣首個提出全額退費的馬拉松，而後也提出推出線上跑方式辦理。

本賽事於2020年4月本應舉辦第四屆北臺灣站賽事，因新冠肺炎疫情也延期至6月舉辦。

二、馬拉松賽會工作分配

籌備馬拉松賽會除了需要妥善規劃經費外，也需要龐大的人力安排規劃，不論大型國際賽事或國內賽事，安排人力與適當工作分配，皆是賽會成功舉辦與否重要一環。一般馬拉松工作分配大致可以分爲內場、外場、不分組共三個組別，內場組可細分爲會場大組長、大會服務臺、獎典組、舞臺區（包括表演團體）、貴賓接待組、媒體接待組（新聞公關組）、出發集結與終點賽道組、寄物組、成績列印組、完賽禮領取組、完賽餐點組、會場機動組。外場組可細分爲外場大組長、補給站組長／組員、折返點組長、交管組、機動組。不分區組細分爲裁判組、醫護組、攝影組、撤場組、硬體組、環境清潔組（如**表13-3**）。

三、志工招募與培訓

在眾多事前準備及賽事期間的現場執行上，通常需要用到大量人力，在報名費與收入有限情況下，仍需要維持人力充足的運作模式，因此臺灣大型賽事通常仰賴大量的大專院校志工，加入活動工作人員中，以利賽會

表13-3 馬拉松工作分配（適用於一般馬拉松）

工作區域	組別／工作分配
會場內	會場大組長
	大會服務臺
	獎典組
	舞臺區（表演團體）
	貴賓接待組
	媒體接待組（新聞公關組）
	出發集結、終點賽道組
	貴賓接待組
	寄物組
	成績列印／完賽禮領取組
	完賽餐點組
	會場機動組
會場外	外場大組長
	補給站組長
	補給站組員
	折返點組長
	折返點組員
	交管組
	機動組
不分區	裁判組
	醫護組
	攝影組
	撤場組
	硬體組
	環境清潔組

資料來源：本文整理。

正常運作。本賽活動單場賽事以2022年第五屆南臺灣站為例，總計招募2個社會團體、3所大專院校共計107人，並於活動前兩週完成工作勤前教育。

　　夸父追日跨夜接力賽主要志工招募與培訓流程如下：擬定志工招募簡章、設定招募期間、公告志工招募訊息、志工資格審查與錄取通知、建立志工LINE群組、工作分配、召開志工行前工作說明會議暨教育訓練、活動現場依任務分組執行（如圖13-2）。

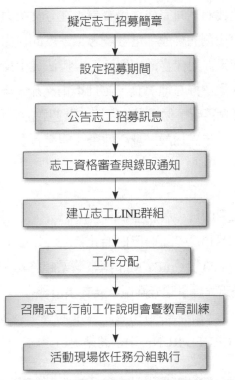

圖13-2 夸父追日跨夜接力賽—志工招募基本流程

資料來源：本文整理。

四、志工招募簡章案例

2022 CRUFU RUN—南臺灣站220km夸父追日跨夜接力賽志工招募簡章

一、活動辦法：本賽事以團隊精神為最高指標，非以競賽為主之活
動，強調透過雙腳豐富視野並舒展身心靈，行經南臺灣濱海沿
岸，享受微微海風吹拂，依山傍水的美景，並帶動地方休閒觀光
發展。只要您具有服務熱忱與意願，歡迎您成為本次活動的工作

人員，與我們一同完成這場賽事！在夸父接力賽事中，每次活動都是不可復刻的經歷！這麼多志工默默的付出，都是夸父背後的力量！如果你同樣喜歡山與海，但無法從中擇一，個性活潑充滿熱血，喜歡挖掘在地美食，並且不怕流汗、辛苦，更不怕髒，在臺灣各個角落留下你青春的回憶，歡迎您加入我們的行列！

二、志工條件：年滿18歲，身心健康、態度負責、具有服務熱忱，皆可報名。

三、服務時間：

2022年02月09日（六）上午4時至

2022年02月10日（日）下午3時止

四、服務地點：2022 CruFu Run 南臺灣站起終點（屏東林後四林森林平地、臺東太麻里曙光園區）及賽事沿線。

五、服務內容：（預計需求110名）

2022 5th CRUFU RUN－南臺灣站 志工需求

編號	分組	名額	任務／工作內容	參與特質	備註
1	攝影組	6	賽事攝影、紀錄，供大會使用	熱愛攝影	・需有相關活動攝影經驗 ・需自備攝影器材
2	機動組	8	・協助賽會臨時事務處理 ・人力調配	・機動性高 ・配合度高	
3	交管組	8	・維護交通秩序 ・交通路口問題處理與事故通報 ・協助擺設路障及標示等	・機動性高 ・反應靈敏	
4	引導組	8	・起終點選手引導 ・道路指引	・親切有禮	
5	器材組	6	・準備及收發賽事設備、器材、餐盒等 ・發放完賽紀念品	・機動性高 ・配合度高	
6	場地組	6	布置賽事場地，如三角錐、起終點、舞臺等		

| 7 | 醫護組 | 10 | 協助人員意外傷害處理 | ·細心
·有相關證照者為佳 | 需有相關活動醫護志工經驗 |
| 8 | 全程組 | 44 | 協助起終點及活動全程，包含起點檢錄、接力區檢錄、終點完賽工作 | 配合度高、親切有禮、反應靈敏 | 有輪休時間 |

六、報名日期：2021年10月X日（X）起至2022年1月X日（X）止。※額滿為止

七、報名方式：請至活動網站下載報名表填寫資料後，請回傳至活動信箱：crufurun@sports-sti.com，經確認後將寄發E-mail通知完成報名手續。

八、志工行前說明：2022年X月X日（X）※時間地點另行公布

九、志工福利：志工屬無給職，在進行志願服務時將為志工辦理意外事故保險；志願服務期間提供志工餐盒，贈送T恤乙件、賽事紀念防潑水背袋乙個。凡配合單位全程參與活動志願服務者，得以申請服務時數證明、志工證書乙張。

十、活動聯絡人：

司格特國際運動行銷X小姐 (02) 8912-xxxx

Email：crufurun@sports-sti.com

十一、志工權利與義務：

(一)志工應有以下權利：

　✓接受足以擔任從事工作之行前說明

　✓一視同仁，尊重其自由、尊嚴、隱私及信仰

　✓依據工作性質與特點，確保在適當之安全條件下從事工作

　✓獲得從事服務之完整資訊

　✓參與所從事之志願服務計畫之擬定、設計、執行及評估

(二)志工應有以下義務：

　✓務必參與運用單位所提供之行前說明

✓遵守倫理守則之規定

✓遵守運用單位訂定之規章

✓妥善使用志工服務證

✓服務時，應尊重受服務者之權益

✓對因服務而取得或獲知之訊息，保守秘密

✓拒絕向受服務者收取報酬

十二、衣服尺寸表：

尺寸（公分）	XS	S	M	L	XL	2XL
胸圍	91	97	102	107	112	117
衣長	58	63.5	66	69	71	73.5
肩寬	37	38	39	41	42	43

特別叮嚀：本活動總服務時間超過30小時（單次），欲參加者需考量自身體力狀況以及能夠確保自身安全。

2022 CRUFU RUN－南臺灣站220km夸父追日跨夜接力賽志工報名表

姓名		性別（男／女）		生日	（西元年／月／日）
E-mail			身分證字號		
地址			行動電話		
飲食習慣	（葷、素）	駕照有無（可複選）		（無／機車／汽車）	
職業	（軍／公／教／商／工／服務業／退休／學生／其他＿＿＿＿）				
志工服務經驗	（有／無）	活動或單位： 服務內容：			
是否需要志工時數證明		（是，我很需要／不，我不需要）			
特殊經歷					
志願擔任志工組別（可複選）	（攝影組／機動組／交管組／引導組／器材組／場地組／醫護組） ※實際組別安排以大會公布為準				
衣服尺寸	（XS／S／M／L／XL／2XL）				

第三節　賽事活動申請舉辦與安全管理

　　國內運動賽事舉辦申請，將依照起點或行經各縣市主管機關所規範相關路跑申請流程申請，本節舉2020第四屆西臺灣站申請流程、2022第五屆南臺灣站交通維持計畫為例。建議需要舉辦馬拉松、路跑賽事主辦單位，

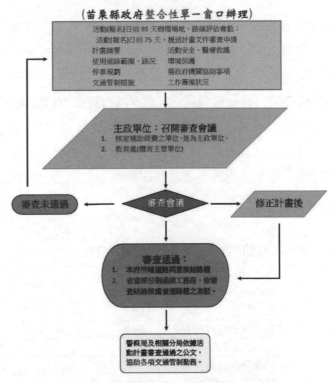

圖13-3　苗栗縣政府使用道路辦理體育活動流程圖

資料來源：苗栗縣運動地圖資訊網

可以就舉辦地方縣市之體育局、體育處等,詳問申請流程,更可有效節省公文往返等時間問題。

一、活動申請舉辦流程

2020年西臺灣站從苗栗三義起跑,因此以苗栗縣政府作為首要申請主管機關,並依照苗栗縣政府公告申請辦法申請。

路跑活動屬於苗栗縣政府教育處體建科業務,因此承辦相關業務由體健科負責承辦人申請收件相關資料,並依照公告申請辦法提出運動賽事使用道路申請。

依據苗栗縣政府公告流程,必須要報名前75天提出審查申請,申請同意後才能公告報名,此嚴格把關,希望能為跑者帶來規劃完善的運動賽事;透過苗栗縣政府教育處單一窗口審查承辦,以**表13-4**為例,2022年第五屆夸父追日跨夜接力賽—西臺灣站,需申請行經縣市路權與資料,行經7縣市,統一審查承辦方式,大幅降低主辦單位需要一一向各單位申請的繁瑣,並透過整合性的審查會議,於會議上直接簡報與討論,並能直接獲得政府機關回饋修正意見,對於主辦單位規劃賽事活動上,擁有更完善的規劃與政府達成辦活動之相關配合事項與共識。

表13-4 2022夸父追日跨夜接力賽—西臺灣站申請單位表

	苗栗縣政府教育處
	臺中市政府運動局
	南投縣政府教育處
活動審查	彰化縣政府教育處
	雲林縣政府教育處
	嘉義縣政府教育處
	臺南市政府體育局

鄉縣道路權申請	苗栗縣三義鄉公所
	苗栗縣政府工務處
	臺中市政府建設局
	臺中市東勢區公所
	南投縣政府工務處
	彰化縣政府工務處
	嘉義縣政府建設處
省道路權申請	交通部公路總局第二區養護工程處苗栗工務段
	交通部公路總局第二區養護工程處谷關工務段
	交通部公路總局第二區養護工程處臺中工務段
	交通部公路總局第二區養護工程處南投工務段
	交通部公路總局第二區養護工程處彰化工務段
	交通部公路總局第五區養護工程處斗南工務段
	交通部公路總局第五區養護工程處水上工務段
	交通部公路總局第五區養護工程處新營工務段
	臺南市政府交通局
交通維持計畫審查	苗栗縣政府警察局
	臺中市政府警察局
	南投縣政府警察局
	彰化縣警察局
	雲林縣警察局
	嘉義縣警察局
	臺南市警察局
終點	行政院農業委員會漁業署

資料來源：本書整理。

1. 全賽程220公里共規劃7個重要路口交管處，將由本單位派請志工人員協助。本賽事行進方式為單向方式進行，沿路無折返點，皆在所有道路的右側方（屏東往臺東）行進，全程220公里處共設置30個接力區。

2. 本單位於取得路權申請同意後將發文給臺東縣政府警察局、屏東縣政府警察局，擬協助交通資源或指導，活動路線實施階段性的交通指揮，維護跑者交通安全。

3. 本賽事每5-10公里放置警告標示立牌，提醒駕駛人小心前方右側跑

者。

4. 本賽事並於其他重要方向路口，設有大會工作人員1-2名，引導選手賽事進行方向，並放置警告標示立牌，提醒駕駛人小心前方右側跑者。

5. 本賽事於所有開放性省道賽道上，皆使用靠右側路肩車道跑，皆為臨海側或北上路線。

6. 本單位於110年10月19日發文至屏東縣政府警察局，惠請屏東縣政府警察局周知路線上之各分局，以確保交通安全；並惠請協助加強與警察廣播電臺及路況報導專線168、1968等聯繫，除宣導活動內容外，協助提醒駕駛人注意活動路況，避免影響活動進行。

7. 本單位於110年10月19日發文臺東縣政府警察局，惠請臺東縣政府警察局各分局報備活動，加強沿線交通疏導及巡邏等勤務作業，以確保交通安全。

8. 本賽事於臺9線壽卡鐵馬驛站-臺9線7-11安朔門市，將實施選手自行乘車並接駁選手通過此段山路。

9. 南臺灣站重要路口處與占用道路管制設置。

2022 CRUFU RUN 夸父追日跨夜接力賽

編號	交管設置區	活動志工	其他
1	通潮路、潮州路（屏鵝公路）	2	路口機動引導（人力） 設置告示牌於右側
2	過第三區養護工程處，光復路右轉上橋，下去左轉高速公路橋下，引導選手走自行車道內	2	機動引導選手走自行車道內
3	壽卡鐵馬驛站	2	路口機動引導（人力） 引導選手上車
4	臺東7-11安朔門市	2	設置交通錐與告示牌於右側 路口機動引導（人力） 確認乘車狀況
5	臺東段－南迴公路 又轉往曙光園區前	2	路口機動引導（人力） 設置告示牌於右側

10.交通錐設置示意圖（臨時設置於道路省道最外側路肩處）

2015年2月7-8日設置交通錐實景圖。引導人員一名於車道外側路肩上，一名引導人員於對向車道外側路肩上，皆會指引選手方向與保護跑者安全（跑者會遵守交通規則前進）。

11.接力區設置實景圖。

此為2019年4月13-14日設置狀況與選手路過情況。大會沿路共會設置30個接力區（第30接力區為終點），皆會設置在沿路有安全腹地處，每一接力區會設置4個交通錐與連桿2支，工作人員著反光背心，並於撤點後復原場地。

選手路過情況
加油團補給車與選手皆會於賽前告知此活動
性質並請於安全腹地內停靠

12.活動期間於終點太麻里曙光園區廣場停車場周邊交通指揮與管制措施：

(1)擬派志工於上述路段加派巡邏，並於行進路線上，擬請各分局與主辦單位聯繫進入轄區時間，加強沿線交通疏導及巡邏等勤務作業，以確保跑者及交通安全。

(2)擬惠請臺東縣政府警察局、交通隊協助指導交維計畫，並惠請除協助宣導活動外，提醒駕駛人注意活動路況，避免影響活動進行。

(3)本單位於110年10月19日發文給臺東縣政府（發文字號：司格特文字第1101019001號）屏東縣政府（發文字號：司格特文字第1101019002號），惠請擔任活動指導單位。

(4)本單位於110年10月19日發文給臺東縣警察局（發文字號：司格特文字第1101019003號）、屏東縣警察局（發文字號：司格特文

字第1101019004號），惠請活動核備並協助交通資源（如義交聯繫窗口等），維護跑者交通安全。

(5)於活動前一週於太麻里曙光園區外張貼借用公告，並連同周邊路口張貼借用公告，並於活動當天於停車場周圍路口加派工作人員引導選手與一般觀光客停車。

13.事後道路復原計畫：

(1)活動撤接力點會於賽中沿線撤，沿線回收交通錐。

(2)活動結束後，沿途引導指示牌，會由大會工作人員回收。

(3)起點處由屏東林後四林森林園區協助清理，終點處由太麻里鄉公所協助清理集中之垃圾。

14.本賽事相較一般賽事是在封路賽道內進行比賽，活動路線行經開放性道路，並已於賽前皆告知選手賽事種類別，並明列注意事項如下：

(1)請參賽選手務必考量自身健康狀況，並於活動前充足的睡眠及當天開賽前兩小時服用餐點，比賽沿途若發生身體不適情形，請立即停止比賽，並就近向大會工作人員請求協助支援。

(2)本活動賽事時間超過24小時，會有部分路線於夜晚進行，請參賽選手務必自行攜帶照明頭燈或其他照明工具，並於下午5點至隔天上午7點將反光背心穿上（若無照明頭燈或其他照明工具者，請自行購買準備，或由大會代購當天早上領取）。

(3)賽道位於開放性道路，將依當地車流量狀況機動實施交通管制，請所有跑者務必在指定安全區間內行進，並請選手皆遵從警察及交管志工指揮，選手應隨時注意自身安全。

(4)車輛注意事項：

‧活動車輛需遵守所有交通法規並依照車速限制指示（最小和最大限速）。

‧禁止將車輛停在巷道、禁止迴轉、禁止停車區域。

‧請勿阻礙交通或影響跑者行進之路線。

15.同時在路上跑的選手實際人數約90-95人左右（成縱隊行進，且不會同一時間同時經過），因賽事為接力方式進行，組別分為10人組、5人組，2人組、1人組，每次每隊只會有一人在跑。

二、風險管理與緊急應變措施

2021年5月21日中國黃河石林山地馬拉松百公里越野賽共172人參賽，此賽事自2018年舉辦，邁入第四屆賽事，不料遇極端天氣，天氣劇變、局部地區因出現冰雹、大風及大雨致使氣溫驟降，有跑手因而失溫感到嚴重不適，最後有21名參賽者於比賽中身亡，8人受傷。當中包括國內越野跑頂尖選手梁晶及殘運會冠軍黃關軍。主辦單位責任歸屬為何？問題出在天氣？極端天氣？2021年5月23日晚上中國國家體育總局緊急召開「全國體育系統加強賽事安全管理工作會議」，中國許多馬拉松越野賽事皆因此事件延後舉辦比賽，因應政府要求重新檢視賽會風險管理與緊急應變措施。「風險管理與緊急應變措施」再度推上浪口，成為舉辦賽事重點審查項目。

以夸父追日跨夜接力賽為例，賽事活動時間同越野賽事，賽事時間非常長，超過24小時不間斷的賽事，天氣變化皆是一大考驗。例如2015年2月夸父追日跨夜接力賽舉辦的第二場賽事，路線從宜蘭武荖坑風景園區，行經福隆、瑞芳、基隆、外木山、金山、萬里、石門跑至淡水漁人碼頭，賽事進行12小時後，從宜蘭跑至基隆時，遇到豪大雨特報，連選手補給車（汽車）行經外木山時，雨刷已調至最快速度都還看不見1公尺的路況，因此身為主辦單位，必須立刻將賽事喊停，召集所有隊長召開臨時會議，提出將部分棒次取消（因該賽事部分路線位於北部濱海公路沿線之人行步道），因安全與視線考量，立刻將賽事暫停與取消部分棒次，並透過天氣預報判斷未來3小時內天氣狀況，評斷賽事停賽時間與取消路段；該次賽事造成許多選手不愉快，覺得僅是下雨為何不能繼續跑？但還是基於安全考量下，

果斷將賽事中斷，視爲重要的風險管理與應變措施。爾後夸父追日跨夜接力賽事皆有將賽事風險管理與緊急應變措施公告於每次選手的行前說明會議當中，告訴跑者大會面對各種風險狀況的判斷與處理方式。

 夸父安全必須遵守...　NORTHERN TAIWAN

惡劣天氣

- 活動過程可能會遇到各種天氣狀況，若天氣過於惡劣，包含熱浪、雷擊、地震、暴雨、颱風等，大會有權取消或延期活動
- 若途中因極端惡劣天氣取消活動，恕無法退費
- 如遇暴雨、地震等突發惡劣天氣，大會將立即暫停活動，且與各隊隊長聯繫，請各隊移至最近大接力區休息等候，並召開隊長緊急會議

 夸父安全必須遵守...　NORTHERN TAIWAN

- 如因**暴雨**暫停活動，於隊長會議中，大會將評估雨勢狀況，分為以下兩種處理方式

第15棒前發生	第15棒前發生	第15棒後發生
A. 評估雨勢會減弱	B. 評估雨勢不會減弱	A. 活動繼續進行
・每隔1小時依氣象預報評估是否繼續賽事	・取消部分山區棒次	B. 第25接力區繼續進行
・於停止之棒次重啟活動	・於第15接力區重啟活動	・如因攜家帶眷，雨勢過大，需休息之隊伍，可從第25接力區繼續進行，且仍遵循手冊開關門時間
・至多等候3小時，若仍無法繼續則遵循B方案	・大會休息區提供徹夜休息	***隊伍自行選擇

圖13-4　夸父追日跨夜接力賽—公告選手之天氣風險管理與緊急應變措施

資料來源：本文整理。

第四節　後疫時代賽會安全管理

一、賽會風險預估

　　自2020年1月新冠狀肺炎（COVID-19）疫情自全球蔓延開來，全球運動賽事像按下暫停鍵一樣，許多運動賽事皆停辦取消或是延期辦理，因此會舉辦與否，現場防疫措施為何，視為2020年起運動賽會主辦方需要立刻學習與建立制度之課題。

　　臺灣戶外運動賽事舉辦與否皆因應衛福部發布「公眾集會因應指引」及中央流行疫情指揮中心及教育部體育署發布之資訊作為參考依據。

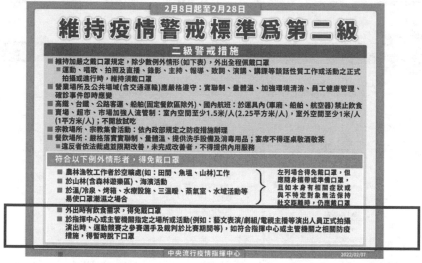

圖13-5　中央流行疫情指揮中心新聞發布（2022/02/07）二級警戒防疫

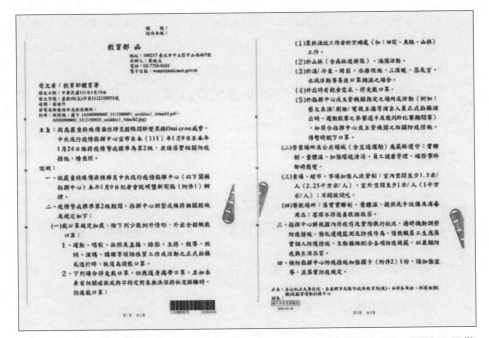

圖13-6 教育部體育署111年1月10日公告遵循中央流行疫情指揮中心，維持二級警戒防疫指引，並於指揮中心或主管機關指定之場所做好相關防疫措施

　　依據教育部體育署及中央流行疫情指揮中心新聞發布（2022/02/07）二級警戒防疫指引：「於指揮中心獲主管機關制定之場所或活動（例如：藝文表演／劇組／電視主播等演出人員之正式拍攝演出時，運動競賽之參賽選手及裁判於比賽間等），如符合指揮中心或主管機關之相關防疫措施，得暫時脫下口罩。」

(一)風險評估指標

　　活動做好公眾集會因應指引之六項指標進行風險評估：

1.「能否事先掌握參加者資訊」：是（風險較低）。

2.「活動空間之通風換氣情況」：是（風險較低）。

3.「活動參加者之間的距離」：室外1公尺以上距離（風險較低）。

4.「活動期間參加者為固定位置或不固定位置」：位置不固定（風險較高）。

5.「活動持續時間」：超過1小時之活動（風險較高）。

6.「活動期間可否落實手部衛生及配戴口罩」：可落實者（風險較低）。

(二)整體風險程度核判

1.中、低度風險：經評估六大指標中，有三項以下風險程度較高者。

2.高度風險：經評估六大風險指標中，有四項以上風險程度較高者。

(三)活動辦理、延期或停辦之決定

1.中、低度風險程度：得照常辦理，並應落實防疫相關規定。

2.高度風險程度：停辦或變更辦理方式。

因此，依據上述評估與準則，主辦單位已準備好各項防疫措施。

正向防疫，走出戶外強身健體，養足體力，不放棄安全的戶外活動；請所有參與者（包含參賽者和工作人員）提高警覺，同心協力，守護環境，防疫你我有責。

二、賽會防疫計畫與緊急應變處理

(一)主辦單位

1.保持警戒：在疫情期間，隨時注意衛生福利部疾病管制署（以下簡稱疾管署）全球資訊網（https://www.cdc.gov.tw）之嚴重特殊傳染性肺炎專區查閱相關最新資訊，並配合中央流行疫情指揮中心之各項防疫政策及管制措施，落實執行。

2.配合「嚴重特殊傳染性肺炎中央流行疫情指揮中心」（以下簡稱指揮中心）之防疫政策，進行相關防疫措施，落實量體溫、戴口罩（未跑步情況下），實施實聯制。

3.為因應疫情可能變化，將配合指揮中心及臺東縣、屏東縣嚴重特殊傳染性肺炎流行疫情指揮中心，隨時提高防疫措施及因應作為，並立即公告。

4.於活動前一日進行環境消毒清潔工作，特別針對手部易接觸之範圍，加強清潔工作及頻率，並要求工作人員全程佩戴口罩。

(二)選手防疫相關措施

1.選手如有下列情形，請勿參賽：

(1)經確診為新型冠狀病毒肺炎患者、須居家隔離、居家檢疫者、受衛生單位要求健康追蹤或要求自主健康管理者（隔離期限涵蓋2月19日），請勿參賽。請檢附證明，依照退費程序提出申請。

(2)有發燒情形（≧38℃）或急性呼吸道感染，並於發病前14日內有以下情形之一者，請勿參賽：

・曾接觸有發燒或呼吸道症狀人士。

・曾經與出現症狀為極可能病例或確定病例者有密切接觸，包括在無適當防護下提供照護、近距離接觸或有呼吸道分泌物、體液之直接接觸。請檢附證明，依照退費程序提出申請。

(3)臨床、放射線診斷或病理學上顯示有肺炎，且發病前14日曾有出國旅遊史或居住史。

(4)明知自己罹患第一類傳染病、第五類傳染病或第二類多重抗藥性傳染病，不遵行各級主管機關指示，致傳染於人者，處三年以下有期徒刑、拘役或新臺幣五十萬元以下罰金。

2.防疫設施：

(1)必要之活動賽前宣導通知。

(2)選手、眷屬進入會場一律配戴口罩，未帶者禁止進入。

(3)管制活動出入口，設置體溫檢查站（入口安排志工量測額溫）。

(4)設置發燒隔離區。

(5)於會場大會服務臺、接力點等區域，設置醫療用75%消毒酒精。

(6)提供必要使用者口罩。

(7)擴增集結區空間。

(三)志工、相關工作人員防疫措施

(1)志工及工作人員到達會場即進行測量體溫並記錄，同時進行消毒並確認配戴口罩。

(2)實施防疫相關說明及教育訓練。

(3)各區志工人員，服務期間全程配戴口罩，並隨時搭配消毒酒精清潔使用。

(四)其他

1.主辦單位隨中央疫情指揮中心相關法令與公告調整賽事，至活動舉辦之任一時間點，若有任何法令或公告顯示疫情狀況強力制止舉辦活動。主辦單位將以電話、電子郵件、官方報名網站及官方粉絲頁公告停辦訊息。

2.活動舉辦的起、終點以及各接力點等地，若因當地政府、主管機關或是鄰里社區發展協會針對本活動有任何疑義，經協調後之相關因應辦法，將同步公告於官方報名網站與官方粉絲頁。

3.主辦單位將持續關注疫情發展，相關賽事調整、規則辦法等資訊，請密切留意活動官方報名網站及官方粉絲專頁「CRUFU RUN」。若有其他問題，請洽活動工作小組：02-89121899，或mail至crufurun@sports-sti.com。

4. 緊急應變程序：因應新型冠狀病毒肺炎（COVID-19）疫情尙有隱藏
風險存在，因此目前雖以正常擧辦爲前提，爲避免成爲疫情破口，
本活動仍以中央疫情指揮中心及政府相關法令爲原則。活動前，若
有任何相關法令或規範禁止任何方式之活動，主辦單位得依該法令
或規範停止本活動。

5. 緊急調整期限：活動前四天。

6. 緊急通知方式：主辦單位透過手機聯繫各隊隊長，活動異動。

7. 活動調整方式：

(1) 停止起終點會場群聚集超過150人，或將人群疏散維持室外安全
距離，人與人間隔1公尺。

(2) 所有活動取消停止。主辦單位研擬後續補償方案，於官方粉絲頁
與官方報名網站公告之。

(3) 如有未盡事宜經主辦單位會議決議後，得隨時修正公布之。

 結　語

　　每個人手上都可以拿出一個完整四塊組成臺灣地圖的獎牌（鄭匡寓，
2020）是所有參加過夸父追日跨夜接力賽事的選手專屬且特別的回憶；
2014創辦夸父追日跨夜接力賽，全臺首創，眞正屬於臺灣的IP賽事；從籌
備舉辦期間，碰撞無數縣市政府，對於長距離且跨夜賽事的舉辦申請原
則，到後來熟悉全臺灣賽事籌備、合法申請之過程，再到志工人力安排與
現場活動工作分組與執行，每一步都在寫下賽事歷史，也希望透過本書能
夠讓大家更加瞭解賽事申請舉辦與過程。

　　2014-2022年歷時八年，此期間也曾有許多外籍選手參賽或香港高中
校長帶領學生專門來臺灣跑特殊跨夜接力賽事，用雙腳認識臺灣。希望本
賽事能爲臺灣創造不同的新興運動觀光賽事。2022年正邁入第五屆的夸父

追日跨夜接力賽，至今帶給許多人美好的回憶與淚水。每一站都在寫下臺灣運動革新史，除了賽事籌備執行外，如何因應大環境如疫情等變化衝擊下，迅速調整賽事作為，如何讓賽事永續經營更是身為運動企劃相關從業人員永遠的課題。

　　奧運金牌得主Emil Zatopek說過：「如果你想跑步，跑個一英哩就好。如果你想體驗不同的人生，那就跑場馬拉松吧。」而夸父追日跨夜接力賽為此再下了一層定義：「如果你想感受不同凡響的生活體驗，那就跑夸父追日接力賽吧。」（鄭匡寓，2020）。未來，也期許夸父接力賽能帶給人們更多的感動與期望。身為運動產業從業人員一份子的我們，背負著讓馬拉松、路跑運動更好，更長遠的責任，希望透過不斷創新，讓跑者在生活中享受新型態休閒、度假與放鬆的賽事（李思璇，2016）。

問題與討論

一、本章提及賽事組織分工，試舉臺灣任一項馬拉松賽會來說明，並分析其賽事組織分工為核？

二、賽會申請與組織分工包含哪些？假設您需要舉辦一場馬拉松賽會，您會怎麼安排工作分配？並如何開始向主管機關申請？

三、本章提及後疫時代賽會安全管理，請依照您過去參與運動運動賽會經驗，討論您遇到哪些疫情安全管理，並說明如何加強疫情管理安全？

參考文獻

〈甘肅省百公里越野賽遇極端天氣21名跑手遇難，這場意外是人為失誤還是天災？〉。端傳媒，2021年5月24日，引自https://theinitium.com/roundtable/20210524-roundtable-zh-mountain-marathon-in-Gansu/。

李思璇（2016）。〈路跑風潮之面面觀〉。《學校體育雙月刊》，2016年12月。

林容璟（2017）。〈路跑三大趨勢 人潮滾動錢潮〉。《經濟日報》，2017年12月17日，A12產業追蹤。商業發展研究院，取自https://www.cdri.org.tw/xcdoc/cont?xsmsid=0H270572502035851587&sid=0H3523841868 26445653

苗栗縣運動地圖資訊網，http://www.sport.mlc.edu.tw/public/news_data.aspx?id=351。

程紹同、方信淵、范智明、林保源、廖俊儒、王慶堂、呂宏進（2011）。《運動賽會管理：理論與實務》（第二版）。新北：揚智文化。

詹仲凡（2018）。〈夸父追日跨夜接力賽籌辦歷程之自我敘說〉，臺北市立大學休閒運動管理學系碩士在職專班碩士論文。

鄭匡寓（2020）。〈不同凡響的人生長跑 跑步動的夸父追日跨夜接力〉，2020年4月，取自https://www.don1don.com/archives/130943/%E4%B8%8D%E5%90%8C%E5%87%A1%E9%9F%BF%E7%9A%84%E4%BA%BA%E7%94%9F%E9%95%B7%E8%B7%91-%E8%B7%91%E6%AD%A5%E5%8B%95%E7%9A%84%E5%A4%B8%E7%88%B6%E8%BF%BD%E6%97%A5%E8%B7%A8%E5%A4%9C%E6%8E%A5%E5%8A%9B。

Bernstein, Peter L.（1998）. *Against the Gods: The Remarkable Story of Risk*. Publisher: Wiley.

運動休閒系列

運動賽會管理──理論與實務

校　　閱／邱金松、張建輝
主　　編／程紹同
作　　者／程紹同、葉錦樹、方信淵、張勝傑、吳昆霖、王慶
　　　　　堂、呂宏進、李思璇
出 版 者／揚智文化事業股份有限公司
發 行 人／葉忠賢
總 編 輯／閻富萍
特約執編／鄭美珠
地　　址／新北市深坑區北深路三段 258 號 8 樓
電　　話／(02)8662-6826
傳　　真／(02)2664-7633
網　　址／http://www.ycrc.com.tw
　E-mail ／ service@ycrc.com.tw
　I S B N ／ 978-986-298-410-9
初版一刷／2004 年 9 月
二版一刷／2011 年 6 月
三版一刷／2022 年 11 月
定　　價／新台幣 580 元

國家圖書館出版品預行編目（CIP）資料

運動賽會管理：理論與實務 = Principles and practice of sport event management / 程紹同, 葉錦樹, 方信淵, 張勝傑, 吳昆霖, 王慶堂, 呂宏進, 李思璇著 ; 程紹同主編. -- 三版. -- 新北市：揚智文化事業股份有限公司, 2022.11
　　面；　公分. -- (運動休閒系列)

ISBN 978-986-298-410-9 (平裝)

1.CST: 運動會　2.CST: 體育行政

528.98　　　　　　　　　　　　　111018197